教育人力资本对农民工劳动力市场效应的研究

陈 虹 著

中国财经出版传媒集团
经济科学出版社
Economic Science Press

图书在版编目（CIP）数据

教育人力资本对农民工劳动力市场效应的研究/陈虹著.
—北京：经济科学出版社，2020.9
ISBN 978-7-5218-1870-3

Ⅰ.①教… Ⅱ.①陈… Ⅲ.①民工-人力资本-研究-中国 Ⅳ.①F323.6

中国版本图书馆 CIP 数据核字（2020）第 177039 号

责任编辑：李　雪
责任校对：杨　海
责任印制：邱　天

教育人力资本对农民工劳动力市场效应的研究
陈　虹　著
经济科学出版社出版、发行　新华书店经销
社址：北京市海淀区阜成路甲 28 号　邮编：100142
总编部电话：010-88191217　发行部电话：010-88191522
网址：www.esp.com.cn
电子邮箱：esp@esp.com.cn
天猫网店：经济科学出版社旗舰店
网址：http://jjkxcbs.tmall.com
北京季蜂印刷有限公司印装
787×1092　16 开　20 印张　450000 字
2021 年 2 月第 1 版　2021 年 2 月第 1 次印刷
ISBN 978-7-5218-1870-3　定价：80.00 元
（图书出现印装问题，本社负责调换。电话：010-88191510）
（版权所有　侵权必究　打击盗版　举报热线：010-88191661
QQ：2242791300　营销中心电话：010-88191537
电子邮箱：dbts@esp.com.cn）

前言

内生经济增长理论认为人力资本是推动经济发展的重要因素。我国的经济增长正由依靠劳动力数量拉动转向依靠劳动力质量驱动，人力资本发挥的作用越来越重要。教育作为人力资本的组成部分，成为实现经济高质量发展的基础。当前我国教育投入与预期回报不对等现象仍然较为凸显，一方面，教育支出负担沉重。农村贫困家庭难以承担高昂的教育费用，适龄儿童辍学现象时有发生。另一方面，就业状况并不乐观。受教育程度较高但收入微薄，且生活水平较为低下的"蚁族"群体成为劳动力市场状况不佳的真实写照。教育人力资本在劳动力市场中的表现是影响教育投资行为的重要因素，如果教育的投资回报率较低，农村家庭将降低投资教育的动力，国家和政府在教育促进方面的政策力度将大打折扣。长此以往，不仅农民工劳动力素质得不到提高，而且将影响国家长期经济发展。因此，研究教育人力资本对农民工劳动力市场的效应，从理论上厘清教育对劳动力市场的作用，对于加强农村家庭的教育投资力度、提高农民工在劳动力市场中的竞争力，以及促进经济高质量可持续发展具有重要意义。

基于全国性大规模实地调查数据，首先，使用有序因变量模型（Ordered Logit）分析教育对农民工外出务工迁移区域的影响效果，使用 Ordered Probit 模型进行稳健性检验。其次，使用二元选择模型（Logit）分析教育对农民工劳动力市场进入的影响效果，使用 Probit 模型进行稳健性检验。再其次，从多维度检验了教育对农民工工作搜寻途径的影响效果，使用 Logit 模型和多项逻辑回归模型（multinomial logit，MLogit）进行分析。然后，为了研究教育对农民工社会保障项目获得情况的影响效果，使用工具变量法中的工具变量二元选择模型（IVProbit）和工具变量线性回归模型（IVOLS）进行分析。最后，使用受限因变量模型（Tobit）检验教育对农民工外出务工收入的影响效果。为了进一步探究教育对农民工务工收入的影响，使用分位数回归模型（Quantile Regression）进行分析，深入刻画不同分位点上教育对农民工务工收入的影响效果。

研究结果表明：第一，农民工受教育水平越高，选择更远区域务工的可能性越小。教育对农民工选择更远区域务工的反向作用，随着学历的上升影响程度更加明显。第二，教育对农民工劳动力市场进入具有显著影响。农民工受教育水平越高，工作机会越多，越容易进入劳动力市场。第三，受教育程度越高的农民工，越倾向于使用互联网、报纸和社会中介等强外部力量搜寻工作。第四，教育能够显著提升农民工群体社会保障项目的获得。随着农民工受教育水平的提高，其获取各项社会保障的能力越强，参与社会保障项目的数量越多。第五，农民工受教育年限越长，收入水平越高。在不同的收入分位点上，教育对收入的影响效果具有差异，教育对高收入群体的收入促进影响程度更为明显。

　　为了加强农村家庭对教育的投资力度，引导政府重视教育事业，提高农民工群体在劳动力市场中的竞争力，以及促进经济高质量可持续发展，应当采取以下措施：第一，改善基层行政区域就业环境。针对高学历农民工就近就业趋势，制定相应就业促进政策，通过提高薪资报酬、开辟就业岗位以及加强财政投入等方式，促进县乡劳动力市场有序发展。第二，实现义务教育在农村地区全覆盖。教育对农民工劳动力市场进入、社会保障和收入产生显著影响，接受义务教育为农民工未来在劳动力市场中的发展奠定了基础。第三，针对农业户籍人员制定更高层次的教育帮扶政策。低学历是导致农民工在劳动力市场中身处劣势的重要原因。对接受高等教育的农村户籍人员展开教育资助，有利于改善农民工素质，提高农民工在劳动力市场中的竞争力。第四，完善农民工职业技能培训。参加职业技能培训，能够提高农民工群体的人力资本存量和劳动生产率，进而为其带来更多的职业选择余地和收入增长空间。第五，构建和完善农民工就业信息输送平台。就业信息获取渠道是否畅通，直接关系到农民工的就业质量。农民工就业信息输送平台的搭建，有利于打通劳动力市场供需双方之间的障碍，实现供需双方的即时高效对接。

目 录

第一章 引言 ·· 1
    第一节 研究背景与意义 ··· 1
    第二节 研究目标及研究方法 ·· 2
    第三节 拟解决的关键问题及创新之处 ··· 3
    第四节 研究框架及研究内容 ·· 4

第二章 文献综述和理论基础 ·· 7
    第一节 文献综述 ··· 7
    第二节 理论基础 ·· 15

第三章 农民工的制度历史变迁 ··· 23
    第一节 我国农村剩余劳动力转移的政策变迁 ······························· 23
    第二节 我国农村基础教育政策的演进历程 ·································· 29
    第三节 本章小结 ·· 35

第四章 教育对农民工迁移区域的影响 ···································· 37
    第一节 引言 ·· 37
    第二节 数据来源及描述性统计 ·· 39
    第三节 理论框架及计量方法 ··· 43
    第四节 实证结果 ·· 45
    第五节 本章小结 ·· 68

第五章 教育对农民工劳动力市场进入的影响 ·························· 70
    第一节 引言 ·· 70
    第二节 数据来源及描述性统计 ·· 71
    第三节 理论框架及计量方法 ··· 74
    第四节 实证结果 ·· 76
    第五节 本章小结 ··· 102

第六章　教育对农民工工作搜寻的影响研究　104
第一节　引言　104
第二节　数据来源及描述性统计　105
第三节　理论框架与计量方法　109
第四节　实证分析结果　111
第五节　本章小结　140

第七章　教育对农民工社会保障的影响研究　142
第一节　引言　142
第二节　数据来源及描述性统计　143
第三节　理论基础与计量方法　148
第四节　实证结果　149
第五节　本章小结　239

第八章　教育对农民工务工收入的影响　241
第一节　引言　241
第二节　数据来源及描述性统计　243
第三节　理论框架与计量模型　247
第四节　教育对农民工收入影响的实证结果与分析　248
第五节　本章小结　289

第九章　结论与政策建议　291
第一节　结论　291
第二节　政策建议　293

参考文献　296

第一章

引　言

第一节　研究背景与意义

内生经济增长理论认为人力资本是经济增长的基础。我国经济发展对劳动力质量的依赖性逐渐加强，提升人力资本是经济转向高质量发展的关键。教育是人力资本的重要组成部分，是经济稳步发展的重要动力源。就我国教育人力资本投资和劳动力市场的表现，一方面，从教育投入来看，家庭教育支出仍然较多，教育负担较重的问题仍然凸显。尤其在我国农村地区，一些家庭因负担不起教育费用导致子女辍学的情况时有发生。另一方面，在劳动力市场上，因就业难、收入低所产生的"脑体倒挂"等社会现象层出不穷。若教育的投资回报率较低，则将大大降低人们的投资意愿，那么国家加大教育投资以提高劳动力质量的政策效果将大打折扣，进而将阻碍我国经济的高质量发展。因此，研究教育人力资本对农民工劳动力市场效应的影响，对于厘清教育人力资本对农民工劳动力市场的作用效果，制订完善农村教育和劳动力市场的政策，以及促进经济高质量可持续发展具有重要的意义。

本书具有较强的应用价值。第一，检验理论假说，为我国推动城乡一体化建设和促进经济高质量发展提供理论支持。本研究主要检验以下五个假说：假说一，受教育程度越高，农民工的外出务工迁移距离越远。假说二，受教育程度越高，农民工进入劳动市场的概率越大。假说三，教育程度越高，农民工越倾向于利用社会就业信息和平台搜寻工作。假说四，随着受教育程度的提高，农民工获得社会保障的概率越高且获得的社会保障项目数量增加。假说五，教育对于农民工而言，具有明显的增收效应。进行全国性大规模的实地调查，借助于计量工具，实证检验上述理论假设，具有重要的学术价值和理论意义。第二，揭示教育对农民工劳动力市场的影响，指导农村教育和农民工劳动力市场改革的实践。本研究试图回答：教育对劳动力市场产生怎样的经济效应？主要包括五点：教育对农民工外出务工区域有怎样的影响效果？教育是否有助于农民工进入劳动市场？教育对农民工的工作搜寻方式存在何种影响？教育对农民工获得社会保障的影响效果如何？教育对农民工务工收入有何种影响？本研究紧扣党的十九大报告主题，解决当前我国亟待解决的农民工教育和就业问题，为党和政府的决策提供坚实依据，为我国农民工劳动力市场改革和产业结构升级提供经验借鉴，具有重要的实际应用价值。

第二节 研究目标及研究方法

一、研究目标

本书的整体研究目标是：通过深入测度教育人力资本对农民工劳动力市场各方面效应的影响效应，从理论高度建立教育对农民工劳动力市场各方面影响的经济学理论模型，运用现代前沿计量经济学方法，寻找农民工劳动力市场现有问题的产生根源和教育影响机理，为政策干预方案提供科学的理论支撑。本书的具体研究目标如下：

第一，梳理和总结教育对农民工外出务工迁移区域、劳动市场进入、工作搜寻、社会保障和收入等劳动力市场效应影响的国内外相关文献。本书从人力资本理论出发，梳理了国内外的相关研究，以期向读者展现教育人力资本对农民工的影响。首先，分析国内外学者有关人力资本对劳动力市场效应的影响机制，主要是教育对劳动力市场的影响。其次，总结现有的国内外文献关于教育人力资本对劳动力市场效应影响的测算和方法论问题。

第二，分析我国关于农村教育政策和劳动力流动相关政策的制度变迁。教育政策是我国为提高劳动力质量，促进经济快速发展，增加国家竞争力而做的努力。梳理和回顾我国的农村教育政策和农民工劳动力流动政策，可以为当前的教育和农民工劳动力市场的深化改革提供方向和思路，从而建立更加完善的、适应我国国情的农民工劳动力市场制度体系，进一步增加农民工的教育人力资本存量，提高劳动力质量和促进经济社会的和谐发展。

第三，回顾相关理论从中汲取研究人力资本对劳动力影响机制的思想与方法。探究中国农民工教育和劳动力市场问题，对农民工劳动力质量进行深入分析，探究未来劳动力市场改革走向，为政府制定相关政策提供依据。为了研究人力资本对劳动力市场的影响，需要回顾前人的相关理论基础，寻根溯源，从中汲取本书进行研究探索的思想与方法。

第四，考察教育对外出务工迁移区域、劳动市场进入、工作搜寻方式、农民工收入以及获得社会保障的影响。通过具体的定量分析研究教育对劳动力市场的影响，明确教育对劳动力市场各方面效应的影响效应。社会保障和收入是农民工高质量生活的重要经济基础，在研究过程中要重点关注教育对农民工收入和获得社会保障的影响，从中获得关于如何提高我国农民工质量、推动劳动力市场改革和促进经济高质量发展的较为有效的建议。

第五，结合我国实际国情，提出改善农民工劳动力市场各项制度的建议。政府应当加大农村地区教育的财政投入，大力发展教育事业。在实现全民享受义务教育的基础上，对于高等教育加大财政补助。同时结合实际情况加强农民工职业教育培训，实现农民工高质量就业。

二、研究方法

第一，文献分析法。本书梳理了国内外的相关研究，讨论了人力资本对劳动力影响的估计及其研究中存在的方法论问题；梳理和回顾我国的农民工教育和劳动力市场政策的制度变迁，为当前的教育和劳动力市场的深化改革提供方向和思路。

第二，理论模型分析方法。整体上通过人力资本理论解释教育对劳动力市场效应的影响效果。利用拓展的哈里斯—托达罗流动模型（Todaro，1970）研究教育对农民工迁移区域产生的影响效果。运用拓展的刘易斯二元结构模型（Lewis，1954），检验了教育对农民工是否进入劳动力市场的影响效果。通过拓展的工作搜寻理论（Phelps，1970）解释教育对农民工工作搜寻方式的影响。利用拓展的随机效用模型（Fadden，1974），考察教育对农民工获得社会保障的影响效用。运用舒尔茨的现代人力资本理论（Schulz，1960）研究教育对农民工收入的影响机制。

第三，现代计量模型分析方法。本书的技术支撑是建立在相关计量分析方法基础之上。在实证的计量经济学模型研究中，使用全国流动人口大规模的实地调研数据，首先使用普通最小二乘法（ordinary least squares，OLS）作为基础模型检验教育对劳动力市场各种效应的影响。其次，使用有序因变量模型（Ordered Probit/Logit）探究教育人力资本对农民工迁移区域和劳动力市场进入的影响效果；用多项逻辑回归模型（multinomial logistic regression，MLogit）分析教育对农民工工作搜寻方式的影响；在基础模型的基础上，使用工具变量法检验教育对农民工获得社会保障的影响效果。最后，用受限因变量模型（Tobit）和分位数回归模型（quantile regression），进一步检验教育对农民工收入的影响效果。

第三节　拟解决的关键问题及创新之处

一、拟解决的关键问题

本研究拟解决的主要问题是：第一，教育人力资本是否对农民工劳动市场进入产生影响。第二，教育对农民工外出务工的迁移区域和工作搜寻方式是否产生影响，以及影响效果如何。第三，教育人力资本对农民工获得社会保障和社会保障项目数量是否产生影响，以及影响效应如何。第四，教育人力资本对农民工整体务工收入是否产生影响，是正向还是负向影响，以及影响程度如何，同时考察教育对不同收入群体的影响效果。第五，构建拓展的经济理论模型，厘清教育对农民工劳动力市场各种效应影响的效应。第六，构建拓展的实证计量模型。针对教育对不同劳动力市场效应的影响研究，根据不同劳动力市场效应的特点，针对性地采用不同实证计量模型。

二、创新之处

本书的特色和创新之处有以下三点：

第一，尝试构建拓展的劳动力市场效应理论模型。本书不仅关注影响劳动力市场单个方面的因素分析，而且以人力资本理论为基础，结合劳动力市场相关的多维度理论研究教育对劳动力市场的影响，更加全面地反映教育在农民工就业全过程中的作用。

第二，尝试构建拓展的实证计量经济模型。本书使用大规模的微观调查数据，这个大规模实地调查数据是由国家卫生和计划生育委员会所收集。本书将这些综合性较强的数据与先进的计量经济学分析技术相结合，在全部样本进行线性回归分析的基础上，还依据劳动力市场效应的不同，采用不同的实证计量方法进行检验，以深入刻画教育人力资本对劳动力市场各方面效应影响的效果。

第三，尝试探究影响农民工劳动力市场效应的根源。本书在大数据的基础上，结合前沿的管理学和经济学的计量方法，不仅关注教育人力资本对劳动力市场的影响，而是从多角度出发，运用不同的特征变量和不同计量方法结合。立足于我国客观的社会经济现实，通过各种实证模型的对比，厘清各种因素对劳动力市场的影响机制，寻找目前农民工劳动力市场存在的大量问题的根源，为各级政府和学术界进行政策干预提供坚实的学理基础。

第四节 研究框架及研究内容

一、研究内容

近年来，我国农村剩余劳动力转移数量越来越多，但是农民工在就业过程中遇到的问题却日益严重。农民工是我国劳动力市场的重要组成部分，如果劳动力市场各方面效应都受教育人力资本影响较大，则不利于我国政府缩小城乡贫富差距和推进城乡一体化建设。本书从理论模型分析和经济计量模型分析两个维度，结合教育经济学、劳动经济学、发展经济学和管理学等交叉学科，运用全国性大规模的微观实地调查数据，检验教育人力资本对农民工劳动力市场效应的影响机理。通过深入分析农民工劳动力市场效应的影响因素，本书从理论高度建立人力资本对劳动力市场影响的经济学理论模型，运用现代前沿计量经济学方法，寻找我国农民工劳动力市场现存问题的产生根源和影响机理，为政策干预方案提供科学的理论支撑。根据本书的研究主题，具体研究内容如下：

第一部分，梳理我国农村基础教育和农村剩余劳动力转移的制度变迁。改革开放以来，随着我国经济的发展，农村剩余劳动力不断涌向城市，农民工逐渐成为我国工业化建设的主力军，传统的城乡二元结构逐渐被打破。20世纪80年代以来，随着人才强国战略的提出，我国开始施行九年义务教育制度，教育成为增强国家竞争力的主要手段。回顾和梳理我国的教育和劳动力流动政策，可以为当前的教育和劳动力市场改革提供方向和思路，从而建立更加完善的农民工劳动力市场体系和农村教育体系。

第二部分，构建拓展的劳动力市场经济学理论模型。以人力资本投资理论为基础，融合劳动力市场各方面的相关理论，考察教育人力资本投资的增加，对劳动力市场各方面效应发挥的影响机理；根据计量经济理论模型的演绎和推导结果，从多个维度来刻画教育对劳动力市场效应影响的具体机制。本书分析了人力资本理论、哈里斯—托达罗理论、工作搜寻理论和随机效用理论，以及刘易斯二元结构理论，寻找人力资本影响机制的理论基础。

第三部分，研究教育对农民工迁移区域的影响效果。基于实地微观调查数据，利用现代计量经济学模型，探讨农民工外出务工迁移区域的主要影响因素。并且从成因的角度进行分析，提出引导农民工区域就业的政策建议。运用普通最小二乘法（OLS）和有序因变量模型（Ordered Probit），从人口学特征、家庭特征、流动特征和居留意愿特征四个方面进行分析，重点关注教育对迁移区域的影响效果。

第四部分，研究教育对农民工劳动市场进入的影响效果。基于调查数据，结合计量经济学模型，采用普通最小二乘法（OLS）和二元选择模型，检验教育是否对农民工进入劳动市场产生影响，以及影响程度如何。其中OLS模型为基础模型，Logit模型为主要分析模型，Probit模型用于分析结果的稳健性检验。同时变量以人口学特征为基础，依次添加家庭特征、流动特征和居留意愿特征变量，通过横向和纵向对比找出教育对农民工劳动市场进入的影响效果。

第五部分，实证检验教育对农民工工作搜寻途径的影响。依据农民工工作搜寻方式变量的特点，利用普通最小二乘法（OLS）、二元选择模型（Logit）和多项逻辑回归模型（MLogit）。同时在不同计量模型中，以人口学特征为基础，依次添加其他的特征变量，从而构建拓展的回归模型，对比不同回归模型中教育对工作搜寻方式的影响效果。

第六部分，实证检验教育对农民工社会保障的影响效果。在研究教育对农民工社会保障的影响方面，将采用两种研究取向。一是采用OLS估计方法分析教育对农民工获得社会保障项目数量的影响。二是采用二元选择模型（Probit），分析教育对农民工能否获得社会保障的影响。为防止变量中存在内生性的问题，实证研究将采用工具变量二元选择模型（IVProbit）和工具变量线性回归模型（IVOLS）进行验证。

第七部分，研究教育对农民工务工收入的影响效果。基于实地调查数据，运用明赛尔工资方程和多种计量经济模型对农民工收入的影响因素进行实证分析。首先，利用OLS验证各因素对农民工收入的整体影响效果。其次，运用Tobit（受限因变量）模型在对农民工务工收入进行一定约束的情况下，验证各变量对农民工务工收入的影响。最后，通过分位数回归（quantile regression）检验在不同收入分位点上，各解释变量对农民工务工收入的影响效果。通过逐次增加特征变量，重点关注教育对农民工务工收入的影响。

第八部分，提出加强我国教育人力资本投资和完善劳动力市场制度的政策建议。深入分析我国目前农村地区教育状况和劳动力市场中农民工就业存在的问题，利用本书的研究结论，汲取我国前期关于农村地区教育和农民工劳动力市场各项制度改革的经验，提出促进农民工劳动力质量和完善劳动力市场制度的政策建议，以推动我国产业结构转型和经济高质量发展。

二、研究框架

本书梳理了我国农村基础教育政策和农村剩余劳动力流动政策的制度变迁，综述了国内外学者关于教育人力资本对劳动力影响的研究动态。首先，梳理和总结了教育人力资本对劳动力市场各方面效应影响的国内外相关文献。其次，分析了我国自1949年以来农村基础教育政策和农村剩余劳动力流动政策的制度变迁，为当前的农民工教育和劳动力市场的深化改革提供方向和思路。再其次，依照相关的理论，以人力资本投资理论为基础，结合劳动市场各项制度相关的理论，研究人力资本对劳动力市场影响。通过不同特征变量的组合回归，以及不同实证计量模型的综合使用，明确教育对农民工各方面的影响效果和机制。同时重点考察教育对农民收入和社会保障的影响。最后，在结合我国实际国情的基础上，针对性地提出完善农民工劳动力市场各项制度的政策建议。

本书针对已有文献和本研究主题的分析，查阅文献，根据我国的客观经济社会现实，通过构建拓展的劳动力市场理论模型，探究教育人力资本对农民工劳动力市场影响，提出深化我国农村教育改革的政策建议，以促进我国经济高质量发展。具体研究技术线路如图1-1所示：

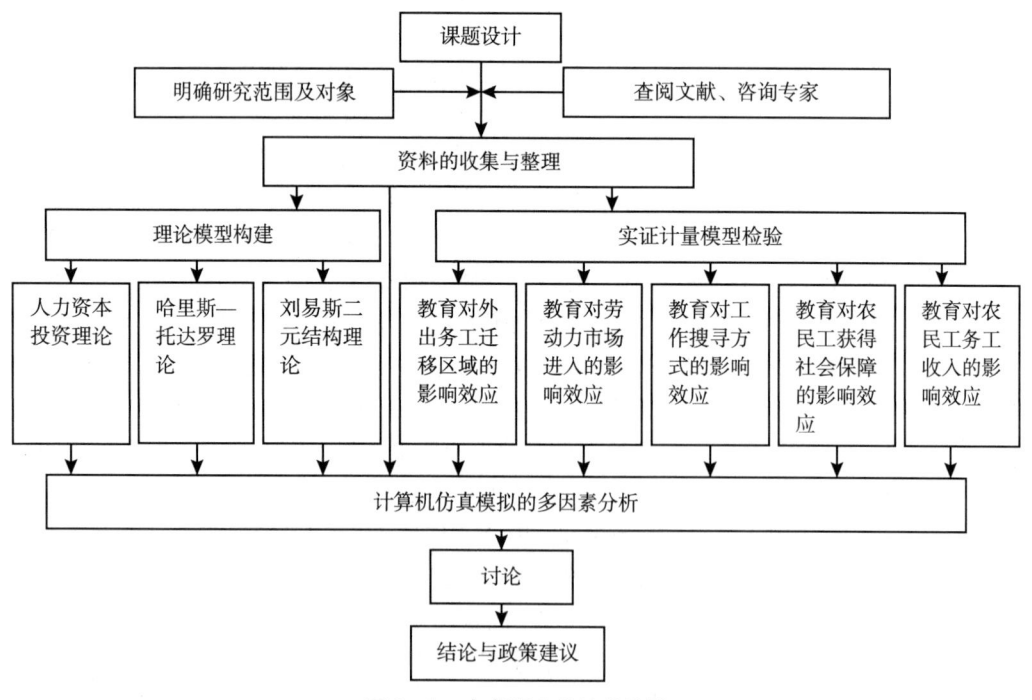

图1-1 本书研究的技术路线

第二章

文献综述和理论基础

第一节 文献综述

一、新生代农民工的发展现状

从目前农民工的现状来看,新生代农民工已经成为一个充满自我矛盾的群体,因此我们需要对新生代农民工群体所体现出的特点和存在的问题给予足够的重视,并且要采取具有针对性的对策来解决新生代农民所存在的问题,这对于我国城市化、农村现代化的顺利开展都具有非常重大的意义。关于农民工现状的研究,国内的学者有不同的看法。目前农民工劳动力市场存在许多问题,但是相较于传统的农民工,新生代农民工普遍拥有相对较高的学历,且受教育意识普遍增强。闫慧(2013)认为新生代农民工群体有数量多、年龄小、受教育水平相对较高的特征。与传统农民工相比,他们的耐受力较低,有更高的职业期许,不仅仅有物质方面的需求,对于精神享受也更加追求。周彦兵(2016)认为由于城乡二元经济的实际情况,新生代农民工相较于老一代农民工在成长环境、生活时代、自身特点等方面均有很大的不同,这些群体更愿意留在城市生活,但是在现实中他们却面临着城市边缘化的困境。胡万超(2017)提出农民工数量逐年增加,素质不断提升,受教育意识普遍增强。在外出农民工中,文盲占1.1%,小学文化程度占10.6%,初中文化程度占64.8%,高中文化程度占13.1%,中专及以上文化程度占10.4%。康立厚、任中华(2017)认为与传统农民工相比,新生代农民工在学历方面有所提升,在年龄方面有所下降。

关于农民工受到劳动力市场歧视的研究。农民工群体由于受教育水平低,普遍受到社会的歧视以及不公平的待遇,在劳动力市场上存在就业隔离与工资歧视现象。王红晓(2013)提出由于高等教育招生就业制度的各种不公平政策导致农村地区的新生代农民工难圆大学梦,并且城市政府提供的各种资格培训和再就业培训,新生代农民工无法享受和所在城市市民同等的就业机会。咸星兰(2016)通过对中国家庭收入调查数据进行计量研究,提出新生代农民工在职业获取、行业进入、收入水平及户籍制度等方面均受到歧视，与城镇居民的收入差距较大。温德志（2017）认为受教育水平较低限制了新生代农民工的发展前景，新时代的社会建设不再只是接受低学历、低技能的劳动者，而是寻求掌握较高文化与技能水平的人才。而新生代农民工如果还不提高文化水平与技能水平，必然被社会淘汰，只能选择较低层次的工作，获取较低的收入。王浩任（2017）提出我国关于新生代农民工的社会保障法律体系不够健全，加之农民工社会保障法治意识薄弱，导致目前关于这些群体的社会保障制度发展较为缓慢。孙婧芳（2018）通过对农民工与城市劳动力的研究对比发现，农民工群体在进入公有单位时，在就业获得和小时工资方面仍然受到较强歧视。

国内关于农民工职业教育的现状研究。李楠、张志刚（2013）认为传统农民工职业教育忽视素质的提升，并且仅仅关注生存需求，忽视了发展需求，在人文教育方面也有所缺失。赵蒙成（2015）通过调查提出，大部分新生代农民工从未接受过培训，即使接受培训，也只是不超过一个月的简单培训，且超过一半的农民工认为接受职业培训对工作的帮助不大。洪列平（2017）提出国家与政府逐渐重视新生代农民工职业教育问题，2016年全国完成农民工职业教育2 422万人次。但是在培训过程存在农民工培训积极性较低、政府用于购买培训服务的投入达不到预期等问题。李彦颖、张学英（2018）通过对新生代农民工的在职培训情况进行研究，认为新生代农民工存在高培训意愿和低参与率并存的问题，并且由于培训机制的不完善，导致农民工培训的效果较差。

已有文献表明，国内大部分学者认为新生代农民工虽然在受教育水平、思想意识等方面优于传统农民工，但是由于自身的综合素质较低，导致该群体在劳动力市场上的竞争力很弱，只能从事技术性较低的工作，并且受到市场的各种歧视与不公的待遇。另外，新生代农民工在职业教育方面也存在许多问题，社会、政府以及公司对农民工职业培训的投入不足，农民工自身的受培训意识不强以及培训效果较差等问题，阻碍农民工自身素质的提升。基于此，只有提高新生代农民工的人力资本投资水平，加大对其培训力度，从根本上提高其技能水平与综合素质，才能使农民工更好地适应社会，投入劳动力市场中。

二、教育人力资本对农民工收入的影响

（一）人力资本对于农民工收入的效应研究

国外关于教育对收入的影响效应研究。明赛尔（1974）首次提出人力资本收入函数，构建了职业培训与工资收入的理论模型，并且采用人力资本收入函数来研究人力资本投资收益的关系，发现受教育程度越高，积累的经验越多，其收入也越高。20世纪70年代以后，有关人力资本要素中教育资本与收入的实证研究不断地发展壮大，有学者认为与传统条件相比，现代化条件下的教育对收入增加的影响更明显。舒尔茨、明赛尔和贝克尔都认为教育是促进收入平等化的因素。明瑟（Mincer J.，1974）和贝克尔（Becker G. S.，2009）认为教育人力资本投资可以提高农民工的收入水平。

在教育与农民工收入水平方面,大部分学者通过构建相关模型,运用实证的方法认为教育可以促进农民工的收入水平。陈玉宇和邢春冰(2004)、王建(2017)通过构建劳动力转移模型,认为受教育水平越高,其在市场上的竞争力越大,就业机会更多,同时对收入水平的促进作用非常显著,可以使家庭年收入明显增加,受教育年限每增加一年,相应的家庭人均年收入增加1.20%和1.50%。李谷成等(2006)通过多元协整方法,表明教育和健康投资不足对于农民的收入具有负向效应,农村地区教育和医疗投资水平的高低,对于农民收入水平具有双向的促进作用。程名望和盖庆恩等(2016)、方超和黄斌(2017)通过模型表明受教育年限与农民工的工资存在正向促进作用,受教育年限越高,农民工的收入水平越高。崔玉平、张锦华、王雅丽(2018)和吴颖(2017)收集相关实地数据,分析教育的投资与农民工收入的关系,研究发现,教育培训能够明显促进农民工的收入水平,并且随着教育培训时间的增加,其获得的收益越高。闵维方(2017)、柳建平和刘卫兵(2018)的研究表明,受教育程度可以提高农民工的文化水平与技能水平,并且扩大其视野,可以提高劳动生产率,从而促使农民群体从农业生产中脱离出来,进入其他产业,促进经济发展。

但是有部分学者认为教育与农民工收入水平之间并不存在直接的促进作用。张车伟(2006)运用抽样调查数据研究教育与收入水平之间的变化,研究结果认为中国目前的教育回报率不高,最高95%收入者的教育回报率是最低5%收入者的两倍之多。韩潮等(2014)通过调查中部、西部、东部以及东北部四个地区的新生代农民工的收入水平,研究表明学历水平对农民工的收入水平影响效果不显著,由于受教育年限普遍较低,导致教育程度的促进作用不大,不如社会实践以及社会经验的促进效果显著。孙文中(2016)对目前大学生农民工进行研究,认为由于城乡二元结构的延续,大学生的教育回报率较低,其在劳动力市场的收入水平整体偏低。钱龙、陈杰(2018)通过对微观数据进行调查,建立分位数回归模型,提出教育对农民工收入具有分化效应。在较低的分位数水平,教育的回报率并不明显,只有在较高的分位数水平,农民工的教育回报率才比较明显,所以教育对农民工收入水平的影响方面具有"马太效应"。

教育回报率与工资收入关系的研究。彭竞(2011)利用CGSS数据进行实证分析,在不同的城市之间,教育回报率不仅存在总体性城市差异,更存在结构性差异。并且总体性差异中,直辖市的教育回报率最高,省会城市较于直辖市次之,其他城市更低。罗忠勇(2010)通过实证分析发现,农民工的受教育程度对其收入水平的刺激较大,两者之间表现为明显的正向促进关系,且职业教育的回报率大于基础教育的回报率。徐舒(2010)通过建立均衡模型,证明农民收入水平变化与教育回报率具非常明显的连接关系。石志雷、吴为岭(2018)认为人力资本是影响农民工收入的重要因素,在市场化的方向中,技能培训的回报率较低,专业技能的回报率提升最为明显。钱水映、代书静(2018)基于CHIP流动人口数据,研究城乡人口的平均教育回报率,得出农民工的平均回报率为4.73%,而且在校成绩对于农民工的收入水平及教育回报率具有正向的积极效应,在校成绩所引起的教育回报率差异为1.69%。

通过众多学者的研究,可以得出教育人力资本对于农民收入具有非常大的影响,教育人力资本可以提升农民工自身的素质与技能,促进农民工的收入水平。随着受教育水平以及技能水平的提高,其在劳动力市场的竞争性就越大。但是这种促进作用,对于不同性别的农民工来说,促进效果是存在差异的。这说明在农民工劳动力市场上也存在性别歧视现象。

(二) 人力资本对收入的影响存在性别差异

人力资本影响劳动者的收入水平,但是其影响程度存在性别差异。李实和马欣欣 (2006) 利用 1999 年中国居民收入调查数据,采用 Brown 分解法,对不同性别的劳动者在收入方面的差异进行研究,发现性别歧视对劳动者收入水平的影响最大,影响率接近 80%,并且性别收入差异在职业内的影响可达 68%。黄志岭等 (2009) 基于 Oaxaca - Blinder 法分解工资的性别差异,结果表明女性受教育程度的提高,有助于降低她们在劳动力市场中受到的歧视程度,并表现出女性的教育回报率高于男性,这与刘泽云 (2008) 的研究结论相吻合。彭竞 (2011) 通过研究 2006 年中国综合社会调查 (Chinese General Social Survey, CGSS) 数据,得出女性的高等教育回报率高于男性,但是收入水平却低于男性。并且通过 Brown 分解发现,行业内的性别工资差异较大,行业间的性别工资差异相比较小。最后得出性别工资差异中的 25.7% 可以由人力资本特征的差异解释。张青根和沈红 (2016) 通过对中国家庭收入项目调查 (Chinese Household Income Project, CHIP) 中从事非农工作的样本数据研究,发现虽然投入的教育资本相同,但是男性与女性之间仍然存在收入差异。在劳动力市场中,男性的教育生产率远高于女性,这说明存在性别歧视。孔令文 (2018) 认为亚洲地区性别收入差距较高,且性别差异还会因为人力资本的投入程度产生差异。

通过已有文献表明,人力资本投入对农民工的收入影响存在争议,大部分学者认为教育对劳动者的收入水平具有促进作用,但是也有部分学者认为人力资本对劳动者的收入影响不显著。另外在劳动力市场中,由于性别歧视,导致不同性别的劳动者工资水平存在差异,且两者的工资差异不小。那么,仅仅只靠增加农民工群体的受教育水平与培训水平,不能根本解决这种不公平的现象,还需要根据影响因素,提出相应的对策。

(三) 人力资本对收入差异的其他影响

阶层间的差异对农民工收入水平的影响研究。黄小明 (2014) 通过对我国 1985～2012 年的农民工收入数据分析发现,在不同的阶层中,人力资本对收入的影响存在差异。刘阳阳、王瑞 (2017) 利用 1992～2009 年中国城镇住户调查数据,研究教育与人力资本投资之间的关系,通过建立教育回报的代际交叠模型,认为贫困人群的教育回报率远低于富裕家庭,导致两者收入差距较为明显。谭江蓉 (2016) 利用监测调查的数据,通过建立分位数回归模型,研究城乡群体的人力资本回报率,发现 10% 最高收入阶层的平均收入是 10% 最低收入阶层平均收入的 8.34 倍,中底层群体教育回报率较低,高层收入群体教育回报率较高。马磊 (2016) 认为通过提高劳动者受教育年限,可以提高大专及以上学历群体的数量,从而优化劳动群体质量,降低不同阶层的收入差距。

就目前关于人力资本与农民工收入研究来说,虽然人力资本投资水平对劳动者的收入水平确实存在促进作用,但是其对城镇劳动者收入水平影响较大,而对于农民工群体,其影响效果较小。由于这种阶层间的工资差异,可能会阻碍农民工群体融入城市的步伐。

三、教育对农民工城市融入的影响

(一)农民工群体融入城市的影响因素研究

我国学者刘爱玉(2012)认为目前的农民工群体的生存状态无法与城市的市民相比,现行的政策体系与户籍制度阻碍了农民工群体融入城市。郭志芳(2012)认为新生代农民工由于教育水平等原因,使得其素质技能较低,其融入城市的意愿不够强烈,农民工群体很难通过自身的努力融入城市,农民工市民化很难实现。罗恩立(2012)通过对上海的部分农民工群体样本进行研究,发现超过一半的农民工有定居城市的意愿,但其素质技能水平、社会资本、职业类型等因素影响其定居城市意愿。崔雅歌(2018)发现伴随着城市化与市民化趋势的发展,新生代农民工的城市融入问题愈渐突出,新生代农民工由于教育文化程度较低,加之企业教育组织对于新生代农民工教育的边缘性,使得农民工在城市融入方面存在诸多阻碍。王妍(2018)认为新生代农民工游离在城市与农村之间,不适应农村生活,但是由于教育与社会资源等资本的缺少,又无法真正融入城市,导致这些群体处于双重脱嵌状态。

通过这些学者的研究可以发现,在目前的劳动力市场中,农民工多数是在外地打工,对于农村仍然具有归属感,相比较定居城市,内心更加留恋家乡。他们在城市融入方面的意愿较低,仍然处于外出务工但是心系家乡的状态,在城市与农村之间往返。

(二)人力资本对农民工城市融入意愿影响研究

农民工素质偏低是当前新型城镇化进程中需要解决的问题。不能仅靠国家方面的政策指导,还需要农民工群体自身愿意融入城市。研究表明,受教育程度、技能培训情况以及社会资本等人力资本对农民工融入社会的意愿有重要影响。

人力资本促进农民工融入城市研究。张磊(2008)、赖晓飞(2008)、张非凡和周毕芬(2018)认为影响农民工定居城市意愿的主要因素是人力资本投资不足,这一原因也是农民工市民化所面临的巨大难题。张瑜(2015)从人力资本投资理论出发,运用 Logistic 模型和安徽省微观调查数据,研究新生代农民工的人力资本投资因素对其城市定居意愿的影响,发现性别因素对新生代农民工城市定居城市意愿没有显著影响,文化程度、受培训水平以及群体迁移等因素对新生代农民工定居城市的意愿影响较为强烈。徐美银(2018)和万晓凡(2018)在研究动态综述和相关理论的基础上,探究人力资本投资与农民工融入城市间的关系,通过方差分析方法,比较不同类型农民工的城市融入意愿上的差异。张和敏、吴连翠(2018)基于 CLDS2014 数据,运用多元线性回归分析人力资本对农民工城市融入的影响,得出农民工学历水平、职业培训的次数以及在城市间的流动性等因素均对农民工融入城市意愿产生影响。

人力资本对农民工群体融入城市没有明显的促进作用。段彩丽等（2016）采用问卷调查的方式研究大学生农民工融入城市的现状，提出虽然该群体普遍学历较高，但是由于相关措施不够完善，加上自身及社会的各方面原因，导致大学生农民工在融入城市的过程中陷入困境。徐礼堂、房正宏（2015）借鉴恩泽格尔的移民分析四维度模型，对新生代大学生农民工城市融入现状进行分析，认为学生农民工融入城市过程中在经济生活、社会生活、政治生活和文化心理等方面均存在不同程度的困境。其中既有来自宏观层面的固化的社会制度性因素的制约，也有中观层面的城市社会相关组织文化建设的不足，还有微观层面大学生农民工个体自身的局限性。章丽萍、王娅莉（2019）通过研究合肥市大学生农民工情况，提出大学生群体虽然拥有较高的受教育程度，但是由于户籍等一系列的原因，他们仍旧无法融入城市，孩子的教育学籍问题、城市生活的保障问题等阻碍大学生农民工融入城市的步伐。黄江泉（2019）从人力资本角度进行湖南省农民工城镇生存能力的研究，认为目前的农民工由于先天的人力资本投入不足，导致社会资本积累不够，获得异质性社会关系的机会很少，这些综合因素固化了他们社会地位的底层特征，限制农民工群体在城镇持续生存的能力。

已有文献表明，目前农民工群体由于城乡二元发展模式、户籍制度以及社会保障制度等方面的限制，在融入城市方面存在许多障碍。另外，大部分学者认为人力资本对于农民工群体城市融入具有促进作用，但是也有部分学者通过研究特定群体比如大学生农民工的现状，提出虽然教育人力资本投资较高，但是由于社会制度、自身素质、社会资本等实际因素导致人力资本对劳动者的收入水平影响不显著。农民工素质偏低是当前新型城镇化进程中需要解决的问题。不能仅靠国家方面的政策指导，还需要农民工群体自身愿意融入城市。通过以上学者的研究，可以得出教育程度、技能培训情况以及社会资本等人力资本对农民工融入社会的意愿有重要影响，人力资本投资不足会阻碍农民工进入城市发展的进程，并且会降低农民工融入城市的意愿。

（三）加强农民工融入城市意愿的途径研究

从提升农民工自身素质角度增强农民工进入城市发展的意愿。杨守玉（2014）通过对广州市230名农民工进行研究，并且运用描述性分析以及Logistic回归方法，得出受教育程度、社会资本等因素对于农民工留城倾向具有显著的影响，并且要改革户籍与社会保障制度，完善教育培训体制，提高农民工的技能素质，增大其融入城市的可能性。张建萍（2018）提出通过允许农民工参与职业培训以及改善农村地区教育资源稀缺问题，以增强农民工教育等人力资本存量，提高进入劳动力市场的薪金起点，解决融入城市过程中的各种障碍因素，促进再次流动，使得新生代农民工真正融入城市。潘晓红（2017）认为应该从社区教育的角度增强农民工的教育水平，提升该群体的文化素质、技能水平以及增强心理健康。社区教育可帮助新生代农民工在劳动力市场提升自我竞争力、实现稳定就业，还可以增强农民工的自我认同，消除认知隔阂，从而增进城市认同水平，使农民工全面融入城市。

从完善相关政策角度提升农民工进入城市发展的意愿。孙彬（2014）、李超和万海远（2018）认为要落实异地高考、严格执行相关政策对教育资本的规划以及优化学校的软硬件设施,来缩小不同阶层教育资本的差距,实现教育水平公平化,更好地减轻农民工对子女的教育公平性的忧虑,加强其留城意愿。刘洪根(2018)和江立华(2014)认为应该关注社区建设对于农民工的影响。城市社区的建设应该将农民工群体纳入其中,这样才能增强农民工的心理归属感,从而从生理及心理上融入城市。卓玛草(2017)认为应该探索一个政府主导制度供给,外在赋能,企业、社会组织与农民工相结合的农民工城市资本积累的立体式框架,从而提升农民工融入城市的就业能力、经济能力、适应能力等,推动农民工群体社会融入的能力,增强自身的身份认同感,推动农民工市民化进程。

根据以上学者的研究,可以得出影响农民工留城意愿的因素有很多,主要包括人力资本投资水平、社会资本、性别、留城意愿等自身因素,还包括户籍制度、教育公平方面的制度、福利待遇相关制度等社会因素。其中,人力资本因素对农民工群体融入城市意愿有显著的影响,所以通过研究教育、培训等人力资本对农民工的影响,再提出相应的政策建议,对促进社会公平、减小城乡二元发展具有积极的意义。

四、教育对农民工获取工作的途径影响

教育可以提升农民工工作搜寻路径。职业教育可以提高新生代农民工的技能水平,提高其自身综合素质,从而影响这些群体的职业选择,在工作搜寻的过程中也能够具有更加广阔的视野以及很多的社会资源。傲妮琪(2016)通过对河南省的新生代农民工进行研究,认为人力资本中新生代农民工的教育水平、培训、是否获得职业资格证书等因素对他们的择业行为有显著影响。樊茜、金晓彤等(2018)通过对我国11个省的农民工群体进行研究,采用Logit与Probit模型,认为受教育程度和技能培训水平的高低,会影响新生代农民工群体在工作类型、工作的稳定性以及满意度方面的选择。王春超(2010)、梁海兵(2018)提出农民工的职业选择大多为群体内通过血缘等社会资本获取就业信息,属于群体的互相选择行为,而提高教育水平,则可以帮助农民工增加社会资本,取得更多的就业信息。章元和陆铭(2009)通过对我国22个省份的农户调查数据进行观察,研究社会网络对农民工工资水平的影响,发现拥有更多的社会网络对提高农民工工资的影响较小。杨武林(2016)认为在信息化的时代,农民工群体可以从多渠道获取就业信息。李佳楠(2017)通过对于新生代农民工现状进行研究,发现农民工由于人力资本的限制,在职业选择方面并不乐观,而接受职业教育对新生代农民工群体在职业选择方面具有积极推动作用。

邓贻航(2013)通过对大学生与农民工群体就业质量进行研究,提出相较于人力资本,社会资本对劳动者的就业质量与就业信息获取的影响更为显著。李超、郗希(2017)通过对2 314份农民工调查问卷进行分析,探究人力资本、社会资本、个人特征几个方面对农民工获取工作的影响,同样认为社会资本对农民工职业获取途径的影响作用显著。戎会芹、戎会利(2016)通过对大学生农民工就业情况进行研究,认为大学生虽然普遍受教育年限较高,但是由于有自身及社会的种种原因,在毕业之后仍然不能充分就业,只能从事建筑、制造业等低端技术类工作。

已有文献表明，虽然国内大部分学者认为教育人力资本投资可以扩大农民工职业获取路径，但是仍有部分学者对此存在争议，这些学者认为教育人力资本不是影响农民工获取工作的主要因素，社会资本、人际关系等因素起主要作用。所以不仅要通过提高受教育水平促进农民工进入劳动力市场，还要提高农民工群体在社会资本、社会保障等方面的待遇。

五、总结性评述

通过研究已有文献发现，教育对于农民工在收入水平、社会融入以及工作搜寻等方面产生显著影响。教育培训对于农民工提升自身素质、提高自己的劳动技能以增加收入、更好地融入城市生活、扩大工作搜寻路径等均产生影响。众多学者对于农民工劳动力市场的研究可以总结为以下几个方面：

第一，教育对农民工的收入水平具有显著的影响作用。大部分学者通过构建相关模型，认为教育投资的增加可以提高农民工的素质技能从而增加其收入水平，且性别差异会导致工资差异。但是仍有部分学者通过对大学生农民工进行研究，认为受教育水平的提高不一定增加劳动者的收入水平。所以关于教育与农民工收入之间的关系仍存在争议。另外，在研究受教育水平对农民工收入的影响中，通常只简单地采用受教育年限这一变量，并且只使用单一的回归计量模型，没有指出不同教育阶段对不同收入阶级的影响。最后，大部分文献在进行计量研究时所收集的样本数据较小，很少有研究全国农民工的情况，这导致实证研究的代表性与随机性不够典型。加入个人特征变量、家庭特征变量、工作特征变量以及流动特征变量来考察教育对于农民工收入的影响，会更具有代表性。

第二，教育影响农民工群体城市融入情况。通过已有的文献研究，大部分学者认为受教育水平、户籍制度、身体状况以及社会资本等因素导致农民工在城市融入的过程中存在歧视，其中人力资本对农民工的城市融入影响显著，人力资本投资不足阻碍农民工城市化进程。但是部分学者通过对大学生农民工进行分析，认为教育人力资本的提高，不一定可以促进劳动者进入劳动力市场，推动其城市融入。所以教育人力资本对农民工劳动力市场进入以及城市融入存在部分争议，对于不同情况的农民工，受教育水平的提高，其在劳动力市场的竞争性以及城市融入的可能性有所差异。针对这些问题，部分学者提出通过户籍上进行渐进式改革，落实异地高考政策，严格执行法律法规对教育资本的规划，促进教育公平等策略，以促进农民工城市融入。

第三，教育对农民工工作搜寻的路径存在影响。通过对以往的文献进行研究，大部分学者认为教育人力资本提升农民工工作搜寻路径。通过提高农民工的受教育水平，该群体的自身素质、技能水平以及社会资本等都会相应提升，从而扩大其工作搜寻路径，减少其工作的搜寻成本，减轻农民工在城市寻找工作面临就业难的问题，同时增大其进入劳动力市场的可能性。但是就目前情况来看，国内关于农民工群体工作搜寻的研究较少，已有的少数研究更多关注农民工依赖社会网络的工作搜寻，未能充分地反应新生代农民工工作搜寻方式的转变。

第二节 理论基础

一、人力资本理论

（一）主要内容

18世纪中期欧洲爆发了产业革命，手工生产逐渐被资本主义机器大生产取代，科学技术和人的知识水平显现出更大的价值。一些古典经济学家开始从劳动者的生产能力出发，研究劳动者受教育水平对其生产能力提升和收入增加所起的作用。人力资本理论（human capital theory）是众多的知名学者经过长时期探索所得，其中主要的代表人物有柏拉图（Plato）、威廉·配第（William Petty）、亚当·斯密（Adam Smith）、卡尔·马克思（Karl Marx）、西奥多·舒尔茨（Theodore Schultz）、加里·贝克尔（Gary Becker）等。伟大的思想家柏拉图最早提出人力资本理论，认为通过让劳动者学习更多的知识，以及增加劳动者对技能操作的熟练度，可以提升劳动者的生产水平和社会经济的发展水平。英国古典经济学家威廉·配第进一步发展了人力资本理论，配第指出商品的质量是由劳动者生产该产品的时间长短所决定，且人的技术水平与劳动能力是正相关的。

著名的经济学家亚当·斯密把人力赋予了资本的涵义，他指出劳动力可以创造出社会所需要的一切产品，但劳动者之间有着很大的生产差距，即每个劳动者在自己的工作岗位上或多或少地存在着生产产量和效率的差别。只有提高劳动者的教育水平和使其受到长时间的训练，才能使其符合企业的用工需求，被企业所需要。斯密指出，社会经济的发展主要表现在国家资产的增加上，而国家资产的增加主要体现在两个方面：一是劳动者人数大量增加。二是通过使劳动者进行长期的训练，提高劳动者的生产量。李嘉图也为人力资本理论的发展增添了重要的理论基础，他明确指出商品质量的好坏是由劳动时间的长短所决定。

西奥多·舒尔茨于1960年首次提出人力资本理论。他提出人力资本的增加可以促进社会经济的增长，将时间作为一种要素纳入到人力资本中去，提出时间就是财富的观点。贝克尔的研究使人力资本理论的发展上升到一个关键性的层面。同时，贝克尔使用数学分析方法将与经济学不相关的现象与经济学结合起来，为人力资本的进一步发展做出了重要贡献。在众多知名学者的共同努力下，人力资本理论逐渐发展成为经济学的一门分支学科，为企业治理、教育的发展和劳动力市场的运行奠定了理论基础。

人力资本和物质资本间相互配合、相互作用，共同形成了我们通常意思上所指的资本的分类。在经济生产活动中，一方面要求增加物质资源的投入，增加商品的产量；另一方面要求加强对人的培训，提高人们的整体素质和能力水平，以促进生产力的提升。随着人力资本理论的逐渐完善，各学者在问题研究中引入人力资本理论作为理论支撑，如"应试教育"问题、"人才外流"问题、农民工教育问题等，都得到了很好的解释。我国部分学者把人力资本理论运用在人才振兴的研究上，人才振兴战略的实施通过培训人才和吸引人才两种方式来实现，其中人才培训是要加强人力资本的投入，做到物质资本和人力资本的融合发展。

（二）简要评价

第一，教育人力资本制约着农民工群体在市场上的就业状况。农民工经过教育和培训，技能水平和工作熟练度才能得到提升，才能拥有更多的人力资本，更加适应劳动力市场的需求。教育人力资本投资的增加，既是提升劳动生产力水平、提高国家经济实力的需要，也是整个国家长期繁荣昌盛、安定和谐的重要保障。物质和人力资本之间有很大的区别，物质资本是企业生产投入的基础，它无法为企业创造更多的财富，而人力资本却是更加高收益的支出。一个企业想要获得更高的收益，必须要加大人力资本的投入力度，通过人力资本来带动产量。

第二，人力资本理论反映了农民工的生产能力可以通过后天的培训得到增强。人与人之间由于遗传基因的不同，导致每个人的智力水平、接受知识的能力和学习能力之间产生了一定的区别，很多人认为人的能力水平受到智力高低的影响，智力水平偏低的人的劳动生产能力一定低。但人力资本的提出使人们认识到，教育和培训对人生产能力的提升起到关键性的作用，人们通过花费一定的金钱和时间来加强对自己的投资，提升其整体素质和适应社会的能力，从而获得更多的选择机会。政府和社会在促进自身进步的同时，也需要为广大劳动力提供能够学习的机会。

二、劳动力市场分割理论

（一）主要内容

以往的经济学家大都认为劳动力市场处于完全竞争状态，但随着时代的快速发展与进步，传统经济学家在研究中逐步认识到，劳动力市场不是完全竞争，而是处于分工状态。英国著名的经济学家约翰·斯图亚特·穆勒（John Stuart Mill）与约翰·梅纳德·凯恩斯（John Maynard Keynes）在其研究中涉及了劳动力市场分割理论（labour market segmentation theory）。他们通过对劳动力市场运转规律的分析，发现劳动力市场处于非完全竞争的状态。在前人研究的基础上，林格尔（Ringel）和皮奥里（Pioer）详细地解释和分析了劳动力市场分割理论。劳动力市场分割理论认为劳动力市场并非是一个整体，而是被分割成了许多个不同级别不同类型的小市场，且每个小市场都是一丝不变的，人们一旦进入到某个市场中就很难再转移到另一个市场中。

该理论中最具有代表性的是双重劳动力市场理论。两个市场间存在很大的差别。在一级劳动力市场中，公司工资水平高，待遇好，企业运行机制完善，公司管理制度完善，工人晋升机会较多；而二级劳动力市场中的个人情况则相反，无论是待遇、环境、稳定性都差于一级市场。一级和二级劳动力市场中工人间有较大的差距，主要是因为各市场间企业的级别和类型不同，因此，也对劳动者的质量提出了更高的标准。一级劳动力市场中，有许多大型企业，多为技术型企业。工人的工资是由工人的阶级地位决定的，因此工人很容易获得更高的工资；二级市场中主要集聚一些小型企业，从事生产的主要是一些社会地位低下的穷苦人民，劳动力的工资是由阶级地位和劳动力的供求关系共同决定的，所以二级市场中工人的工资普遍偏低。

劳动力市场的划分容易被产品需求和差别待遇所左右，从而影响农民工的市场需求量。企业在不同的市场背景下会选择投资不同的方向，在产品市场需求稳定的情况下，企业多会选择在重工业部门增加投资，此时企业对劳动力的需求减少，更倾向于对技术设备、机器的需求；在产品市场需求波动大的情况下，企业则会减少资本的投入量，重点发展对劳动力需求大的产业，从而增加了劳动力的需求量。同时，歧视也是形成劳动力市场分割理论的重要因素，一些农民工劳动者被贴上低人一等的标签，长期只能在二级市场上从事工作，使得他们在岗位的选择上受到限制，但并不是由于这些工人的能力低下，主要是因为歧视所导致。一级市场中的企业雇佣者在招聘工作人员时，更加关注其与已就业者之间具有相容性，由此导致了歧视的产生。

（二）简要评价

第一，劳动力市场的划分造成了城镇和乡村居民的收益不均。由于劳动者的户籍不一、城镇和乡村居民地位差异、社会福利制度的差别，使得城市劳动力市场和农村劳动力市场的统一状态被打破，劳动者无法在两个市场间自由转移。各地区劳动力市场的差别冲击了劳动者生活中的方方面面。城市劳动力主要集中在事业单位、政府部门等一些正式岗位，这些岗位受到政策的保护，收入有一定的保障。而农村劳动力市场中劳动力处于游离状态，部分受教育程度高的农民工选择外流到城市劳动力市场，部分受教育程度低的农民工选择留在农村劳动力市场。农村劳动力市场主要集中于非农产业，而非农产业由于自身发展落后，加上受到的政策及社会保障少，发展速度缓慢。因此，城乡劳动者在收入层面产生了明显的差异。

第二，受教育程度对工人的工资具有决定性的影响。由劳动力市场分割理论可知，教育程度并不能完全反映出一个人的真实能力，工人是否接受教育只是雇主选择工人的一个参照物。受过教育和培训的劳动力被认为更具可塑性，而受教育程度较低的劳动力被认为没有培训的潜力，这是企业在选择人才时的一个判断标准。而受教育程度高的农民工由于身份地位受到歧视，虽然他们各方面的能力不低于甚至是高于城市劳动者，但也只有少数一部分人有机会进入到一级市场。剩下的劳动者尽管接受过教育和培训，但依然只能进入第二市场，与教育程度低的劳动者同工同酬。

第三，劳动力市场分割使劳动者的教育呈现出特殊性。打破了教育具有生产性作用的说法，教育被认为是提高生产者生产质量的有效途径，被教育者通过参加培训能够提高其生产能力，受教育程度越高的人获得的收入就越高。在劳动力市场处于分割状态的背景下，教育水平、技能水平和收入水平三者不呈正相关。在农村劳动力向城市流动时，教育的作用表现得较明显，体现在受教育水平高的人更有机会转移到城市劳动力市场，但仅仅有很少的一部分农村劳动力有机会进入到一级市场。然而，对于城市的劳动者来说，无论受教育程度是高是低，彼此间的工资水平都没有太大的差距，除了工资之外，不同教育程度的劳动者所获得的福利待遇也是一样。教育对人自身和社会发展的影响都是不容忽视，但劳动力市场分割打破了这一现象。因此基于我国人力资本缺乏的现状来看，其有较大危害。

三、劳动力市场歧视理论

（一）主要内容

整个社会中存在各种各样的歧视，但劳动力市场的歧视给广大劳动者带来的影响更加深远。社会各界对"歧视"一词下的定义有很多种，但最具有代表性的是国际劳工组织对"歧视"一词的界定，是指劳动者基于种族、肤色、性别、民族、血统和社会身份等非经济性个人因素，遇到被取消或者影响获得其平等就业机会和工资报酬的待遇。劳动力市场歧视是指在劳动力市场中，某些劳动力因为一些非个人因素，如性别、种族、年龄、区域等，而在劳动方式和劳动待遇上遭遇了不公平待遇，使得他们无法与其他具有相同能力的劳动者同工同酬。

米达尔（Myrdal, 1944）最先将劳动力市场歧视的观点纳入到经济学的范畴，他认为在白种人对黑种人的抵制措施中，黑人是受害方，由于黑人本身的文化背景和社会地位，使得白人对其的歧视程度更加严重，黑人的工资待遇和生活水平大大降低。贝克尔（Bencker, 1957）是著名的经济学家，他首先建立了一个模型来解释劳动力市场的歧视理论。他将歧视看作是一种偏好，把歧视的成本货币化，构建偏见模型，分析出劳动力市场歧视的存在，使得市场中的歧视者和被歧视者的经济效益都受到了损失。贝克尔关于市场歧视的假设以及雇主也遭受经济损失的观点虽然遭到一定的质疑，但他的分析方式为后面研究劳动力市场歧视理论的学者指明了研究方向。布莱克（Black, 1997）、费尔普斯（Phelps, 1972）在信息经济快速发展和信息不对称等因素被引入到劳动力市场歧视理论的背景下，研究得出对劳动歧视现象解释的三条路径：歧视偏好、市场分割和信息成本。劳动力市场歧视理论在众多学者探索下变得越来越丰满和成熟。

劳动力市场歧视理论可分为以下三类。第一，个人偏见歧视中雇佣者和被雇佣者之间有着不同的认识和选择标准。正是因为个人偏见的存在，才带来了不同种类的歧视。根据雇主歧视理论，歧视妇女的雇主旨在最大限度地发挥效用，而不是最大限度地提高经济效益。雇员歧视是指一个雇员对另一个雇员的歧视，通常表现为高层次人群对低层次人群的歧视，即不愿意与低层次的人在同一个岗位工作。这种现象会迫使雇主减少对低层次工作者的雇佣，以留住高素质的员工。顾客歧视是消费者对雇员的歧视，如有的顾客在不同场合会希望有不同的职员为自己提供服务。第二，统计性歧视，是指雇主将先前雇佣的职工的某些缺点强加到类似应聘者的身上而引发的潜在歧视现象。统计性歧视虽然在有些情况下会帮助雇主利用群体信息挑选到优质的员工，但在有些情况也会导致雇主因为一些偏见而失去有能力的雇员。例如企业会拒绝某些有能力和上进心的女性职员,而接受某些生产率低下的男性职员,这对企业的发展很不利。第三,非竞争性歧视理论的前提是劳动力市场处于非完全竞争的状态,个别生产商支付给员工的工资对其他生产商支付给员工的工资有影响。

(二) 简要评价

第一,就业市场对农民工表现出的歧视程度已逐步得到缓解。农民工是一种具有中国特色的劳动群体。农民工就业市场相关问题的出现始于1984~1988年政府颁布的《1984年农村工作通知》《关于农民进入城镇落户问题的通知》等一系列政策。"允许流动"政策下农民工大量涌入城市,给城市的交通、住房、就业岗位等都带来了巨大的压力。1989~1991年,政府被迫出台了一系列减少农民工迁移的文件,这些文件一定程度上起到了抑制迁移的作用。虽然之后农民工就业市场歧视问题得到了国家的重视,并采取了一系列措施控制农民工市场歧视现象,但由于城市就业岗位有限以及歧视思想的存在,使得这些措施并没有取得应有的成效,农民工就业市场歧视问题依然大量存在。因此,农民工歧视问题需要提上国家议程,受到政府和社会的广泛关注。

第二,就业市场对农民工的歧视严重威胁了农民工的生存和发展。农民工就业歧视主要是指农民工在求职时,因为性别、居住地、社会地位等非个人因素,而无法获得与城市居民平等的就业机会和待遇的现象。农民工在就业市场上遭遇到的歧视主要表现在两个方面:一是在不同的职业里农民工的工资待遇最低、工作环境最差;二是在同一职业中,与其他职工相比,农民工的工资待遇最低。农民工市场歧视现象的存在,使得农民工多从事一些"脏、累、差"类工作,且雇主只为很少的一部分农民工缴纳社会保险,导致农民工收入低下、生活没有保障,无法解决一家人的生计问题。

第三,劳动力市场歧视的长期存在打破了平等的社会秩序。农民工群体在我国占据最大的份额。农民工的问题应放在国家发展的重要位置,应该加快形成统一、公平的劳动力市场,让每个劳动者都有权利决定自己的职业,有平等选择职业、公平竞争工作岗位的机会,有在劳动力市场上自由流动的机会。政府和企业要努力做到以下几点:一是实施就业信息公开制度,让农民工有公平参加岗位竞争和展示自己工作技能的机会。二是建立农民工最低工资标准,政府应出台相关的政策,把农民工的工资提高到合适的水平,为其基本生活提供保障。三是既要通过加大对劳动者在技能上和知识上的重复训练,让劳动者掌握工作技能,迎合企业雇佣者的要求,也要注重给农民工搭建平台,抓好实用技能技术培训,让农民参与到实体经济生产经营中来,培养更多有文化、有技术、善经营、会管理的新型职业农民,增加农民工的就业机会。

四、人口迁移理论

(一) 主要内容

著名经济学家威廉·配第(William Petty)最先从经济发展的视角解释了人口迁移的动机。他指出,农民工为缩小城乡居民的收入差距,更倾向于放弃本职务农工作转移到工业部门、建筑业部门，或者选择到大城市经商。英国学者拉文斯顿（G. E. RAvensteln）首先从人口统计学的范畴分析了影响人口流动的因素，并对人口的流动规律进行了深入的探究。西方学者对于人口迁移理论研究的较为透彻，其中有几种影响较大的人口迁移理论，对研究劳动者的迁移起到了很好的解释和引导作用。

唐纳德·博格（Donald Borg）是推拉理论的创始人。博格认为，随着西方工业革命和各国工商业的迅速发展，不同的部门出现了更多的工作岗位，为移民提供了大量的就业机会，这是一种吸引力。以务农作为主营收入的农民，在机器生产大规模运用到农业生产中的大背景下，大量的农村劳动力失去了就业的机会，被迫迁移到城市寻找就业机会，这对于农村劳动力来说是一种推动力。推拉理论指出，城乡人口迁移的推动力与吸引力彼此相信、相互制约。这种推动力还包括农村落后的生存环境、过剩的劳动力以及匮乏的自然资源；而吸引力还包括城市较高的生活水平、收入水平以及教育水平等。

著名的人口学家斯达科（Starko）提出投资—利润理论。根据这一理论，劳动力在迁移过程中会付出一定的成本，也就是说，劳动力迁移是一种投资。与此同时，劳动力在迁移的过程中会遇到较好的工作机会、较高的收入，这可以看作是在迁徙过程中得到的收益。投资成本主要包括农民工迁移到城市而丧失的一些就业机会、存在精神压力以及造成家庭的不和睦等。赚得的利润主要包括享受到更高的工资标准、优质的生活条件、高质量的教育以及更多的选择权等。人口迁移前需综合考虑投资成本和获得利润的比例，如果在利润远远大于投资的情况下，迁移者就可以做出迁移的决定；如果迁移成本高于所得利润，他就不会选择迁移。任何的劳动者在做出工作选择时，首先考虑到的都是收益问题，这也为学者们的研究奠定了基础。

随着社会的发展，唐纳德·博格和斯达科的人口迁移理论已经无法适应发展中国家城镇失业人数增加且农村人口大量涌入城市的实际情况，于是美国著名的经济学家托达罗（Tedaro）在此基础上提出期望收入理论。托达罗指出，劳动力之所以有转移的意向是因为他们期望自己能够获得更高的收入，其中应该考虑的主要原因是劳动者在迁入地是否能够获得工作机会和平等的工资水平。若城乡差距过大，城市劳动者的收入是农村劳动者收入的六倍，即使此时农村劳动者在城市的就业率很低，一些农村劳动者仍然愿意向城市迁移，因为此时他们心中城市的"期望收入"已经大于在农村务工的实际收入。

（二）简要评价

第一，我国存在着大量的农民工迁移到城市务工的现象。这是由劳动力流动目标地即城镇有更多的就业机会和优惠政策而引发的。我国的城镇和乡村地区间居民的工资水平、居住环境以及文化水平有着实质性的差别。一些改革政策和发展政策首先使我国大中型城市迅速发展，其中一些城市已经达到国际化的发展水平。大城市首先是人口聚集地，其人口数量要达到50万以上，其次城市的发展需要大量的劳动力。因此，城市岗位的空缺需要人口与劳动力来填补；城市的优越生活和大量机遇吸引着务工者，形成了一种拉力。另外，乡镇农民的主要工作是耕种田地，在自然资源相对匮乏的情况下，很容易产生农村劳动力剩余。虽然近年来，有些企业迁至农村以及农民工回乡创业现象的出现，一定程度上减缓了农民工城乡的流动，但是推拉作用还将推动着农民工的城乡流动。

第二，受教育程度高的农村人口迁移率较高，不利于区域教育的协调发展。教育是增加人力资本的关键手段之一，为人力资本投资提供了捷径。当前从我国农村劳动力的流动情况上看，可以初步认为外流者的知识和能力水平偏高。接受教育年限长的劳动力偏向于流动到发达地区，为发达地区带来了更多的高素质人才，在一定程度上利于发达地区进一步的发展。受教育程度高的劳动力大量流入，提升了发达地区劳动力的平均水平，为其输入了更多的人才。但相对于人口迁出地来说，大量的受教育程度高的劳动者迁移出去，在一定程度上降低了迁出地政府教育投入的积极性。

第三，教育发展的差别对劳动者的迁移方向有一定的指导作用。农村劳动力从迁移的空间动态上看有两个主要特点：一是在同一区域内乡村和城镇之间的迁移；二是从中西部相对落后地区向东部沿海地区跨省市的迁移。人口迁移的意图在于获得更多的工作机会。同时，由于区域教育力度和劳动者个人学习投入度的提升，流动人口的数量也在逐渐增加。随着国家教育经费投入的增加，国民的受教育水平也在逐步上升，受教育程度直接决定人口迁移的地区和人数。一些接受教育的劳动者对工作岗位有着较高的要求，他们希望在自己喜欢的岗位上实现自己的价值，为了找到自己满意的工作也不惜迁移到更远的地区。

五、总结性评述

第一，人力资本的投入应该有社会各界的共同参与。随着我国当前社会和现代信息技术的蓬勃发展，社会对劳动力的质量提出了更高的标准，因而加大对劳动者的教育投入也显得格外重要。要全面提升劳动力的素质和能力，仅仅依靠政府的力量是远远不够的，企业、社会以及劳动者自身都应该尽自己所能发挥自身的价值，共同为人力资本的提升做出贡献。在劳动力市场竞争日益增强的情况下，各类劳动者只有不断接受有益的教育和培训，才能防止被社会所淘汰，以增加工资收入，提高生活水平。企业作为劳动力的需求者和利益的获得者，在劳动力教育方面应该采取积极的行动。同时，政府也应积极发挥主导作用，通过实行一系列有效措施强化人力资本的正向作用，如增加教育经费、延长受教育年限、为农民工提供免费的上岗培训等，为劳动力提供公平的就业环境和平等的就业机会。

第二，劳动力市场的划分导致了农民工难以获得工作机会。公平是衡量一个社会是否进步的根本条件，也是市场获得进步的关键要素。农民工群体拥有勤奋、勤劳、踏实肯干的精神，但他们易遭受不平等和歧视，社会缺少让他们能够付出热血的岗位。社会给予农民工更多的理解，更要为他们能够获得平等的机会而努力。为缓解农民工劳动力市场的不公平现象，政府应该发挥主导作用，出台相应的规章制度对农民工劳动力市场的不公平行为进行约束和规范，为劳动者创造公平的就业环境，提高劳动者的就业积极性。同时，要建立社会福利制度，使城乡职工待遇统一，促进城乡的共同发展，减少对农民工的歧视。目前，农民工阶级的受教育程度以及劳动技能都在大幅度提升，他们有能力胜任某些岗位，当然前提是有平等就业的机会。

第三，农民工在其生活、就业等各个方面不具有主动性。我国劳动力市场歧视分为以下几类：一是性别歧视，主要表现为企业在招聘职工时总是以这样或那样的借口拒绝招聘女性职员，即使是有机会入职的女性职员，在工作中与男性职员相比升职机会较少。二是年龄歧视，如在一些招聘中明显标注只要22~28岁的女性。随着教育水平的提高，大学毕业生的数量增加，一些高学历的毕业生由于其出身于不同"户籍地"，在就业上也遭遇到区别对待，出现大学生农民工的现象。因此，只有依靠政府、社会和公民团体的共同努力，才能有效地减轻农民工在市场上遭受的不平等待遇，才能有效促进劳动力市场的可持续性发展。将劳动力市场的公平纳入法律监管范围，对歧视现象予以惩罚措施。加大消除对农民工歧视的宣传力度，让每个人心中真正树立起劳动光荣的信念。通过大众一点一滴的努力，逐步打造出光明的劳动市场。

第四，人口迁移为劳动者的生活创造了更多的可能性，促进了社会的进步。劳动力的跨区域流动，在一定程度上给予了劳动者自由选择工作的权利，一直以来，城乡户籍制度差异的存在使农民工受到差别对待，大量的农民工在被差别对待的压力下难以获得平等入职的机会。人口迁移模式下，农民工获得外出务工的机会，取得了平等选择职业的机会，加强了城乡之间的交流，从一定程度上减弱了歧视的程度。农民工在农村劳动力市场主要以务农为主，加上一些非农产业效益低，人们更加倾向于迁移到城市地区，以获得更多就业机会，为生活带来了更多希望。人口迁移是一种新的趋势，人口迁移模式的纵深发展，有助于农村劳动力融入到城市，形成统一、公平、开放的劳动力市场，促进社会的发展。

第三章

农民工的制度历史变迁

第一节 我国农村剩余劳动力转移的政策变迁

改革开放四十年来,我国政府对"农民工外出务工"的政策大致上经历了从控制流动、允许流动、限制流动、允许有序流动、公平流动以及鼓励返乡创业的转变过程,这一政策变迁的过程影响着农村剩余劳动力的转移。本节通过梳理中共中央及国务院等政府部门颁布的有关农村剩余劳动力转移问题的社会政策,总结处于不同社会背景下政府对"农民工外出务工"问题的态度。深入研究国家对农民工流动政策转变的原因,并进一步分析农村剩余劳动力的转移是怎样随着政府政策的变化而展开,这一研究对于促进我国城镇化水平的发展和农民工的合理流动都具有重要意义。

一、1978~1983 年:"控制流动"政策下的农村劳动力转移

随着农村家庭联产承包责任制改革的推进和深入,农村剩余劳动力问题日益凸显,从农村的农业劳动中释放出来的很多剩余劳动力需要转移到其他产业中去。对于他们而言,可以选择的方式主要包括两种,第一种是"离土不离乡",即他们去家乡所在的县城务工,就地转移到当地企业中去;第二种是"离土又离乡",即他们选择去外地,跨地区转移到其他的城市务工。考虑到风险的因素,大部分农民会选择第一种方式。同时,政府积极鼓励农民就地转移,而对农民工跨地区转移采取严格控制的态度。"控制流动"政策下农村剩余劳动力转移的重心是控制流动的范围。1978~1983 年,政府实施的"控制流动"政策按时间顺序整理如表 3-1 所示。

表 3-1　　　　　　　1978~1983 年的"控制流动"政策

时间及颁发主体	文件名	主要内容
1981 年 10 月 17 日 中共中央、国务院	《关于广开门路,搞活经济,解决城镇就业问题的若干决定》	通过积极发展社队企业,吸纳农村剩余劳动力,尽量就地转移。城镇企业要尽量减少使用农村剩余劳动力,进一步清退城市企业中来自农村的计划外用工

续表

时间及颁发主体	文件名	主要内容
1981年12月30日 国务院	《关于严格控制农村劳动力进城做工和农业人口转为非农业人口的通知》	积极引导农村剩余劳动力留在乡村，鼓励他们搞多种经营。严格控制各企业从农村中招工的数量，不允许城镇集体企业从农村中招工，不允许城镇的学校从农村招生。全面清退各企业中的农村劳动力

我国在这一时期实施"控制流动"政策有其深刻的社会背景。由于在农村地区率先实施家庭联产承包责任制，一方面农民在完成承包地的农业生产活动后有了剩余的闲暇时间，另一方面农民也开始拥有部分可支配的财产，这是农民外出务工的前提条件。城市招收大量的建筑工人，从而吸引农民进入城镇就业。然而，在改革开放初期，大批知青刚返回城市，如果这时让大量的农民工进城，会大大增加城市的就业负担。1981年，国务院先后颁布《关于广开门路，搞活经济，解决城镇就业问题的若干决定》和《关于严格控制农村劳动力进城做工和农业人口转为非农业人口的通知》，要求农村剩余劳动力就地转移，全面清退企业中的农村劳动力。农村劳动力可以就地自由转移，与改革开放前政府禁止农民从事一切非农业生产劳动相比，政府对农民的就业政策有了一定程度的松动。

二、1984～1988年："允许流动"政策下的农村劳动力转移

本地乡镇企业虽然可以吸纳部分剩余劳动力，但远远不能满足农村剩余劳动力就业的需要，还有很多的农村劳动力需要另找去处。而这些剩余劳动力在经过最初的观望后，下定决心远出务工赚钱的人越来越多，但仅靠政策难以充分限制这种自发的劳动力流动态势。于是，在"流动控制"政策下劳动力转移的初级阶段就出现了这样的现象，一方面是政府严格控制农村剩余劳动力进入城镇，反复清退农村的计划外用工，另一方面则是进城的农民数量不但没有减少反而有所增加。农村劳动力转移量从1978年的190万人增加到1983年的535万人。与此同时，城市的就业压力有所缓解，这促使政府从20世纪80年代中期开始放松对农民进城的限制。国务院于1984年颁布《关于农民进入集镇落户问题的通知》，允许农民工在城市有固定的住所，或者在事业单位长期务工的农民工迁入城镇。1984～1988年，政府实施的"允许流动"政策按时间顺序整理如表3-2所示。

表3-2　　　　　　　1984～1988年的"允许流动"政策

时间及颁发主体	文件名	主要内容
1984年10月13日 国务院	《关于农民进入集镇落户问题的通知》	只要在城市有固定的住所，或者在事业单位长期务工的农民工，公安部门应准予他们迁入城镇

续表

时间及颁发主体	文件名	主要内容
1986年7月12日 国务院	《国营企业招用工人暂行规定》	各企业需要招用工人时,应当向全社会公布招工简章,凡是符合条件的人员,都可以报考
1988年7月15日 劳动部、国务院贫困地区经济开发领导小组	《关于加强贫困地区劳动力资源开发工作的通知》	各部门和劳动服务公司要主动向农村的待业人员提供信息,健全工作信息网络。国营企业要主动吸纳部分贫困地区的剩余劳动力,鼓励大中型企业与农村贫困地区建立长期联系

《关于农民进入集镇落户问题的通知》的公布,表明限制农村劳动力向城镇流动的政策发生实质性的变化,农村劳动力向城镇转移进入了快速增长的阶段,允许农民工迁入城镇,可以看成是国家对农民工进城这一事实的承认。1984~1988年,在国家政策的指导下,各乡镇企业快速发展,农村劳动力转移的数量大幅度增加。这一时期,政府对农村劳动力转移政策的转变有如下几个原因,一是农民生产效率大幅度的提高,促进了农副产品的生产,这为农村剩余劳动力的转移提供了物质基础;二是城市的就业压力有所下降,这为进城务工的农民提供了大量的就业机会;三是由于农村土地承包责任制的兴起,一方面消除了农民的农业劳动力自主流动障碍,另一方面使农民获得了自主流动的物质资本。

三、1989~1991年:"控制盲目流动"政策下的农村劳动力转移

由于1984~1988年,政府对农村劳动力转移实施宽松的政策,使大量的农村劳动力进入城市,农村剩余劳动力涌入城市。随着通货膨胀等问题的出现,国家开始实施紧缩性的政策,政府对基础建设等工程的投资大幅度下降,并实施紧缩性货币政策和财政政策,生产产品数量大幅度下降,企业所需的劳动力数量也相应减少,导致各企业能提供的就业机会下降,使得劳动力可以转移的范围缩小。鉴于这种状况,国家先后颁布《关于严格控制民工外出的紧急通知》和《关于进一步做好控制民工盲目外流的通知》,控制农民工盲目外流,鼓励农民工就地转移。该时期实施的"控制盲目流动"政策,按照时间顺序整理如表3-3所示。

表3-3　　　　　　　　1989~1991年的"控制盲目流动"政策

时间及颁发主体	文件名	主要内容
1989年3月2日 国务院办公厅	《关于严格控制民工盲目外出的紧急通知》	各级政府要做好控制农民工盲目外流的工作,交通部门要做好盲目外出农民工的返乡工作。新闻媒体要做好宣传工作,鼓励农民工在本地工作
1989年4月10日 民政部、公安部	《关于进一步做好控制民工盲目外流的通知》	解决好农村剩余劳动力问题,对因生活困难而外出的农民工,当地政府要妥善安排好他们的基本生活

续表

时间及颁发主体	文件名	主要内容
1990年2月 国务院办公厅	《关于劝阻民工盲目去广东的通知》	通过广播和电视等媒介，向广大人民群众说明广东目前不向外省招工的真实情况。有关地区的人民政府要安排好他们的返乡输运工作
1991年10月24日 民政部	《关于进一步做好劝阻劝返外流灾民工作的通知》	通过运用行政、经济和法律等手段来阻止灾民外流。当地政府要做好外流灾民返乡的工作

在这一阶段，中央出台的《关于严格控制民工外出的紧急通知》和《关于进一步做好控制民工盲目外流的通知》政策与以前的控制流动政策有很大的不同，在计划经济时期，严格禁止农村剩余劳动力自发的流入城市，在改革开放初期，政府则要求严格清退城市企业中来自农村的计划外用工，"控制盲目流动"政策也不是对1984~1988年实施的"允许流动"政策的根本性颠覆。"控制盲目流动"政策中并没有提到关于农村剩余劳动力能不能流入城市的问题，而是在当时的实际经济情况下，在继续保留准许农村剩余劳动力流入城镇的政策基础上，着力解决农村剩余劳动力如何更有效转移的问题，以避免农村剩余劳动力盲目流入城市。

四、1992~2000年："规范流动"政策下的农村劳动力转移

经济特区的设立促进了东部沿海地区的发展，再加上我国存在大量廉价的劳动力，吸引大量的国外投资者进入我国的东部沿海地区，其兴办的企业为我国劳动力提供大量的就业岗位，从而为农村劳动力的流动创造了更宽广的范围。随着城市经济的快速发展，城乡差距进一步扩大，促进大量农民工涌入城市。为了引导农村剩余劳动力有序流动，国务院颁布《关于加强流动人口管理工作的意见》，提出实施统一的流动人口就业证和暂住证制度。这一阶段的政策主要采取的措施包括以下两个方面，其一是放松对小城市户籍制度的监管，鼓励农村剩余劳动力就近向小城市流动，其二是引导各地区办好进城务工劳动力的居住政策和规则，以促进农村剩余劳动力有序的转移。1992~2000年，政府实施的"规范流动"政策按时间顺序整理如表3-4所示。

表3-4　　　　　　　　1992~2000年的"规范流动"政策

时间及颁发主体	文件名	主要内容
1993年11月14日 中共中央	《关于建立社会主义市场经济体制若干问题的决定》	将合理配置人力资源作为改善劳动力市场的重点。在城市创造更多的就业岗位，来吸纳农村剩余劳动力就业。引导农村剩余劳动力有序向非农产业转移
1993年11月3日 劳动部	《关于印发〈再就业工程〉和〈农村劳动力跨地区流动有序化——"城乡协调就业计划"第一期工程〉的通知》	在主要的农村劳动力输入和输出地区，鼓励发展为劳动力流动服务的机构，在农村劳动力主要输入地区，要积极建立健全劳动力需求信息网络库，在主要输出地区，要建立健全剩余劳动力资源信息库

续表

时间及颁发主体	文件名	主要内容
1994年8月8日 劳动部	《关于促进劳动力市场发展、完善就业服务体系建设的实施计划》	引导农村剩余劳动力有序流动。通过加强市场引导和监督管理,使农村剩余劳动力能够合理、有序的转移,并通过农村劳动力流动有序化工程探索市场组织管理的办法
1994年11月17日 劳动部	《农村劳动力跨省流动就业管理暂行规定》	要求做好流动就业证的印制与发放的具体安排
1995年9月19日 国务院办公厅、中共中央办公厅	《关于加强流动人口管理工作的意见》	鼓励农村剩余劳动力就地转移。实施统一的流动人口就业证和暂住证制度。对跨地区就业提供服务的中介机构由劳动部门统一管理
1997年11月25日 国务院办公厅	《关于进一步做好组织民工有序流动工作的意见》	引导农村剩余劳动力就地转移。将农民工流动的管理服务工作纳入劳动力市场的建设之中。完善并实施流动就业凭证管理制度
1998年10月20日 国务院办公厅	《关于做好灾区农村劳动力就地安置和组织民工有序流动工作的意见》	做好灾区农村剩余劳动力就近吸收的工作,引导农民工有序流动。防止灾区农村劳动力盲目外流
1998年10月14日 中共中央	《关于农业和农村工作若干重大问题的决定》	通过大力支持和发展乡镇企业,转移农村剩余劳动力。开拓农村的就业门路,引导农村剩余劳动力合理有序流动
2000年1月17日 劳动和社会保障部办公厅	《关于做好农村富余劳动力流动就业工作的意见》	在劳动力输入、输出较多的地区要分别开展外来农村劳动力需求或本地农村劳动力外出的统计分析和预测

《关于加强流动人口管理工作的意见》的出台,表明国家对农村剩余劳动力转移的态度发生了变化,国家不再仅仅使用行政手段,而是通过制定新的制度,通过法规来鼓励和引导农村剩余劳动力有序流动。在规范流动政策的引导下,从1992年起,我国农村剩余劳动力流动越来越有序。在这一时期的农村剩余劳动力流动呈现出以下两个特征,首先,"外出务工"是农村剩余劳动力流动的主要形式,在2000年的全国农村剩余劳动力转移人数中,外出务工就业的比例超过60%。其次,农村剩余劳动力转移的速度有所放缓。1996年后,一方面,政府实施从紧的政策来应对经济过热,这在一定程度上减少了工作岗位;另一方面,国有企业改革,产生了大量的城镇下岗工人,这一时期的城镇工人就业压力大,大大限制了农村剩余劳动力的转移。

五、2000~2016年:"公平流动"政策下的农村劳动力转移

进入21世纪后,全国人民的生活水平不断提高,经济总量仍然保持快速增长,但粗放式的经济增长模式、城乡二元经济结构,使包括民生在内的一些问题开始凸显出来,由广大低技能和低工资的农民工维持的低成本优势也受到全球化的挑战,农民工

在城市中遭遇歧视和不公平的待遇问题越来越引起大家的关注。为了缩小城乡之间、不同群体之间的收入差距，促进社会公平，国务院提出了科学发展观，将"三农"问题作为党的中心工作的重心。坚持以人为本，进一步强调民生问题。国务院于2006年颁布《国务院关于农民工问题的若干意见》，要求消除对农民工进城务工的歧视性政策，保障广大农民工的合法权益。在这一时期，中央政府出台的一系列"公平流动"政策按时间顺序整理如表3-5所示。

表3-5　　　　　　　　　　2000~2016年的"公平流动"政策

时间及颁发主体	文件名	主要内容
2001年3月30日 公安部	《关于推进小城镇户籍管理制度改革的意见》	对于有固定的住所和稳定收入来源的人员，本人可以申请办理城镇常住户口
2003年3月20日 劳动和社会保障部	《关于农民工适用法律有关问题的复函》	凡与用人单位建立劳动关系的农民工（包括农民轮换工），应当适用《劳动法》。发生工伤事故的，应适用《企业职工工伤保险试行办法》
2003年12月25日 财政部、劳动和社会保障部、公安部、教育部、人口计生委	《关于将农民工管理等有关经费纳入财政预算支出范围有关问题的通知》	将对于农民工的治安管理、计划生育、劳动就业和农民工子女教育等有关经费，纳入当地政府的财政支出范围
2005年2月7日 劳动和社会保障部	《关于废止〈农村劳动力跨省流动就业管理暂行规定〉及有关配套文件的通知》	废止限制农村剩余劳动力流动的相关政策规定
2005年4月18日 劳动和社会保障部、建设部、全国总工会	《关于加强建筑等行业农民工劳动合同管理的通知》	各企业在招收农民工时，应当依法与农民工签订劳动合同，并向所在地区的劳动保障部门进行备案。在签订劳动合同时应当遵循平等自愿的原则
2006年1月31日 国务院	《国务院关于农民工问题的若干意见》	通过消除对农民工进城务工的歧视性政策，使他们与城市职工享受同样的权利和义务。着力解决好农民工工资偏低以及工资拖欠的问题
2007年6月29日 第十届全国人大常委会第二十八次会议审议通过	《中华人民共和国劳动合同法》	有效地保护劳动者，尤其是农民工的合法权益
2009年5月5日 人力资源社会保障部、财政部	《关于进一步规范农村劳动者转移就业技能培训工作的通知》	对不同农民工实施分类培训，规范培训机构的资金使用管理，强化对培训过程的监督，完善培训保障措施
2010年12月31日 国务院国有资产监督管理委员会	《关于中央企业做好农民工工作的指导意见》	要通过采取积极的措施，促进农民工稳定就业，维护农民工的合法权益，加强对农民工的技能培训以及保障农民工的民主权利
2014年9月12日 国务院	《关于进一步做好为农民工服务工作的意见》	鼓励和支持农民工就业创业，切实维护好农民工的合法劳动权益，促进农民工社会融合，为农民工提供免费的就业信息服务

在 2000 年之前，国家主要是从经济的角度来对待农村剩余劳动力问题，强调的是农民工在促进城乡经济发展中的作用。中国共产党第十六次全国代表大会召开后，在注重以人为本、和谐发展的"科学发展观"下，国家也开始从社会的角度看待农民工问题，关注农民工在物质、精神和社会等方面的需要。2006 年出台的《国务院关于农民工问题的若干意见》集中反映出政府在尝试满足农民工各方面的需求，针对农民工关注的就业、子女教育、社会保障等方面存在的问题，提出相应的解决措施，着力解决农民工工资偏低以及工资拖欠的问题，消除对农民工进城务工的歧视性政策，使他们与城市职工享受同样的权利和义务，农民工的合法权益得到进一步的保证。

六、2016 年至今：鼓励返乡创业

改革开放以来，大量农民工进城务工，他们不仅为城市的发展做出了巨大的贡献，同时，在城市中开阔了眼界，积累了一些资金。因此，很多农民工在外出务工一段时间后，选择回到家乡创办小企业，既能带动家乡的发展，又能解决自身的贫困问题。城市的高收入水平以及完善的基础设施吸引着大量农民工进城务工，但同时，农民工大量涌入城市影响了城市的资源环境平衡。2016 年 11 月 18 日，国务院发布关于支持返乡下乡人员创业创新促进农村一二三产业融合发展的意见，通过简化市场准入、改善金融服务、加大财政支持力度、开展创业培训和完善社会保障政策来鼓励支持返乡下乡人员创新创业。2017 年十九大报告中提出乡村振兴战略，并指出三农问题是关系国计民生的重大问题，必须把三农问题作为党工作的重中之重。改革开放以来，国家根据发展需要、根据人民需要，制定一系列相关政策，对农民工政策总体上经历了从紧到松、从严到宽、从无序到规范的过程，控制、引导农民工流动，合理调整人口分布结构，以满足经济社会发展需要，改善人民生活。

第二节 我国农村基础教育政策的演进历程

一、1978~1984 年：农村基础教育的恢复与调整

1978 年，党的十一届三中全会顺利召开后，我国社会主义建设的各项事业也纷纷开始恢复，尤其是教育事业，受到了党和国家的高度重视，被置于优先发展的地位。随着我国社会主义体制改革的深入，农村基础教育在整个国民教育体系中的作用越来越明显，与此相对应，国家对农村基础教育的政策也处于不断完善之中。1978 年，邓小平在全国教育工作会议上的讲话中表示"要努力提高中小学的教学质量，依据他们所能接受的限度，将先进的科学知识纳入中小学的教育范围"。1978 年，国务院办公厅颁布了《教育部关于加强中小学教师队伍管理工作的意见》，指出教师队伍建设是完善教育体系的重要内容。国家在这一阶段出台了一系列有利于农村基础教育发展的政策，

按时间顺序整理如表 3-6 所示。

表 3-6　　　　　　　　　1978~1984 年的农村基础教育政策

时间及颁发主体	文件名	主要内容
1978 年 1 月 7 日 国务院	《教育部关于加强中小学教师队伍管理工作的意见》	加强教师队伍建设是完善教育体系的重要内容。提高教师队伍建设水平，促进国家各级各类教育事业的发展，提高各学校的教学质量
1980 年 12 月 3 日 中共中央、国务院	《关于普及小学教育若干问题的决定》	小学教育是整个国民教育体系的根基，要想提高整个教育的质量，提高整个民族的文化水平，必须从提高小学教育做起
1983 年 5 月 6 日 中共中央、国务院	《关于加强和改革农村学校教育若干问题的通知》	农村学校的教学任务，集中在提高农民子女和农村劳动者的文化水平。农村教育的发展要与农民生产、劳动致富以及渴望人才的要求相符合
1984 年 12 月 13 日 国务院	《关于筹措农村学校办学经费的通知》	要在农村的绝大部分地区普及小学教育，在经济发展较好的地区普及初中教育，要支持发展学前教育，积极促进农业技术教育的发展

《教育部关于加强中小学教师队伍管理工作的意见》的出台，表明国家开始加强对中小学教师队伍的建设，与此同时，农村教师开始进行职称评审，农村教师的待遇有所上升。国家在这一阶段对农村实施的基础教育政策是为了拨乱反正，提高农村基础教师队伍的水平，努力恢复和完善农村基本教育制度。虽然出台了很多促进农村基础教育事业发展的政策，但在这时还没有形成统一的基本教育体系。就整个国民教育领域来说，此时国家对整个教育投资的重点仍然是高等教育，对于农村基础教育不是很重视。同时，撤销或合并了农村地区的很多中小学校，导致优秀的农村教师纷纷流入城市，农村师资力量更加匮乏，城乡教育差距也在不断扩大。

二、1985~1993 年：经济体制改革背景下农村基础教育的发展

随着改革开放的进一步推进，社会主义的各项事业都取得了空前的发展。党的十二届三中全会在 1984 年顺利召开，该会议通过了《中共中央关于经济体制改革的决定》，对我国经济的发展产生了深刻影响。这也对我国农村基础教育改革提出新的要求，强调教育在经济发展中所扮演的角色。随着社会主义经济体制的改革，教育方面的改革已经成为急需解决的问题。教育体制的改革成为推进教育事业发展的关键。1985 年，普及中、小学教育在我国的城镇地区已经基本实现，但农村地区只有 65% 的儿童接受初中教育，因此在农村普及义务教育仍然面临着挑战。此后国家对农村基础教育政策进行了大幅度的调整，中共中央出台了《关于教育体制改革的决定》，随后全国人大通过了《中华人民共和国义务教育法》。1985~1993 年，国家出台了一系列政策整理如表 3-7 所示。

表 3-7　　　　　　　　　　1985~1993 年的农村基础教育政策

时间及颁发主体	文件名	主要内容
1985 年 5 月 27 日 中共中央	《关于教育体制改革的决定》	提高教育经费的预算，中央和地方政府对教育拨款的增长速度要有所提升
1986 年 4 月 28 日 国务院	《征收教育费附加的暂行规定》	为了促进各地方教育事业的发展，增加各地方教育经费的来源，要求各单位以及个人都要缴纳教育费附加
1986 年 4 月 12 日 第六届全国人民代表大会第四次会议通过	《中华人民共和国义务教育法》	九年制的义务教育事业，应该在国务院的统一领导下，实行各地方负责、分级管理的制度
1992 年 3 月 14 日 教育部	《中华人民共和国义务教育法实施细则》	各地方政府要对该地区的教育经费承担主要责任
1993 年 2 月 中共中央、国务院	《中国教育改革和发展纲要》	我国教育体系的改革与发展应该以基础教育的发展为重点，将加强基础教育建设置于教育发展的优先地位

《关于教育体制改革的决定》基本确定了农村基础教育分级管理的体制，改变了过去由国家统管一切的局面，进一步确定了分级管理的制度，农村义务教育主要由地方负责，《中华人民共和国义务教育法》从法律的角度进一步强化了中央和各级政府的责任。国家对农村基础教育政策的制定，符合农村基础教育事业的发展，国家分别在法律和政策层面上，引导着农村基础教育的发展，这时，一套完整的农村教育体系逐渐形成。在当时农业经济快速发展的背景下，充分调动了各社会主体兴办教育的积极性以及九年义务教育制度的推行，都促进了农村基础教育的发展。但这段时期由于我国农村经济发展相对落后，农村基础教育的发展依然面临着严峻的挑战，出现了学校合并、学生数量下降等问题。

三、1994~2000 年：分税制改革背景下农村基础教育的发展

1993 年 11 月 14 日，党的十四届三中全会召开，会议通过了《中共中央关于建立社会主义市场经济体制若干问题的决定》，指出要实行两级财政体制改革。1994 年，我国开始推动分税财政管理体制改革，中央和地方财政自收自支，导致乡镇政府的财政收入有所下降，农村义务教育的经费受到限制。随着我国经济体制改革的深入，为了适应社会的转型和时代的发展，普及九年义务教育，以及提高农村地区儿童的入学率，1995 年，全国人大通过了《中华人民共和国教育法》，它是我国制定的第一部关于教育的基本法规。1994~2000 年，国家出台了一系列有利于农村基础教育发展的政策，按照时间顺序可整理如表 3-8 所示。

表 3-8　　　　　　　　　1994~2000 年的农村基础教育政策

时间及颁发主体	文件名	主要内容
1995 年 3 月 18 日 第八届全国人民代表大会第三次会议通过	《中华人民共和国教育法》	《教育法》是我国制定的第一部关于教育的基本法规
1999 年 6 月 13 日 中共中央、国务院	《关于深化教育改革全面推进素质教育的决定》	进一步深化教育领域的改革，推进素质教育建设

《中华人民共和国教育法》提出中央要加大对落后农村地区的基础教育支持力度，但却忽视了两级财政体制改革对于农村教育发展的负面影响。在实施两级财政体制改革后，各地方政府的财政能力大幅度下降，特别是乡级财政的资金大大减少，难以满足农村基础教育经费的需要，这导致农村教育更加落后于城市基础教育，城乡教育差距越来越大。同时，随着九年义务制教育的施行，各地区政府以及农民的负担也不断增加，在巨大的生活压力面前，一些生活贫困农民不得不让他们的子女辍学，在家务农。

四、2001~2005 年：科学发展观背景下农村基础教育的发展

进入 21 世纪后，社会主义建设进入新时代，党中央提出科学发展观，为了缩小城乡差距，打破城乡二元体制，党和国家也越来越注重农村的发展，这为农村教育的发展带来了新的机会。党中央开始意识到农村的发展在整个国家经济发展中所扮演的重要角色，三农问题成为全社会共同关注的问题。在这一时期，农村基础教育取得了史无前例的发展。针对农村教育在发展过程中教育经费不足、城乡教育差距越来越大等方面的问题，2001 年国务院出台《关于基础教育改革与发展的决定》，指出实行分级管理、以县为主的管理制度。2001~2005 年，国家出台了一系列政策来促进农村基础教育的发展，按时间顺序整理如表 3-9 所示。

表 3-9　　　　　　　　　2001~2005 年的农村基础教育政策

时间及颁发主体	文件名	主要内容
2001 年 5 月 29 日 国务院	《关于基础教育改革与发展的决定》	在国务院的统一领导下，由各地方政府负责、实行分级管理、以县为主的管理制度
2003 年 9 月 17 日 国务院	《关于进一步加强农村教育工作的决定》	农村基础教育要坚持"以县为主"的管理原则，要充分保障农村基础教育经费来源，努力提高农村教师的水平，建设农村中小学远程教育工程
2004 年 2 月 教育部	《2003—2007 年教育振兴行动计划》	深化农村基础教育体制改革，缩小城乡差距，保持城乡协调发展
2005 年 12 月 24 日 国务院	《关于深化农村义务教育经费保障机制改革的通知》	明确各级政府的责任，中央政府和地方政府共同承担教育经费，加大对教育经费的支持力度，慢慢将农村义务教育费用纳入公共财政预算的范围

《关于基础教育改革与发展的决定》强调县级政府应该要承担起本地区义务教育的主要责任，将县级政府作为管理农村基础教育投资的主要责任人，相比于之前来说，不管是从税收的来源，还是筹措教育经费的潜能，县级政府都要明显比乡级政府好。然而县级政府的税收能力与该地区的经济状况有关，由于各地区经济社会发展不平衡，各区域间的农村基础教育也呈现出差距。这一时期农村基础教育政策开始与外部政策环境相适应，主要表现在国家政策内容有所创新，政策相比之前更具有针对性及操作性，这改变了农村教育发展中的不利局面。国家对农村的基础教育投资大幅度增加，缓解了农村基础教育资金不足问题。

五、2006~2010年：新农村建设背景下农村基础教育的发展

2006年以后，我国发展进入新阶段，社会各方面也发生了深刻的变化，党的十六届五中全会顺利召开，会议提出发展社会主义新农村的新型目标。之后全国人民代表大会通过了《国民经济和社会发展第十一个五年规划纲要》，该纲要中进一步强调了社会主义新农村是全面建设小康社会的重要目标。社会主义新农村建设战略目标的提出，为农村基础教育等方面的发展确定了前进的方向。由于各地区之间的农村义务教育存在差距，教育部于2010年颁布了《关于贯彻落实科学发展观，进一步推进义务教育均衡发展的意见》，提出义务教育均衡化发展是教育改革的重要任务。国家对农村基础教育支持的力度也进一步扩大，出台了很多政策来保障农村基础教育的发展。2006~2010年，国家出台了一系列政策来鼓励农村基础教育的发展，这些政策按时间顺序整理如表3-10所示。

表3-10　　　　　　　　　　2006~2010年的农村基础教育政策

时间及颁发主体	文件名	主要内容
2006年5月15日 教育部、财政部、 人事部、中央编办	《关于实施农村义务教育阶段学校教师特设岗位计划的通知》	鼓励高校毕业生到西部基层去任教，尤其是去县级以下的农村义务教育学校，引导高校毕业生从事农村教育工作，解决好农村教师总量不够以及师资结构不合理的问题
2007年7月12日 教育部	《关于进一步做好农村义务教育经费保障机制改革有关工作的通知》	严格禁止各种不合理的收费，确保对农村义务教育的补助政策的落实，做好九年义务教育的债务偿还工作
2010年1月 教育部	《关于贯彻落实科学发展观，进一步推进义务教育均衡发展的意见》	各地区之间义务教育均衡发展是教育改革的重要任务，重视教育的内涵发展
2010年7月29日 教育部	《国家中长期教育改革与发展规划纲要（2010—2020年）》	这是我国的第一个教育发展规划纲要，强调了发展农村基础教育在整个国民教育中的重要地位

《关于贯彻落实科学发展观,进一步推进义务教育均衡发展的意见》的出台表明我国的义务教育开始走向均衡化发展的道路,该意见提出要根据各贫困地区的实际经济发展水平,分别确定合适的资金支持力度,这有利于各地区之间教育的共同发展,可以有效缓解城乡教育差距问题。这一时期,在国家提出构建社会主义新农村的大背景下,农村基础教育获得稳步发展。中央和各地方政府都增加了对农村基础教育发展的支持,同时各级政府分级管理的制度也确定下来。农村基础教育经费被纳入各级政府的财政预算范围,全面推进九年义务教育,降低了农民子女接受教育的经济要求。中央政府通过制定扩大农民转移性收入的政策,减轻农民的经济压力,提高农民子女的受教育水平。

六、2011 年至今:教育现代化背景下农村基础教育的发展

经过四十多年的改革开放,我国社会的主要矛盾也发生了变化,人们对美好生活的向往日益迫切,教育的不充分发展无法满足人们对高质量教育的需求是教育领域的主要矛盾。从改革开放初我国提出普及小学教育,到九年制义务教育的推广,进入 21 世纪后提出促进城乡义务教育均衡发展,如今每个孩子都能上学的愿望基本实现。随着社会的进步,公众对教育的需求已经从"能上学"演变为"上好学",这其中包含着人们对教育现代化的渴望。国务院于 2012 年颁布《关于规范农村义务教育学校布局调整的意见》,提出农村义务教育学校布局应当综合考虑当地的人口流动、地理环境以及教育条件等影响因素。2011 年至今,国家出台了一系列政策来促进农村基础教育的发展,这些政策按时间顺序整理如表 3-11 所示。

表 3-11   2011 年至今的农村基础教育政策

时间及颁发主体	文件名	主要内容
2012 年 9 月 6 日 国务院办公厅	《关于规范农村义务教育学校布局调整的意见》	农村义务教育学校布局应当综合考虑当地的人口流动、地理环境以及教育条件等因素,做好农村儿童就近接受教育的工作
2014 年 4 月 24 日 教育部办公厅、国家发展改革委、财政部办公厅	《关于制定全面改善贫困地区义务教育薄弱学校基本办学条件实施方案的通知》	有针对性地改善贫困地区学校的办学条件,确保学校能够正常运行
2015 年 11 月 23 日 中共中央、国务院	《关于打赢脱贫攻坚战的决定》	加快教育扶贫工程的实施,推进农村基础教育学生营养改善计划,扩大对乡村教师的补助,改善办学条件
2017 年 1 月 19 日 国务院	《国家教育事业发展"十三五"规划》	推动教育扶贫结对帮扶计划,缩小城乡义务教育阶段差距,加大对贫困家庭学生的扶持力度,做好农村地区学生往返校的交通工作
2018 年 5 月 2 日 国务院办公厅	《关于全面加强乡村小规模学校和乡镇寄宿制学校建设的指导意见》	做好农村学校的布局,确保农村学生能够就近接受教育,完善学校基础设施建设和教学装备配置,推动素质教育发展,推进"互联网+教育"的新教学模式

《关于打赢脱贫攻坚战的决定》的出台表明我国农村义务教育的重心开始由数量向质量转变，教育政策着重解决农村义务教育发展不充分问题。在这一期间，国家实施了一系列的教育扶贫工程计划，针对农村学龄儿童人数下降问题，提出规范农村教育学校的布局，保障农村儿童能够就近入学。针对农村贫困地区学校办学条件薄弱问题，国家提出要为农村中小学提供教学设备，改善农村义务教育阶段学生的住宿和生活条件，提倡教育扶贫结对帮扶行动。针对乡村教师匮乏问题，国家提出加大乡村教师待遇，鼓励高校毕业生去乡村学校工作，落实乡村中小学教师的编制。教育部于2019年3月提出实施中西部乡村义务教育阶段学校的首席教师岗位计划。在国家高度重视农村基础教育质量的大背景下，农村学校的办学条件得到大幅度的改善，乡村教师队伍的综合素质得到进一步提高。

第三节 本章小结

第一，农村剩余劳动力转移政策呈现渐进性演变的特征。改革开放四十多年来，我国政府对"农民工外出务工"的政策大致上经历了从控制流动、允许流动、限制流动、允许有序流动、公平流动以及鼓励返乡创业的转变过程，这一过程就是农村劳动力政策不断深入的推进过程。国务院于1981年颁布《关于严格控制农村劳动力进城做工和农业人口转为非农业人口的通知》，要求农村剩余劳动力就地转移，全面清退企业中的农村劳动力。随着城市就业压力的下降，国家于1984年开始实施宽松的农村劳动力转移政策，导致大量的农村劳动力进入城市，一定程度上增加了城市的就业、环境等压力。鉴于这种状况，国务院于1995年出台《关于加强流动人口管理工作的意见》，提出实施统一的流动人口就业证和暂住证制度。该《意见》的出台表明国家对农村剩余劳动力转移的态度发生了变化，国家不再仅仅使用行政手段，而是通过制定新的制度，通过法规来鼓励和引导农村剩余劳动力有序流动。

第二，农村剩余劳动力转移政策呈现诱致性变迁的特征。农民工先要求改变旧的社会政策，然后政府根据实际情况，考虑农民工对政策变迁的需要，以强制性的方式提供相应的政策。当地乡镇企业虽然可以吸纳部分剩余劳动力，但远远不能满足农村剩余劳动力就业的需要，还有很多的农村劳动力需要另找去处，农村劳动力转移量从1978年的190万人增加到1983年的535万人，促使政府从20世纪80年代中期开始放松对农民进城的限制。国务院于1984年颁布《关于农民进入集镇落户问题的通知》，允许在城市有固定的住所，或者在事业单位长期务工的农民工迁入城镇。该《通知》的公布，表明限制农村劳动力向城镇流动的政策发生实质性的变化，农村劳动力向城镇转移进入了快速增长的阶段。

第三，农村基础教育的责任主体发生变化。中共中央于1985年出台《关于教育体制改革的决定》，基本确定了农村基础教育分级管理的体制，改变了过去由国家统管一切的局面，进一步确定了分级管理的制度，农村义务教育主要由地方乡级政府负责，《中华人民共和国义务教育法》从法律的角度进一步强化了中央和各级政府的责任。

1994年，我国开始推动分税财政管理体制改革，中央和地方财政自收自支，导致乡镇政府的财政收入有所下降，全国人大通过《中华人民共和国教育法》，提出中央要加大对落后农村地区的基础教育支持力度。2001年，国务院颁布《关于基础教育改革与发展的决定》，强调县级政府应该要承担起本地区义务教育的主要责任，将县级政府作为管理农村基础教育投资的主要责任人，相比于之前来说，不管是从税收的来源，还是筹措教育经费的潜能，县级政府都要明显比乡级政府好。

第四章

教育对农民工迁移区域的影响

第一节 引 言

农民工作为劳动力市场上的重要群体,为我国改革开放四十多年来的经济发展做出了巨大贡献。20世纪80年代中期,农村地区剩余劳动力群体逐渐壮大,同时城市工业化进程推进带来大量用工需求,我国农民开始在全国范围内大规模流动,离开原居住地前往城市就业,农民工成为城市劳动力的重要组成部分。相对于规模庞大的工业部门和蓬勃发展的服务业来说,农业部门因其边际收益低,越来越多的农民选择放弃农业生产,离开家乡所在地,迁移至城市务工谋生。当前,我国农民工总人数达2.8亿(国家统计局,2018)。同期,农村人均年收入仅为1.34万元,而城镇人均年收入达到3.64万元(国家统计局,2018),城乡收入差距显著。根据人力资本投资理论,教育作为人力资本投入的重要途径,受教育程度越高,向更远区域迁移的可能性越大,而更远的迁移区域往往带来更高的就业收入。因此,研究受教育水平对农民工迁移区域的影响,对于提高农民工工资性收入、改善农民工生活条件,以及缩小城乡居民收入差距具有现实意义。

高学历劳动者在劳动力市场上体现出更高的适应性和更高的教育投资回报率(Martin & William A. V.,2019)。低学历是农民工群体一大基本特征,低学历一定程度上决定了农民工大多从事脏、累、苦、差、险的体力劳动,且工资报酬水平相对较低。为了提高农民工总体收入,改善农民工生活条件,越来越多的学者将研究聚焦于农民教育领域。以农民教育回报率为研究主题,邢春冰等(2013)运用普通最小二乘法进行实证分析,认为农民工总体教育回报率呈下降趋势,教育回报率与农民受教育年限呈正相关。钟水映和代书静(2018)运用Mincer收入方程研究乡—城流动人口教育回报率,认为农民工群体不仅受教育程度普遍偏低,而且平均教育回报率也处于较低水平,为4.73%。伊兰索和佩里(Iranzo & Peri,2009)指出,与低学历劳动者相比,高学历劳动者不仅工资水平更高,而且教育回报率也更高。但是,随着农民工教育层次的提高,其教育回报率会有所上升(钟水映、代书静,2018)。潘达(Panda,2015)研究了农民教育对印度农村家庭收入的影响,认为在农业部门现代化程度不高的一个发展中国家，农民教育能够显著增加农户耕种每亩土地的收入。

部分学者对教育回报率结构性差异现象进行探讨。李强和王天浩（2016）使用2013年流动人口动态监测调查数据，利用分位数回归法检验农民工教育回报的地区差异，认为东部地区农民工教育回报率是西部地区的2.2倍，是中部地区的4.16倍。对于这种教育回报率的差异，卡德和克鲁格（Card & Krueger, 1992）指出，教育质量的异质性能够部分地解释教育回报率的结构性差异。姆瓦布和舒尔茨（Mwabu & Schultz, 1996）也指出，劳动力市场的分割程度和教育资金投入的多寡对教育回报率产生显著影响。谭静等（2017）指出我国的户籍制度放大了流动人口教育回报率的差异，且这种差异在一线城市尤为突出，北京、上海和广州农民工教育回报率比城市户籍迁移人口低3.12%。荣进等（Youngjin et al., 2017）通过韩国都市区和其他地区的对比研究，认为都市区教育对经济发展的贡献率高于其他地区教育对经济发展的贡献率。毛雷尔—法西奥和迪恩（Maurer-Fazio & Dihn, 2004）研究指出教育对不同工人群体的收入差异产生显著影响。农民工的教育回报率远远低于城镇职工的教育回报率。

还有部分学者就农民工受教育程度和外出务工迁移区域的关系展开研究。教育作为重要的人口学特征，对移民的迁移距离产生显著影响（Michele & Jackline, 2018; Boutin & Delphine, 2018; Sarka & Minh Bui, 2018; Johannes et al., 2019; Frances et al., 2019）。以往研究大多认为农民工受教育程度越高，迁移距离越远，获得更高收入的可能性也越大（Agrawal et al., 2006; 蔡禾、王进，2007; Dustmann et al., 2010; Simona & Elisabetta, 2015; 周克等，2017）。同时，人口的迁移流动可以进一步放大教育的投资回报率（Jacobo & Maria, 2018; Ramsey Paul J, 2018）。在此基础上，谭静（2017）又进一步指出迁移对农民工的教育回报率具有正向影响作用，并且能够缩小教育回报率的城乡户籍差异。谭华清等（2017）通过研究发现，农民工受教育程度对其外出迁移存在两种相反的作用力。一方面，农民受教育程度的提高会促进当地农村企业的发展，当地企业发展所带来的就业机会的增多和工资水平的提高，会抑制农民外出务工；另一方面，教育水平的提高会强化农民利用社会人际关系的程度，通过亲戚朋友介绍外出务工的可能性增加。刘家强等（2011）则认为教育水平对农民工外出务工迁移距离不存在显著影响。

综上所述，以往文献为进一步研究农民工教育和农民工迁移奠定了基础，但仍然存在以下问题亟待解决：第一，较少关注农民工受教育水平与外出务工迁移区域的关系问题。农村教育作为教育事业的短板，已经引起学术界关注。但是，目前研究焦点集中于教育投资回报率领域，研究农民工受教育水平与外出务工迁移区域的文献相对缺乏。第二，将教育作为影响农民工迁移区域因素的文献较少。现有研究主要将农民工本人年龄、家庭人口数量和社会保障制度作为影响其迁移区域的主要因素，少有研究关注受教育水平对农民工迁移区域的影响，缺乏教育对农民工迁移区域背后影响机制的探究。本书主要尝试在以下方面做出贡献：运用Ordered Logit模型研究受教育水平对农民工迁移区域的影响，分析受教育水平对农民外出务工迁移区域作用方式背后的影响机制。基于以往文献研究结果，本书拟检验以下假设：

假设1：农民工受教育水平越高，则外出务工迁移区域距离越远。

第二节 数据来源及描述性统计

本书研究数据来源于国家卫生计生委 2016 年全国流动人口卫生计生动态监测调查,通过对 31 个省区市(不含港澳台地区)流动人口的调查,得到 168 407 个样本。该调查涉及流动人口及其家庭成员基本信息、流动范围、收入情况、家庭居住地、就业和社会保障,以及婚育和计划生育服务管理等诸多方面。实施该调查的目的是为了全面了解我国各地卫生计生情况,通过基础数据的获取,为国家政策制定提供依据,推进我国卫生计生服务事业的发展。鉴于本节的研究主题,通过数据处理,本节观测值达到 115 910 个。

如表 4 – 1 所示,农民工迁移区域的平均水平是在市外省内范围内迁移。农民工的个人特征包括性别、年龄、受教育水平、婚姻状况、民族,以及是否为党员。受访农民工中,男性占比为 57.67%,女性占比为 42.33%。从农民工年龄段分布来看,20 岁以下占比为 2.19%,21~30 岁占比为 30.39%,31~40 岁占比为 33.49%,41~50 岁占比为 26.56%,51~59 岁占比为 7.37%,年龄在 20~50 岁之间的青中年农民工构成农民工群体主力军。受访农民工接受正规教育的平均年限为 9.72 年。按学历划分,小学及以下学历农民工占 15.34%,初中学历农民工占 53.24%,高中和中专学历农民工占 21.44%,大专以上学历农民工占 9.99%。总体来说,农民工受教育水平较低。已婚农民工占比 82.10%,汉族农民工占比为 92.17%,政治面貌为党员的农民工占比为 2.53%。

表 4 – 1　　　　教育对农民工迁移区域影响因素描述性统计

变量	定义	均值	标准差	最小值	最大值
因变量					
迁移区域	县外市内为 1,市外省内为 2,省外为 3	2.3483	0.7454	1.0000	3.0000
自变量					
个人特征					
性别	男为 1,女为 0	0.5767	0.4941	0.0000	1.0000
年龄					
20 岁以下	是为 1,否为 0	0.0218	0.1461	0.0000	1.0000
21~30 岁	是为 1,否为 0	0.3039	0.4599	0.0000	1.0000
31~40 岁	是为 1,否为 0	0.3349	0.4720	0.0000	1.0000
41~50 岁	是为 1,否为 0	0.2656	0.4417	0.0000	1.0000
51~59 岁	是为 1,否为 0	0.0737	0.2613	0.0000	1.0000

续表

变量	定义	均值	标准差	最小值	最大值
受教育年限	接受正规教育年限（年）	9.7188	2.8140	0.0000	18.0000
受教育水平					
小学及以下	是为1，否为0	0.1534	0.3604	0.0000	1.0000
初中	是为1，否为0	0.5324	0.4990	0.0000	1.0000
高中（中专）	是为1，否为0	0.2144	0.4104	0.0000	1.0000
大专及以上	是为1，否为0	0.0999	0.2999	0.0000	1.0000
婚姻状况	已婚为1，单身为0	0.8210	0.3834	0.0000	1.0000
民族	汉族为1，否为0	0.9217	0.2686	0.0000	1.0000
是否党员	党员为1，否为0	0.0253	0.1570	0.0000	1.0000
家庭特征					
家庭人数	家庭成员总人数（个）	3.0898	1.1547	1.0000	10.0000
子女数量	调查时的子女数量（个）	1.2059	0.8557	0.0000	5.0000
老家地理位置					
农村	是为1，否为0	0.8656	0.3410	0.0000	1.0000
乡镇政府所在地	是为1，否为0	0.1013	0.3018	0.0000	1.0000
区县及以上政府所在地	是为1，否为0	0.0330	0.1787	0.0000	1.0000
流动特征					
流动次数	本人累计流动次数（次）	1.3886	1.1019	1.0000	40.0000
流动时长					
2年及以下	是为1，否为0	0.2810	0.4495	0.0000	1.0000
3~4年	是为1，否为0	0.1796	0.3839	0.0000	1.0000
5~9年	是为1，否为0	0.2805	0.4492	0.0000	1.0000
10年及以上	是为1，否为0	0.2589	0.4380	0.0000	1.0000
以往流动范围					
县外市内	是为1，否为0	0.1675	0.3734	0.0000	1.0000
市外省内	是为1，否为0	0.3275	0.4693	0.0000	1.0000
省外	是为1，否为0	0.5050	0.5000	0.0000	1.0000
父母外出经历					
父母均有	是为1，否为0	0.1279	0.3340	0.0000	1.0000
父亲有、母亲没有	是为1，否为0	0.0556	0.2291	0.0000	1.0000
母亲有、父亲没有	是为1，否为0	0.0120	0.1090	0.0000	1.0000
父母均没有	是为1，否为0	0.7604	0.4268	0.0000	1.0000
本人出生就流动	是为1，否为0	0.0006	0.0251	0.0000	1.0000

续表

变量	定义	均值	标准差	最小值	最大值
记不清	是为1，否为0	0.0435	0.2039	0.0000	1.0000
工作特征					
工作获得途径					
自己获得	是为1，否为0	0.4234	0.4941	0.0000	1.0000
由家人、同乡、亲戚、朋友处获得	是为1，否为0	0.4135	0.4925	0.0000	1.0000
由互联网、社会中介等外部力量获得	是为1，否为0	0.1630	0.3694	0.0000	1.0000
职业类型					
国家机关、党群组织、企业单位负责人	是为1，否为0	0.0577	0.2332	0.0000	1.0000
公务员、经商人员	是为1，否为0	0.1968	0.3976	0.0000	1.0000
商业服务人员	是为1，否为0	0.1542	0.3612	0.0000	1.0000
生产人员	是为1，否为0	0.4697	0.4991	0.0000	1.0000
无固定职业	是为1，否为0	0.1215	0.3267	0.0000	1.0000
单位性质					
个体户	是为1，否为0	0.4050	0.4909	0.0000	1.0000
机关事业单位、国企	是为1，否为0	0.0527	0.2235	0.0000	1.0000
私营企业	是为1，否为0	0.2856	0.4517	0.0000	1.0000
外资企业	是为1，否为0	0.0322	0.1766	0.0000	1.0000
社团民办组织、无单位、其他	是为1，否为0	0.2245	0.4173	0.0000	1.0000
劳动合同类型					
签订劳动合同	是为1，否为0	0.3692	0.4826	0.0000	1.0000
有固定期限	是为1，否为0	0.4841	0.5000	0.0000	1.0000
无固定期限	是为1，否为0	0.1468	0.3539	0.0000	1.0000
打工所在地区域					
西部	西部包括：内蒙古、广西、重庆、四川、贵州、云南、西藏、陕西、甘肃、青海、宁夏、新疆。是为1，否为0	0.3264	0.4589	0.0000	1.0000
中部	中部包括：山西、安徽、江西、河南、湖北、湖南。是为1，否为0	0.1780	0.3825	0.0000	1.0000

续表

变量	定义	均值	标准差	最小值	最大值
东部	东部包括：北京、天津、河北、上海、江苏、浙江、福建、山东、广东、海南，不含港澳台。是为1，否为0	0.4331	0.4955	0.0000	1.0000
东北	东北包括：辽宁、吉林、黑龙江。是为1，否为0	0.0625	0.2421	0.0000	1.0000

农民工的家庭特征包括家庭人数、子女数量以及老家地理位置。受访农民工中，家庭成员数量最多为10人，最少为1人，家庭平均总人数为3.09人，整体上看农民工家庭规模差异较大。农民工子女数量最多为5个子女，最少为0个子女，子女数量平均为1.2个，农民工生育子女数量差异显著。农民工老家地理位置方面，86.57%的农民工老家地理位置位于农村，10.13%位于乡镇政府所在地，3.3%位于区县及以上政府所在地，绝大多数农民工来自偏远地区。

农民工的流动特征包括流动次数、流动时长、以往流动范围以及父母外出经历。单个农民工累计流动次数平均为1.39次。单个农民工累计流动时长在2年及以下的占2.81%，3~4年的占17.96%，5~9年的占28.05%，10年及以上的占25.89%。农民工累计流动次数较少，但累计流动时间较长，由此可知受访农民工所发生的流动多为单次长时间流动。从农民工以往流动范围来看，县外市内流动占16.75%，市外省内流动占32.75%，省外流动占50.50%。跨市流动及跨省流动是农民工迁移的主要区域。子代农民工中，父母均有外出务工经历的占12.79%，父亲单方有外出务工经历的占5.56%，母亲单方有外出务工经历的占1.2%，父母均没有外出务工经历的占76.04%。

农民工的工作特征包括工作获得途径、职业类型、单位性质以及劳动合同类型。受访农民工中，依靠自身力量获得工作的农民工占42.34%，依靠家人、同乡、亲戚、朋友获得工作的农民工占41.35%，依靠报纸、互联网等外部力量获得工作的农民工占16.30%。自主搜寻或者依靠亲朋好友网络是农民工获取工作的主要途径。职业类型方面，受访农民工中从事商业服务、生产，以及无固定职业的农民工占74.54%，仅有25.46%的农民工为国家机关、党群组织、企业单位负责人或公务员等稳定职业。单位性质方面，40.5%为个体工商户农民工，28.56%的农民工在私营企业工作，22.45%的农民工无正式工作单位，仅有8.49%的农民工在国有企业、机关事业单位或外资企业等待遇水平较高的稳定单位工作。在劳动合同类型方面，有70.29%的农民工未签订就业劳动合同。整个农民工工作特征反映出农民工所从事的工作具有低收入、低保障、稳定性差的特点。根据打工所在地设置地区虚拟变量，西部地区占32.64%，中部地区占17.80%，东部地区占43.31%，东北地区占6.25%。

第三节 理论框架及计量方法

一、理论框架

哈里斯—托达罗模型为解释乡—城人口流动现象提供了理论基础。与传统人口流动模型，如刘易斯二元经济理论相比，哈里斯—托达罗模型更加符合发展中国家的现实情况，将发展中国家失业问题作为人口流动决策的重要影响因素。20 世纪 60 年代末 70 年代初，美国经济学家托达罗在发展中国家城市存在大量失业现象的同时，农村人口向城市流动速度仍然持续增长的背景下，提出了欠发达国家的劳动迁移与城市失业模型，即哈里斯—托达罗模型。

哈里斯—托达罗模型主要观点如下：第一，城乡预期收入差距是影响农村劳动力是否向城市工业部门转移的重要因素。托达罗指出，经济因素是影响农村劳动力乡—城迁移决策结果的决定性因素。这里的经济因素主要是指城乡之间预期收入的差距。农村剩余劳动力流动至城市工业部门的规模，随着城乡预期收入差距的扩大而增长。第二，城市工业部门存在失业现象。城市现代工业部门就业率与现代工业部门新创造的就业岗位成正比，与现在工业部门失业率成反比，且城乡预期收入差距与城市工业部门失业率密切相关。第三，较长时间范围内城乡预期收入差距的净贴现值是影响迁移决策的另一关键因素。即便初迁移者在城市短期内无法寻觅到合适的工作岗位，鉴于工业部门的高薪酬水平，以及长时间内仍然存在搜寻到工作的可能性，他们仍然愿意在城市中继续搜寻就业机会。因此，人口流动行为应当建立在较长时间范围内讨论，迁移者计划期内预期收入净贴现值成为影响迁移决策的关键因素。

综上所述，某一连续时期内，农村劳动力是否决定流动至城市地区务工，主要受迁移者对城市和农村之间工资水平差距的预测，迁移者对城市和农村之间工资水平差距的预测结果又与城市工业部门就业率和迁移者计划期内收入差距净贴现值密切相关。因此，潜在迁移者在城市工业部门成功搜寻到工作的前 n 期净收益贴现值为：

$$NI(0) = \int_{i=0}^{n} [p(i)I_u(i) - I_r(i)]e^{-zt}dt - C(0)$$
$$S = f[NI(0)] \quad f' > 0 \quad (4.1)$$

其中，$NI(0)$ 代表农村迁移者在期初做出迁移决策时所获得的净贴现值；$I_u(i)$ 代表迁移者第 i 期在城市工作所能够获得的劳动报酬；$I_r(i)$ 代表迁移者第 i 期在农村工作所能够获得的平均劳动报酬；$p(i)$ 代表第 i 期来自农村的迁移者在城市成功搜寻到工作的概率；z 为 n 期内贴现率；$C(0)$ 为期初迁移成本。S 代表由农村迁移至城市的劳动者数目。$f' > 0$ 表示劳动力迁移规模随着城乡预期收入差距的增加而增加。若 $NI(0) \geq 0$，农村劳动力愿意迁移到城市，且 $NI(0)$ 越大愿意迁移者规模越大；反之，若 $NI(0) < 0$ 时，农村劳动力不愿意流入城市，甚至从城市倒流回农村。哈里斯—托达

罗模型反映的是农村劳动力长时期内的迁移决策问题,然而,实际研究过程中对农业流动个体进行长期跟踪调查存在一定困难,仅考虑劳动者迁移的当期决策(即 i = 0)时的情况,(4.1)式可简化为:

$$NI = (pI_u - I_r) - C \tag{4.2}$$

哈里斯—托达罗模型研究了城乡二元经济体制下,城市工业部门失业现象与农村剩余劳动力持续向城市转移现象共生的原因,其研究背景与当前我国农村劳动力转移状况具有一定相似之处,但是仅探讨经济因素而忽略其他非经济因素对农村劳动力迁移决策的影响是哈里斯—托达罗模型的主要缺陷。应当将更多的非经济因素纳入农村劳动力迁移决策过程,寻求更具普适性的迁移决策模型。农村劳动力向城市迁移的概率可通过式(4.3)表达:

$$P = q(NI, nef) \quad q' > 0 \tag{4.3}$$

其中,P 为农村劳动力向城市迁移的概率;NI 为迁移者对城市薪酬水平与农村薪酬水平差异的预期;nef 为其他非经济因素。q' > 0 说明农村劳动力向城市迁移的可能性随着城乡预期收入差距和非经济因素的增加而增加。nef 代表的是其他非经济特征变量向量组,具体包含个人特征变量、家庭特征变量、流动特征变量和工作特征变量。

本书以哈里斯—托达罗模型为基础理论,在考虑预期城乡收入差距这一经济因素之外,将其他非经济因素也纳入模型中,尝试探索修正后的更具普适性的农村流动人口乡—城迁移模型。联立式(4.2)和式(4.3),得到修正后的哈里斯—托达罗模型:

$$\begin{cases} NI = (pI_u - I_r) - C \\ P = q(NI, nef) \quad q' > 0 \end{cases} \tag{4.4}$$

二、计量方法

(一) OLS 模型

普通最小二乘法(ordinary least square,OLS)是计量经济学中最常见、最基本的估计方法。本书主要将其应用于检验教育对农民工迁移区域的影响。根据哈里斯—托达罗劳动力迁移理论,本书将具体的 OLS 模型设定如下:

$$y_i = \alpha_i + \beta_1 \, edu_i + \beta_2 X_i + \mu_i \tag{4.5}$$

其中,y_i 表示农民工外出务工的迁移区域;edu_i 表示农民工受教育年限;β_1 表示农民工受教育年限对其迁移区域的影响方式。鉴于本章主要研究教育对农民工迁移区域的影响,故将 edu_i 作为主要解释变量,X_i 表示除教育之外对农民工迁移产生影响的因素,主要包括其他个人特征、家庭特征、流动特征和工作特征等内容。α_n 为截距项,β_1 和 β_2 为待估计参数,μ_i 为随机扰动项。

(二) Ordered Logit 模型

本章被解释变量农民工迁移区域为赋值 1~3 的有序离散变量,表示迁移距离按照由远及近依次划分为县外市内、市外省内和省外三部分。因此,采用 Ordered Logit 模型检验教育和其他解释变量对农民工迁移区域的影响。Ordered Logit 模型表达式如式 (4.6)：

$$Q^* = \alpha edu + \beta X + \mu \qquad (4.6)$$

其中，Q^* 表示不可观测的待估计潜变量，本章中指与被解释变量农民工迁移区域对应的潜变量；edu 表示本章主要解释变量教育；α 表示教育对农民工迁移区域的影响效果；X 表示除教育之外的其他解释变量；β 表示待估计系数；μ_i 表示服从逻辑分布的随机扰动项。设 $\gamma_1 < \gamma_2$ 表示估计阈值参数。当 $Q^* \leq \gamma_1$，则表示县外市内；当 $\gamma_1 < Q^* \leq \gamma_2$，则表示市外省内；当 $Q^* > \gamma_2$，则表示省外。因此，能够通过计算得出给定解释变量 X 时被解释变量 Q 的相应概率：

$$\begin{cases} P(Q=1|X) = P(Q^* \leq \gamma_1|X) = P(X\beta + \mu \leq \gamma_1|X) = \theta(\gamma_1 - X\beta) \\ P(Q=2|X) = P(\gamma_2 < Q^* \leq \gamma_3|X) = \theta(\gamma_3 - X\beta) - \theta(\gamma_2 - X\beta) \\ P(Q=3|X) = P(Q^* > \gamma_4|X) = 1 - \theta(\gamma_4 - X\beta) \end{cases} \qquad (4.7)$$

（三）Ordered Probit 模型

本章被解释变量农民工迁移区域为赋值 1~3 的有序离散变量，表示迁移距离按照由远及近依次划分为县外市内、市外省内和省外三部分。采用 Ordered Probit 模型检验教育和其他解释变量对农民工迁移区域的影响，作为 Ordered Logit 模型回归结果的稳健性检验。Ordered Probit 模型表达式如式 (4.8)：

$$Q^* = \alpha edu + \beta X + \mu \qquad (4.8)$$

其中，Q^* 表示不可观测的待估计潜变量，本章中指与被解释变量农民工迁移区域对应的潜变量；edu 表示本章主要解释变量教育；α 表示教育对农民工迁移区域的影响效果；X 表示除教育之外的其他解释变量；β 表示待估计系数；μ_i 表示服从正态分布的随机扰动项。设 $\gamma_1 < \gamma_2$ 表示估计阈值参数。当 $Q^* \leq \gamma_1$，则表示县外市内；当 $\gamma_1 < Q^* \leq \gamma_2$，则表示市外省内；当 $Q^* > \gamma_2$，则表示省外。因此，能够通过计算得出给定解释变量 X 时被解释变量 Q 的相应概率：

$$\begin{cases} P(Q=1|X) = P(Q^* \leq \gamma_1|X) = P(X\beta + \mu \leq \gamma_1|X) = \theta(\gamma_1 - X\beta) \\ P(Q=2|X) = P(\gamma_2 < Q^* \leq \gamma_3|X) = \theta(\gamma_3 - X\beta) - \theta(\gamma_2 - X\beta) \\ P(Q=3|X) = P(Q^* > \gamma_4|X) = 1 - \theta(\gamma_4 - X\beta) \end{cases} \qquad (4.9)$$

第四节 实 证 结 果

一、OLS 模型实证结果

（一）教育连续变量

表 4-2、表 4-3 报告了教育为连续变量时，教育对农民工迁移区域影响的 OLS 模

型回归结果。模型（1）是仅控制了个人特征变量的基础模型。模型（2）在模型（1）的基础上增加了家庭特征变量。模型（3）在模型（2）的基础上增加了流动特征变量。模型（4）进一步控制工作特征相关变量。报告四个模型回归结果的目的，是为了检验实证结果的稳健性。根据表4-3中模型（4）的报告结果，年龄、受教育水平、民族、子女数量、流动次数、流动时长、以往流动范围、父母外出经历、工作获得途径、职业类型、单位性质以及打工所在地区域，均对农民工迁移区域产生显著影响。

表4-2 教育（连续变量）对农民工迁移区域影响的OLS模型回归结果

变量	模型（1）			模型（2）		
	系数值	标准差	P值	系数值	标准差	P值
个人特征						
性别	0.0337***	0.0041	0.0000	0.0332***	0.0041	0.0000
年龄（对照组：20岁以下）						
21~30岁	-0.0568***	0.0181	0.0020	-0.0571***	0.0181	0.0020
31~40岁	-0.1034***	0.0185	0.0000	-0.1077***	0.0186	0.0000
41~50岁	-0.0638***	0.0187	0.0010	-0.0686***	0.0188	0.0000
51~59岁	-0.0442**	0.0197	0.0250	-0.0439**	0.0200	0.0290
受教育年限	-0.0214***	0.0008	0.0000	-0.0207***	0.0008	0.0000
婚姻状况	0.0251***	0.0060	0.0000	-0.0001	0.0073	0.9860
民族	0.2405***	0.0078	0.0000	0.2419***	0.0078	0.0000
是否党员	-0.0275**	0.0130	0.0350	-0.0266**	0.0130	0.0410
家庭特征						
家庭人数				0.0136***	0.0030	0.0000
子女数量				0.0017	0.0041	0.6770
老家地理位置（对照组：农村）						
乡镇政府所在地				-0.0276***	0.0067	0.0000
区县及以上政府所在地				0.0091	0.0113	0.4190
打工所在地区域（对照组：西部）						
中部	-0.3935***	0.0060	0.0000	-0.3924***	0.0061	0.0000
东部	0.3761***	0.0048	0.0000	0.3769***	0.0048	0.0000
东北	-0.0449***	0.0088	0.0000	-0.0390***	0.0089	0.0000
常数项	2.2774**	0.0200	0.0000	2.2504***	0.0206	0.0000
调整后的 R^2			0.1605			0.1609

注：***、**分别表示在1%、5%的统计水平上显著。

表 4-3　　教育（连续变量）对农民工迁移区域影响的 OLS 模型回归结果

变量	模型（3） 系数值	标准差	P 值	模型（4） 系数值	标准差	P 值
个人特征						
性别	0.0006	0.0010	0.5470	0.0003	0.0010	0.7680
年龄（对照组：20 岁以下）						
21～30 岁	-0.0112**	0.0045	0.0130	-0.0108**	0.0045	0.0160
31～40 岁	-0.0155***	0.0046	0.0010	-0.0152***	0.0046	0.0010
41～50 岁	-0.0172***	0.0047	0.0000	-0.0171***	0.0047	0.0000
51～59 岁	-0.0162***	0.0050	0.0010	-0.0161***	0.0050	0.0010
受教育年限	-0.0015***	0.0002	0.0000	-0.0014***	0.0002	0.0000
婚姻状况	0.0013	0.0018	0.4630	0.0013	0.0018	0.4850
民族	0.0105***	0.0019	0.0000	0.0108***	0.0019	0.0000
是否党员	-0.0018	0.0032	0.5840	-0.0016	0.0032	0.6160
家庭特征						
家庭人数	-0.0003	0.0007	0.6530	-0.0004	0.0007	0.5990
子女数量	0.0021**	0.0010	0.0380	0.0020**	0.0010	0.0460
老家地理位置（对照组：农村）						
乡镇政府所在地	-0.0020	0.0017	0.2190	-0.0020	0.0017	0.2380
区县及以上政府所在地	0.0008	0.0028	0.7760	0.0010	0.0028	0.7300
流动特征						
流动次数	0.0098***	0.0005	0.0000	0.0096***	0.0005	0.0000
流动时长（对照组：2 年及以下）						
3～4 年	0.0041***	0.0015	0.0070	0.0041***	0.0015	0.0070
5～9 年	0.0054***	0.0014	0.0000	0.0053***	0.0014	0.0000
10 年及以上	0.0113***	0.0015	0.0000	0.0115***	0.0015	0.0000
以往流动范围（对照组：县外市内）						
市外省内	0.9588***	0.0015	0.0000	0.9586***	0.0015	0.0000
省外	1.9173***	0.0015	0.0000	1.9164***	0.0015	0.0000
父母外出经历（对照组：父母均有）						
父亲有、母亲没有	-0.0057**	0.0026	0.0250	-0.0057**	0.0026	0.0260
母亲有、父亲没有	-0.0019	0.0048	0.6900	-0.0017	0.0048	0.7280
父母均没有	-0.0061***	0.0016	0.0000	-0.0058***	0.0016	0.0000
本人出生就流动	-0.0100	0.0202	0.6210	-0.0095	0.0202	0.6390
记不清	-0.0081***	0.0028	0.0040	-0.0078***	0.0028	0.0060

续表

变量	模型（3）			模型（4）		
	系数值	标准差	P值	系数值	标准差	P值
工作特征						
工作获得途径（对照组：自己获得）						
由家人、同乡、亲戚、朋友处获得				0.0034***	0.0013	0.0070
由互联网、社会中介等外部力量获得				0.0027	0.0018	0.1300
职业类型（对照组：国家机关、党群组织、企业单位负责人）						
公务员、经商人员				0.0098***	0.0026	0.0000
商业服务人员				-0.0012	0.0025	0.6260
生产人员				0.0053**	0.0023	0.0220
无固定职业				0.0050*	0.0029	0.0850
单位性质（对照组：个体户）						
机关事业单位、国企				-0.0009	0.0026	0.7180
私营企业				0.0033**	0.0016	0.0380
外资企业				0.0103***	0.0033	0.0020
社团民办组织、无单位、其他				0.0021	0.0017	0.2080
劳动合同类型（对照组：未签订劳动合同）						
有固定期限				0.0001	0.0017	0.9440
无固定期限				-0.0044**	0.0021	0.0350
打工所在地区域（对照组：西部）						
中部	-0.0270***	0.0015	0.0000	-0.0272***	0.0015	0.0000
东部	0.0307***	0.0012	0.0000	0.0299***	0.0013	0.0000
东北	-0.0011	0.0022	0.6290	-0.0010	0.0022	0.6610
常数项	1.0614***	0.0054	0.000	1.0534***	0.0060	0.0000
调整后的 R^2			0.9491			0.9491

注：***、**和*分别表示在1%、5%和10%的统计水平上显著。

教育是本书关注的重要变量。受教育年限对农民工迁移区域的影响表现为，农民工接受教育年限每增加一年，迁移距离近0.14%，该计量结果在1%的统计水平上显著。总的来说，农民工受教育年限越长，迁移距离越近。其他个人特征的计量结果同样值得关注。年龄对农民工迁移区域的影响表现为，与20岁以下的农民工相比，21~30岁的农民工迁移距离近1.08%；31~40岁的农民工迁移距离近1.52%；41~50岁的农民工迁移距离近1.71%；51~59岁的农民工迁移距离近1.61%。该计量结果至少在5%的统计水平上显著。总的来说，随着年龄的增加，农民工更倾向于迁移至更近的地区务工。民族变量对农民工迁移区域的影响表现为，与汉族农民工相比，少数民族农民工迁移距离近1.08%，该计量结果在1%的统计水平上显著。家庭特征中，子女数量对农民工迁移区域产生显著影响。具体表现为，子女数量每增加一个，农民工迁移距离远0.2%，该计量结果在5%的统计水平上显著。总的来说，随着子女数量的增加，农民工选择更近的地区务工。

流动特征中的各变量均对农民工迁移区域产生显著影响。流动次数对农民工迁移区域的影响表现为，以往流动次数越多，本次迁移区域越远，该计量结果在1%的统计水平上显著。流动时长对农民工迁移区域的影响表现为，与累计流动时间为2年及以下的农民工相比，累计流动时间在3~4年、5~9年的农民工的迁移距离，比流动时间为2年及以下的农民工分别近0.41%、0.53%；累计流动时间为10年及以上的农民工的迁移距离，比流动时间为2年及以下的农民工近1.15%。该计量结果在1%的统计水平上显著。总的来说，以往累计流动时间越长，本次迁移距离越远。同时可以看出，农民工累计流动时长为3~9年时，虽然迁移距离有所增加，但变动不大，只有当累计流动时长达到10年及以上时，累计流动时间才会对迁移距离产生一定影响。以往流动范围对农民工下一次迁移区域的影响表现为，与有过县外市内流动经历的农民工相比，有过市外省内流动经历的农民工比有过县外市内流动经历的农民工的迁移距离远95.86%；有过省外流动经历的农民工的迁移距离是有过县外市内流动经历的农民工的1.92倍；有过跨境流动经历的农民工的迁移距离是有过县外市内流动经历的农民工的1.01倍。该计量结果在1%的统计水平上显著。总的来说，以往流动范围对农民工下一次迁移具有促进作用。父母外出经历对子代农民工迁移区域也会产生影响，与父母双方均有外出务工或经商经历相比，仅父亲有外出务工或经商经历的子代农民工迁移距离比父母均有外出经历的子代农民工近0.57%；父母双方均没有外出务工或经商经历的子代农民工迁移距离比父母双方均有外出经历的子代农民工近0.58%。总的来说，父母外出经历对子代农民工迁移距离具有促进作用。

工作特征中，工作获得途径、职业类型以及单位性质三个变量对农民工迁移区域影响显著。工作获得途径对农民工迁移区域的影响表现为，工作搜寻过程中所利用的外部力量越强，所获得的工作岗位所在地距离越远，农民工迁移区域也就越远。职业类型对农民工迁移区域的影响表现为，与职业为国家机关、党群组织、企业单位负责人相比，职业为公务员、经商人员的农民工迁移距离近0.98%；从事生产行业的农民工、无固定职业的农民工迁移距离相当，分别比职业为国家机关、党群组织、企业单位负责人的农民工近0.53%、0.5%。单位性质对农民工迁移区域的影响具体表现为，与个体工商户相比，在机关事业单位、国有企业工作的农民工迁移区域更近；在私营企业或外资企业工作的农民工迁移区域更远。打工所在地区域对农民工迁移区域的影响同样值得关注，具体表现为，与打工所在地位于西部地区的农民工相比，打工所在地位于中部地区的农民工迁移区域近2.72%；打工所在地位于东部地区的农民工迁移区域远2.99%；打工所在地位于东北地区的农民工迁移距离相当。

(二) 教育分类变量

表 4-4、表 4-5 报告了教育为分类变量时,教育对农民工迁移区域影响的 OLS 模型回归结果。同样采用了模型(1)为基础模型,模型(2)、模型(3)以及模型(4)为拓展模型的方式,对实证结果的稳健性进行检验。实证结果表明,当教育为分类变量时,对农民工迁移区域产生显著影响的因素,以及诸因素对农民工迁移区域产生影响的作用方式,均未发生明显变化。与教育连续变量相比,采用分类变量分析教育对农民工迁移区域影响的优势明显:第一,实现了教育自变量的精细分类。将教育水平划分为四组,分别为小学及以下、初中、高中(中专)以及大专及以上。第二,便于报告不同受教育水平对农民工迁移区域产生的影响。实证结果表明,与仅接受过小学及以下教育的农民工相比,接受过初中教育的农民工的迁移距离比仅接受小学及以下教育的农民工近 0.7%;接受过高中或中专教育的农民工的迁移距离比仅接受小学及以下教育的农民工近 1.21%;接受过大专及以上教育的农民工的迁移距离比仅接受小学及以下教育的农民工近 1.39%。该计量结果在 1% 的统计水平上显著。教育分类变量对农民工迁移区域的影响,总体上呈现出农民工所接受的教育水平越高,迁移区域越近的特征。

表 4-4　教育(分类变量)对农民工迁移区域影响的 OLS 模型回归结果

变量	模型(1) 系数值	标准差	P 值	模型(2) 系数值	标准差	P 值
个人特征						
性别	0.0320***	0.0041	0.0000	0.0316***	0.0041	0.0000
年龄(对照组:20 岁以下)						
21~30 岁	-0.0533***	0.0181	0.0030	-0.0537***	0.0181	0.0030
31~40 岁	-0.1014***	0.0186	0.0000	-0.1056***	0.0186	0.0000
41~50 岁	-0.0630***	0.0187	0.0010	-0.0676***	0.0189	0.0000
51~59 岁	-0.0419**	0.0198	0.0340	-0.0416**	0.0201	0.0390
受教育水平(对照组:小学及以下)						
初中	-0.0757***	0.0061	0.0000	-0.0737***	0.0061	0.0000
高中(中专)	-0.1453***	0.0073	0.0000	-0.1409***	0.0073	0.0000
大专及以上	-0.2290***	0.0090	0.0000	-0.2220***	0.0091	0.0000
婚姻状况	0.0234***	0.0061	0.0000	-0.0009	0.0073	0.9030
民族	0.2375***	0.0078	0.0000	0.2390***	0.0078	0.0000
是否党员	-0.0241*	0.0131	0.0650	-0.0234*	0.0131	0.0740
家庭特征						
家庭人数				0.0134***	0.0030	0.0000
子女数量				0.0013	0.0041	0.7530

续表

变量	模型（1）			模型（2）		
	系数值	标准差	P值	系数值	标准差	P值
老家地理位置（对照组：农村）						
乡镇政府所在地				-0.0270***	0.0067	0.0000
区县及以上政府所在地				0.0103	0.0113	0.3640
打工所在地区域（对照组：西部）						
中部	-0.3929***	0.0061	0.0000	-0.3918***	0.0061	0.0000
东部	0.3764***	0.0048	0.0000	0.3771***	0.0048	0.0000
东北	-0.0460***	0.0088	0.0000	-0.0402***	0.0089	0.0000
常数项	2.1666***	0.0193	0.0000	2.1441***	0.0199	0.0000
调整后的 R^2			0.1609			0.1613

注：***、** 和 * 分别表示在1%、5%和10%的统计水平上显著。

表4-5　　教育（分类变量）对农民工迁移区域影响的OLS模型回归结果

变量	模型（3）			模型（4）		
	系数值	标准差	P值	系数值	标准差	P值
个人特征						
性别	0.0007	0.0010	0.5210	0.0004	0.0010	0.7090
年龄（对照组：20岁以下）						
21~30岁	-0.0115**	0.0045	0.0100	-0.0112**	0.0045	0.0130
31~40岁	-0.0159***	0.0046	0.0010	-0.0157***	0.0046	0.0010
41~50岁	-0.0178***	0.0047	0.0000	-0.0178***	0.0047	0.0000
51~59岁	-0.0168***	0.0050	0.0010	-0.0168***	0.0050	0.0010
受教育水平（对照组：小学及以下）						
初中	-0.0071***	0.0015	0.0000	-0.0070***	0.0015	0.0000
高中（中专）	-0.0124***	0.0018	0.0000	-0.0121***	0.0018	0.0000
大专及以上	-0.0151***	0.0023	0.0000	-0.0139***	0.0024	0.0000
婚姻状况	0.0014	0.0018	0.4530	0.0013	0.0018	0.4690
民族	0.0105***	0.0019	0.0000	0.0108***	0.0019	0.0000
是否党员	-0.0023	0.0032	0.4770	-0.0022	0.0032	0.4990
家庭特征						
家庭人数	-0.0003	0.0007	0.6500	0.0004	0.0007	0.5950
子女数量	0.0021**	0.0010	0.0360	0.0021**	0.0010	0.0450

续表

变量	模型（3）			模型（4）		
	系数值	标准差	P值	系数值	标准差	P值
老家地理位置（对照组：农村）						
乡镇政府所在地	-0.0020	0.0017	0.2250	-0.0019	0.0017	0.2450
区县及以上政府所在地	0.0007	0.0028	0.7890	0.0009	0.0028	0.7440
流动特征						
流动次数	0.0098***	0.0005	0.0000	0.0096***	0.0005	0.0000
流动时长（对照组：2年及以下）						
3～4年	0.0041***	0.0015	0.0070	0.0041***	0.0015	0.0070
5～9年	0.0054***	0.0014	0.0000	0.0054***	0.0014	0.0000
10年及以上	0.0113***	0.0015	0.0000	0.0115***	0.0015	0.0000
以往流动范围（对照组：县外市内）						
市外省内	0.9587***	0.0015	0.0000	0.9585***	0.0015	0.0000
省外	1.9172***	0.0015	0.0000	1.9163***	0.0015	0.0000
父母外出经历（对照组：父母均有）						
父亲有、母亲没有	-0.0057**	0.0026	0.0250	-0.0057**	0.0026	0.0260
母亲有、父亲没有	-0.0019	0.0048	0.6830	-0.0017	0.0048	0.7220
父母均没有	-0.0062***	0.0016	0.0000	-0.0059***	0.0016	0.0000
本人出生就流动	-0.0096	0.0202	0.6340	-0.0091	0.0202	0.6510
记不清	-0.0081***	0.0028	0.0040	-0.0078***	0.0028	0.0060
工作特征						
工作获得途径（对照组：自己获得）						
由家人、同乡、亲戚、朋友处获得				0.0034***	0.0013	0.0070
由互联网、社会中介等外部力量获得				0.0025	0.0018	0.1630
职业类型（对照组：国家机关、党群组织、企业单位负责人）						
公务员、经商人员				0.0102***	0.0026	0.0000
商业服务人员				-0.0007	0.0025	0.7660
生产人员				0.0057**	0.0023	0.0130
无固定职业				0.0054*	0.0029	0.0630
单位性质（对照组：个体户）						
机关事业单位、国企				-0.0013	0.0026	0.6200
私营企业				0.0032**	0.0016	0.0470

续表

变量	模型 (3)			模型 (4)		
	系数值	标准差	P值	系数值	标准差	P值
外资企业				0.0104***	0.0033	0.0020
社团民办组织、无单位、其他				0.0019	0.0017	0.2430
签订劳动合同类型（对照组：未签订劳动合同）						
有固定期限				0.0001	0.0017	0.9630
无固定期限				-0.0044**	0.0021	0.0360
打工所在地区域（对照组：西部）						
中部	-0.0269***	0.0015	0.0000	-0.0271***	0.0015	0.0000
东部	0.0307***	0.0012	0.0000	0.0299***	0.0013	0.0000
东北	-0.0010	0.0022	0.6350	-0.0009	0.0022	0.6730
常数项	1.0550***	0.0052	0.0000	1.0472***	0.0058	0.0000
调整后的 R^2			0.9491			0.9491

注：***、** 和 * 分别表示在 1%、5% 和 10% 的统计水平上显著。

二、Ordered Logit 模型实证结果

（一）教育连续变量

由于因变量"迁移区域"采用定序变量赋值方法进行统计，即市内迁移赋值为 1，省内范围迁移赋值为 2，跨省迁移赋值为 3，数值 1~3 的变化表示农民工迁移距离由近到远的变化趋势。使用 Ordered Logit 模型分析农民工迁移区域影响因素，能够更加清晰明确地表现出各个自变量与迁移区域距离之间的关系。因此，我们将 Ordered Logit 模型作为本章的主要模型进行探讨。

表 4-6、表 4-7 报告了教育为连续变量时，教育对农民工迁移区域影响的 Ordered Logit 模型回归结果。模型（1）是仅控制了个人特征变量的基础模型。模型（2）在模型（1）的基础上增加了家庭特征变量。模型（3）在模型（2）的基础上增加了流动特征变量。模型（4）进一步控制工作特征相关变量。报告四个模型回归结果的目的，是为了检验实证结果的稳健性。根据表 4-7 中模型（4）的报告结果，年龄、受教育年限、子女数量、流动次数、流动时长、以往流动范围、父母外出经历、工作获得途径、职业类型、单位性质以及打工所在地区域，均对农民工迁移区域产生显著影响。与相同自变量条件下 OLS 模型回归结果相比，仅少了民族一个显著影响因素，且各个自变量对农民工迁移区域的影响方式大体相同。

表4-6　教育（连续变量）对农民工迁移区域影响的 Ordered Logit 模型回归结果

变量	模型（1）系数值	标准差	P值	模型（2）系数值	标准差	P值
个人特征						
性别	0.1003***	0.0120	0.0000	0.0985***	0.0120	0.0000
年龄（对照组：20岁以下）						
21~30岁	-0.1829***	0.0540	0.0010	-0.1835***	0.0540	0.0010
31~40岁	-0.3285***	0.0552	0.0000	-0.3415***	0.0554	0.0000
41~50岁	-0.2014***	0.0557	0.0000	-0.2163***	0.0561	0.0000
51~59岁	-0.1463**	0.0588	0.0130	-0.1474**	0.0597	0.0140
受教育年限	-0.0661***	0.0023	0.0000	-0.0638***	0.0024	0.0000
婚姻状况	0.0582***	0.0174	0.0010	-0.0133	0.0210	0.5260
民族	0.6450***	0.0213	0.0000	0.6499***	0.0213	0.0000
是否党员	-0.0660*	0.0372	0.0760	-0.0633*	0.0372	0.0890
家庭特征						
家庭人数				0.0377***	0.0087	0.0000
子女数量				0.0076	0.0120	0.5260
老家地理位置（对照组：农村）						
乡镇政府所在地				-0.0898***	0.0194	0.0000
区县及以上政府所在地				0.0167	0.0327	0.6090
打工所在地区域（对照组：西部）						
中部	-0.9817***	0.0168	0.0000	-0.9794***	0.0169	0.0000
东部	1.1211***	0.0143	0.0000	1.1231***	0.0143	0.0000
东北	-0.1427***	0.0240	0.0000	-0.1262***	0.0242	0.0000
伪R^2			0.0866			0.0869

注：***、**和*分别表示在1%、5%和10%的统计水平上显著。

表4-7　教育（连续变量）对农民工迁移区域影响的 Ordered Logit 模型回归结果

变量	模型（3）系数值	标准差	P值	模型（4）系数值	标准差	P值
个人特征						
性别	-0.0009	0.0396	0.9810	-0.0144	0.0402	0.7200
年龄（对照组：20岁以下）						
21~30岁	-0.4077**	0.1786	0.0220	-0.4034**	0.1786	0.0240
31~40岁	-0.6242***	0.1844	0.0010	-0.6177***	0.1844	0.0010

续表

变量	模型（3）			模型（4）		
	系数值	标准差	P值	系数值	标准差	P值
41~50岁	-0.6703***	0.1877	0.0000	-0.6694***	0.1877	0.0000
51~59岁	-0.7307***	0.2000	0.0000	-0.7348***	0.2002	0.0000
受教育年限	-0.0484***	0.0077	0.0000	-0.0483***	0.0081	0.0000
婚姻状况	0.0382	0.0702	0.5870	0.0452	0.0704	0.5200
民族	0.0591	0.0745	0.4280	0.0688	0.0746	0.3570
是否党员	-0.0791	0.1217	0.5150	-0.0847	0.1223	0.4880
家庭特征						
家庭人数	-0.0295	0.0298	0.3230	-0.0292	0.0298	0.3270
子女数量	0.0911**	0.0403	0.0240	0.0956**	0.0404	0.0180
老家地理位置（对照组：农村）						
乡镇政府所在地	-0.0909	0.0638	0.1540	-0.0882	0.0638	0.1670
区县及以上政府所在地	0.0684	0.1105	0.5360	0.0729	0.1107	0.5100
流动特征						
流动次数	0.2432***	0.0144	0.0000	0.2353***	0.0144	0.0000
流动时长（对照组：2年及以下）						
3~4年	0.1477**	0.0596	0.0130	0.1492**	0.0597	0.0120
5~9年	0.2280***	0.0548	0.0000	0.2327***	0.0549	0.0000
10年及以上	0.4720***	0.0612	0.0000	0.4812***	0.0615	0.0000
以往流动范围（对照组：县外市内）						
市外省内	7.7199***	0.0607	0.0000	7.7221***	0.0608	0.0000
省外	16.3731***	0.0929	0.0000	16.3859***	0.0933	0.0000
父母外出经历（对照组：父母均有）						
父亲有、母亲没有	-0.1911*	0.0998	0.0550	-0.2001**	0.0998	0.0450
母亲有、父亲没有	-0.1095	0.1898	0.5640	-0.1113	0.1895	0.5570
父母均没有	-0.2393***	0.0633	0.0000	-0.2302***	0.0634	0.0000
本人出生就流动	-0.4981	0.9554	0.6020	-0.4647	0.9669	0.6310
记不清	-0.3733***	0.1145	0.0010	-0.3663***	0.1146	0.0010
工作特征						
工作获得途径（对照组：自己获得）						
由家人、同乡、亲戚、朋友处获得				0.1094**	0.0493	0.0260
由互联网、社会中介等外部力量获得				0.1367**	0.0692	0.0480

续表

变量	模型（3）			模型（4）		
	系数值	标准差	P值	系数值	标准差	P值
职业类型（对照组：国家机关、党群组织、企业单位负责人）						
公务员、经商人员				0.2454**	0.0991	0.0130
商业服务人员				0.0161	0.0941	0.8640
生产人员				0.2022**	0.0874	0.0210
无固定职业				0.1849*	0.1111	0.0960
单位性质（对照组：个体户）						
机关事业单位、国企				0.0125	0.0997	0.9000
私营企业				0.1728***	0.0614	0.0050
外资企业				0.4440***	0.1272	0.0000
社团或民办组织、无单位、其他				0.1148*	0.0639	0.0720
签订劳动合同类型（对照组：未签订劳动合同）						
有固定期限				0.0456	0.0644	0.4790
无固定期限				-0.1392*	0.0818	0.0890
打工所在地区域（对照组：西部）						
中部	-0.5337***	0.0577	0.0000	-0.5215***	0.0583	0.0000
东部	1.0981***	0.0501	0.0000	1.0598***	0.0509	0.0000
东北	0.0085	0.0852	0.9200	0.0025	0.0853	0.9770
伪 R^2			0.8896			0.8898

注：***、**和*分别表示在1%、5%和10%的统计水平上显著。

（二）教育分类变量

由于 Ordered Logit 模型为本章主要模型，并且教育分类变量能够更加清晰明确地反映出不同教育水平对农民工迁移区域产生的影响，所以本研究着重分析当教育为分类变量时，教育对农民工迁移区域影响的回归结果，并对可能导致该结果的原因进行探讨。表4-8、表4-9报告了教育为分类变量时，教育对农民工迁移区域影响的 Ordered Logit 模型回归结果。模型（1）是仅控制了个人特征变量的基本模型。模型（2）在模型（1）的基础上增加了家庭特征变量。模型（3）在模型（2）的基础上增加了流动特征变量。模型（4）进一步控制工作特征相关变量。报告四个模型回归结果的目的，是为了检验实证结果的稳健性。根据表4-9中模型（4）的报告结果来看，年龄、教育水平、子女数量、流动次数、流动时长、以往流动范围、父母外出经历、工作获得途径、单位性质以及打工所在地区域，均对农民工迁移区域产生显著影响。

表4-8 教育（分类变量）对农民工迁移区域影响的 Ordered Logit 模型回归结果

变量	模型（1）系数值	标准差	P值	模型（2）系数值	标准差	P值
个人特征						
性别	0.0958***	0.0121	0.0000	0.0943***	0.0121	0.0000
年龄（对照组：20岁以下）						
21～30岁	-0.1745***	0.0541	0.0010	-0.1753***	0.0541	0.0010
31～40岁	-0.3244***	0.0553	0.0000	-0.3369***	0.0555	0.0000
41～50岁	-0.2001***	0.0559	0.0000	-0.2144***	0.0563	0.0000
51～59岁	-0.1415**	0.0590	0.0160	-0.1422**	0.0599	0.0180
受教育水平（对照组：小学及以下）						
初中	-0.2304***	0.0182	0.0000	-0.2240***	0.0183	0.0000
高中（中专）	-0.4481***	0.0214	0.0000	-0.4345***	0.0216	0.0000
大专及以上	-0.6926***	0.0258	0.0000	-0.6705***	0.0263	0.0000
婚姻状况	0.0535***	0.0174	0.0020	-0.0155	0.0210	0.4610
民族	0.6364***	0.0213	0.0000	0.6415***	0.0214	0.0000
是否党员	-0.0601	0.0373	0.1070	-0.0578	0.0373	0.1220
家庭特征						
家庭人数				0.0372***	0.0087	0.0000
子女数量				0.0062	0.0120	0.6080
老家地理位置（对照组：农村）						
乡镇政府所在地				-0.0883***	0.0194	0.0000
区县及以上政府所在地				0.0190	0.0327	0.5620
打工所在地区域（对照组：西部）						
中部	-0.9800***	0.0168	0.0000	-0.9776***	0.0169	0.0000
东部	1.1221***	0.0143	0.0000	1.1242***	0.0144	0.0000
东北	-0.1465***	0.0241	0.0000	-0.1302***	0.0243	0.0000
伪 R^2			0.0868			0.0871

注：*** 和 ** 分别表示在1%和5%的统计水平上显著。

表4-9 教育（分类变量）对农民工迁移区域影响的 Ordered Logit 模型回归结果

变量	模型（3）系数值	标准差	P值	模型（4）系数值	标准差	P值
个人特征						
性别	0.0012	0.0397	0.9760	-0.0123	0.0404	0.7610

续表

变量	模型（3）			模型（4）		
	系数值	标准差	P值	系数值	标准差	P值
年龄（对照组：20岁以下）						
21~30岁	-0.4225**	0.1790	0.0180	-0.4153**	0.1789	0.0200
31~40岁	-0.6399***	0.1847	0.0010	-0.6311***	0.1847	0.0010
41~50岁	-0.6947***	0.1882	0.0000	-0.6906***	0.1883	0.0000
51~59岁	-0.7559***	0.2008	0.0000	-0.7561***	0.2009	0.0000
受教育水平（对照组：小学及以下）						
初中	-0.2300***	0.0605	0.0000	-0.2220***	0.0608	0.0000
高中（中专）	-0.4173***	0.0715	0.0000	-0.4064***	0.0724	0.0000
大专及以上	-0.4838***	0.0858	0.0000	-0.4806***	0.0901	0.0000
婚姻状况	0.0401	0.0702	0.5680	0.0468	0.0704	0.5060
民族	0.0616	0.0747	0.4090	0.0700	0.0748	0.3490
是否党员	-0.0996	0.1224	0.4160	-0.1011	0.1229	0.4100
家庭特征						
家庭人数	-0.0294	0.0298	0.3250	-0.0293	0.0298	0.3260
子女数量	0.0909**	0.0403	0.0240	0.0953**	0.0404	0.0180
老家地理位置（对照组：农村）						
乡镇政府所在地	-0.0902	0.0638	0.1570	-0.0873	0.0638	0.1720
区县及以上政府所在地	0.0659	0.1106	0.5510	0.0710	0.1107	0.5210
流动特征						
流动次数	0.2431***	0.0144	0.0000	0.2353***	0.0144	0.0000
流动时长（对照组：2年及以下）						
3~4年	0.1476**	0.0596	0.0130	0.1491**	0.0597	0.0120
5~9年	0.2287***	0.0548	0.0000	0.2334***	0.0549	0.0000
10年及以上	0.4711***	0.0612	0.0000	0.4808***	0.0615	0.0000
以往流动范围（对照组：县外市内）						
市外省内	7.7197***	0.0607	0.0000	7.7220***	0.0608	0.0000
省外	16.3750***	0.0929	0.0000	16.3874***	0.0933	0.0000
父母外出经历（对照组：父母均有）						
父亲有、母亲没有	-0.1919*	0.0998	0.0540	-0.2002**	0.0998	0.0450
母亲有、父亲没有	-0.1110	0.1900	0.5590	-0.1127	0.1896	0.5520
父母均没有	-0.2411***	0.0633	0.0000	-0.2316***	0.0634	0.0000
本人出生就流动	-0.4724	0.9664	0.6250	-0.4400	0.9773	0.6530
记不清	-0.3726***	0.1145	0.0010	-0.3653***	0.1146	0.0010

续表

变量	模型（3）			模型（4）		
	系数值	标准差	P值	系数值	标准差	P值
工作特征						
工作获得途径（对照组：自己获得）						
由家人、同乡、亲戚、朋友处获得				0.1107**	0.0493	0.0250
由互联网、社会中介等外部力量获得				0.1322*	0.0694	0.0570
职业类型（对照组：国家机关、党群组织、企业单位负责人）						
公务员、经商人员				0.2547	0.0994	0.0100
商业服务人员				0.0285	0.0946	0.7630
生产人员				0.2128	0.0881	0.0160
无固定职业				0.1950	0.1114	0.0800
单位性质（对照组：个体户）						
机关事业单位、国企				0.0029	0.0999	0.9770
私营企业				0.1694***	0.0615	0.0060
外资企业				0.4457***	0.1273	0.0000
社团或民办组织、无单位、其他				0.1103*	0.0640	0.0850
签订劳动合同类型（对照组：未签订劳动合同）						
有固定期限				0.0455	0.0645	0.4810
无固定期限				-0.1379*	0.0818	0.0920
打工所在地区域（对照组：西部）						
中部	-0.5277***	0.0578	0.0000	-0.5170***	0.0584	0.0000
东部	1.1023***	0.0501	0.0000	1.0635***	0.0509	0.0000
东北	0.0085	0.0853	0.9210	0.0017	0.0853	0.9840
伪 R^2			0.8896			0.8898

注：***、**和*分别表示在1%、5%和10%的统计水平上显著。

教育分类变量是本研究所关注的重要变量。计量结果表明，与仅接受过小学及以下程度教育的农民工相比，接受过初中教育的农民工向更远区域迁移的可能性降低22.2%；接受过高中和中专教育的农民工向更远区域迁移的可能性降低40.64%；接受过大专及以上教育的农民工向更远区域迁移的可能性降低48.06%。该计量结果在1%的统计水平上显著。总的来说，受教育水平对农民工迁移区域的影响表现为，农民工受教育程度越高，向更远区域迁移务工的可能性越小。此实证结果与假设1相反。以往研究大多认为农民工受教育程度越高,迁移距离越远(蔡禾、王进,2007;周克等,2017)。或者是受教育水平对农民工迁移区域的影响并不显著(刘家强等,2011)。导致本研究计量结果与以往研究结果不一致的原因可能有:第一,近年来农村就业环境的改善。伴随着近年来农业"三产融合"的推进,乡级、县级就业环境得到极大改善。接受调查的农民工总体受教育程度不高,90%的农民工仅具有小学、初中、高中学历,他们对自己的工作预期不高。当农村及周边地区就业机会增多、就业条件改善时,农民工在当地就可以获得与原先外出务工薪酬水平相当的就业机会。受教育程度较高的农民工会选择就近就业,以减少外出务工的机会成本。受教育程度较低的农民工由于缺乏竞争力,被当地劳动力市场挤出,不得不选择去更远的地区谋求就业机会。第二,返乡创业热潮的影响。受国家鼓励农民工返乡创业政策的影响,以及返乡创业农民工成功致富先例的出现,越来越多的农民工选择返乡经营自己的事业。学历越高的农民工往往综合素质越强,越有能力在家乡创业并取得收益。

年龄对农民工迁移区域具有显著影响。计量结果表明,相较于20岁以下的农民工来说,21~30岁的农民工向更远区域迁移的可能性降低41.53%;30~40岁的农民工向更远区域迁移的可能性降低63.11%;41~50岁的农民工向更远区域迁移的可能性降低69.06%;51~59岁的农民工向更远区域迁移的可能性降低75.61%。该计量结果至少在5%的统计水平上显著。总的来说,年龄对农民工迁移区域的影响表现为农民工年龄越大,向更远区域迁移的可能性越小。以往研究大多证明年龄对农民工迁移区域的影响呈倒"U"型(石人炳、陈宁,2017),而本研究的计量结果表明年龄与农民工迁移区域之间具有明显的负相关关系。本章实证结果与以往研究有所差异,可能的原因是,伴随着年龄的增加,对农民工迁移产生拉回效应的因素也随之增加。农民工大多较早结束学业外出务工。20岁以下的农民工身体状况良好,尚未组成家庭,他们往往会选择较远区域务工。家庭的组建、子女照护压力、父母年迈所带来的养护压力、自身健康状况的恶化,上述影响因素均会对农民工向更远区域迁移产生阻碍,这些因素伴随着农民工年龄的增加,逐一叠加对其产生影响。

家庭特征中子女数量因素对农民工迁移区域具有显著影响。每增加一个子女,农民工向更远区域迁移的可能性增加9.53%,该计量结果在5%的统计水平上显著。子女数量与农民工迁移区域呈现出明显的正相关关系,即子女数量越多,农民工向更远区域迁移的可能性越大。可能的原因是,子女数量越多,供养家庭所需的生活成本以及子女所需的教育成本越高,由于农村当地劳动力市场工资水平普遍较低,父母会选择流动至工资水平更高的城市工作。

流动特征下各影响因素的实证结果值得关注。农民工以往外出务工次数对本次迁移区域产生显著影响,以往流动次数每增加一次,农民工向更远地区迁移的可能性增加23.53%。累计流动时间对农民工迁移区域产生显著影响,与流动时间为2年及以下的农民工相比,流动时间达到3~4年的农民工向更远区域迁移的可能性增加14.91%;流动时间达到5~9年的农民工向更远区域迁移的可能性增加23.34%;流动时间达到10年及以上的农民工向更远区域迁移的可能性增加48.08%。该计量结果至少在5%的统计水平上显著。总的来说,以往累计流动时间越长,此次向更远地区迁移的可能性越大。以往流动范围对下一次迁移区域产生显著影响,有过市外省内流动经历的农民工向更远区域迁移的可能性是有过县外市内流动经历的农民工的7.72倍;有过省外流动经历的农民工向更远区域迁移的可能性是有过县外市内流动经历的农民工的16.38倍。该计量结果在1%的统计水平上显著。总的来说,以往流动范围越远,下一次向更远地区迁移的可能性越大。以往流动次数、流动时长、流动范围,对农民工向更远区域迁移具有促进作用,这是因为,农民工通过更多的外出务工经历、更长的外出务工时间、更远的外出务工距离,能够积累丰富的工作经验,也能够更加适应在外务工的生活节奏及工作状态。以往流动次数、流动时长以及流动范围为农民工此次流动奠定基础。

父母外出务工经历对子代农民工迁移区域同样具有显著影响。与父母双方均有外出经历的子代农民工相比,父亲单方有外出务工经历的子代农民工向更远地区迁移的可能性减少20.02%;父母双方均没有外出务工经历的子代农民工向更远地区迁移的可能性减少23.16%。父母外出务工经历对子代农民工向更远地区迁移具有促进作用,父母早年外出务工经历会对子代农民工产生影响,使子代更加适应在外务工的生活方式,从而选择更远的区域务工。

工作特征下各影响因素的实证结果值得关注。工作获得途径因素对农民工迁移区域具有显著影响。与依靠自身力量获得的工作岗位相比,依靠家人、同乡、亲戚或朋友获得的工作岗位所在地更远的可能性增加11.07%;依靠互联网、报纸、社会中介等外部力量获得工作岗位所在地更远的可能性增加13.22%。该计量结果至少在10%的统计水平上显著。总的来说,工作搜寻过程中所依靠的外部力量越强,最终就业岗位所在地距离更远的可能性将增大。这是因为,不同工作搜寻途径所利用的外部力量的强弱程度不同,选择互联网、中介机构等方式,能够捕捉到更大范围内的就业信息,最终选择的就业岗位所在地距离也就越远。当前工作单位性质对农民工迁移区域产生显著影响。与个体工商户农民工相比,在机关事业单位、国有企业工作的农民工迁移距离与个体工商户农民工迁移距离相当;在私营企业工作的农民工向更远地区迁移的可能性增大16.94%;在外资企业工作的农民工向更远地区迁移的可能性增加44.57%。

三、Ordered Probit 模型实证结果

(一) 教育连续变量

表4-10、表4-11报告了教育为连续变量时,教育对农民工迁移区域影响的Ordered Probit模型回归结果。模型(1)是仅控制了个人特征变量的基础模型,模型(2)在模型(1)的基础上增加了家庭特征变量,模型(3)在模型(2)的基础上增加了流动特征变量,模型(4)进一步控制工作特征相关变量。报告四个模型回归结果的目的,是为了检验实证结果的稳健性。根据表4-11中模型(4)的报告结果,年龄、受教育水平、民族、子女数量、流动次数、流动时长、以往流动范围、父母外出经历、工作获得途径、单位性质以及打工所在地区域,均对农民工迁移区域产生显著

影响。与相同自变量条件下 Ordered Logit 模型回归结果相比，仅少了职业类型一个显著影响因素，且各个自变量对农民工迁移区域的影响方式大体相同。

表4-10 教育（连续变量）对农民工迁移区域影响的 Ordered Probit 模型回归结果

变量	模型（1） 系数值	标准差	P值	模型（2） 系数值	标准差	P值
个人特征						
性别	0.0575***	0.0072	0.0000	0.0565***	0.0072	0.0000
年龄（对照组：20岁以下）						
21~30岁	-0.1131***	0.0323	0.0000	-0.1134***	0.0323	0.0000
31~40岁	-0.1987***	0.0330	0.0000	-0.2064***	0.0331	0.0000
41~50岁	-0.1270***	0.0333	0.0000	-0.1358***	0.0335	0.0000
51~59岁	-0.0943***	0.0351	0.0070	-0.0944***	0.0356	0.0080
受教育年限	-0.0389***	0.0014	0.0000	-0.0376***	0.0014	0.0000
婚姻状况	0.0375***	0.0104	0.0000	-0.0066	0.0126	0.6010
民族	0.3742***	0.0130	0.0000	0.3768***	0.0131	0.0000
是否党员	-0.0439**	0.0221	0.0470	-0.0425*	0.0221	0.0550
家庭特征						
家庭人数				0.0238***	0.0052	0.0000
子女数量				0.0037	0.0072	0.6090
老家地理位置（对照组：农村）						
乡镇政府所在地				-0.0483***	0.0115	0.0000
区县及以上政府所在地				0.0172	0.0195	0.3770
打工所在地区域（对照组：西部）						
中部	-0.5767***	0.0100	0.0000	-0.5750***	0.0100	0.0000
东部	0.6681***	0.0084	0.0000	0.6697***	0.0085	0.0000
东北	-0.0740***	0.0145	0.0000	-0.0634***	0.0147	0.0000
伪 R^2			0.0850			0.0852

注：***、**和*分别表示在1%、5%和10%的统计水平上显著。

表4-11 教育（连续变量）对农民工迁移区域影响的 Ordered Probit 模型回归结果

变量	模型（3） 系数值	标准差	P值	模型（4） 系数值	标准差	P值
个人特征						
性别	0.0024	0.0145	0.8670	-0.0051	0.0148	0.7300

续表

变量	模型（3）			模型（4）		
	系数值	标准差	P值	系数值	标准差	P值
年龄（对照组：20岁以下）						
21~30岁	-0.1963***	0.0676	0.0040	-0.1953***	0.0678	0.0040
31~40岁	-0.2599***	0.0696	0.0000	-0.2593***	0.0699	0.0000
41~50岁	-0.2765***	0.0708	0.0000	-0.2798***	0.0710	0.0000
51~59岁	-0.2580***	0.0751	0.0010	-0.2636***	0.0753	0.0000
受教育年限	-0.0219***	0.0028	0.0000	-0.0213***	0.0030	0.0000
婚姻状况	0.0119	0.0255	0.6420	0.0142	0.0256	0.5800
民族	0.0803***	0.0260	0.0020	0.0853***	0.0261	0.0010
是否党员	-0.0141	0.0436	0.7470	-0.0173	0.0438	0.6940
家庭特征						
家庭人数	-0.0061	0.0107	0.5720	-0.0065	0.0107	0.5460
子女数量	0.0325**	0.0147	0.0270	0.0332**	0.0147	0.0240
老家地理位置（对照组：农村）						
乡镇政府所在地	-0.0377	0.0231	0.1030	-0.0367	0.0231	0.1130
区县及以上政府所在地	0.0231	0.0400	0.5640	0.0254	0.0401	0.5270
流动特征						
流动次数	0.1151***	0.0063	0.0000	0.1115***	0.0064	0.0000
流动时长（对照组：2年及以下）						
3~4年	0.0507**	0.0216	0.0190	0.0509**	0.0216	0.0180
5~9年	0.0534***	0.0198	0.0070	0.0553***	0.0199	0.0050
10年及以上	0.1177***	0.0223	0.0000	0.1216***	0.0224	0.0000
以往流动范围（对照组：县外市内）						
市外省内	3.4168***	0.0196	0.0000	3.4172***	0.0196	0.0000
省外	7.4438***	0.0282	0.0000	7.4446***	0.0282	0.0000
父母外出经历（对照组：父母均有）						
父亲有、母亲没有	-0.0939**	0.0369	0.0110	-0.0966***	0.0370	0.0090
母亲有、父亲没有	-0.0283	0.0702	0.6870	-0.0256	0.0702	0.7160
父母均没有	-0.0987***	0.0234	0.0000	-0.0945***	0.0235	0.0000
本人出生就流动	-0.2306	0.3170	0.4670	-0.2121	0.3191	0.5060
记不清	-0.1469***	0.0411	0.0000	-0.1423***	0.0412	0.0010

续表

变量	模型（3）			模型（4）		
	系数值	标准差	P值	系数值	标准差	P值
工作特征						
工作获得途径（对照组：自己获得）						
由家人、同乡、亲戚、朋友处获得				0.0501***	0.0180	0.0050
由互联网、社会中介等外部力量获得				0.0515**	0.0256	0.0440
职业类型（对照组：国家机关、党群组织、企业单位负责人）						
公务员、经商人员				0.1157	0.0361	0.0010
商业服务人员				-0.0061	0.0343	0.8580
生产人员				0.0899	0.0320	0.0050
无固定职业				0.0735	0.0405	0.0700
单位性质（对照组：个体户）						
机关事业单位、国企				0.0198	0.0360	0.5830
私营企业				0.0672***	0.0226	0.0030
外资企业				0.1657***	0.0510	0.0010
社团民办组织、无单位、其他				0.0381	0.0234	0.1030
签订劳动合同类型（对照组：未签订劳动合同）						
有固定期限				0.0094	0.0240	0.6950
无固定期限				-0.0498*	0.0297	0.0930
打工所在地区域（对照组：西部）						
中部	-0.2540***	0.0198	0.0000	-0.2522***	0.0200	0.0000
东部	0.4617***	0.0182	0.0000	0.4463***	0.0185	0.0000
东北	0.0181	0.0295	0.5390	0.0156	0.0296	0.5970
伪 R^2			0.8571			0.8574

注：***、**和*分别表示在1%、5%和10%的统计水平上显著。

（二）教育分类变量

表4-12、表4-13报告了教育为分类变量时，教育对农民工迁移区域影响的 Ordered Probit 模型回归结果。同样采用了模型（1）为基础模型，模型（2）、模型（3）、模型（4）为拓展模型的方式，对实证结果的稳健性进行检验。实证结果表明，当教育为分类变量时，对农民工迁移区域产生显著影响的因素以及诸因素对农民工迁移

区域产生影响的作用方式,均未发生明显变化,唯一不同的是,与 Ordered Logit 模型回归结果相比,Ordered Probit 模型回归结果下,各因素对农民工迁移区域的影响程度更低。

表4–12　教育(分类变量)对农民工迁移区域影响的 Ordered Probit 模型回归结果

变量	模型(1) 系数值	标准差	P值	模型(2) 系数值	标准差	P值
个人特征						
性别	0.0550***	0.0072	0.0000	0.0541***	0.0072	0.0000
年龄(对照组:20岁以下)						
21~30岁	-0.1083***	0.0324	0.0010	-0.1088***	0.0324	0.0010
31~40岁	-0.1967***	0.0331	0.0000	-0.2041***	0.0332	0.0000
41~50岁	-0.1271***	0.0334	0.0000	-0.1356***	0.0336	0.0000
51~59岁	-0.0924***	0.0353	0.0090	-0.0924***	0.0358	0.0100
受教育水平(对照组:小学及以下)						
初中	-0.1398***	0.0108	0.0000	-0.1363***	0.0108	0.0000
高中(中专)	-0.2675***	0.0127	0.0000	-0.2599***	0.0128	0.0000
大专及以上	-0.4114***	0.0154	0.0000	-0.3989***	0.0157	0.0000
婚姻状况	0.0349***	0.0104	0.0010	-0.0077	0.0126	0.5390
民族	0.3693***	0.0131	0.0000	0.3721***	0.0131	0.0000
是否党员	-0.0402*	0.0222	0.0700	-0.0390*	0.0222	0.0790
家庭特征						
家庭人数				0.0234***	0.0052	0.0000
子女数量				0.0029	0.0072	0.6820
老家地理位置(对照组:农村)						
乡镇政府所在地				-0.0473***	0.0115	0.0000
区县及以上政府所在地				0.0187	0.0195	0.3380
打工所在地区域(对照组:西部)						
中部	-0.5756***	0.0100	0.0000	-0.5739***	0.0101	0.0000
东部	0.6689***	0.0084	0.0000	0.6705***	0.0085	0.0000
东北	-0.0761***	0.0145	0.0000	-0.0657***	0.0147	0.0000
伪 R^2			0.0852			0.0854

注：*** 和 * 分别表示在1%和10%的统计水平上显著。

表4-13　教育（分类变量）对农民工迁移区域影响的 Ordered Probit 模型回归结果

变量	模型（3）系数值	标准差	P值	模型（4）系数值	标准差	P值
个人特征						
性别	0.0039	0.0146	0.7920	-0.0035	0.0148	0.8160
年龄（对照组：20岁以下）						
21~30岁	-0.2044***	0.0678	0.0030	-0.2029***	0.0680	0.0030
31~40岁	-0.2683***	0.0698	0.0000	-0.2673***	0.0700	0.0000
41~50岁	-0.2888***	0.0710	0.0000	-0.2916***	0.0712	0.0000
51~59岁	-0.2707***	0.0754	0.0000	-0.2756***	0.0756	0.0000
受教育水平（对照组：小学及以下）						
初中	-0.1080***	0.0223	0.0000	-0.1052***	0.0224	0.0000
高中（中专）	-0.1930***	0.0262	0.0000	-0.1867***	0.0266	0.0000
大专及以上	-0.2158***	0.0315	0.0000	-0.2071***	0.0330	0.0000
婚姻状况	0.0128	0.0255	0.6170	0.0152	0.0256	0.5530
民族	0.0822***	0.0261	0.0020	0.0869***	0.0261	0.0010
是否党员	-0.0257	0.0438	0.5580	0.0275	0.0440	0.5320
家庭特征						
家庭人数	-0.0058	0.0107	0.5870	0.0063	0.0107	0.5580
子女数量	0.0324**	0.0147	0.0270	0.0330**	0.0147	0.0250
老家地理位置（对照组：农村）						
乡镇政府所在地	-0.0371	0.0231	0.1080	-0.0360	0.0231	0.1190
区县及以上政府所在地	0.0216	0.0400	0.5900	0.0240	0.0401	0.5490
流动特征						
流动次数	0.1149***	0.0063	0.0000	0.1114***	0.0064	0.0000
流动时长（对照组：2年及以下）						
3~4年	0.0506**	0.0216	0.0190	0.0509**	0.0216	0.0190
5~9年	0.0538***	0.0198	0.0070	0.0558***	0.0199	0.0050
10年及以上	0.1175***	0.0223	0.0000	0.1217***	0.0224	0.0000
以往流动范围（对照组：县外市内）						
市外省内	3.4163***	0.0196	0.0000	0.1217***	0.0196	0.0000
省外	7.4444***	0.0282	0.0000	3.4167***	0.0283	0.0000
父母外出经历（对照组：父母均有）						
父亲有、母亲没有	-0.0945**	0.0369	0.0110	-0.0969***	0.0370	0.0090
母亲有、父亲没有	-0.0289	0.0702	0.6800	-0.0262	0.0702	0.7090

续表

变量	模型（3）			模型（4）		
	系数值	标准差	P值	系数值	标准差	P值
父母均没有	-0.0996***	0.0234	0.0000	-0.0952***	0.0235	0.0000
本人出生就流动	-0.2145	0.3189	0.5010	-0.1954	0.3210	0.5430
记不清	-0.1461***	0.0411	0.0000	-0.1414***	0.0412	0.0010
工作特征						
工作获得途径（对照组：自己获得）						
由家人、同乡、亲戚、朋友处获得				0.0510***	0.0180	0.0050
由互联网、社会中介等外部力量获得				0.0480*	0.0256	0.0610
职业类型（对照组：国家机关、党群组织、企业单位负责人）						
公务员、经商人员				0.1215***	0.0362	0.0010
商业服务人员				0.0014	0.0344	0.9680
生产人员				0.0970***	0.0322	0.0030
无固定职业				0.0796**	0.0406	0.0500
单位性质（对照组：个体户）						
机关事业单位、国企				0.0140	0.0361	0.6990
私营企业				0.0650***	0.0226	0.0040
外资企业				0.1666***	0.0510	0.0010
社团民办组织、无单位、其他				0.0354	0.0234	0.1310
签订劳动合同类型（对照组：未签订劳动合同）						
有固定期限				0.0085	0.0240	0.7230
无固定期限				-0.0497*	0.0297	0.0940
打工所在地区域（对照组：西部）						
中部	-0.2512***	0.0198	0.0000	-0.2501***	0.0200	0.0000
东部	0.4635***	0.0182	0.0000	0.4480***	0.0185	0.0000
东北	0.0184	0.0296	0.5330	0.0158	0.0296	0.5940
伪 R^2			0.8572			0.8574

注：***、**和*分别表示在1%、5%和10%的统计水平上显著。

第五节 本章小结

本章以 Ordered Logit 模型为主要模型分析了受教育水平对农民工迁移区域的影响。同时，使用 OLS 模型为基础模型，使用 Ordered Probit 模型作稳健性检验，以保证实证结果的可靠性。研究发现，受教育水平对农民工迁移区域影响显著。同时，年龄、子女数量、流动次数、流动时长、以往流动范围、父母外出经历、工作获得途径、单位性质以及打工输入地区域，均对农民工迁移区域产生显著影响。通过对实证结果的分析，本研究得出的主要结论如下：

第一，农民工受教育程度越高则向更远区域迁移的可能性越低。一般而言，农民工受教育程度越高，向更远地区流动以谋求高薪酬工作的可能性越大。与教育会促进农民工向更远地区流动的研究结论不同，本研究认为教育会阻碍农民工向更远区域流动。可能的原因是，近年来农村地区乡县两级就业环境的改善和农民工返乡创业热潮的兴起，使得农村地区新增就业岗位数量多，且劳动报酬有所提高。考虑到农民外地就业涉及经济成本和心理成本，外出迁移务工机会成本较高。当前农村就业环境下，农民工能够搜寻到合适的工作，且在该工作所提供的薪资条件下，农民工的生活水平并不会有所降低，加之在家乡所在地就业方便照料家庭，越来越多的农民工选择就近就业。

第二，教育对农民工向更远区域迁移的抑制作用随着学历的上升越发显著。教育对农民工向更远区域迁移的抑制作用具体表现为，随着学历的上升，农民工向更远区域迁移的可能性越来越小。带来这种结果的可能原因是，农民工因农村地区就业环境的改善，选择返回家乡就业。农民工回乡就业的兴起，导致农村地区劳动力市场上劳动者的供给大于需求。这种情况下，不同学历层次的农民工需要竞争有限的工作岗位。学历越高、能力越强的农民工在更近范围内搜寻到合适工作岗位的可能性越大，选择就近就业的可能性也会越大。学历越低、能力越弱的农民工被挤出当地劳动力市场，不得不选择迁移至更远的地区谋求就业机会。

第三，年龄的增长显著阻碍农民工向更远区域迁移。年龄因素集中反映了人力资本的时效性特征，同时对农民工对外迁移产生明显拉回作用。农民工群体受教育程度普遍较低，本研究中 90% 的农民工仅具有小学、初中、高中学历，首次外出迁移务工往往发生在 20 岁之前选择。当农民工正值青壮年、自身健康状况良好、父母康健且无子女需要照料时，农民工愿意流动至更远的地区以搜寻更多的就业机会，从而选择出最适合自己的工作岗位。随着年龄的增加，抚养子女、照护父母、自身健康状况恶化等问题接踵而至，这时农民因多方因素的限制，会选择就近搜寻工作，向更远区域迁移的可能性随之降低。

第四，子女数量对农民工向更远区域流动具有促进作用。子女数量对农民工迁移产生双向影响：一方面，子女数量增加将导致子女照护压力增大，一些外出务工的农民工会以家庭为重，返乡照顾子女；另一方面，子女数量的增加也意味着家庭生活成本以及子女教育支出的上升，经济负担将大大加重，一些农民工选择向更远区域迁移以获得更高收入的工作。本研究实证结果表明，在不改变其他因素的条件下，子女数量对农民工迁移的促进作用大于阻碍作用，也就是说，每增加一个子女，农民工向更远地区流动以获得更高报酬的工作岗位的可能性也随之增加。

第五，个体工商户农民工迁移距离最近。个体工商户就业形式作为缓解我国就业压力的重要途径，总体上呈现出经营规模小、经营专业化程度低的特征，尚停留在生存型创业阶段。也就是说，我国的个体工商户仅能实现自我雇佣、自我生存，并不具备创造就业机会的功能。本研究实证结果表明，与在国有企业、事业单位和私营企业等其他单位就业的农民工相比，从事个体工商户经营的农民工，其工作地点距离老家最近。个体工商户作为一种注册门槛低、组建形式多样的就业形式，因其具有自我雇佣特征，方便农民工以家庭为单位展开经营，是远距离流动存在困难的农民工首选就业方式。

第五章

教育对农民工劳动力市场进入的影响

第一节 引 言

农民工是改革开放以来我国劳动力市场上催生的新群体。截至2017年,全国共有2.87亿农民工活跃在各行各业。他们是城市建设的主要力量,也是劳动力市场的重要组成部分。但是随着我国"人口红利"的逐渐消失,加上产业转型升级带来的劳动力供需结构的不对称,劳动力市场出现了"民工荒"和"就业难"并存的困境。人力资本是镶嵌在劳动者身上的技能和能力,是解决劳动者就业问题,提升就业质量的重要突破口。教育作为人力资本投资的重点和关键,不仅能够提高劳动者个人的素质和能力,还能改善劳动者群体在劳动力市场的就业质量和水平。因此,研究教育对农民工劳动力市场进入的影响,对于解决劳动力市场面临的难题,提高中国居民生活水平和提升经济发展速度均具有重要意义。

国际上针对教育和就业关系的研究成果比较丰富。前鹤政和(Masakazu,2008)在日本劳动力供求出现较大的不匹配,即服务业劳动力和专业人员短缺、制造业和技术工人过剩的背景下认为,在不断变化的劳动力市场中,学历越高,越容易进入劳动力市场,并倡导大学教育。曼希尼利等(Mancinelli et al.,2009)基于一份来自全国劳动力调查的数据,研究移民进入东道主国家劳动力市场的影响因素,运用Logit模型估计移民被雇用的可能性。研究结果表明,移民的受教育水平越高,进入劳动力市场的可能性越强,因此教育可能会成为私人人力资本投资的直接目标。阿格雷等(Aggrey et al.,2010)使用企业层面的面板数据,调查人力资本变量在解释东非制造业企业劳动生产率方面的相关重要性。他们采用广义最小二乘估计人力资本模型,结果表明,乌干达、坦桑尼亚、肯尼亚等地区工人的平均教育水平与劳动生产率呈正相关。霍尔泽(Holzer,2012)提出改善美国的劳动力教育培训制度将有利于工人获得更好的工作,具体表现为提高收入和减少工作的不平等。帕普科瓦(Paprokova,2013)研究认为,在服务和生产都越来越复杂的信息社会中,高等教育往往成为进入劳动力市场的基本前提。班达拉(Bandara,2018)通过对撒哈拉以南非洲的青年劳动力市场预期和就业匹配程度进行调查,发现更高的教育水平对青年劳动力获得更好的工作有很大的影响,特别是在技术和专业领域。

随着农民工在劳动力市场的重要性日渐凸显,国内学者对农民工的就业状况进行了诸多研究,大多数研究的是农民工非农就业及就业质量的影响因素。魏众(2004)利用1993年中国营养调查数据研究中国农村地区非农就业的影响因素,发现个人年龄、文化状况、健康状况都是影响劳动力就业的关键因素。高春雷等(2015)对影响新生代农民工就业能力的影响因素进行实证研究,并认为新生代农民工品格优良、社会关系良好和工作经验丰富均会对就业能力起到重要的促进作用。徐晓鹏(2016)对青年农民工的就业质量进行研究,发现婚姻状况是影响青年农民工就业状况的关键因素,因此需要通过提升青年农民工的人力资本来营造良好的婚姻家庭生活。赵燕(2017)利用安徽等五省的截面数据研究了非农劳动力供给的影响因素,研究表明农户家庭财富的积累会对劳动力供给产生较大的影响,而教育并不会被直接转化为生产力,影响劳动者的就业选择,这是由于我国农村教育长期处于脱节状态导致的。

已有研究为本章的进一步探索奠定了坚实的基础,提供了指导和借鉴,但仍存在以下两方面不足:第一,大多数文献的调查样本和地区单一,研究样本的代表性不足;第二,已有文献侧重农民工非农就业及就业质量的影响因素研究,较少重点关注教育这一重要人力资本对农民工劳动力市场进入的影响研究。因此,本章将聚焦于以下三方面:第一,以国家卫生健康委提供的高质量实地调查数据为研究样本,对中国农民工劳动力市场进入影响进行了实证研究;第二,重点关注教育对农民工劳动力市场进入的影响,以前较少文献中重点关注于此;第三,本章侧重于为我国农民工素质提高、劳动力市场完善及经济发展转型提供政策参考。基于以往文献研究结果,本章拟检验以下假设:

假设1:农民工受教育水平越高,越容易进入劳动力市场。

第二节 数据来源及描述性统计

本章的数据来源于2016年全国流动人口卫生计生动态监察调查的数据。此次调查由国家卫生健康委组织,对全国流动人口进行抽样调查,调查范围覆盖全国31个省区市(不含港澳台)和新疆生产建设兵团中流动人口较为集中的流入地。根据本章的分析需要,我们选取了16~60岁农村户籍的在外务工者(即农民工)为研究对象,经过数据清理,共获得116 211个有效观测样本。

表5-1为主要变量的定义和描述性统计。因变量为农民工是否进入劳动力市场,其中进入劳动力市场的比例占到90.74%,未进入劳动力市场的比例不到10%,说明农民工的就业形势比较稳定,但按照农民工基数来算,还有相当一部分农民工面临就业问题。农民工的教育程度为本章重点关注的解释变量。受教育程度为小学及以下的占15.44%,初中占比最高(53.18%)其次为高中中专学历,占到21.41%,受教育程度达到大专以上的占比不到总人数的1%。他们的平均受教育年限为9.7年,刚达到国家义务教育年限的标准,说明农民工的文化程度普遍偏低。本次调查样本中,男性农民

工占57.73%，16~20岁的农民工占2.16%，21~30岁的农民工占30.31%，31~40岁的农民工占33.41%，41~50岁的农民工占26.49%，51~60岁的农民工占比近7.63%。调查对象中处在婚状态（包括初婚、再婚、同居）的农民工达到82.14%，单身状态的（即未婚、离婚、丧偶）占到17.86%，汉族农民工占到92.17%，党员占2.51%。

本章选取的自变量除个人特征外，还包括家庭特征、流动特征、居留意愿特征和地区虚变量等有关解释变量。如表5-1所示，调查对象平均家庭人口数为3位，平均子女数不到2位，老家为农村地区的占86.56%，为乡镇区县政府所在地占12.63%，为地市及以上政府所在地的最少，不到1%。被调查农民工的平均流动次数为1.39次，平均流动时长为6.38年，父母有外出务工、经商经历的占19.51%。调查对象中在城市购买住房的农民工达到19%，具有户口迁移意愿的农民工占29.57%，没有迁移意愿的占30.5%，没想好的占39.93%。根据打工所在地设置地区虚变量，西部地区占32.66%，中部地区占17.80%，东部地区占43.27%，东北地区占6.28%。

表5-1　教育对农民工劳动力市场进入影响因素的描述性统计

变量	定义	均值	标准差	最小值	最大值
因变量					
是否找到工作	进入劳动力市场为1，否则为0	0.9074	0.2898	0	1
自变量					
个人特征					
性别	男性为1，女性为0	0.5773	0.4940	0	1
年龄					
16~20岁	16~20岁为1，否则为0	0.0216	0.1454	0	1
21~30岁	21~30岁为1，否则为0	0.3031	0.4596	0	1
31~40岁	31~40岁为1，否则为0	0.3341	0.4717	0	1
41~50岁	41~50岁为1，否则为0	0.2649	0.4413	0	1
51~60岁	51~60岁为1，否则为0	0.0763	0.2654	0	1
受教育程度					
小学及以下	小学及以下为1，否则为0	0.1544	0.3613	0	1
初中	初中为1，否则为0	0.5318	0.4990	0	1
高中（中专）	高中中专为1，否则为0	0.2141	0.4102	0	1
大专及以上	大专及以上为1，否则为0	0.0996	0.2995	0	1
受教育年限	接受学校正规教育的年限	9.7123	2.8175	0	18
婚姻状况	在婚为1，单身为0	0.8214	0.3830	0	1
民族	汉族为1，否则为0	0.9217	0.2686	0	1
是否党员	党员为1，否则为0	0.0251	0.1565	0	1

续表

变量	定义	均值	标准差	最小值	最大值
家庭特征					
家庭人数（人）	全家总人数	3.0895	1.1551	1	10
子女人数（人）	子女总人数	1.4287	0.6100	1	5
老家地理位置					
农村	农村为1，否则为0	0.8656	0.3410	0	1
乡镇区县政府所在地	乡镇区县政府所在地为1，否则为0	0.1263	0.3322	0	1
地市及以上政府所在地	地市及以上政府所在地为1，否则为0	0.0080	0.0891	0	1
流动特征					
流动次数（次）	流动总次数	1.3886	1.1052	1	40
流动时长（年）	流动总时长	6.3764	5.2922	1	41
父母外出经历	父母有外出经历为1，否则为0	0.1951	0.3962	0	1
居留意愿特征					
是否购买住房	购买住房为1，否则为0	0.1904	0.3926	0	1
户口迁移意愿					
愿意	愿意为1，否则为0	0.2957	0.4563	0	1
不愿意	不愿意为1，否则为0	0.3050	0.4604	0	1
没想好	没想好为1，否则为0	0.3993	0.4898	0	1
地区虚变量					
打工所在区域					
西部	西部包括：内蒙古、广西、重庆、四川、贵州、云南、西藏、陕西、甘肃、青海、宁夏、新疆。西部为1，否则为0	0.3266	0.4690	0	1
中部	中部包括：山西、安徽、江西、河南、湖北、湖南。中部为1，否则为0	0.1780	0.3825	0	1
东部	东部包括：北京、天津、河北、上海、江苏、浙江、福建、山东、广东、海南，不包括港澳台。东部为1，否则为0	0.4327	0.4954	0	1
东北	东北包括：辽宁、吉林、黑龙江。东北为1，否则为0	0.0628	0.2426	0	1

第三节 理论框架及计量方法

一、理论框架

本章研究基于威廉·阿瑟·刘易斯（William Arthur Lewis，1954）创立的二元结构模型。二元结构是指不发达经济由传统部门和现代部门这两个不同性质的经济部门组成。二元结构理论认为，发展中国家的劳动力市场是二元性的，在该市场下，由于传统部门存在剩余劳动力，将劳动力转移不会使其产量下降，因此传统部门的剩余劳动力会不断转移到劳动力生产率更高的现代部门。当传统部门劳动力转移过多不再过剩时，就达到了刘易斯拐点，并随着劳动力的转移，传统部门日渐缩小，二元经济结构也将消除。按我国目前的发展状况来看，农村剩余劳动力接续下降，"人口红利"渐渐消失，已经进入刘易斯拐点阶段。但是由于我国劳动力供需结构不对称，劳动力市场不仅存在"用工荒"的情况，还存在农民工"就业难"的困境。农民工的就业困境不是因劳动力数量过多导致，而是劳动力市场与农民工自身发展不均衡的结果。农民工大多从事低层次、苦力型岗位，就业质量低，而我国正面临产业的转型升级，劳动力市场需要更多高层次、技术型的工人。农民工的人力资本积累是影响就业质量提高、经济产业转型升级的关键因素，而教育是人力资本积累的重要途径，人力资本积累直接影响到农民工劳动力市场就业，因此，关注农民工教育程度的重要意义在于此。

二、计量方法

本章有两种研究思路，第一，将农民工劳动力市场的进入情况视为连续变量，进而采用 OLS 估计方法分析教育对农民工劳动力市场进入的影响。第二，将农民工劳动力市场进入情况视为二分类变量进而采用 Logit 和 Probit 模型，分析教育对农民工劳动力市场进入的影响。在劳动力市场的研究中，研究现象是复杂的，因而被解释变量的变化会受到多个因素的影响，需要对多个影响因素进行分析。多元线性回归模型可以探索被解释变量和多个解释变量之间的线性关系，因此，本章根据选择的变量设定如下 OLS、Logit 和 Probit 模型对教育这一主要变量和其他相关变量对农民工进入劳动力市场的影响进行检验和估计，其中 OLS 模型为基础模型，Logit 模型为本章的主要分析模型，Probit 模型用于本章分析结果的稳健性检验。

（一）OLS 模型

为了考察教育对农民工劳动力市场进入的影响，在变量选取的过程中需要考虑到多方面的因素。因农民工就业涉及因素众多，从而构建一个多元线性回归统计模型，即 OLS 模型。OLS 是估计多元回归模型参数最常见、最基本的方法。本章使用该模型旨在分析因变量（农民工进入劳动力市场）和自变量（农民工个人特征、环境因素等）的线性关系，进而验证农民工进入劳动力市场的影响因素。我们将估计方程：

$$P(Work) = A_0 + A_1 Education + A_i X_i + \varepsilon_i \tag{5.1}$$

其中被解释变量 P(Work) 是农民工劳动力市场进入的数值，若受访农民工已进入劳动力市场，则赋值为1；若受访农民工未进入劳动力市场，则赋值为0。解释变量 Education 是农民工的受教育程度。X_i 是控制变量，包括农民工的性别、年龄、婚姻状况、民族和党员，家庭特征包括家庭人数、子女数目、老家地理位置、流动次数、流动时长、父母外出经历、购买住房和户口迁移意愿和地区虚变量等。ε_i 为随机误差项。A_0、A_1、A_i 是待估系数，A_1 的估计值是我们最为关心的参数值。

（二）Logit 模型

Logit 模型是用于衡量因变量为离散变量的变量之间影响关系的模型。在调查农民工劳动力市场影响因素中得到的因变量为离散的二元数据，因此，本研究选择 Logit 模型来分析农民工劳动力市场进入的影响因素及其关系。具体对农民工获得工作的状况进行分类处理，即找到工作、有工资收入的农民工视为已经进入劳动力市场；尚未找到工作、无工资收入的农民工视为未进入劳动力市场。在该模型中，记 P = P(Work = 1) 为农民工进入劳动力市场发生的概率，P = P(Work = 0) = 1 − P 为农民工未进入劳动力市场发生的概率，则 P 的取值会落到 [0, 1] 之间。按照回归思路建立方程，由于影响农民工进入劳动力市场的解释变量有多种，解释变量涉及农民工多方面的特征，所以 X_i 的取值任意，P 的取值范围会趋向无穷，这与取值范围 [0, 1] 矛盾，因此要做 Logit 变换：

$$Logit(P) = \ln P/(1-P) \tag{5.2}$$

因此，Logit 模型的具体表达形式为：

$$P(Work = 1 \mid x) = \ln P/(1-P) B_0 + B_1 Education + B_i X_i + \varepsilon_i \tag{5.3}$$

式（5.3）中，Work 表示农民工有无进入劳动力市场，若受访农民工已进入劳动力市场，则 Work 赋值为1；若受访农民工未进入劳动力市场，则 Work 赋值为0。本书最为关心的解释变量是农民工的受教育程度 Education，X_i 为模型中使用的控制变量，包括人口学特征变量、家庭特征变量、流动特征变量、居留意愿特征变量和地区虚变量。个人特征变量包括性别、年龄、婚姻状况、民族和党员，家庭特征包括家庭人数、子女数目和老家地理位置，流动特征包括流动次数、流动时长和父母外出经历，居留意愿特征包括购买住房和户口迁移意愿，地区虚变量包括西部、中部、东部和东北四个地区。B_0、B_1、B_i 是待估系数，ε_i 为随机误差项，假设其服从逻辑概率分布。

（三）Probit 模型

本章设定农民工进入劳动力市场为被解释变量，分为已进入劳动力市场（Work = 1）和未进入劳动力市场（Work = 0）两种情况。用 X 表示影响农民工进入劳动力市场的解释变量，解释变量涉及农民工的性别、受教育程度、民族等。Probit 模型是一种常用的线性模型，因农民工劳动力市场进入是一个二元离散选择问题，故采用 Probit 模型研究农民工劳动力市场进入的影响因素。Probit 模型的标准形式为：

$$P(Work = 1 | x) = \Phi(C_0 + C_1 Education + C_i X_i + \varepsilon_i) \quad (5.4)$$

式（5.4）中，Work 表示农民工有无进入劳动力市场，若受访农民工已进入劳动力市场，则 Work 赋值为1；若受访农民工未进入劳动力市场，则 Work 赋值为0。本书最为关心的解释变量是农民工的受教育程度 Education，X_i 为模型中使用的控制变量，其中，跟个人特征有关的特征包含性别、年龄、婚姻状况、民族和党员，与家庭有关的特征包含家庭人数、子女数目和老家地理位置，与流动有关的特征包含流动次数、流动时长和父母外出经历，与居留意愿有关的特征包含购买住房和户口迁移意愿，地区虚变量包括西部、中部、东部和东北四个地区。C_0、C_1、C_i 是待估系数，ε_i 为随机误差项，假设其服从标准正态分布，$\Phi(X)$ 为标准正态分布的分布函数。

第四节 实证结果

农民工是改革开放催生的新群体，是改革开放过程中成长起来的劳动大军。农民工外出打工是促进社会主义市场经济发展、缩小城乡差距的有效途径。根据刘易斯模型，在二元经济结构下，工业化通过劳动力转移而实现。刘易斯—拉尼斯—费景汉模型是对刘易斯模型的拓展和深化，其着重解释了剩余劳动的概念，对劳动力流动的阶段进行了细化。在该模型下，农民工市场进入是历史发展的必然趋势，是实现传统农业部门和现代工业部门平衡增长的必经之路，因而，本章主要研究教育作为人力资本的重要组成部分，对农民工劳动力市场进入的影响。在各个回归方法中，模型（1）是基础模型，模型（2）、模型（3）和模型（4）分别是增加了家庭特征、流动特征和居留意愿特征的拓展模型。本章主要关注 Logit 回归方法中模型（4）的回归结果。

一、OLS 模型回归结果

（一）教育为连续变量的估计结果

表5-2 和表5-3 是教育作为连续变量对农民工劳动力市场进入影响的 OLS 方法回归结果，本章主要关注模型（4）的回归结果。结果显示，农民工接受学校正规教育的年限越高，劳动力市场进入的可能性越大。教育是人力资本的重要部分，受教育程度越高，获取信息的途径越广，从事非农岗位的能力越强，从而市场进入的概率就越大。同时，其他变量对农民工市场进入的影响同样值得关注。第一，性别变量显著为正，说明男性农民工较女性更易进入劳动力市场并找到工作，这与农民工的工作性质有关，农民工工作环境恶劣、条件艰苦，承担体力活繁多，这些原因导致用人单位更倾向于招收更具生理优势的男性劳动力。第二，年龄变量对农民工市场进入产生了显著影响，相对于20岁以下年龄阶段的农民工，31～50岁年龄阶段的农民工更容易找到工作。一方面，处于中年的农民工具备较好的体力条件和较高的职业技能，并且拥有

丰富的工作经验，更易受到招聘者的青睐；另一方面，中年阶段的农民工群体都会面临不同程度的家庭压力，作为家庭经济来源的中流砥柱，他们对待工作更加认真，并且更能吃苦耐劳，也就更易找到谋生的工作。第三，家庭特征中子女数目对农民工市场进入具有显著影响。子女数目越多，农民工市场进入的概率就越大。家中需要抚养的小孩越多，农民工的抚养压力也就越大，因而会促使他们进入劳动市场。第四，地区虚拟变量的结果表明，相对于西部地区，中部、东部和东北地区的农民工市场进入的概率较高。打工输出地来源于非西部偏远地区的农民工由于地理位置的优势以及当地教育水平整体偏高，使其能够及时了解更多的外出就业信息，从而具备较高寻找工作的能力。

表5-2 教育（连续变量）对农民工劳动市场进入影响的OLS计量回归结果

自变量	模型（1） 系数值	T值	P值	模型（2） 系数值	T值	P值
个人特征						
性别	0.0619*** (0.0017)	36.0300	0.0000	0.0620*** (0.0017)	36.1100	0.0000
年龄（对照组：16~20岁）						
21~30岁	-0.0124** (0.0061)	-2.0400	0.0410	-0.0126** (0.0061)	-2.0800	0.0380
31~40岁	0.0171*** (0.0063)	2.7200	0.0070	0.0147** (0.0063)	2.3300	0.0200
41~50岁	0.0267*** (0.0064)	4.1900	0.0000	0.0225*** (0.0064)	3.5100	0.0000
51~60岁	-0.0120* (0.0069)	-1.7400	0.0820	-0.0195*** (0.0070)	-2.7900	0.0050
受教育年限	0.0045*** (0.0003)	13.4000	0.0000	0.0049*** (0.0003)	14.4100	0.0000
婚姻状况	-0.0321*** (0.0025)	-12.7400	0.0000	-0.0300*** (0.0031)	-9.7300	0.0000
民族	0.0218*** (0.0032)	6.7800	0.0000	0.0230*** (0.0032)	7.1500	0.0000
是否党员	-0.0106* (0.0054)	-1.9500	0.0510	-0.0108** (0.0054)	-2.0000	0.0460
家庭特征						
家庭人数（人）				-0.0035*** (0.0012)	-3.0100	0.0030
子女人数（人）				0.0147*** (0.0019)	7.8900	0.0000

续表

自变量	模型（1）			模型（2）		
	系数值	T值	P值	系数值	T值	P值
老家地理位置（对照组：农村）						
乡镇区县政府所在地				0.0057 ** (0.0025)	2.2600	0.0240
地市及以上政府所在地				-0.0823 *** (0.0094)	-8.7400	0.0000
地区虚变量（对照组：西部）						
中部	0.0740 *** (0.0025)	29.4200	0.0000	0.0726 *** (0.0025)	28.8500	0.0000
东部	0.0569 *** (0.0020)	28.6700	0.0000	0.0561 *** (0.0020)	28.2000	0.0000
东北	0.0106 *** (0.0037)	2.9000	0.0040	0.0123 *** (0.0037)	3.3100	0.0010
常数项	0.7883 *** (0.0070)	112.4700	0.0000	0.7743 *** (0.0074)	104.8400	0.0000
调整后的 R^2	0.0287			0.0299		
样本量	116211					

注：(1) *、**、*** 表示在10%、5%、1%的统计水平上显著；(2) 括号内数值是标准差。

表5-3　教育（连续变量）对农民工劳动市场进入影响的OLS计量回归结果

自变量	模型（3）			模型（4）		
	系数值	T值	P值	系数值	T值	P值
个人特征						
性别	0.0614 *** (0.0017)	35.7100	0.0000	0.0611 *** (0.0017)	35.6000	0.0000
年龄（对照组：16~20岁）						
21~30岁	-0.0132 ** (0.0061)	-2.1600	0.0300	-0.0128 ** (0.0061)	-2.1100	0.0350
31~40岁	0.0158 ** (0.0064)	2.4800	0.0130	0.0172 *** (0.0064)	2.7000	0.0070

续表

自变量	模型（3） 系数值	T值	P值	模型（4） 系数值	T值	P值
41~50岁	0.0263*** (0.0065)	4.0300	0.0000	0.0276*** (0.0065)	4.2400	0.0000
51~60岁	-0.0137* (0.0071)	-1.9300	0.0540	-0.0117* (0.0071)	-1.6500	0.0980
受教育年限	0.0050*** (0.0003)	14.7000	0.0000	0.0056*** (0.0003)	16.3300	0.0000
婚姻状况	-0.0303*** (0.0031)	-9.7700	0.0000	-0.0294*** (0.0031)	-9.4700	0.0000
民族	0.0237*** (0.0032)	7.3500	0.0000	0.0229*** (0.0032)	7.1300	0.0000
是否党员	-0.0111** (0.0054)	-2.0500	0.0410	-0.0101* (0.0054)	-1.8700	0.0610
家庭特征						
家庭人数（人）	-0.0024** (0.012)	-2.0800	0.0370	-0.0019 (0.0012)	-1.6000	0.1090
子女人数（人）	0.0141*** (0.0019)	7.5500	0.0000	0.0128*** (0.0019)	6.8500	0.0000
老家地理位置（对照组：农村）						
乡镇区县政府所在地	0.0059** (0.0025)	2.3300	0.0200	0.0057** (0.0025)	2.2600	0.0240
地市及以上政府所在地	-0.0817*** (0.0094)	-8.6900	0.0000	-0.0790*** (0.0094)	-8.4200	0.0000
流动特征						
流动次数（次）	0.0068*** (0.0008)	8.7900	0.0000	0.0063*** (0.0008)	8.1300	0.0000
流动时长（年）	-0.0017*** (0.0002)	-9.9800	0.0000	-0.0014*** (0.0002)	-7.9200	0.0000
父母外出经历	-0.0101*** (0.0022)	-4.5000	0.0000	-0.0096*** (0.0022)	-4.3000	0.0000
居留意愿特征						
是否购买住房				-0.0282*** (0.0023)	-12.5100	0.0000

续表

自变量	模型（3）			模型（4）		
	系数值	T值	P值	系数值	T值	P值
户口迁移意愿（对照组：愿意）						
不愿意				0.0227*** (0.0022)	10.2600	0.0000
不清楚				-0.0051** (0.0021)	-2.4400	0.0150
地区虚变量（对照组：西部）						
中部	0.0711*** (0.0025)	28.2500	0.0000	0.0684*** (0.0025)	27.1000	0.0000
东部	0.0558*** (0.0020)	27.9900	0.0000	0.0541*** (0.0020)	26.7700	0.0000
东北	0.0136*** (0.0037)	3.6800	0.0000	0.0162*** (0.0037)	4.3500	0.0000
常数项	0.7732*** (0.0075)	103.1800	0.0000	0.7665*** (0.0077)	99.0900	0.0000
调整后的 R^2	0.0318			0.0346		
样本量	116211					

注：(1) *、**、***表示在10%、5%、1%的统计水平上显著；(2) 括号内数值是标准差。

（二）教育为分类变量的估计结果

表5-4和表5-5是教育作为分类变量对农民工影响的OLS方法回归结果，本章主要关注模型（4）的回归结果。结果表明，农民工接受大专及以上教育，进入劳动力市场的概率最高，其次是接受高中中专和初中教育，接受小学及以下教育的劳动力市场进入的概率最低。随着社会主义市场经济的不断发展，我国经济结构在不断转型升级，劳动力市场上对学历的要求也就越来越高。农民工的学历越高，识字越多，自学技能的能力越强，就业面越广，因此越容易进入劳动力市场。同时，其他变量对农民工市场进入的影响同样值得关注。第一，性别变量显著为正，说明男性农民工更容易进入劳动力市场。首先，由于早年农村重男轻女思想严重，女性受教育程度普遍低于男性，因而在劳动力市场竞争中处于劣势；其次，劳动力市场就业以体力为主，生理优势使男性拥有更多的岗位可以选择；最后，男性农民工一般为家庭生活来源的主力，因此就业压力普遍大于女性，而女性结婚后主要担任照顾家庭的责任，进入劳动力市场的动力不足。第二，民族变量显著为正，说明汉族农民工更容易进入劳动力市场。汉族生活区域广泛，工作地区与家乡习俗大同小异，因而更容易融入城市，更容易找到工作。第三，家庭特征中子女数目对农民工市场进入具有显著影响。子女

数目越多,农民工市场进入的概率就越大。抚养子女一直是中国人生活的重心,子女越多,抚养压力越大,迫使农民工快速进入劳动力市场养家糊口。第四,地区虚拟变量的结果表明,相对于西部地区,中部、东部和东北地区的农民工市场进入的概率较高。相对于西部地区,中部、东部和东北地区经济较为发达,可以供应更多的就业岗位。

表 5-4 教育(分类变量)对农民工劳动市场进入影响的 OLS 计量回归结果

自变量	模型(1) 系数值	模型(1) T值	模型(1) P值	模型(2) 系数值	模型(2) T值	模型(2) P值
个人特征						
性别	0.0612*** (0.0017)	35.5100	0.0000	0.0613*** (0.0017)	35.6000	0.0000
年龄(对照组:16~20岁)						
21~30岁	-0.0091 (0.0061)	-1.4900	0.1360	-0.0093 (0.0061)	-1.5200	0.1270
31~40岁	0.0199*** (0.0063)	3.1500	0.0020	0.0175*** (0.0063)	2.7700	0.0060
41~50岁	0.0301*** (0.0064)	4.7100	0.0000	0.0260*** (0.0064)	4.0500	0.0000
51~60岁	-0.0076 (0.0069)	-1.0900	0.2760	-0.0151** (0.0070)	-2.1500	0.0310
受教育程度(对照组:小学及以下)						
初中	0.0312*** (0.0025)	12.2500	0.0000	0.0329*** (0.0026)	12.8600	0.0000
高中(中专)	0.0378*** (0.0030)	12.4900	0.0000	0.0406*** (0.0031)	13.3000	0.0000
大专及以上	0.0443*** (0.0037)	11.8100	0.0000	0.0483*** (0.0038)	12.7300	0.0000
婚姻状况	-0.0332*** (0.0025)	-13.1700	0.00	-0.0307*** (0.0031)	-9.9400	0.00
民族	0.0211*** (0.0032)	6.5600	0.00	0.0223*** (0.0032)	6.9300	0.00
是否党员	-0.0063 (0.0055)	-1.1500	0.2510	-0.0065 (0.0055)	-1.1900	0.2360

续表

自变量	模型（1）			模型（2）		
	系数值	T 值	P 值	系数值	T 值	P 值
家庭特征						
家庭人数（人）				-0.0038 *** (0.0012)	-3.2500	0.0010
子女人数（人）				0.0147 *** (0.0019)	7.9000	0.0000
老家地理位置（对照组：农村）						
乡镇区县政府所在地				0.0060 ** (0.0025)	2.3800	0.0170
地市及以上政府所在地				-0.0811 *** (0.0094)	-8.6100	0.0000
地区虚变量（对照组：西部）						
中部	0.0735 *** (0.0025)	29.2000	0.0000	0.0721 *** (0.0025)	28.6300	0.0000
东部	0.0566 *** (0.0020)	28.4800	0.0000	0.0557 *** (0.0020)	27.9900	0.0000
东北	0.0098 *** (0.0037)	2.6800	0.0070	0.0113 *** (0.0037)	3.0600	0.0020
常数项	0.8015 *** (0.0067)	119.9200	0.0000	0.7899 *** (0.0070)	112.8800	0.0000
调整后的 R^2	0.0288			0.0300		

注：（1）*、**、*** 表示在10%、5%、1%的统计水平上显著；（2）括号内数值是标准差。

表 5-5　教育（分类变量）对农民工劳动市场进入影响的 OLS 计量回归结果

变量	模型（3）			模型（4）		
	系数值	T 值	P 值	系数值	T 值	P 值
个人特征						
性别	0.0607 *** (0.0017)	35.2200	0.0000	0.0606 *** (0.0017)	35.2000	0.0000
年龄（对照组：16~20岁）						
21~30 岁	-0.0099 (0.0061)	-1.6200	0.1050	-0.0099 (0.0061)	-1.6300	0.1040
31~40 岁	0.0186 *** (0.0064)	2.9100	0.0040	0.0196 *** (0.0064)	3.0800	0.0020

续表

变量	模型（3）			模型（4）		
	系数值	T值	P值	系数值	T值	P值
41~50 岁	0.0297 *** (0.0065)	4.5400	0.0000	0.0306 *** (0.0065)	4.6900	0.0000
51~60 岁	-0.0094 (0.0071)	-1.3200	0.1850	-0.0080 (0.0071)	-1.1200	0.2610
受教育程度（对照组：小学及以下）						
初中	0.0331 *** (0.0026)	12.9500	0.0000	0.0340 *** (0.0026)	13.3000	0.0000
高中（中专）	0.0414 *** (0.0031)	13.5500	0.0000	0.0444 *** (0.0031)	14.5300	0.0000
大专及以上	0.0492 *** (0.0038)	12.9800	0.0000	0.0553 *** (0.0038)	14.4400	0.0000
婚姻状况	-0.0310 *** (0.0031)	-9.9900	0.0000	-0.0301 *** (0.0031)	-9.6900	0.0000
民族	0.0230 *** (0.0032)	7.1400	0.0000	0.0225 *** (0.0032)	6.9900	0.0000
是否党员	-0.0068 (0.0054)	-1.2400	0.2150	-0.0062 (0.0054)	-1.1400	0.2560
家庭特征						
家庭人数（人）	-0.0027 ** (0.0012)	-2.3100	0.0210	-0.0021 * (0.0012)	-1.8200	0.0690
子女人数（人）	0.0141 *** (0.0019)	7.5400	0.00	0.0128 *** (0.0019)	6.8500	0.0000
老家地理位置（对照组：农村）						
乡镇区县政府所在地	0.0062 ** (0.0025)	2.4500	0.0140	0.0060 ** (0.0025)	2.3600	0.0180
地市及以上政府所在地	-0.0805 *** (0.0094)	-8.5600	0.00	-0.0780 *** (0.0094)	-8.3100	0.0000
流动特征						
流动次数（次）	0.0068 *** (0.0008)	8.7400	0.00	0.0063 *** (0.0008)	8.1100	0.0000
流动时长（年）	-0.0017 *** (0.0002)	-9.9500	0.00	-0.0014 *** (0.0002)	-8.0000	0.0000
父母外出经历	-0.0103 *** (0.0022)	-4.6000	0.0000	-0.0098 *** (0.0022)	-4.4000	0.0000

续表

变量	模型（3）			模型（4）		
	系数值	T值	P值	系数值	T值	P值
居留意愿特征						
是否购买住房				-0.0274*** (0.0023)	-12.1000	0.0000
户口迁移意愿（对照组：愿意）						
不愿意				0.0221*** (0.0022)	9.9500	0.0000
不清楚				-0.0058*** (0.0021)	-2.7800	0.0050
地区虚变量（对照组：西部）						
中部	0.0706*** (0.0025)	28.0300	0.0000	0.0679*** (0.0025)	26.9000	0.0000
东部	0.0554*** (0.0020)	27.7800	0.0000	0.0538*** (0.0020)	26.5900	0.0000
东北	0.0127*** (0.0037)	3.4300	0.0010	0.0152*** (0.0037)	4.0900	0.0000
常数项	0.7895*** (0.0071)	111.1600	0.0000	0.7874*** (0.0073)	107.8700	0.0000
调整后的 R^2	0.0319			0.0346		

注：(1) *、**、*** 表示在10%、5%、1%的统计水平上显著；(2) 括号内数值是标准差。

二、Logit 模型回归结果

（一）教育为连续变量的估计结果

表5-6和表5-7是教育连续变量对农民工影响的 Logit 方法回归结果，本章主要关注模型（4）的回归结果。结果显示，教育对农民工劳动力市场的进入起到了明显的正向作用，在农民工劳动力市场就业中占据了一定的优势。第一，教育是人力资本的重要部分，受教育程度越高，获取信息的途径越广，掌握的就业资源也就越多，从而市场进入的概率就越大；第二，受教育程度越高，农民工更容易掌握先进的生产技术，有利于提高企业的劳动生产率，因而农民工更可能找到满意的工作；第三，教育是人力资本积累的重要因素之一，教育水平的提高不仅关乎农民工的就业问题，而且关乎整个产业进一步优化升级的步伐；第四，受教育程度的系数为正，意味着农村教育脱节的现象有所改观，受教育程度渐渐可以直接转化为生产力，说明发展我国的农村教

育渐有成效，在新生代农民工身上将表现得更为突出。

性别变量显著为正，说明男性农民工较女性更易进入劳动市场找到工作。在传统社会，男性作为主要的劳动力参与农业生产，社会分工决定了男性一直在劳动领域处于主导地位。在劳动力市场进入方面，男性的性别优势依旧显著。第一，农民工主要从事体力劳动繁重、条件艰苦、环境恶劣的相关工作，这些原因导致用人单位更倾向于招收更具生理优势的男性劳动力；第二，女性农民工在寻找非农工作时有时需要兼顾家庭，导致可从事的岗位范围缩小，进而很难找到合适的工作。农民工劳动力市场需求主要是以重体力为主，因此决定了女性在劳动力市场的弱势地位，男性因此获得了更多的就业机会。

民族变量在农民工就业中呈现出显著的正相关关系，即汉族农民工在劳动力市场中处于优势地位。第一，少数民族的居住地大多远离城市，这些地区经济欠发达，劳动力市场不完善，缺乏正规的就业机会；第二，居住地区的交通不便是制约他们外出工作的原因之一；第三，部分民族的文化传统没有外出务工的习惯，缺乏外出务工的经验，因此也制约了他们进入劳动力市场；第四，部分少数民族农民工因语言差异而无法找到合适的工作，因此交流障碍也成为制约其进入劳动力市场的主要原因之一。

年龄变量对农民工劳动力市场进入产生了显著影响，相对于16~20岁的农民工，31~40岁的农民工找到工作的概率增加了21%，41~50岁的农民工找到工作的概率增加了34%，而51~60岁年龄阶段的农民工找到工作的概率减少了9%。第一，处于中年的农民工具备较好的体力条件和较高的职业技能，并且拥有丰富的工作经验，更易受到招聘者的青睐；第二，中年阶段的农民工群体都会面临不同程度的家庭压力，作为家庭经济来源的中流砥柱，其对待工作更加认真，并且更能吃苦耐劳，也就更易找到谋生的工作；第三，随着年龄的增长，农民工各方面身体机能在下降，在重体力的劳动领域内难以找到合适的岗位，因而进入劳动力市场的机会在渐渐消失。

家庭特征中子女数目对农民工市场进入具有显著影响。子女数目越多，农民工市场进入的概率就越大。第一，家中需要抚养的小孩越多，农民工的经济压力也就越大，经济压力的客观因素迫使农民工更加急迫地进入劳动力市场，因而会加大他们进入劳动市场的概率；第二，家中子女数目越多，在外务工的农民工夫妇心理压力也就越大，他们会更珍惜工作机会，并且可能会选择竞争压力小、工作负担重但工资相对可观的工作，因此身上承担的责任导致他们更易进入劳动力市场。

地区虚拟变量的结果表明，相对于西部地区，中部地区农民工进入劳动力市场的概率增加了3%，东部地区农民工进入劳动力市场的概率增加了2%，东北地区农民工进入劳动力市场的概率增加了4%。第一，打工输出地来源于西部偏远地区的农民工由于地理位置的劣势以及当地教育水平整体偏低，限制了其了解更多的外出就业信息，从而劳动力市场进入的概率偏低；第二，偏东部的农民工生活的地区大多具有外出务工的传统，因此他们具有更广泛的信息资源及相应的人脉关系，更容易进入劳动力市场；第三，偏东部地区工业相对发达，来自该地区的农民工就业经验相对丰富，也更容易适应非农的工作岗位。

表5-6　　教育（连续变量）对农民工劳动市场进入影响的Logit计量回归结果

自变量	模型（1） 系数值	T值	P值	模型（2） 系数值	T值	P值
个人特征						
性别	0.7408*** (0.0211)	35.1900	0.0000	0.7438*** (0.0211)	35.2900	0.0000
年龄（对照组：16~20岁）						
21~30岁	-0.1270 (0.0785)	-1.6200	0.1060	-0.1308* (0.0786)	-1.6700	0.0960
31~40岁	0.2190*** (0.0811)	2.7000	0.0070	0.1865** (0.0812)	2.3000	0.0220
41~50岁	0.3327*** (0.0821)	4.0500	0.0000	0.2812*** (0.0824)	3.4100	0.0010
51~60岁	-0.1028 (0.0862)	-1.1900	0.2330	-0.1874** (0.0870)	-2.1500	0.0310
受教育年限	0.0516*** (0.0040)	13.0200	0.0000	0.0565*** (0.0040)	14.0300	0.0000
婚姻状况	-0.3885*** (0.0321)	-12.1100	0.0000	-0.3640*** (0.0379)	-9.6100	0.0000
民族	0.1950*** (0.0340)	5.7300	0.0000	0.2094*** (0.0341)	6.1400	0.0000
是否党员	-0.1306* (0.0691)	-1.8900	0.0590	-0.1348* (0.0691)	-1.9500	0.0510
家庭特征						
家庭人数（人）				-0.0414*** (0.0136)	-3.0400	0.0020
子女人数（人）				0.1760*** (0.0227)	7.7500	0.0000
老家地理位置（对照组：农村）						
乡镇区县政府所在地				0.0738** (0.0320)	2.3100	0.0210
地市及以上政府所在地				-0.7432*** (0.0889)	-8.3600	0.0000

续表

自变量	模型（1）			模型（2）		
	系数值	T值	P值	系数值	T值	P值
地区虚变量（对照组：西部）						
中部	0.9481*** (0.0349)	27.1700	0.0000	0.9325*** (0.0349)	26.6800	0.0000
东部	0.6486*** (0.0235)	27.5700	0.0000	0.6399*** (0.0236)	27.1200	0.0000
东北	0.0952** (0.0399)	2.3800	0.0170	0.1139*** (0.0404)	2.8200	0.0050
常数项	1.0651*** (0.0859)	12.4000	0.0000	0.8980*** (0.0907)	9.9000	0.0000
伪 R^2	0.0462			0.0480		
样本量	116 211					

注：(1) *、**、*** 表示在10%、5%、1%的统计水平上显著；(2) 括号内数值是标准差。

表 5-7　教育（连续变量）对农民工劳动市场进入影响的 Logit 计量回归结果

自变量	模型（3）			模型（4）		
	系数值	T值	P值	系数值	T值	P值
个人特征						
性别	0.7363*** (0.0211)	34.8300	0.0000	0.7376*** (0.0212)	34.8200	0.0000
年龄（对照组：16~20岁）						
21~30岁	-0.1443* (0.0787)	-1.8300	0.0670	-0.1359* (0.0778)	-1.7200	0.0850
31~40岁	0.1949** (0.0820)	2.3800	0.0180	0.2138*** (0.0822)	2.6000	0.0090
41~50岁	0.3237*** (0.0840)	3.8500	0.0000	0.3408*** (0.0841)	4.0500	0.0000
51~60岁	-0.1180 (0.0889)	-1.3300	0.1840	-0.0952 (0.0890)	-1.0700	0.2850
受教育年限	0.0577*** (0.0040)	14.3300	0.0000	0.0638*** (0.0041)	15.7500	0.0000
婚姻状况	-0.3728*** (0.0381)	-9.8000	0.0000	-0.3658*** (0.0382)	-9.5900	0.0000

续表

自变量	模型（3） 系数值	T值	P值	模型（4） 系数值	T值	P值
民族	0.2168 *** (0.0342)	6.3400	0.0000	0.2070 *** (0.0343)	6.0300	0.0000
是否党员	-0.1386 ** (0.0692)	-2.0000	0.0450	-0.1297 * (0.0693)	-1.8700	0.0610
家庭特征						
家庭人数（人）	-0.0307 ** (0.0137)	-2.2400	0.0250	-0.0241 * (0.0137)	-1.7600	0.0790
子女人数（人）	0.1685 *** (0.0228)	7.4000	0.0000	0.1584 *** (0.0228)	6.9600	0.0000
老家地理位置（对照组：农村）						
乡镇区县政府所在地	0.0759 ** (0.0320)	2.3700	0.0180	0.0732 ** (0.0321)	2.2800	0.0220
地市及以上政府所在地	-0.7375 *** (0.0890)	-8.2900	0.0000	-0.7089 *** (0.0892)	-7.9400	0.0000
流动特征						
流动次数（次）	0.1486 *** (0.0148)	10.0100	0.0000	0.1383 *** (0.0147)	9.3900	0.0000
流动时长（年）	-0.0196 *** (0.0021)	-9.5100	0.0000	-0.0157 *** (0.0021)	-7.4100	0.0000
父母外出经历	-0.1283 *** (0.0270)	-4.7500	0.0000	-0.1215 *** (0.0270)	-4.5000	0.0000
居留意愿特征						
是否购买住房				-0.3098 *** (0.0260)	-11.9100	0.0000
户口迁移意愿（对照组：愿意）						
不愿意				0.2888 *** (0.0282)	10.2500	0.0000
不清楚				-0.0658 *** (0.0249)	-2.6400	0.0080
地区虚变量（对照组：西部）						
中部	0.9115 *** (0.0350)	26.0400	0.0000	0.8830 *** (0.0352)	25.1200	0.0000

续表

自变量	模型（3）			模型（4）		
	系数值	T值	P值	系数值	T值	P值
东部	0.6298*** (0.0237)	26.5200	0.0000	0.6117*** (0.0242)	25.2600	0.0000
东北	0.1367*** (0.0405)	3.3700	0.0010	0.1674*** (0.0409)	4.0900	0.0000
常数项	0.8184*** (0.0929)	8.8100	0.0000	0.7502*** (0.0957)	7.8400	0.0000
伪 R^2	0.0518			0.0564		
样本量	116 211					

注：(1) *、**、*** 表示在10%、5%、1%的统计水平上显著；(2) 括号内数值是标准差。

（二）教育为分类变量的估计结果

表 5-8 和表 5-9 是教育分类变量对农民工影响的 Logit 方法回归结果，本章主要关注模型（4）的回归结果。可以发现，个体受教育程度的提高对农民工劳动力市场进入具有促进作用，且不同教育层次对农民工劳动力市场进入影响的差距较大。其中，大专及以上学历的农民工对劳动力市场进入的影响最大。相对于具有小学及以下文化程度的个体来说，具有初中学历个体的劳动力市场进入概率高出 35%，具有高中（中专）学历个体的劳动力市场进入概率高出 46%，而具有大专及以上学历的农民工进入劳动力市场的概率则要高出 56%。第一，具有较高的文化水平的农民工更加受到雇主的青睐，他们可以完成更多的劳动项目，更加符合市场更多岗位的需求；第二，受教育水平的提高强化了劳动者适应城市环境的能力，具有更高的生产力及更广阔的就业视野；第三，具有大专及以上学历的农民工在农民工群体中的学历程度突出，接受多年的正规教育使其有足够的实力与城镇人口竞争，获得更多、更好的就业机会，因此劳动力市场进入的数量及质量均普遍偏高。

表 5-8　教育（分类变量）对农民工劳动市场进入影响的 Logit 计量回归结果

自变量	模型（1）			模型（2）		
	系数值	Z值	P值	系数值	Z值	P值
个人特征						
性别	0.7358*** (0.0211)	34.8600	0.0000	0.7390*** (0.0211)	34.9800	0.0000
年龄（对照组：16~20岁）						
21~30岁	-0.0971 (0.0787)	-1.2300	0.2170	-0.1008 (0.0788)	-1.2800	0.2010

续表

自变量	模型（1）			模型（2）		
	系数值	Z值	P值	系数值	Z值	P值
31~40岁	0.2446*** (0.0813)	3.0100	0.0030	0.2128*** (0.0814)	2.6100	0.0090
41~50岁	0.3686*** (0.0825)	4.4700	0.0000	0.3179*** (0.0828)	3.8400	0.0000
51~60岁	-0.0595 (0.0867)	-0.6900	0.4920	-0.1440* (0.0875)	-1.6500	0.1000
受教育程度（对照组：小学及以下）						
初中	0.3292*** (0.0285)	11.5500	0.0000	0.3508*** (0.0287)	12.2400	0.0000
高中（中专）	0.4173*** (0.0357)	11.7100	0.0000	0.4522*** (0.0360)	12.5500	0.0000
大专及以上	0.5007*** (0.0457)	10.9600	0.0000	0.5490*** (0.0463)	11.8600	0.0000
婚姻状况	-0.3995*** (0.0322)	-12.4200	0.0000	-0.3709*** (0.0379)	-9.8000	0.0000
民族	0.1908*** (0.0340)	5.6100	0.0000	0.2056*** (0.0341)	6.0300	0.0000
是否党员	-0.0862 (0.0695)	-1.2400	0.2150	-0.0890 (0.0696)	-1.2800	0.2010
家庭特征						
家庭人数（人）				-0.0437*** (0.0136)	-3.2100	0.0010
子女人数（人）				0.1767*** (0.0227)	7.7700	0.0000
老家地理位置						
乡镇区县政府所在地				0.0757** (0.0320)	2.3700	0.0180
地市及以上政府所在地				-0.7320*** (0.0890)	-8.2300	0.0000
地区虚变量（对照组：西部）						
中部	0.9429*** (0.0349)	27.0000	0.0000	0.9271*** (0.0350)	26.5100	0.0000

续表

自变量	模型（1）			模型（2）		
	系数值	Z值	P值	系数值	Z值	P值
东部	0.6447*** (0.0235)	27.3900	0.0000	0.6358*** (0.0236)	26.9200	0.0000
东北	0.0881** (0.0400)	2.2000	0.0280	0.1059*** (0.0404)	2.6200	0.0090
常数项	1.2396*** (0.0818)	15.1500	0.0000	1.0986*** (0.0859)	12.7900	0.0000
伪 R^2	0.0464			0.0482		

注：（1）*、**、***表示在10%、5%、1%的统计水平上显著；（2）括号内数值是标准差。

表5-9　教育（分类变量）对农民工劳动市场进入影响的Logit计量回归结果

自变量	模型（3）			模型（4）		
	系数值	Z值	P值	系数值	Z值	P值
个人特征						
性别	0.7317*** (0.0212)	34.5400	0.0000	0.7347*** (0.0212)	34.6100	0.0000
年龄（对照组：16~20岁）						
21~30岁	-0.1157 (0.0790)	-1.4700	0.1430	-0.1130 (0.0790)	-1.4300	0.1530
31~40岁	0.2198*** (0.0822)	2.6700	0.0070	0.2339*** (0.0823)	2.8400	0.0040
41~50岁	0.3588*** (0.0843)	4.2600	0.0000	0.3701*** (0.0844)	4.3900	0.0000
51~60岁	-0.0769 (0.0890)	-0.8600	0.3890	-0.0613 (0.0894)	-0.6900	0.4930
受教育程度（对照组：小学及以下）						
初中	0.3523*** (0.0287)	12.2600	0.0000	0.3596*** (0.0288)	12.4700	0.0000
高中（中专）	0.4628*** (0.0361)	12.8200	0.0000	0.4963*** (0.0363)	13.6700	0.0000
大专及以上	0.5628*** (0.0464)	12.1400	0.0000	0.6332*** (0.0470)	13.4800	0.0000

续表

自变量	模型（3） 系数值	Z值	P值	模型（4） 系数值	Z值	P值
婚姻状况	-0.3797*** (0.0380)	-9.9800	0.0000	-0.3717*** (0.0382)	-9.7400	0.0000
民族	0.2132*** (0.0342)	6.2300	0.0000	0.2063*** (0.0344)	6.0000	0.0000
是否党员	-0.0938 (0.0687)	-1.3500	0.1780	-0.0914 (0.0698)	-1.3100	0.1900
家庭特征						
家庭人数（人）	-0.0328** (0.0137)	-2.4000	0.0160	-0.0260* (0.0137)	-1.8900	0.0590
子女人数（人）	0.1687*** (0.0228)	7.4100	0.0000	0.1582*** (0.0228)	6.9500	0.0000
老家地理位置（对照组：农村）						
乡镇区县政府所在地	0.0777** (0.0320)	2.4200	0.0150	0.0745** (0.0321)	2.3200	0.0200
地市及以上政府所在地	-0.7272*** (0.0890)	-8.1700	0.0000	-0.7003*** (0.0893)	-7.8400	0.0000
流动特征						
流动次数（次）	0.1481*** (0.0148)	9.9800	0.0000	0.1383*** (0.0147)	9.3900	0.0000
流动时长（年）	-0.0195*** (0.0021)	-9.4700	0.0000	-0.0158*** (0.0021)	-7.4700	0.0000
父母外出经历	-0.1298*** (0.0270)	-4.8100	0.0000	-0.1230*** (0.0270)	-4.5500	0.0000
居留意愿特征						
是否购买住房				-0.3020*** (0.0261)	-11.5900	0.0000
户口迁移意愿（对照组：愿意）						
不愿意				0.2836*** (0.0282)	10.0500	0.0000
不清楚				-0.0714*** (0.0250)	-2.8500	0.0040

续表

自变量	模型（3）			模型（4）		
	系数值	Z值	P值	系数值	Z值	P值
地区虚变量（对照组：西部）						
中部	0.9061*** （0.0350）	25.8600	0.0000	0.8776*** （0.0352）	24.9400	0.0000
东部	0.6257*** （0.0238）	26.3300	0.0000	0.6080*** （0.0242）	25.0900	0.0000
东北	0.1293*** （0.0406）	3.1800	0.0010	0.1604*** （0.0410）	3.9100	0.0000
常数项	1.0277*** （0.0882）	11.6600	0.0000	1.0040*** （0.0906）	11.0800	0.0000
伪 R^2	0.052			0.0564		

注：（1）*、**、***表示在10%、5%、1%的统计水平上显著；（2）括号内数值是标准差。

年龄对农民工劳动力市场进入具有显著影响。相对于16~20岁的农民工，31~40岁的农民工找到工作的概率增加了22%，41~50岁的农民工找到工作的概率增加了36%，而51~60岁的农民工找到工作的概率减少了8%。第一，年龄偏小的农民工心理、生理上的成熟度略显不足并且缺乏工作经验，因此进入劳动力市场的概率偏低。第二，中年是农民工工作的黄金时期。首先，具有良好的身体素质，可以适应劳动力市场比较繁重的工作。此外，具有足够的工作经验及技能，一般具有了固定的工作方向和岗位。最后，具有较强的家庭及社会责任感，家庭的负担使这一群体工作态度认真以求得更多的工作机会，因此也会更容易找到工作。第三，随着年龄的增长，农民工的就业路线越来越窄以及一些年龄较高的农民工并不打算在城市久留，到达一定的年龄便会返乡，因此他们的劳动力市场进入的概率降低。

性别对农民工劳动力市场进入具有显著影响。相对于女性劳动者，男性农民工进入劳动力市场的概率增加了73%，差距较大。第一，女性在从事农业劳动时可能与男性差距不明显，但当从事非农行业时，会因为身体素质等原因受到劳动力市场的不青睐。第二，女性农民工一般随配偶迁移，承担的更多是照顾家人的责任，就业压力不大。第三，研究结果表示，教育程度对农民工劳动力市场进入具有重要影响。在农村地区，女性的学历大多低于男性，因而受教育水平在一定程度上限制了女性农民工找到合适的工作。第四，农民工岗位多有性别要求，适合女性岗位的数量少，限制了女性农民工进入劳动力市场。

民族变量在农民工就业中呈现出显著的正相关关系，即相对于少数民族，汉族农民工的劳动力市场进入概率较高。第一，汉族居住地区大多属平原地区，交通便利，信息获取渠道也更加广阔，因此可以更快速地进入劳动力市场；第二，汉族语言适用地区广泛，因而农民工进入大城市的适应能力更强；第三，少数民族因为文化传统，会更倾向于从事农业生产，本来外出务工的人数较少，加上缺少一定的人脉支持，因而劳动力市场的进入存在困难；第四，少数民族农民工因为居住习惯，大多不会去很远的城市从事非农生产，而离家较近的城市就业机会有限，因此限制了其进入劳动力市场。

家庭特征中子女数目对农民工市场进入具有显著影响。研究结果显示，农民工的子女数量每增加一个单位，农民工进入劳动力市场的概率增加了17%。第一，子女越多，家庭开支越大，经济压力也就越大，农民工会更迫切地寻找工作，促使他们尽快进入劳动力市场；第二，拥有较多子女的农民工大多处于中年，正是经验和体力都比较充沛的年纪，因此更容易进入劳动力市场；第三，处于中年的农民工一般不是首次从事非农工作，基本已具有固定的工作岗位，因而很少存在找不到工作的情况。

地区虚拟变量的分析结果表明，相对于西部地区，中部地区农民工进入劳动力市场的概率增加了91%，东部地区农民工进入劳动力市场的概率增加了62%，东北地区农民工进入劳动力市场的概率增加了12%。第一，结果显示西部地区农民工的就业概率最低，这与西部的经济发展水平相关，就业岗位有限；第二，中部地区离一些大中小城市不远，加上因经济发展水平相对不高，便会促使更多的农民工进入城市从事非农生产，交通和信息的发达增加了其进入劳动力市场的概率；第三，相较于中部和西部地区，东北地区农民工进入劳动力市场的概率偏低，这与东北地区的发展背景有关。东北老工业基地逐渐衰落，使得该地的就业机会有所减少，增加了农民工进入劳动力市场的难度。

三、Probit 模型回归结果

（一）教育为连续变量的估计结果

表5-10和表5-11是教育作为分类变量对农民工影响的Probit方法回归结果，本章主要关注模型（4）的回归结果。结果表明，农民工受正规教育年限对进入劳动力市场具有显著的促进作用，且该影响至少在1%的统计水平上显著。教育可以提供农民工的人力资本存量，人力资本可以转化为劳动生产率，受教育程度越高意味着越高的劳动生产率，因此农民工受正规教育年限对进入劳动力市场具有显著的促进作用。其他变量对农民工劳动力市场进入的影响同样值得关注。与女性相比，男性劳动力更容易进入劳动力市场。相对于16~20岁的年轻农民工，工作精力和经验兼备的31~50岁农民工更容易进入劳动力市场。家中子女的数量越多对农民工劳动力市场进入具有一定的促进作用。相对于少数民族的农民工，汉族农民工更容易在劳动力市场寻找到合适的工作。在中部及东部地区打工的农民工更容易找到工作，这与西部地区的经济发展落后和东北地区经济衰落有关。

表 5-10　　教育（连续变量）对农民工劳动市场进入影响的 Probit 计量回归结果

自变量	模型（1）系数值	Z 值	P 值	模型（2）系数值	Z 值	P 值
个人特征						
性别	0.3805 *** (0.0107)	35.5100	0.0000	0.3824 *** (0.0107)	35.6400	0.0000
年龄（对照组：16~20 岁）						
21~30 岁	-0.0728 * (0.0394)	-1.8400	0.0650	-0.0753 * (0.0395)	-1.9100	0.0570
31~40 岁	0.0996 ** (0.0407)	2.4500	0.0140	0.0832 ** (0.0408)	2.0400	0.0420
41~50 岁	0.1552 *** (0.0412)	3.7700	0.0000	0.1292 *** (0.0415)	3.1200	0.0020
51~60 岁	-0.0685 (0.0437)	-1.5700	0.1170	-0.1124 ** (0.0442)	-2.5400	0.0110
受教育年限	0.0266 *** (0.0020)	13.0400	0.0000	0.0290 *** (0.0021)	13.9800	0.0000
婚姻状况	-0.1873 *** (0.0161)	-11.6700	0.0000	-0.1757 *** (0.0192)	-9.1600	0.0000
民族	0.1018 *** (0.0183)	5.5700	0.0000	0.1089 *** (0.0183)	5.9400	0.0000
是否党员	-0.0635 * (0.0350)	-1.8100	0.0700	-0.0651 * (0.0350)	-1.8600	0.0630
家庭特征						
家庭人数（人）				-0.0212 *** (0.0070)	-3.0000	0.0030
子女人数（人）				0.0886 *** (0.0116)	7.6500	0.0000
老家地理位置（对照：农村）						
乡镇区县政府所在地				0.0368 ** (0.0162)	2.2700	0.0230
地市及以上政府所在地				-0.4013 *** (0.0496)	-8.1000	0.0000

续表

自变量	模型（1）			模型（2）		
	系数值	Z值	P值	系数值	Z值	P值
地区虚变量（对照组：西部）						
中部	0.4799*** (0.0170)	28.2700	0.0000	0.4715*** (0.0170)	27.7300	0.0000
东部	0.3407*** (0.0121)	28.0900	0.0000	0.3356*** (0.0122)	27.5800	0.0000
东北	0.0584*** (0.0212)	2.7500	0.0060	0.0672*** (0.0214)	3.1300	0.0020
常数项	0.6841*** (0.0439)	15.6000	0.0000	0.6029*** (0.0463)	13.0100	0.0000
伪 R²	0.0463			0.0481		
样本量	116 211					

注：（1）*、**、***表示在10%、5%、1%的统计水平上显著；（2）括号内数值是标准差。

表5-11　教育（连续变量）对农民工劳动市场进入影响的 Probit 计量回归结果

自变量	模型（3）			模型（4）		
	系数值	Z值	P值	系数值	Z值	P值
个人特征						
性别	0.3782*** (0.0108)	35.1200	0.0000	0.3778*** (0.0108)	34.9800	0.0000
年龄（对照组：16~20岁）						
21~30岁	-0.0817** (0.0397)	-2.0600	0.0390	-0.0778** (0.0397)	-1.9600	0.0500
31~40岁	0.0876** (0.0413)	2.1200	0.0340	0.0967** (0.0414)	2.3400	0.0190
41~50岁	0.1494*** (0.0423)	3.5300	0.0000	0.1577*** (0.0423)	3.7300	0.0000
51~60岁	-0.0780* (0.0452)	-1.7300	0.0840	-0.0656 (0.0452)	-1.4500	0.1470
受教育年限	0.0297*** (0.0021)	14.2600	0.0000	0.0330*** (0.0021)	15.6900	0.0000
婚姻状况	-0.1798*** (0.0193)	-9.3100	0.0000	-0.1753*** (0.0194)	-9.0400	0.0000

续表

自变量	模型（3）			模型（4）		
	系数值	Z值	P值	系数值	Z值	P值
民族	0.1127*** (0.0184)	6.1400	0.0000	0.1082*** (0.0184)	5.8700	0.0000
是否党员	-0.0664* (0.0351)	-1.8900	0.0590	-0.0622* (0.0352)	-1.7700	0.0770
家庭特征						
家庭人数（人）	-0.0157** (0.0071)	-2.2100	0.0270	-0.0125* (0.0071)	-1.7500	0.0800
子女人数（人）	0.0853*** (0.0116)	7.3300	0.0000	0.0791*** (0.0117)	6.7900	0.0000
老家地理位置（对照组：农村）						
乡镇区县政府所在地	0.0380** (0.0163)	2.3300	0.0200	0.0371** (0.0163)	2.2700	0.0230
地市及以上政府所在地	-0.4005*** (0.0495)	-8.0900	0.0000	-0.3861*** (0.0497)	-7.7800	0.0000
流动特征						
流动次数（次）	0.0637*** (0.0064)	9.9500	0.0000	0.0592*** (0.0064)	9.3000	0.0000
流动时长（年）	-0.0100*** (0.0011)	-9.3900	0.0000	-0.0081*** (0.0011)	-7.3900	0.0000
父母外出经历	-0.0655*** (0.0139)	-4.7000	0.0000	-0.0631*** (0.0140)	-4.5200	0.0000
居留意愿特征						
是否购买住房				-0.1589*** (0.0136)	-11.6400	0.0000
户口迁移意愿（对照组：愿意）						
不愿意				0.1445*** (0.0143)	10.1100	0.0000
不清楚				-0.0352*** (0.0129)	-2.7200	0.0060
地区虚变量（对照组：西部）						
中部	0.4625*** (0.0171)	27.1300	0.00	0.4487*** (0.0172)	26.1500	0.0000

续表

自变量	模型（3）			模型（4）		
	系数值	Z值	P值	系数值	Z值	P值
东部	0.3326*** (0.0122)	27.1600	0.0000	0.3228*** (0.0125)	25.8700	0.0000
东北	0.0788*** (0.0215)	3.6600	0.0000	0.0937*** (0.0217)	4.3100	0.0000
常数项	0.5753*** (0.0473)	12.1500	0.0000	0.5403*** (0.0489)	11.0500	0.0000
伪 R^2	0.0517			0.0561		

注：(1) *、**、***表示在10%、5%、1%的统计水平上显著；(2) 括号内数值是标准差。

（二）教育为分类变量的估计结果

表5-12和表5-13是教育作为分类变量对农民工影响的Probit方法回归结果，结果表明，大专及以上学历的农民工更容易受到劳动力市场的青睐，其次是高中（中专）和初中学历的农民工，小学及以下学历的农民工进入劳动力市场的概率最低。学历越高，农民工知道越多获取就业信息的渠道，越能更好地掌握现代生产技能，在非农就业岗位上贡献越大，因此更容易进入劳动力市场。其他变量对农民工劳动力市场进入的影响同样值得关注。相对于女性农民工，男性农民工更容易进入劳动力市场。处于中年的农民工更容易进入劳动力市场。家庭特征中子女数目变量显著为正，说明子女数目多会促进农民工进入劳动力市场。地区虚拟变量显著为正，说明相对于西部地区，东部、中部、东北地区农民工更容易获得工作岗位。

表5-12　教育（分类变量）对农民工劳动市场进入影响的Probit计量回归结果

自变量	模型（1）			模型（2）		
	系数值	Z值	P值	系数值	Z值	P值
个人特征						
性别	0.3776*** (0.0107)	35.1400	0.0000	0.3796*** (0.0108)	35.2800	0.0000
年龄（对照组：16~20岁）						
21~30岁	-0.0574 (0.0396)	-1.4500	0.1470	-0.0599 (0.0396)	-1.5100	0.1310
31~40岁	0.1127*** (0.0408)	2.7600	0.0060	0.0966 (0.0409)	2.3600	0.0180

续表

自变量	模型（1）			模型（2）		
	系数值	Z值	P值	系数值	Z值	P值
41~50岁	0.1731*** (0.0414)	4.1800	0.0000	0.1475*** (0.0416)	3.5400	0.0000
51~60岁	-0.0467 (0.0439)	-1.0600	0.2880	-0.0906* (0.0444)	-2.0400	0.0410
受教育程度（对照组：小学及以下）						
初中	0.1713*** (0.0150)	11.4300	0.0000	0.1818*** (0.0151)	12.0600	0.0000
高中（中专）	0.2167*** (0.0184)	11.7600	0.0000	0.2341*** (0.0186)	12.5700	0.0000
大专及以上	0.2605*** (0.0234)	11.1400	0.0000	0.2842*** (0.0237)	12.0000	0.0000
婚姻状况	-0.1928*** (0.0161)	-11.9900	0.0000	-0.1790*** (0.0192)	-9.3300	0.0000
民族	0.0996*** (0.0183)	5.4400	0.0000	0.1067*** (0.0183)	5.8200	0.0000
是否党员	-0.0414 (0.0352)	-1.1800	0.2400	-0.0425 (0.0352)	-1.2100	0.2280
家庭特征						
家庭人数（人）				-0.0225*** (0.0070)	-3.1900	0.0010
子女人数（人）				0.0888*** (0.0116)	7.6700	0.0000
老家地理位置						
乡镇区县政府所在地				0.0378** (0.0162)	2.3300	0.0200
地市及以上政府所在地				-0.3967*** (0.0495)	-8.0100	0.0000
地区虚变量（对照组：西部）						
中部	0.4768*** (0.0170)	28.0700	0.0000	0.4682*** (0.0170)	27.5100	0.0000
东部	0.3385*** (0.0121)	27.8900	0.0000	0.3333*** (0.0122)	27.3700	0.0000

续表

自变量	模型（1）			模型（2）		
	系数值	Z值	P值	系数值	Z值	P值
东北	0.0552*** (0.0212)	2.6000	0.0090	0.0635** (0.0215)	2.9600	0.0030
常数项	0.7735*** (0.0418)	18.5200	0.0000	0.7052*** (0.0439)	16.0600	0.0000
伪 R^2	0.0465			0.0483		

注：（1）*、**、*** 表示在10%、5%、1%的统计水平上显著；（2）括号内数值是标准差。

表 5-13　教育（分类变量）对农民工劳动市场进入影响的 Probit 计量回归结果

自变量	模型（3）			模型（4）		
	系数值	Z值	P值	系数值	Z值	P值
个人特征						
性别	0.3755*** (0.0108)	34.7800	0.0000	0.3760*** (0.0108)	34.7300	0.0000
年龄（对照组：16~20岁）						
21~30岁	-0.0668* (0.0389)	-1.6800	0.0930	-0.0655* (0.0389)	-1.6400	0.1000
31~40岁	0.1004** (0.0414)	2.4300	0.0150	0.1074* (0.0414)	2.5900	0.0100
41~50岁	0.1670*** (0.0424)	3.9400	0.0000	0.1728*** (0.0425)	4.0700	0.0000
51~60岁	-0.0571 (0.0454)	-1.2600	0.2090	-0.0480 (0.0455)	-1.0600	0.2910
受教育程度（对照组：小学及以下）						
初中	0.1832*** (0.0151)	12.1200	0.0000	0.1881*** (0.0152)	12.4100	0.0000
高中（中专）	0.2396*** (0.0187)	12.8300	0.0000	0.2579*** (0.0188)	13.7300	0.0000
大专及以上	0.2909*** (0.0237)	12.2500	0.0000	0.3273*** (0.0241)	13.6000	0.0000
婚姻状况	-0.1831*** (0.0193)	-9.4900	0.0000	-0.1784*** (0.0194)	-9.2000	0.0000

续表

自变量	模型（3）			模型（4）		
	系数值	Z值	P值	系数值	Z值	P值
民族	0.1107*** (0.0184)	6.0200	0.0000	0.1076*** (0.0185)	5.8300	0.0000
是否党员	-0.0440 (0.0353)	-1.2500	0.2120	-0.0425 (0.0354)	-1.2000	0.2300
家庭特征						
家庭人数（人）	-0.0169** (0.0071)	-2.3800	0.0170	-0.0136* (0.0071)	-1.9100	0.0560
子女人数（人）	0.0855*** (0.0116)	7.3500	0.0000	0.0792*** (0.0117)	6.8000	0.0000
老家地理位置						
乡镇区县政府所在地	0.0389** (0.0163)	2.3900	0.0170	0.0378* (0.0163)	2.3200	0.0210
地市及以上政府所在地	-0.3961*** (0.0495)	-8.0000	0.0000	-0.3827*** (0.0496)	-7.7100	0.0000
流动特征						
流动次数（次）	0.0636*** (0.0064)	9.9300	0.0000	0.0593*** (0.0064)	9.3000	0.0000
流动时长（年）	-0.0100*** (0.0011)	-9.3600	0.0000	-0.0082*** (0.0011)	-7.4500	0.0000
父母外出经历	-0.0665*** (0.0139)	-4.7700	0.0000	-0.0641*** (0.0140)	-4.5900	0.0000
居留意愿特征						
是否购买住房				-0.1549*** (0.0137)	-11.3300	0.0000
户口迁移意愿（对照组：愿意）						
不愿意				0.1416*** (0.0143)	9.8900	0.0000
不清楚				-0.0385 (0.0139)	-2.9700	0.0030
地区虚变量（对照组：西部）						
中部	0.4592*** (0.0171)	26.9100	0.0000	0.4456*** (0.0172)	25.9400	0.0000

续表

自变量	模型（3）			模型（4）		
	系数值	Z值	P值	系数值	Z值	P值
东部	0.3303*** (0.0123)	26.9500	0.0000	0.3207*** (0.0125)	25.6900	0.0000
东北	0.0753*** (0.0216)	3.4900	0.0000	0.0902*** (0.0218)	4.1400	0.0000
常数项	0.6817*** (0.0449)	15.1800	0.0000	0.6708*** (0.0462)	14.5100	0.0000
伪R^2	0.0518			0.0562		

注：(1) *、**、*** 表示在10%、5%、1%的统计水平上显著；(2) 括号内数值是标准差。

第五节 本章小结

本章利用2016年全国流动人口卫生计生动态监测调查的数据，使用Logit模型分析了个人特征、家庭特征、流动特征、居留意愿特征和地区虚变量对农民劳动力市场进入的影响，重点研究了教育的影响。研究认为：教育明显提高了农民工进入劳动力市场的概率。一般来说，教育会提高农民工的见识和能力，加上国内产业正在由劳动密集型、资源密集型向资本密集型、技术密集型转型，农民工教育程度越高，越能进入劳动力市场。除此之外，年龄、性别、民族、子女数目、农民工来源地等特征也是影响农民工进入劳动力市场的显著因素。

第一，教育对农民工进入劳动力市场有明显的促进作用。教育作为人力资本的重要组成部分，一直是中高端用人单位重要的招聘考核标准。随着经济的快速发展和科技的普遍应用，教育对农民工就业产生了越来越重要的影响。首先，农民工尤其是新生代农民工的整体文化素质在不断提高；其次，更多就业岗位需要具有相关知识储备的技术工人；最后，我国工业正处于转型升级时期，具备学习能力的农民工将越来越受到各用人单位的青睐。

第二，年龄是影响农民工就业的重要因素之一。首先，年龄是决定农民工是否有劳动能力的关键因素；其次，随着年龄的增长，就业经验也在不断积累，具有的就业优势也就越来越明显；最后，随着产业转型，农民工会越来越依靠脑力和技术而不是纯体力，因此农民工的工作周期可以适当延长，缓解当前劳动力市场出现的"用工难"问题。

第三，男性农民工在劳动力市场具有就业优势。农民工在劳动力市场就业时会存在就业歧视。首先，这与一些偏体力的工作性质有关；其次，女性农民工更多偏向于照顾家庭，因此就业选择的范围偏窄；最后，随着女性的社会地位和能力不断提升，劳动力市场应为女性提供更多的就业岗位。

第四，汉族农民工更容易在劳动力市场就业。首先，汉族多聚居在平原地区，经济较为发达，就业机会较多；其次，汉族农民工拥有更多外出打工的经历；最后，少数民族农民工因交通、信息和语言的原因就业较为困难，因此要增强少数民族农民工外出的便利性，培养少数民族农民工的工作和语言能力，同时为少数民族提供更多的就业信息。

第五，家庭子女数对农民工非农就业产生一定的影响。家庭负担对农民工就业具有一定的促进作用。首先，家庭需要抚养的子女多，经济负担重会增加农民工的心理压力，因而需要迫切寻找工作；其次，处于中年阶段的农民工长期工作积累的经验也使得他们能更快进入劳动力市场；最后，为了能让农民工安心就业，应为农民工家庭提供优惠政策，从衣、食、住、行各个方面保障其子女的生活。

第六，经济欠发达地区就业困难。首先，继续实行西部大开发，为西部等偏远地区提供更多的工作岗位，缩小地区差异，共同促进经济发展；其次，鼓励偏远地区农民工外出就业，经济发展较好的地区机会较多，发展空间较大；最后，政府要建立信息服务站，尽量避免农民工因信息获取困难而丧失工作机会的情况出现。

第六章

教育对农民工工作搜寻的影响研究

第一节 引　言

我国农民工群体是在改革开放之后出现的。随着我国工业化和城镇化的不断发展，农业劳动力向非农产业转移已成为一种必然趋势。许多国家的发展实践也表明，经济快速增长的过程必然伴随着农业劳动力向非农产业和城镇的快速转移。而我国农民工人口规模大，流动范围广，对城市发展贡献巨大，而且农民工自身也拥有较大发展潜力。综合来看，教育在我国工业化、城镇化和农业现代化中发挥着促进农民增收、缩小城乡差距、支持城市建设和推动城市发展的重要作用。随着经济发展，新生代农民工逐渐成为我国劳动力市场的重要组成部门，相较于老一代的农民工，新生代农民工的教育水平有所提升，对职业的期望更高，同时对城市融入感更强（何亦名，2014；罗楚亮，2018）。虽然新生代农民工的教育水平有所提升，但平均教育水平还保持在初中水平，教育投资意识较差，高等教育的人力资本投资还是不足，特别是和城镇居民相比存在较大的差距（Belton M. , 2010；邹薇、程波，2017；张建华，2018）。教育作为人力资本的重要组成部分，对经济增长有显著的提升作用，有利于缓解区域收入不平等的程度，并且教育人力资本投入对经济落后地区的后期经济增长具有更强的促进作用（张邦辉，2014；王章豹、俞一珍，2016；詹国辉，2017；陈晨，2018）。因此研究农民工的教育人力资本投入问题具有重要的意义，教育人力资本的提升对农民工增收具有促进作用，高等教育投入对农民工及时适应产业结构调整升级具有重要意义。

农民工在劳动力转移的过程中首先要面临的就是进入城市劳动力市场的工作搜寻过程，农民工由于受教育水平偏低，信息获取渠道少，所以农民工首次进入城市流动的工作搜寻方式就是通过社会关系，但是鉴于新生代农民工的发展，家乡社会关系网络在新生代农民工就业流动过程中的作用逐渐降低（谢勇、孟凡利，2015；张岩、谢耀丹，2017）。随之年龄成为了影响新生代农民工和老一辈农民工工作搜寻途径的主要因素（贾伟，2016；罗冰，2016）。20世纪60年代随着工作搜寻理论的不断兴起，工作搜寻理论逐渐解释了劳动力市场的自愿失业和摩擦失业现象。随着我国劳动力市场的逐步完善，工作搜寻理论在国内也渐渐发展起来。起初，国内大量的学者研究工作搜寻在特定人群中的适用性，更多聚焦于大学生的工作搜寻行为。从工作搜寻理论出发，阐述了社会热点问题"大学生就业难"问题的背后原因（赵海燕，2010；Robert et al.，2014；魏巍、杨河清，2015；张丽萍，2017）。

除此之外，更多的研究重点都聚焦在影响工作搜寻的影响因素，研究发现，对于工作搜寻的获取途径影响因素，主要包括工作搜寻所需的成本、社会资本、个人偏好等因素（赵延东、王奋宇，2002；朱明芬，2007；罗明忠、万盼盼，2018）。在工作搜寻视角下，信息具有举足轻重的作用。求职者在工作搜寻过程中所关注的信息不同，这也将直接导致就业机会的不同。不同的搜寻方法将导致不同的信息量，拥有不同的工作信息将导致不同的就业机会。劳动力市场信息不完全，而劳动者掌握的信息越全面具体，越有利于就业。但是由于个人偏好不同，求职者在工作搜寻时关注的信息也不同，获取信息的渠道、方式选择也不一样，这也就导致每人的工作搜寻行为也不同，最终就业状况也产生差异。

研究发现，社会资本在工作搜寻中也发挥着重要作用。社会资本根植于社会网络和社会关系中，并借助于行动者所在网络或所在群体中的联系和资源而起作用（Jackline & Yves，2005）。在工作搜寻时，求职者如果拥有合适的社会资本，便可利用社会资本获得优质的工作信息，拓宽就业渠道，提高就业成功率（章元、陆铭，2009；黄昊舒、何军，2018）。这些人拥有正确的关系，而其他人则没有，如果某人缺乏合适的关系，那么也将增加他的工作搜寻难度（Axel & Dominik，2006）。同时研究表明，社会关系网络有利于农民工找到收入更高的工作（陆文聪、谢昌财，2017）。就目前已有的国内外文献来看，大多文献是从经济学视角出发，研究工作搜寻中的时间因素、工资保留因素等对工作搜寻的影响，但是却忽略了心理因素和社会因素等对工作搜寻的影响，例如董占奎（2014）运用实验经济学的研究方法进行研究，寻找出失业津贴、持有证书和社会网络对工作搜寻行为的影响。

综合来看，在工作搜寻方面，目前国内的研究更多聚焦于特定群体如大学生的工作搜寻方面，对于农民工的工作搜寻研究不足，而且已有的少数研究更多关注农民工依赖社会网络的工作搜寻未能充分地反映新时代下新生代农民工工作搜寻方式的转变。本研究致力于深入研究影响农民工工作搜寻的因素，主要研究教育人力资本投入对农民工工作搜寻途径的影响。以此出发推动农民工的工作搜寻途径走向多元化，使农民工在产业结构调整过程中能更高效地利用多样的工作搜寻途径实现就业。鉴于此，本章拟检验以下两个假设：

假设1：受教育程度越高的农民工，越倾向于利用社会就业资源搜寻工作。
假设2：高等教育水平的农民工，利用社会就业资源搜寻工作的意愿最强。

第二节　数据来源及描述性统计

本章研究的数据来源于2016年全国流动人口卫生计生动态监测调查，通过对31个省市流动人口的调查，得到了168 407个样本。本章的研究对象是农民工，因此保留户口性质为农业户口的调查数据；本章研究的农民工的年龄为 15~60 周岁，在数据整理过程中剔除年龄超过 60 周岁的农民工，最后得到有效数据 135 864 个。表 6-1 为研究的变量的描述性统计，本章所研究的因变量是农民工工作获得途径，共有两种分类方法：一种把工作搜寻途径分为两种，只考察农民工是否依赖于自己的社会关系网络，即自己的亲戚朋友；另一种把农民工的工作搜寻途径分为三类，一种是农民工依赖自己的社会关系网络，另一种为农民工利用互联网、杂志、报纸等社会资源，还有一种为农民工自己创业或经营就业。在本章的研究中会根据不同模型的特点选择工作搜寻途径的分类，在研究影响农民工的工作搜寻方式的过程中主要包括个人特征、家庭特征、流动特征和居留意愿特征四方面的变量，其中教育为研究的重点关注变量。变量描述性统计分析结果如表 6-1 所示。

表 6-1　　　　　农民工工作获得途径影响因素描述性统计

变量	定义	均值	标准差	最小值	最大值
因变量					
工作获得途径（三分类）	自主就业为1，家人、朋友等为2，互联网、报纸等社会媒体为3	1.6827	0.7191	1	3
工作获得途径（二分类）	家人、同乡、亲戚和朋友为1，否为0	0.3822	0.4859	0	1
自变量					
个人特征					
性别	男为1，女为0	0.5217	0.4995	0	1
年龄	在调查时间的实际年龄	35.2565	9.5150	15.67	60
年龄					
20岁及以下	是为1，否为0	0.0297	0.1699	0	1
21~30岁	是为1，否为0	0.3238	0.4679	0	1
31~40岁	是为1，否为0	0.3239	0.4680	0	1
41~50岁	是为1，否为0	0.2467	1.3684	0	1
51~60岁	是为1，否为0	0.0758	0.8136	0	1
受教育年限	接受正规教育的年限	9.7191	2.8551	0	18
受教育程度水平					
小学及以下	是为1，否为0	0.1561	0.3629	0	1
初中	是为1，否为0	0.5258	0.4679	0	1
高中（中专）	是为1，否为0	0.2163	0.4680	0	1
大专及以上	是为1，否为0	0.1018	0.3024	0	1

续表

变量	定义	均值	标准差	最小值	最大值
婚姻状况	初婚、再婚和同居为1，未婚、离婚和丧偶为0	0.8133	0.3897	0	1
民族	汉族为1，否为0	0.9164	0.2768	0	1
是否为党员	党员为1，否为0	0.0239	0.1526	0	1
家庭情况					
家庭人数	家庭总人数	3.1509	1.1446	1	10
孩子数量	自己的孩子数目	1.1915	0.8607	0	5
老家地理位置	农村为1，乡镇政府为2，区县政府为3，地市政府为4，省会城市政府为5，直辖市政府为6	1.1796	0.5264	1	6
流动特征					
累计流动次数	调查之前共计流动次数	1.3635	1.0593	1	40
累计流动时长	调查之前总共流动时长	3.6061	1.5693	1	8
流动原因					
务工	是为1，否为0	0.6028	0.4893	0	1
经商	是为1，否为0	0.2529	0.4347	0	1
家属随迁	是为1，否为0	0.0914	0.2882	0	1
嫁娶	是为1，否为0	0.0198	0.1392	0	1
搬家	是为1，否为0	0.0030	0.0544	0	1
其他	是为1，否为0	0.0300	0.1711	0	1
以往流动范围					
市内	是为1，否为0	0.1744	0.3794	0	1
市外省内	是为1，否为0	0.3293	0.4680	0	1
跨省	是为1，否为0	0.4963	0.4999	0	1
父母流动经历					
父母均有	是为1，否为0	0.1438	0.3509	0	1
父亲有、母亲没有	是为1，否为0	0.0557	0.2293	0	1
母亲有、父亲没有	是为1，否为0	0.0119	0.1083	0	1
父母均没有	是为1，否为0	0.7449	0.4359	0	1
本人出生就流动	是为1，否为0	0.0008	0.0279	0	1
记不清	是为1，否为0	0.0430	0.2028	0	1

续表

变量	定义	均值	标准差	最小值	最大值
居留意愿特征					
在本地购买住房	是为1，否为0	0.2223	0.4158	0	1
今后是否打算长期居住					
打算	是为1，否为0	0.5836	0.4930	0	1
返乡	是为1，否为0	0.0649	0.2463	0	1
继续流动	是为1，否为0	0.0367	0.1880	0	1
没想好	是为1，否为0	0.3148	0.4644	0	1
户口迁移	愿意为1，没想好为2，不愿意为3	1.9841	0.8136	1	3
打工地区					
西部	西部包括：内蒙古、广西、重庆、四川、贵州、云南、西藏、陕西、甘肃、青海、宁夏、新疆。是为1，否为0	0.3416	0.4742	0	1
中部	中部包括：山西、安徽、江西、河南、湖北、湖南。是为1，否为0	0.1797	0.3839	0	1
东部	东部包括：北京、天津、河北、上海、江苏、浙江、福建、山东、广东、海南，不包括港澳台。是为1，否为0	0.4124	0.4923	0	1
东北	东北包括：辽宁、吉林、黑龙江。是为1，否为0	0.0663	0.2487	0	1

在个人特征中包含性别、年龄、教育、婚姻状况、民族和是否为党员等变量。调查数据显示农民工中女性占47.83%，男性占52.17%，整体上调查的农民工中男女人数相差不多，数据具有较强的代表性。调查数据显示农民工的平均年龄为35岁左右，较为年轻，是新生代农民工，65%左右都是21~40岁的年轻人，新生代农民工已成为农民工的主体，是我国社会建设的重要劳动力量。本章的重点研究变量教育在研究过程中分为了连续变量和分类变量，一方面观察受教育程度的提高对农民工工作搜寻方式的影响，另一方面考察不同受教育程度的影响是否相同。其中农民工受教育年限的平均数为9.7年，表明整体上农民工的受教育水平为初中水平。在教育的分类变量中，有15.61%的农民工是小学及以下的学历，52.28%是初中学历，21.63%为高中（中专）学历，而大专及以上学历的农民工仅占总数的10.18%，表明目前新生代农民工的受教育程度相比于老一代农民受教育程度有所提升，但接受过高等教育的人还是较少。此外，调查数据显示农民工中有81.33%已经结婚。

在家庭特征中，主要包括家庭人数、孩子数量和老家地理位置三个变量。统计得出所调查的农民工基本上都是简单的三口之家（约占40%），四口之家的占比约为30%。家里孩子数量一般都是一个或者两个，基本上和家庭人数的占比保持一致。调查中农民工基本上都来自中部和西部地区，占比达到71.42%，这也与西部和中部地区的经济发展状况同步，说明由于区域间经济发展的不平衡，大量的农民工跨区域流动，从中西部地区流动到经济较为发达的东部地区。在流动特征的统计结果中也可以看出，由于都是新生代农民工，所以流动次数平均为1.36次，但其中是首次流动的农民工占到79%。而农民工的流动时长平均为3.6年，其中累计流动时间最长的是8年，但是累计流动时间占比最高的是4年，占总人数的28%，累计流动时间在4年以内的占绝大多数（73.8%）。

在居留意愿特征的调查中，主要关注农民工是否打算在本地长期居住和购买住房以及是否有户口迁徙的打算，数据显示有58.36%的农民工打算再次长期居住，还有31.48%的没有考虑好，剩下部分农民工则打算返乡或者继续流动。虽然打算留下的人很多，但是计划在本地购房的农民工仅占22%，这可能与农民工的收入和当地的生活水平有关。此外，对于户口迁移问题，打算迁徙户口、不打算迁移户口、还在考虑中，各占三分之一。除了这四个特征的变量，作为本章研究因变量工作搜寻途径，通过描述性统计分析发现，在调查的农民工群体中有61%的农民工是利用社会资本搜寻工作的，剩下的39%则是依赖于自身的社会关系搜寻工作实现就业的。

第三节　理论框架与计量方法

一、理论基础

本章研究的是教育对农民工工作搜寻途径的影响，重点关注教育人力资本和农民工的工作搜寻，因此选择的理论基础就是人力资本理论和工作搜寻理论。1776年著名古典经济学家亚当·斯密在其出版的《国富论》中首次提出了人力资本的概念。继亚当·斯密之后，约翰·穆勒在其《政治经济学原理》中指出，"技能与知识都是对劳动生产率产生重要影响的因素"。2005年阿弗里德·马歇尔在《经济学原理》中对人的能力作为一类资本的经济意义提出了新的认识，认真地研究教育的经济价值，主张把"教育作为国家投资"，教育投资可以带来巨额利润。

现在发展较为成熟的就是舒尔茨和贝克尔的相关人力资本理论。舒尔茨被认为是现代人力资本理论的主要创立者，他发表的一系列重要论文成为现代人力资本理论的奠基之作。特别是1960年题为《人力资本投资》的演讲曾引起理论界的巨大震撼。舒尔茨认为，单从自然资源、土地和资金已不能解释生产力提高的全部原因，人力是社会进步的决定性因素，一国人力资本存量越大，人力资本质量越高，其国内的人均产出或劳动生产率就越高。舒尔茨的分析有力地证明了人力资本在经济增长中的决定作用,这不仅大大推动了人力资本理论的发展,也确立了舒尔茨在人力资本理论创立过程中的重要地位。舒尔茨对人力资本的含义进行了界定,认为人力资本是对人的投资而形成的并体现在人身上的知识、技能、经历、经验和熟练程度等,在货币形态上表现为用于提高人口质量与提高劳动者时间价值的各项开支,主要包括医疗保健支出、在职培训、学校教育、成人教育、就业迁移,其中最重要的是学校教育和职业培训。

贝克尔的人力资本理论对正规学校教育的成本与收益以及在职培训的经济意义进行了深入的分析。他认为,决定人力资本投资量的最重要的因素可能是这种投资的收益率,即人们是否进行正规教育和在职培训方面的人力资本投资,是由这些投资的边际收益等于边际成本的均衡点决定的。贝克尔坚持认为经济学分析方法的应用不能仅仅局限于经济领域,同样可以广泛地应用于关于人类行为的社会科学领域。明塞尔是另一位对人力资本理论作出过重要贡献的经济学家,他在一系列论文中对人力资本和劳动供给进行了丰富深入而卓有成效的研究。明塞尔对人力资本理论的研究主要表现在建立了人力资本收益率模型,说明了人力资本投入不同导致的个体收入的差异化。

1961年乔治·斯蒂格勒首先提出固定样本模型用于消费者对最低产品价格的需求搜寻,之后不断有经济学家将该模型运用到劳动力市场探讨求职者求职行为,称之为"工作搜寻理论"。该理论认为,在劳动力市场上,每个雇主的劳动报酬是不同的,但由于信息不充分,求职者开始不可能知道哪个单位劳动报酬最高,因而他首先要筛选出要寻访的工作单位,然后在这些工作单位中确定寻访数量。工作搜寻最优次数的决策遵循边际收益法则,当边际收益等于边际成本时,就达到了工作搜寻的最优次数。1965年,麦柯尔提出连续搜寻模型,消费者不再事先选定销售商个数,而是连续不断搜寻直到找到可以接受的价格为止,并将该模型理论运用于解释工作搜寻行为:求职者常常按先后顺序做出工作搜寻决策,当遇到第一份超过其最低可接受工资时,求职者就会接受该份工作。1970年莫滕森(Mortensen)的模型则考虑了求职者的技术水平,将工资报价视为技术水平的增函数。求职者只有在寻得不高于其技术水平且工资报价不低于其保留工资的工作时才能被雇佣,因而求职者可接受的工资报价分布在其保留工资及该工作所需技术水平相对应的工资之间,工资分布函数在这个区间上的积分也就是求职者被雇佣的概率。

二、计量方法

本章研究中共运用三种计量模型,通过每种模型的分析对比计量回归结果,在观察教育对工作搜寻方式的影响的基础上,努力寻求对农民工工作搜寻途径有重要影响的其他变量。主要是运用线性回归模型的最小二乘法、二元离散模型Logit模型以及多元离散模型的MLogit模型。在不同的计量回归模型中,因变量都是工作搜寻方式,但鉴于模型对变量的要求和因变量的分类方法不同,每个模型中因变量有所区别。在线性回归模型和多项离散模型中选用工作搜寻途径三分类的变量,在二元离散模型中因变量选择的是工作搜寻方式的二分类变量。

首先,线性回归模型是计量经济学分析的基础模型,回归分析研究的是被解释变量关于解释变量的具体依赖关系的计算方法和理论。由于变量间关系的随机性，所以回归分析关系的是根据解释变量的已知或给定值，考察被解释变量的总体均值，即当解释变量取某个确定值时，与之统计相关的被解释变量所有可能出现的对应值的平均值，所以回归分析又被称为了均值回归。线性回归模型的基本形式如下：

$$Y = A_0 + A_1X_1 + A_2X_2 + A_3X_3 + \cdots + A_nX_n + \varepsilon \qquad (6.1)$$

上式中 Y 表示被解释变量，本章研究中是指农民工工作搜寻途径的三分类变量。A_0 表示常数项，A_i 表示系数项，或者称为边际效应，即当其他解释变量保持不变时，X_i 每变化一单位，所引起被解释变量变化 A_i 单位。X_i 表示被解释变量，此处包含农民工个人特征、家庭特征、流动特征和居留意愿特征中的 18 个变量。ε 表示随机误差项，它刻画的是模型的估计值和真实观测值之间的偏差。

其次，日常生活中，人们通常要作出决策，影响决策的因素（解释变量）可以是定量的，也可以是定性的。而研究对象（被解释变量）则是定性的，把被解释变量作为虚拟变量的模型称为定性选择模型或定性响应模型。如果被解释变量仅有两种状态或属性则称为二元选择模型。如果被解释变量有三种及以上状态或属性则称为多元选择模型。由于定性选择模型的被解释变量仅取有限多个离散的值，故定性选择模型又称为离散被解释变量模型或离散选择模型。对于离散模型里面又包括 Logit（逻辑分布）模型和 Probit（正态分布）模型，两者的区别主要在于随机误差的区别，根据随机误差所服从的分布不同，可以选择不同的模型，但是当数据较多时，两者回归结果保持一致。本章选用的都是 Logit 模型进行回归分析，模型的基本形式如下：

$$P(M=1 \mid Y) = EXP(A_0 + A_iY + \varepsilon)/(1 + EXP(A_0 + A_iY + \varepsilon)) \qquad (6.2)$$

或

$$Log(P/1 - P) = A_0 + A_iY$$

式（6.2）中 M 表示农民工的工作搜寻方式，若农民工主要依靠自己的亲戚朋友搜寻工作，则 M 赋值为 1；若农民工主要依靠自身和社会平台搜寻工作，则 M 赋值为 0。Y 表示解释变量，主要包括个人特征、家庭情况、流动特征和居留意愿特征向量。A_0 和 A_i 为待估计参数，其中 A_0 是常数项，A_i 表示在其他变量保持不变时，解释变量变动一个单位，将使被解释变量取 1 的概率平均提高的数值。ε 表示随机扰动项，假设其服从逻辑分布。多元离散模型的基础基本上和二元离散模型保持一致，但是多元离散模型含有多项类别，所以在回归分析过程中，系统一般默认解释变量的最小赋值组为对照组，所以基本的回归形式就和二元离散模型有所区别。多元离散模型回归形式如下式：

$$P(M=1 \mid Y)/P(M=0 \mid X) = A_0 + A_iY \qquad (6.3)$$

第四节　实证分析结果

一、OLS 回归结果

在线性回归模型中选择的因变量是工作搜寻方式的三分类变量。首先，对于重点关注的自变量教育选用连续变量，通过回归方程，先考察个人特征对农民工工作搜寻方式的影像，作为模型（1）。在此基础上观察依次增加家庭特征、流动特征、居留特征的模型（2）、模型（3）和模型（4），分别与模型（1）对比，聚焦于重点关注变量对因变量工作搜寻方式的影响。如表6-2~表6-5所示，结合连续变量的四个模型发现，受教育年限越长，农民工越倾向于通过互联网、杂志、报纸等途径获取就业有关的信息。在依次添加家庭特征、流动特征和居留特征的基础上，教育对农民工工作获得途径的正向影响保持不变，四个模型中教育对农民工工作获得途径的边际影响都保持在0.03的水平上，而且都在1%的统计水平上通过了显著性检验。这说明受教育年限对工作搜寻途径的影响是稳定的，在其他变量保持不变的情况下，受教育年限每增加一年，农民工就会在3%的水平上偏向于运用社会就业资源寻找工作。

除了教育变量之外，性别对农民工的工作搜寻途径的影响也是相对比较稳定和显著的。在此线性回归模型中相对于男性农民工，女性农民工更加依赖自己的亲戚朋友等社会关系网络来寻找工作。性别对工作搜寻途径的影响在模型（1）和增加家庭特征的模型（2）中大约为0.1，但是在增加流动特征和居留特征的模型（3）和模型（4）系数减小为0.07左右，这说明在增加流动特征和居留特征的基础上，性别对工作搜寻方式的影响程度相对有所减轻。在家庭特征的三个变量中，家庭人数对因变量的影响程度较大点，在含有家庭特征变量的三个拓展模型中，家庭人数对因变量影响的边际效应为-0.04~-0.05，并且都在1%的统计水平上显著，这表明家庭人数越多，农民工的社会关系网络越成熟，所以在工作搜寻的过程中就更倾向于依赖自己的社会关系来实现就业，这可能在一定程度上会降低农民工的搜寻成本。和家庭人数有密切关系的孩子数量也反映了家庭规模的大小对农民工工作搜寻途径的负向影响。在流动特征中，累计流动次数对工作搜寻的影响较为明显，在含有次自变量的模型（3）和模型（4）中，此变量的系数分别为0.034、0.028，说明随着流动次数的增加，农民工对城市里面的劳动力市场更加熟悉，在频繁的流动过程中对社会就业资源和平台的接触增多，这在一定程度上提高了农民工使用互联网、报纸、杂志、中介等社会就业资源寻找工作的能力。

表6-2　教育（连续变量）对农民工工作获得途径影响的OLS回归结果—模型（1）

工作获得途径	系数	标准差	T值	P值
个人特征				
性别	0.1003	0.0038	26.3300	0.0000 ***
年龄	-0.0013	0.0002	-5.5000	0.0000 ***
受教育年限	0.0357	0.0007	48.7400	0.0000 ***
婚姻	-0.2420	0.0053	-45.2900	0.0000 ***
党员	0.1023	0.0124	8.2200	0.0000 ***
民族	-0.0317	0.0070	-4.5200	0.0000 ***

续表

工作获得途径	系数	标准差	T值	P值
打工所在地区（对照组：西部）				
中部	0.0157	0.0056	2.8200	0.0050***
东部	0.2373	0.0044	53.5700	0.0000***
东北	0.1046	0.0080	13.0900	0.0000***
常数项	1.4456	0.0131	110.3700	0.0000***

注：*** 分别表示在1%的统计水平上显著。

表6-3　教育（连续变量）对农民工工作获得途径影响的OLS回归结果—模型（2）

工作获得途径	系数	标准差	T值	P值
个人特征				
性别	0.0998	0.0038	26.3000	0.0000***
年龄	-0.0009	0.0003	-3.5800	0.0000***
受教育年限	0.0325	0.0007	43.8000	0.0000***
婚姻	-0.1355	0.0063	-21.5700	0.0000***
党员	0.0985	0.0124	7.9500	0.0000***
民族	-0.0409	0.0070	-5.8500	0.0000***
家庭特征				
家庭人数	-0.0564	0.0024	-23.6500	0.0000***
老家地理位置	-0.0079	0.0036	-2.2300	0.0260**
孩子数量	-0.0205	0.0036	-5.6200	0.0000***
打工所在地区（对照组：西部）				
中部	0.0121	0.0056	2.1700	0.0300**
东部	0.2296	0.0044	51.7600	0.0000***
东北	0.0713	0.0080	8.8800	0.0000***
常数项	1.6020	0.0149	107.4700	0.0000***

注：**、*** 分别表示在5%和1%的统计水平上显著。

表6-4　教育（连续变量）对农民工工作获得途径影响的OLS回归结果—模型（3）

工作获得途径	系数	标准差	T值	P值
个人特征				
性别	0.0657	0.0038	17.2900	0.0000***
年龄	0.0004	0.0003	1.6600	0.0970*
受教育年限	0.0322	0.0007	43.8300	0.0000***

续表

工作获得途径	系数	标准差	T值	P值
婚姻	-0.1321	0.0062	-21.1800	0.0000***
党员	0.0965	0.0122	7.8900	0.0000***
民族	-0.0422	0.0069	-6.0800	0.0000***
家庭特征				
家庭人数	-0.0430	0.0024	-17.8500	0.0000***
老家地理位置	-0.0076	0.0035	-2.1500	0.0310**
孩子数量	-0.0206	0.0036	-5.6900	0.0000***
流动特征				
累计流动次数	0.0336	0.0018	18.5500	0.0000***
以往流动范围	0.0120	0.0026	4.5200	0.0000***
累计流动时长	-0.0274	0.0013	-20.5900	0.0000***
以往流动原因	-0.0246	0.0005	-54.1100	0.0000***
父母流动经历	-0.0091	0.0016	-5.6000	0.0000***
打工所在地区（对照组：西部）				
中部	0.0170	0.0056	3.0500	0.0020***
东部	0.2161	0.0045	47.9900	0.0000***
东北	0.0763	0.0079	9.6100	0.0000***
常数项	1.6447	0.0167	98.6000	0.0000***

注：*、**、***分别表示在10%、5%和1%的统计水平上显著。

表6-5 教育（连续变量）对农民工工作获得途径影响的OLS回归结果—模型（4）

工作获得途径	系数	标准差	T值	P值
个人特征				
性别	0.0677	0.0040	16.7900	0.0000***
年龄	0.0004	0.0003	1.3100	0.1890
受教育年限	0.0338	0.0008	42.8600	0.0000***
婚姻	-0.1316	0.0067	-19.7200	0.0000***
党员	0.1041	0.0129	8.0900	0.0000***
民族	-0.0452	0.0074	-6.0800	0.0000***
家庭特征				
家庭人数	-0.0421	0.0026	-16.4000	0.0000***
老家地理位置	-0.0058	0.0037	-1.5600	0.1180
孩子数量	-0.0262	0.0039	-6.7900	0.0000***

续表

工作获得途径	系数	标准差	T值	P值
流动特征				
累计流动次数	0.0284	0.0021	13.4300	0.0000 ***
以往流动范围	0.0100	0.0028	3.5500	0.0000 ***
累计流动时长	-0.0246	0.0015	-16.9200	0.0000 ***
以往流动原因	-0.0241	0.0005	-50.0100	0.0000 ***
首次外出父母外出经历	-0.0096	0.0017	-5.5200	0.0000 ***
居留特征				
今后打算定居	0.0025	0.0015	1.6000	0.1100
户口迁移	-0.0152	0.0026	-5.8900	0.0000 ***
本地购买住房	-0.0364	0.0050	-7.2700	0.0000 ***
打工所在地区（对照组：西部）				
中部	0.0071	0.0059	1.2100	0.2260
东部	0.1984	0.0049	40.8500	0.0000 ***
东北	0.0714	0.0083	8.6300	0.0000 ***
常数项	1.6758	0.0191	87.8300	0.0000 ***

注：*** 表示在1%的统计水平上显著。

如表6-6~表6-9所示，在模型（1）（2）（3）（4）中，重点关注变量教育选用的是分类变量。教育作为分类变量，被划分为四大类，在OLS回归模型中，教育作为分类变量并且以小学及以下学历为对照组。从四个模型的回归结果可知，教育分类变量对工作搜寻的影响和教育作为连续变量的影响基本上一致，这说明受教育程度越高的农民工对社会就业资源的利用程度更高。在与小学及以下学历组对比中发现，小学以上学历更倾向于利用社会资本搜寻工作，但是这三组的系数也存在较大的差别，初中组相对于小学组对工作搜寻方式的影响系数约为0.01，高中（中专）组相对于小学组对因变量的影响系数约为0.09，在大专及以上学历组，影响系数发生了明显的变化，相对于小学组，影响系数达到了0.4，这说明对于农民工来说，随着受教育程度的提高，他们对数字信息网络时代的劳动力市场工作搜寻模式更加适应，但是这种适应在大专及以上高学历的农民工身上体现得更加明显。

表6-6 教育（分类变量）对农民工工作获得途径影响的OLS回归结果—模型（1）

工作获得途径	系数	标准差	T值	P值
个人特征				
性别	0.1136	0.0038	29.8300	0.0000 ***
年龄	-0.0023	0.0002	-9.5400	0.0000 ***

续表

工作获得途径	系数	标准差	T值	P值
受教育水平（对照组：小学及以下）				
初中	0.0197	0.0057	3.4600	0.0010***
高中（中专）	0.1066	0.0067	15.7900	0.0000***
大专及以上	0.4021	0.0082	48.8200	0.0000***
婚姻	-0.2285	0.0053	-42.7500	0.0000***
党员	0.0648	0.0124	5.2000	0.0000***
民族	-0.0113	0.0070	-1.6200	0.1050
打工所在地区（对照组：西部）				
中部	0.0218	0.0056	3.9300	0.0000***
东部	0.2396	0.0044	54.2600	0.0000***
东北	0.1133	0.0080	14.2200	0.0000***
常数项	1.7138	0.0114	150.3000	0.0000***

注：*** 表示在1%的统计水平上显著。

表6-7　教育（分类变量）对农民工工作获得途径影响的 OLS 回归结果—模型（2）

工作获得途径	系数	标准差	T值	P值
个人特征				
性别	0.1127	0.0038	29.6900	0.0000***
年龄	-0.0019	0.0003	-7.4200	0.0000***
受教育水平（对照组：小学及以下）				
初中	0.0114	0.0057	2.0000	0.0530*
高中（中专）	0.0885	0.0068	13.0500	0.0000***
大专及以上	0.3709	0.0083	44.4900	0.0000***
婚姻	-0.1253	0.0063	-19.9800	0.0000***
党员	0.0619	0.0124	4.9900	0.0000***
民族	-0.0210	0.0070	-3.0100	0.0010***
家庭特征				
家庭人数	-0.0557	0.0024	-23.4800	0.0000***
老家地理位置	-0.0094	0.0035	-2.6600	0.0070***
孩子数量	-0.0186	0.0036	-5.1100	0.0000***
打工所在地区（对照组：西部）				
中部	0.0180	0.0055	3.2400	0.0010***
东部	0.2318	0.0044	52.4100	0.0000***
东北	0.0804	0.0080	10.0300	0.0000***
常数项	1.8530	0.0135	136.9400	0.0000***

注：*** 表示在1%的统计水平上显著。

表6-8 教育（分类变量）对农民工工作获得途径影响的OLS回归结果—模型（3）

工作获得途径	系数	标准差	T值	P值
个人特征				
性别	0.0784	0.0038	20.6200	0.0000***
年龄	-0.0005	0.0003	-2.0300	0.0420**
受教育水平（对照组：小学及以下）				
初中	0.0119	0.0056	2.1100	0.0350**
高中（中专）	0.0892	0.0067	13.3000	0.0000***
大专及以上	0.3681	0.0083	44.6100	0.0000***
婚姻	-0.1219	0.0062	-19.5900	0.0000***
党员	0.0602	0.0122	4.9200	0.0000***
民族	-0.0228	0.0069	-3.3000	0.0010***
家庭特征				
家庭人数	-0.0426	0.0024	-17.7400	0.0000***
老家地理位置	-0.0091	0.0035	-2.5900	0.0100**
孩子数量	-0.0186	0.0036	-5.1700	0.0000***
流动特征				
累计流动次数	0.0341	0.0018	18.8500	0.0000***
以往流动范围	0.0126	0.0026	4.8000	0.0000***
累计流动时长	-0.0269	0.0013	-20.2800	0.0000***
以往流动原因	-0.0245	0.0005	-54.1500	0.0000***
父母流动经历	-0.0092	0.0016	-5.6900	0.0000***
打工所在地区（对照组：西部）				
中部	0.0230	0.0056	4.1400	0.0000***
东部	0.2179	0.0045	48.5200	0.0000***
东北	0.0854	0.0079	10.7800	0.0000***
常数项	1.8904	0.0154	123.0300	0.0000***

注：**、***分别表示在5%和1%的统计水平上显著。

表6-9 教育（分类变量）对农民工工作获得途径影响的OLS回归结果—模型（4）

工作获得途径	系数	标准差	T值	P值
个人特征				
性别	0.0808	0.0040	20.0300	0.0000***
年龄	-0.0007	0.0003	-2.2600	0.0240**

续表

工作获得途径	系数	标准差	T值	P值
受教育水平（对照组：小学及以下）				
初中	0.0111	0.0060	1.8400	0.0650*
高中（中专）	0.0910	0.0072	12.6800	0.0000***
大专及以上	0.3798	0.0088	43.1900	0.0000***
婚姻	-0.1194	0.0067	-17.9200	0.0000***
党员	0.0674	0.0129	5.2400	0.0000***
民族	-0.0250	0.0074	-3.3800	0.0010***
家庭特征				
家庭人数	-0.0409	0.0026	-16.0000	0.0000***
老家地理位置	-0.0071	0.0037	-1.9100	0.0560*
孩子数量	-0.0251	0.0038	-6.5300	0.0000***
流动特征				
累计流动次数	0.0285	0.0021	13.5300	0.0000***
以往流动范围	0.0098	0.0028	3.4900	0.0000***
累计流动时长	-0.0233	0.0015	-16.1000	0.0000***
以往流动原因	-0.0240	0.0005	-49.9600	0.0000***
父母流动经历	-0.0099	0.0017	-5.6800	0.0000***
居留特征				
今后打算定居	0.0034	0.0015	2.2200	0.0270**
户口迁移	-0.0119	0.0026	-4.6100	0.0000***
本地购买住房	-0.0438	0.0050	-8.7700	0.0000***
打工所在地区（对照组：西部）				
中部	0.0135	0.0059	2.3000	0.0210**
东部	0.2002	0.0048	41.3500	0.0000***
东北	0.0824	0.0083	9.9700	0.0000***
常数项	1.9254	0.0176	109.4300	0.0000***

注：*、**、***分别表示在10%、5%和1%的统计水平上显著。

在个人特征中，除了教育变量，通过这四组回归结果发现，其他变量对工作搜寻的影响基本上和教育作为连续变量的回归结果一致。在这其中性别的重合度较高，在教育分类变量的模型（1）（2）中，性别对因变量的影响系数约为0.11，在含有流动特征和居留特征的模型（3）（4）中，系数将为 0.08 左右，这与上述教育作为连续变量的回归模型的回归结果一致，说明性别对工作搜寻的影响较为稳定。对于家庭特征中的家庭人数变量和流动特征中的累计流动次数变量，这两个变量对农民工工作搜寻方式的影响也和教育作为连续变量的四个线性回归模型的结果保持一致，说明教育不论是作为连续变量还是分类变量，对于其他变量对因变量的影响不显著，回归结果基本上保持一致，并且都在一定的统计水平上通过了显著性检验。

二、Logit 回归结果

在离散回归模型中，选定的因变量为农民工工作搜寻途径，分为两种。和 OLS 回归模型相似，将教育作为连续变量和分类变量分别进行回归检验。如表 6-10~表 6-13 所示，在每个分类里面包括四个模型，分别为只有个人特征的模型（1）、增加家庭特征的模型（2）、含有流动特征的模型（3）和同时包含个人特征、家庭特征、流动特征和居留特征的模型（4）。首先，关注研究变量教育的回归结果，在教育作为连续变量的四个离散回归模型中教育对农民工的搜寻影响基本上保持不变，都保持在 -0.065 的水平上，且都通过了 1% 统计水平的显著性检验。这说明在这些模型中教育对因变量的影响是稳定显著的。类比 OLS 回归模型的结果发现，在离散模型中教育的影响更加稳定，随着变量的增加对工作搜寻的影响没有出现明显的变动。进一步证明了随着受教育水平的提高，农民工对互联网、杂志和报纸等社会资源的使用增加，而不再是依赖自己的社会关系网络来搜寻工作。

表 6-10　教育（连续变量）对农民工工作搜寻影响的 Logist 回归结果—模型（1）

工作获得途径	系数	标准差	Z 值	P 值
个人特征				
性别	0.4035	0.0116	34.9200	0.0000 ***
年龄	-0.0005	0.0007	-0.7000	0.4850
受教育年限	-0.0654	0.0022	-29.2600	0.0000 ***
婚姻	-0.5403	0.0159	-33.9000	0.0000 ***
民族	-0.3119	0.0399	-7.8100	0.0000 ***
党员	0.0864	0.0213	4.0500	0.0000 ***
打工所在地区（对照组：西部）				
中部	0.0375	0.0171	2.2000	0.0280 **
东部	0.2704	0.0134	20.1500	0.0000 ***
东北	0.1758	0.0241	7.3100	0.0000 ***
常数项	0.1867	0.0394	4.7300	0.0000 ***

注：**、***分别表示在 5% 和 1% 的统计水平上显著。

表6-11 教育（连续变量）对农民工工作搜寻影响的Logist回归结果—模型（2）

工作获得途径	系数	标准差	Z值	P值
个人特征				
性别	0.4027	0.0116	34.8000	0.0000 ***
年龄	-0.0006	0.0008	-0.7300	0.4660
受教育年限	-0.0675	0.0023	-29.6600	0.0000 ***
婚姻	-0.3972	0.0189	-20.9600	0.0000 ***
民族	0.0762	0.0214	3.5600	0.0000 ***
党员	-0.3149	0.0400	-7.8800	0.0000 ***
家庭特征				
家庭人数	-0.0912	0.0073	-12.5600	0.0000 ***
老家地理位置	-0.1084	0.0113	-9.6100	0.0000 ***
孩子数量	-0.0028	0.0111	-0.2500	0.7990
打工所在地区（对照组：西部）				
中部	0.0269	0.0171	1.5700	0.1160
东部	0.2529	0.0135	18.7200	0.0000 ***
东北	0.1227	0.0243	5.0600	0.0000 ***
常数项	0.5336	0.0454	11.7600	0.0000 ***

注：*** 表示在1%的统计水平上显著。

表6-12 教育（连续变量）对农民工工作搜寻影响的Logist回归结果—模型（3）

工作获得途径	系数	标准差	Z值	P值
个人特征				
性别	0.2862	0.0119	24.1100	0.0000 ***
年龄	0.0045	0.0008	5.4000	0.0000 ***
受教育年限	-0.0683	0.0023	-29.5100	0.0000 ***
婚姻	-0.4058	0.0193	-20.9800	0.0000 ***
民族	0.0462	0.0218	2.1200	0.0340 **
党员	-0.3239	0.0402	-8.0500	0.0000 ***
家庭特征				
家庭人数	-0.0260	0.0076	-3.4000	0.0010 ***
老家地理位置	-0.1064	0.0114	-9.3500	0.0000 ***
孩子数量	-0.0237	0.0113	-2.0900	0.0360 **

续表

工作获得途径	系数	标准差	Z值	P值
流动特征				
累计流动次数	0.0670	0.0057	11.7500	0.0000 ***
累计流动时间	-0.0868	0.0042	-20.7400	0.0000 ***
以往流动范围	0.1302	0.0083	15.6300	0.0000 ***
流动原因	-0.2139	0.0065	-33.0000	0.0000 ***
父母流动经历	-0.0438	0.0051	-8.6400	0.0000 ***
打工所在地区（对照组：西部）				
中部	0.0846	0.0176	4.8000	0.0000 ***
东部	0.1541	0.0141	10.9000	0.0000 ***
东北	0.1401	0.0246	5.7000	0.0000 ***
常数项	0.7377	0.0530	13.9200	0.0000 ***

注：**、*** 分别表示在5%和1%的统计水平上显著。

表6－13　教育（连续变量）对农民工工作搜寻影响的Logist回归结果—模型（4）

工作获得途径	系数	标准差	Z值	P值
个人特征				
性别	0.2901	0.0126	23.0500	0.0000 ***
年龄	0.0038	0.0009	4.1400	0.0000 ***
受教育年限	-0.0632	0.0025	-25.4800	0.0000 ***
婚姻	-0.3653	0.0206	-17.6900	0.0000 ***
民族	0.0396	0.0233	1.7000	0.0900 *
党员	-0.2914	0.0424	-6.8800	0.0000 ***
家庭特征				
家庭人数	-0.0165	0.0081	-2.0300	0.0420 **
老家地理位置	-0.0953	0.0121	-7.8800	0.0000 ***
孩子数量	-0.0369	0.0121	-3.0600	0.0020 ***
流动特征				
累计流动次数	0.0287	0.0065	4.4400	0.0000 ***
累计流动时长	-0.0554	0.0046	-12.1400	0.0000 ***
流动范围	0.0962	0.0089	10.8300	0.0000 ***
流动原因	-0.1861	0.0065	-28.7400	0.0000 ***
父母流动经历	-0.0504	0.0054	-9.3000	0.0000 ***

续表

工作获得途径	系数	标准差	Z值	P值
居留特征				
长期居住	0.0595	0.0048	12.4800	0.0000***
户口迁移	-0.0164	0.0081	-2.0300	0.0420**
本地购买住房	-0.2257	0.0162	-13.9300	0.0000***
打工地区（对照组：西部）				
中部	0.0552	0.0186	2.9700	0.0030***
东部	0.1170	0.0152	7.6800	0.0000***
东北	0.1792	0.0257	6.9900	0.0000***
常数项	0.6058	0.0604	10.0400	0.0000***

注：*、**、***分别表示在10%、5%和1%的统计水平上显著。

除了教育，其他变量对工作搜寻方式的影响也值得关注。个人特征中，性别和婚姻的影响程度较大，特别是婚姻状况对因变量的影响在线性回归模型和离散回归模型中的差异较大。首先，性别对工作搜寻方式的影响，体现为男性农民工更加依赖自己的亲戚朋友等社会关系搜寻工作，在只有个人特征的基础模型和增加家庭特征的模型（2）中，性别的偏效应约为0.4，这说明在其他变量保持不变的情况下，相对于女性农民工，男性农民工依赖自己的社会关系网络搜寻工作的可能性将会增加40%。但是在继续增加流动特征和居留特征的另外两个拓展模型中，这个偏效应由原来的0.4降为0.29，表明在考虑流动特征和居留意愿特征的基础上，男性农民工对依赖社会关系网络搜寻工作的可能性降低。其次，婚姻状况对农民工工作搜寻方式的影响相对于离散模型来说，影响程度加深。整体上来说相对于结婚的农民工来说，未婚的农民工更倾向于依赖自己的亲戚朋友找寻工作，这可能与农民工结婚前后工作的稳定性相关。在线性回归模型中该变量的影响系数稳定保持在0.12左右，但是在离散回归模型中，偏效应系数明显增加，最大的为0.54，最小的为0.37。

在流动特征中，累计流动次数和累计流动时长表现出相反的影响趋势。累计流动次数对农民工工作搜寻方式呈现正向影响。依据工作搜寻理论，流动次数越多，寻找工作的成本就会增加，但是农民工可以利用自己的社会关系网络寻找工作来降低工作搜寻成本。所以流动次数越多，也反映了农民工的社会关系网络的广泛和成熟，所以在工作搜寻成本降低的情况下，农民工更多通过社会关系实现就业。相反累计流动时间越长，农民工在一个区域的时间就有可能越长，对城市的融入感增强，并且更加熟悉各种就业渠道，对信息的利用程度越高，就会逐渐利用互联网来搜寻工作计划而不是社会关系。特别是对于新生代农民工，在外流动时间越长，对城市的适应性提高，更加方便他们利用数字信息网络来找寻工作。

如表6-14~表6-17所示。在以下的四个模型中自变量教育选用分类变量，以小学及以下学历组作为对照组，通过主次增加家庭特征、流动特征和居留意愿特征的方面，通过四个模型的对比，发现一些重要变量对农民工工作搜寻途径的影响。首先，重点关注教育的影响，整体上表现出受教育程度越高，农民工利用互联网、报纸和杂志等途经寻找工作的可能性越强，但是相比 OLS 回归模型和上述教育作为连续变量的 Logit 模型，在教育作为分类变量的离散回归模型中，出现了一个拐点。在以小学及以下学历组为对照组的基础上，初中学历对农民工的工作搜寻方式的影响为正向的，这意味着相比小学及以下学历，初中学历的农民工更倾向于通过自己的社会关系网来搜寻工作，实现就业。这可能与农民工自身的平均受教育水平有一定的联系，在调查的范围内，发现农民工的平均教育程度就是初中学历，而且在这四个模型中初中学历对因变量的影响都未能通过一定统计水平的显著性检验，说明初中学历水平对因变量的影响不显著。但是对于高中（中专）组和大专及以上学历组，这两组相对于对照组小学组，表现出受教育程度的提高促进了农民工对社会就业信息资源的利用。而且大专及以上学历组的影响系数大致保持在 0.85 左右，明显大于高中（中专）组的 0.17 ~ 0.19 的影响系数，这说明教育程度的提高有利于提高农民工利用社会资本搜寻工作，而且各教育阶段的影响程度不同，特别是大专及以上学历对农民工工作搜寻方式的影响尤为明显。

表 6－14　教育（分类变量）对农民工工作搜寻影响的 Logist 回归结果—模型（1）

工作获得途径	系数	标准差	Z 值	P 值
个人特征				
性别	0.3760	0.0116	32.3700	0.0000 ***
年龄	0.0014	0.0007	1.9000	0.0580 *
受教育水平（对照组：小学及以下）				
初中	0.0096	0.0172	0.5600	0.5780
高中（中专）	－0.1751	0.0204	－8.5700	0.0000 ***
大专及以上	－0.8329	0.0267	－31.2500	0.0000 ***
婚姻	－0.5781	0.0161	－35.8700	0.0000 ***
民族	0.0460	0.0214	2.1500	0.0310 **
党员	－0.2160	0.0404	－5.3500	0.0000 ***
打工所在地区（对照组：西部）				
中部	0.0259	0.0171	1.5200	0.1300
东部	0.2666	0.0135	19.8100	0.0000 ***
东北	0.1570	0.0241	6.5100	0.0000 ***
常数项	－0.3168	0.0344	－9.2000	0.0000 ***

注：*、**、*** 分别表示在 10%、5% 和 1% 的统计水平上显著。

表6-15　教育（分类变量）对农民工工作搜寻影响的Logist回归结果—模型（2）

工作获得途径	系数	标准差	Z值	P值
个人特征				
性别	0.3748	0.0116	32.2100	0.0000***
年龄	0.0015	0.0008	1.8700	0.0620*
受教育水平（对照组：小学及以下）				
初中	0.0028	0.0172	0.1600	0.8710
高中（中专）	-0.1901	0.0206	-9.2100	0.0000***
大专及以上	-0.8602	0.0270	-31.8200	0.0000***
婚姻	-0.4251	0.0191	-22.2500	0.0000***
民族	0.0343	0.0214	1.6000	0.1100
党员	-0.2183	0.0404	-5.4000	0.0000***
家庭特征				
家庭人数	-0.0934	0.0073	-12.8100	0.0000***
老家地理位置	-0.1037	0.0113	-9.1600	0.0000***
孩子数量	-0.0094	0.0111	-0.8400	0.4000
打工所在地区（对照组：西部）				
中部	0.0155	0.0172	0.9100	0.3650
东部	0.2493	0.0135	18.4000	0.0000***
东北	0.1012	0.0244	4.1500	0.0000***
常数项	0.0159	0.0414	0.3800	0.7010

注：*、***分别表示在10%、1%的统计水平上显著。

表6-16　教育（分类变量）对农民工工作搜寻影响的Logist回归结果—模型（3）

工作获得途径	系数	标准差	Z值	P值
个人特征				
性别	0.2562	0.0119	21.4500	0.0000***
年龄	0.0067	0.0008	7.9200	0.0000***
受教育水平（对照组：小学及以下）				
初中	0.0122	0.0175	0.7000	0.4860
高中（中专）	-0.1756	0.0209	-8.3900	0.0000***
大专及以上	-0.8678	0.0274	-31.7100	0.0000***
婚姻	-0.4334	0.0195	-22.2200	0.0000***
民族	0.0021	0.0218	0.1000	0.9220
党员	-0.2231	0.0407	-5.4800	0.0000***

续表

工作获得途径	系数	标准差	Z 值	P 值
家庭特征				
家庭人数	-0.0277	0.0077	-3.6100	0.0000 ***
老家地理位置	-0.1020	0.0114	-8.9200	0.0000 ***
孩子数量	-0.0302	0.0113	-2.6700	0.0080 ***
流动特征				
累计流动次数	0.0657	0.0057	11.5400	0.0000 ***
累计流动时间	-0.0883	0.0042	-21.0700	0.0000 ***
以往流动范围	0.1282	0.0083	15.3500	0.0000 ***
流动原因	-0.2174	0.0066	-33.1300	0.0000 ***
父母流动经历	-0.0438	0.0051	-8.6100	0.0000 ***
打工所在地区（对照组：西部）				
中部	0.0723	0.0177	4.0900	0.0000 ***
东部	0.1502	0.0142	10.5900	0.0000 ***
东北	0.1171	0.0247	4.7400	0.0000 ***
常数项	0.2194	0.0492	4.4600	0.0000 ***

注：*** 表示在 1% 的统计水平上显著。

表 6-17　教育（分类变量）对农民工工作搜寻影响的 Logist 回归结果—模型（4）

工作获得途径	系数	标准差	Z 值	P 值
个人特征				
性别	0.2625	0.0127	20.7400	0.0000 ***
年龄	0.0057	0.0009	6.2600	0.0000 ***
受教育水平（对照组：小学及以下）				
初中	0.0154	0.0187	0.8200	0.4110
高中（中专）	-0.1648	0.0224	-7.3500	0.0000 ***
大专及以上	-0.7924	0.0291	-27.2700	0.0000 ***
婚姻	-0.3953	0.0208	-19.0000	0.0000 ***
民族	-0.0004	0.0234	-0.0200	0.9880
党员	-0.1991	0.0428	-4.6500	0.0000 ***
家庭特征				
家庭人数	-0.0196	0.0081	-2.4100	0.0160 **
老家地理位置	-0.0915	0.0121	-7.5400	0.0000 ***
孩子数量	-0.0416	0.0121	-3.4400	0.0010 ***

续表

工作获得途径	系数	标准差	Z 值	P 值
流动特征				
累计流动次数	0.0283	0.0065	4.3800	0.0000 ***
累计流动时长	-0.0586	0.0046	-12.8200	0.0000 ***
流动范围	0.0961	0.0089	10.8000	0.0000 ***
流动原因	-0.1899	0.0066	-28.8700	0.0000 ***
父母流动经历	-0.0502	0.0054	-9.2200	0.0000 ***
居留特征				
长期居住	0.0568	0.0048	11.9000	0.0000 ***
户口迁移	-0.0243	0.0081	-3.0000	0.0030 ***
本地购买住房	-0.2086	0.0163	-12.8300	0.0000 ***
打工地区（对照组：西部）				
中部	0.0441	0.0186	2.3700	0.0180 **
东部	0.1134	0.0153	7.4300	0.0000 ***
东北	0.1542	0.0257	5.9900	0.0000 ***
常数项	0.1509	0.0560	2.6900	0.0070 ***

注：**、*** 分别表示在5%、1%的统计水平上显著。

在教育作为分类变量的这四个模型中，性别、家庭人数、累计流动次数、累计流动时间和婚姻状况等变量对工作搜寻方式的影响基本上与教育作为连续变量的模型的结果一致，只是在其中婚姻状况和性别变量对因变量的影响程度相对有所减小。但是在这里尤其值得关注的变量就是年龄这个变量，在上述所有的模型中，年龄这个变量对工作搜寻方式的影响表现出不一致的趋势。在教育作为分类变量的这四个离散回归模型中，年龄对工作搜寻方式的影响表现出一致性，都是正向影响，且都通过了1%统计水平的显著性检验。这说明随着年龄的增大，农民工更多的是依赖自己的亲朋好友来找寻工作，结合实际情况，可以发现年龄越大的农民工的受教育程度越低，也可以根据教育程度的回归结果证明他们更依赖自己的社会关系网，这也是我国新生代农民工和老一代农民工的差异所在。另外在此处也关注到打工所在地区对农民工工作搜寻途径的影响，在所有的回归模型中，打工所在地区都作为虚拟变量引入模型，回归结果是以西部地区为对照组。通过上述两种回归模型的结果综合来看，相对于对照组西部地区，在中部地区、东部地区和东北地区打工的农民工更多的是依赖自己的亲戚朋友来找寻工作的，在这其中，在东部地区打工的农民工的依赖倾向最强、东北地区的次之，西部地区相对来说对依赖倾向最弱。这可能与我国各地劳动力市场的行业分配存在一定的关系，因为我国农民工的就业领域一定程度上是相对固定的。

三、MLogit 回归结果

MLogit 模型为多项离散模型,因此在此模型中选择的因变量是工作搜寻途径的三分类变量。在此模型中对照组默认为农民工自主就业/经营组。按照前面线性回归模型和离散的回归模型,这里也是把教育作为连续变量依次增加个人特征、家庭特征、流动特征和居留特征来观察变量的影响程度。如表 6-18 ~ 表 6-21 所示,整体上受教育程度越高,农民工更加有可能摆脱自己的社会关系网络通过自主就业或者通过社会提供的各种信息资源来搜寻工作。在社会关系组与对照组自主就业组对比中,受教育程度越高的农民工就更有可能依靠自己的能力实现自主就业;在社会就业平台组和对照组的对比中,受教育程度越高,更倾向于利用社会就业信息资源来搜寻工作,实现就业。结合起来说明,随着受教育程度的提高,受教育程度较高的农民工首选的工作搜寻方式是通过互联网、报纸和各种社会就业平台来搜寻工作的有关信息,其次是自主创业或自主经营实现就业;对于受教育程度较低的农民工,则更倾向于依赖自己的社会关系网络来获得就业途径。整体来看,相比对照组,社会关系网络组教育的影响系数稳定在 -0.015 左右,而社会就业平台组教育影响系数保持在 0.2 左右,说明受教育程度对社会就业信息平台的影响尤为明显。

表 6-18　教育(连续变量)对农民工工作搜寻途径影响的 MLogit 回归结果—模型(1)

变量	系数	标准差	Z 值	P 值
1—自主就业	对照组			
2—社会关系				
个人特征				
性别	0.4637	0.0123	37.6500	0.0000 ***
年龄	-0.0018	0.0008	-2.3300	0.0200 **
受教育年限	-0.0151	0.0024	-6.2300	0.0000 ***
婚姻	-0.8041	0.0179	-45.0200	0.0000 ***
民族	0.0393	0.0225	1.7400	0.0810 *
党员	-0.1600	0.0441	-3.6300	0.0000 ***
打工地区(对照组:西部)				
中部	0.0487	0.0178	2.7400	0.0060 ***
东部	0.5098	0.0143	35.6200	0.0000 ***
东北	0.2613	0.0255	10.2500	0.0000 ***
常数项	0.1679	0.0421	3.9800	0.0000 ***

续表

变量	系数	标准差	Z值	P值
3—社会就业平台				
个人特征				
性别	0.3075	0.0172	17.8600	0.0000 ***
年龄	-0.0104	0.0011	-9.2000	0.0000 ***
受教育年限	0.2033	0.0033	61.1300	0.0000 ***
婚姻	-0.7683	0.0231	-33.3100	0.0000 ***
民族	-0.1538	0.0328	-4.6900	0.0000 ***
党员	0.3023	0.0465	6.5000	0.0000 ***
打工地区（对照组：西部）				
中部	0.0995	0.0270	3.6900	0.0000 ***
东部	0.9889	0.0206	47.9600	0.0000 ***
东北	0.4692	0.0370	12.6900	0.0000 ***
常数项	-2.7722	0.0620	-44.7200	0.0000 ***

注：*、**、*** 分别表示在10%、5%和1%的统计水平上显著。

表6-19　教育（连续变量）对农民工工作搜寻途径影响的MLogit回归结果—模型（2）

变量	系数	标准差	Z值	P值
1—自主就业	对照组			
2—社会关系				
个人特征				
性别	0.4677	0.0124	37.8400	0.0000 ***
年龄	-0.0016	0.0008	-1.9800	0.0480 **
受教育年限	-0.0183	0.0025	-7.4000	0.0000 ***
婚姻	-0.5576	0.0209	-26.7100	0.0000 ***
民族	0.0601	0.0229	2.6300	0.0090 ***
党员	-0.1686	0.0442	-3.8200	0.0000 ***
家庭特征				
家庭人数	-0.1549	0.0078	-19.9000	0.0000 ***
老家地理位置	-0.1319	0.0092	-14.2600	0.0000 ***
孩子数量	-0.0130	0.0117	-1.1100	0.2680
打工地区（对照组：西部）				
中部	0.1265	0.0189	6.6800	0.0000 ***
东部	0.6277	0.0171	36.6400	0.0000 ***

续表

变量	系数	标准差	Z 值	P 值
东北	0.4860	0.0334	14.5500	0.0000 ***
常数项	0.6684	0.0476	14.0300	0.0000 ***
3—社会就业平台				
个人特征				
性别	0.3063	0.0173	17.6600	0.0000 ***
年龄	-0.0055	0.0012	-4.4500	0.0000 ***
受教育年限	0.2013	0.0034	58.6100	0.0000 ***
婚姻	-0.3157	0.0276	-11.4300	0.0000 ***
民族	-0.0602	0.0333	-1.8100	0.0710 *
党员	0.2918	0.0469	6.2200	0.0000 ***
家庭特征				
家庭人数	-0.2135	0.0111	-19.1700	0.0000 ***
老家地理位置	-0.3630	0.0127	-28.6900	0.0000 ***
孩子数量	-0.1332	0.0180	-7.4200	0.0000 ***
打工地区（对照组：西部）				
中部	0.3512	0.0287	12.2300	0.0000 ***
东部	1.3428	0.0246	54.6300	0.0000 ***
东北	1.1794	0.0472	25.0000	0.0000 ***
常数项	-2.0818	0.0686	-30.3400	0.0000 ***

注：*、**、*** 分别表示在10%、5%和1%的统计水平上显著。

表6-20　教育（连续变量）对农民工工作搜寻途径影响的 MLogit 回归结果—模型（3）

变量	系数	标准差	Z 值	P 值
1—自主就业		对照组		
2—社会关系				
个人特征				
性别	0.2984	0.0128	23.3000	0.0000 ***
年龄	0.0039	0.0009	4.2800	0.0000 ***
受教育年限	-0.0165	0.0025	-6.4900	0.0000 ***
婚姻	-0.5951	0.0215	-27.6200	0.0000 ***
民族	0.0062	0.0236	0.2600	0.7940
党员	-0.1781	0.0448	-3.9700	0.0000 ***

续表

变量	系数	标准差	Z值	P值
家庭特征				
家庭人数	-0.0720	0.0082	-8.7500	0.0000***
老家地理位置	-0.0807	0.0094	-8.5600	0.0000***
孩子数量	-0.0433	0.0120	-3.6000	0.0000***
流动特征				
累计流动次数	0.1006	0.0066	15.2000	0.0000***
流动范围	0.1291	0.0090	14.3300	0.0000***
累计流动时长	-0.1038	0.0045	-23.2000	0.0000***
流动原因	-0.3029	0.0072	-42.3300	0.0000***
父母流动经历	-0.0534	0.0055	-9.6300	0.0000***
打工地区（对照组：西部）				
中部	0.1541	0.0195	7.9100	0.0000***
东部	0.4669	0.0180	25.9100	0.0000***
东北	0.3969	0.0339	11.7200	0.0000***
常数项	1.0143	0.0567	17.8900	0.0000***
3—社会就业平台				
个人特征				
性别	0.1038	0.0178	5.8300	0.0000***
年龄	-0.0042	0.0014	-3.1200	0.0020***
受教育年限	0.1998	0.0035	56.9600	0.0000***
婚姻	-0.3749	0.0285	-13.1400	0.0000***
民族	-0.0608	0.0341	-1.7900	0.0740*
党员	0.2616	0.0480	5.4500	0.0000***
家庭特征				
家庭人数	-0.0870	0.0120	-7.2800	0.0000***
老家地理位置	-0.3396	0.0135	-25.1900	0.0000***
孩子数量	-0.2002	0.0185	-10.8300	0.0000***
流动特征				
累计流动次数	0.1079	0.0087	12.4600	0.0000***
流动范围	-0.0775	0.0132	-5.8900	0.0000***
累计流动时长	-0.0465	0.0065	-7.1000	0.0000***
流动原因	-0.5296	0.0126	-42.1800	0.0000***
父母流动经历	-0.0316	0.0075	-4.2300	0.0000***

续表

变量	系数	标准差	Z值	P值
打工地区（对照组：西部）				
中部	0.3331	0.0294	11.3100	0.0000***
东部	1.2474	0.0274	45.5800	0.0000***
东北	1.1564	0.0493	23.4500	0.0000***
常数项	-1.1222	0.0813	-13.8100	0.0000***

注：*、*** 分别表示在10%、1%的统计水平上显著。

表6-21　教育（连续变量）对农民工工作搜寻途径影响的MLogit回归结果—模型（4）

变量	系数	标准差	Z值	P值
1—自主就业	对照组			
2—社会关系				
个人特征				
性别	0.3020	0.0135	22.3300	0.0000***
年龄	0.0029	0.0010	3.0400	0.1140
受教育年限	-0.0127	0.0027	-4.7200	0.0000***
婚姻	-0.5671	0.0229	-24.7400	0.0000***
民族	-0.0280	0.0249	-1.1300	0.1180
党员	-0.1362	0.0471	-2.8900	0.0030***
家庭特征				
家庭人数	-0.0644	0.0087	-7.3900	0.0000***
老家地理位置	-0.0898	0.0129	-6.9400	0.0000***
孩子数量	-0.0574	0.0128	-4.4900	0.0000***
流动特征				
累计流动次数	0.0610	0.0073	8.3100	0.0000***
流动范围	-0.0742	0.0049	-15.2600	0.0000***
累计流动时长	0.0993	0.0095	10.5000	0.0000***
流动原因	-0.2760	0.0074	-37.3300	0.0000***
父母流动经历	-0.0598	0.0059	-10.1300	0.0000***
居留特征				
长期居住打算	0.0535	0.0051	10.4400	0.0000***
户口迁徙	-0.0343	0.0087	-3.9600	0.0000***
本地购买住房	-0.2057	0.0171	-12.0400	0.0000***
打工地区（对照组：西部）				0.0000***

续表

变量	系数	标准差	Z值	P值
中部	0.0611	0.0195	3.1300	0.0000 ***
东部	0.3267	0.0163	20.0500	0.1140
东北	0.2258	0.0273	8.2600	0.0000 ***
常数项	1.0081	0.0653	15.4400	0.0000 ***
3—社会就业平台				
个人特征				
性别	0.1092	0.0187	5.8500	0.0000 ***
年龄	-0.0064	0.0014	-4.4200	0.0000 ***
受教育年限	0.1870	0.0037	50.4700	0.0000 ***
婚姻	-0.4319	0.0301	-14.3500	0.0000 ***
民族	-0.1994	0.0356	-5.6000	0.0000 ***
党员	0.2710	0.0498	5.4400	0.0000 ***
家庭特征				
家庭人数	-0.0882	0.0126	-7.0200	0.0000 ***
老家地理位置	0.0132	0.0162	0.8200	0.4140
孩子数量	-0.2050	0.0195	-10.5100	0.0000 ***
流动特征				
累计流动次数	0.1081	0.0094	11.4900	0.0000 ***
流动范围	-0.0517	0.0070	-7.3400	0.0000 ***
累计流动时长	0.0095	0.0132	0.7200	0.4740
流动原因	-0.5538	0.0131	-42.3600	0.0000 ***
父母流动经历	-0.0368	0.0079	-4.6800	0.0000 ***
居留特征				
长期居住打算	-0.0236	0.0074	-3.2000	0.0010 ***
户口迁徙	-0.0456	0.0119	-3.8400	0.0000 ***
本地购买住房	0.0517	0.0233	2.2200	0.0260 **
打工地区（对照组：西部）				
中部	0.0824	0.0292	2.8300	0.0050 ***
东部	0.7980	0.0232	34.4300	0.0000 ***
东北	0.3022	0.0393	7.6800	0.0000 ***
常数项	-1.1459	0.0926	-12.3700	0.0000 ***

注：**、*** 分别表示在5%和1%的统计水平上显著。

在个人特征中除了教育变量,性别、年龄对农民工工作搜寻方试的影响程度也较为显著。对于年龄变量,主要表现在社会就业平台组和对照组的对比中,在社会关系网络组与对照组的对比中,年龄变量在增加流动特征和居留特征的拓展模型中对因变量的影响与基础组和含有家庭特征的模型(2)完全相反,而且明显比基础模型和拓展模型中的系数大,这可能与变量的相关性有关,但整体来说,年龄越大的农民工更加依赖社会关系来获得工作途径。对于性别变量,在教育作为连续变量的多项离散模型中均为正值,这也说明相对于女性农民工,男性农民工的工作搜寻方式更为广泛一些,但男性农民工倾向于利用社会关系网络搜寻工作的可能性更大,这与先前的回归结果保持一致。

除了个人特征的变量,流动特征中的累计流动次数变量对因变量的影响与前述所有模型的回归结果稍有不同,通过教育连续变量多项离散模型的四个模型的对比发现社会关系组中累计流动次数对农民工工作获得途径的影响是正向的,表明随着累计流动次数的增加,农民工对社会关系资源的利用较为频繁,与先前的回归结果一致。但是,在社会就业平台组与对照组的对比中发现该影响系数也为正数,这就说明随着累计流动次数的增加,农民工也倾向于利用社会就业信息资源来获取工作有关的信息。这看起来似乎有点矛盾,但是结合实际情况来看,累计流动次数和累计流动时间在一定程度上也具有一定的正相关性,所以累计流动次数的增加也可能提高农民工对社会就业信息和就业平台的利用程度。除了此变量,其他的家庭人数、累计流动时长、婚姻状况、打工所在地等变量对工作搜寻方式的影响基本上与线性回归模型和二元离散模型保持一致。

如表 6-22～表 6-25 所示,在下面的四个多项回归模型中教育选用的分类变量,小学及以下学历作为对照组。可以发现初中学历在教育对农民工工作获得途径的影响中是一个拐点指标,对于初中学历的农民工来说他们的工作搜寻途径具有多样性,很难确定其对农民工工作搜寻方式的影响,这也是我国农民工劳动力市场的真实写照。但是对于高中(中专)组和大专及以上学历组的农民工来说,其工作搜寻方式的指向性较强,通过四组模型的对比,可以看出高中和大学学历的农民工在社会关系和自主择业(创业)中更有可能选择自主择业,在社会就业平台和对照组的对比中,更倾向于选择利用劳动力市场的就业信息资源来搜寻工作。这与前面所有的实证结果保持高度一致,除此之外,也可以得出受教育程度越高,选择社会资本来获得工作途径的可能性更大,即学历越高对农民工工作获得途径的影响程度是不同的,特别是在大专及以上学历组,这种影响差异表现得更加明显,影响系数甚至达到其他学历组影响系数的 8 倍,这说明大专及以上学历对农民工工作搜寻方式的影响是最为显著的,甚至是具有决定性的变量。

除了教育作为分类变量对因变量的影响有所不同之外,个人特征、家庭特征、流动特征和居留意愿特征和包含打工所在地区虚拟变量的所有变量对农民工工作获得途径的影响与教育作为连续变量的多项离散模型的回归结果高度相似,所有的影响系数都只是微小的变动。这表明不管教育是连续变量还是分类变量,其他变量对因变量的影响不会发生较大的变化,而且对于大多数的变量来说,其影响是稳定的。

表6-22　教育（分类变量）对农民工工作搜寻途径影响的MLogit回归结果—模型（1）

变量	系数	标准差	Z值	P值
1—自主就业	对照组			
2—社会关系				
个人特征				
性别	0.4553	0.0124	36.8400	0.0000***
年龄	-0.0014	0.0008	-1.7800	0.0740*
受教育水平（对照组：小学及以下）				
初中	0.0246	0.0179	1.3800	0.1680
高中（中专）	-0.0335	0.0216	-1.5500	0.1200
大专及以上	-0.2465	0.0293	-8.4300	0.0000***
婚姻	-0.8148	0.0179	-45.4000	0.0000***
民族	0.0297	0.0226	1.3200	0.1880
党员	-0.1231	0.0442	-2.7800	0.0050***
打工地区（对照组：西部）				
中部	0.0461	0.0178	2.5900	0.0100***
东部	0.5065	0.0143	35.3600	0.0000***
东北	0.2547	0.0255	9.9800	0.0000***
常数项	0.0453	0.0365	1.2400	0.2150
3—社会就业平台				
个人特征				
性别	0.3437	0.0173	19.8100	0.0000***
年龄	-0.0144	0.0012	-12.4400	0.0000***
受教育水平（对照组：小学及以下）				
初中	0.1532	0.0307	5.0000	0.0000***
高中（中专）	0.6710	0.0335	20.0200	0.0000***
大专及以上	1.6522	0.0364	45.4200	0.0000***
婚姻	-0.7415	0.0232	-31.9500	0.0000***
民族	-0.0989	0.0328	-3.0100	0.0030***
党员	0.2756	0.0469	5.8700	0.0000***
打工地区（对照组：西部）				
中部	0.1182	0.0272	4.3500	0.0000***
东部	1.0053	0.0207	48.4600	0.0000***
东北	0.4972	0.0372	13.3700	0.0000***
常数项	-1.1346	0.0556	-20.4200	0.0000***

注：*、***表示在10%、1%的统计水平上显著。

表6-23　教育（分类变量）对农民工工作搜寻途径影响的MLogit回归结果—模型（2）

变量	系数	标准差	Z值	P值
1—自主就业	对照组			
2—社会关系				
个人特征				
性别	0.4579	0.0124	36.9100	0.0000 ***
年龄	-0.0010	0.0008	-1.2500	0.2100
受教育水平（对照组：小学及以下）				
初中	0.0233	0.0180	1.2900	0.1960
高中（中专）	-0.0486	0.0219	-2.2200	0.0260 **
大专及以上	-0.2867	0.0297	-9.6500	0.0000 ***
婚姻	-0.5655	0.0209	-27.0100	0.0000 ***
民族	0.0476	0.0229	2.0800	0.0380 **
党员	-0.1284	0.0444	-2.8900	0.0040 ***
家庭特征				
家庭人数	-0.1551	0.0078	-19.9000	0.0000 ***
老家地理位置	-0.1309	0.0093	-14.1400	0.0000 ***
孩子数量	-0.0171	0.0117	-1.4600	0.1450
打工地区（对照组：西部）				
中部	0.1230	0.0189	6.4900	0.0000 ***
东部	0.6235	0.0171	36.3900	0.0000 ***
东北	0.4749	0.0334	14.2100	0.0000 ***
常数项	0.5211	0.0429	12.1500	0.0000 ***
3—社会就业平台				
个人特征				
性别	0.3406	0.0175	19.4900	0.0000 ***
年龄	-0.0095	0.0013	-7.5000	0.0000 ***
受教育水平（对照组：小学及以下）				
初中	0.1718	0.0309	5.5500	0.0000 ***
高中（中专）	0.6824	0.0341	20.0300	0.0000 ***
大专及以上	1.6438	0.0374	44.0000	0.0000 ***
婚姻	-0.2951	0.0277	-10.6500	0.0000 ***
民族	-0.0084	0.0334	-0.2500	0.8020
党员	0.2681	0.0472	5.6800	0.0000 ***

续表

变量	系数	标准差	Z值	P值
家庭特征				
家庭人数	-0.2134	0.0111	-19.1600	0.0000***
老家地理位置	-0.3626	0.0127	-28.5200	0.0000***
孩子数量	-0.1286	0.0179	-7.1900	0.0000***
打工地区（对照组：西部）				
中部	0.3678	0.0289	12.7300	0.0000***
东部	1.3568	0.0247	54.9900	0.0000***
东北	1.2047	0.0474	25.4000	0.0000***
常数项	-0.4723	0.0634	-7.4500	0.0000***

注：**、***分别表示在5%和1%的统计水平上显著。

表6-24　教育（分类变量）对农民工工作搜寻途径影响的MLogit回归结果—模型（3）

变量	系数	标准差	Z值	P值
1—自主就业	对照组			
2—社会关系				
个人特征				
性别	0.2888	0.0129	22.4700	0.0000***
年龄	0.0045	0.0009	4.9700	0.0000***
受教育水平（对照组：小学及以下）				
初中	0.0304	0.0184	1.6500	0.0980*
高中（中专）	-0.0295	0.0223	-1.3200	0.1860
大专及以上	-0.2665	0.0304	-8.7700	0.0000***
婚姻	-0.6024	0.0216	-27.8700	0.0000***
民族	-0.0063	0.0236	-0.2700	0.7910
党员	-0.1384	0.0450	-3.0700	0.0020***
家庭特征				
家庭人数	-0.0719	0.0082	-8.7300	0.0000***
老家地理位置	-0.0802	0.0094	-8.4900	0.0000***
孩子数量	-0.0472	0.0120	-3.9200	0.0000***
流动特征				
累计流动次数	0.1002	0.0066	15.1400	0.0000***
流动范围	0.1281	0.0090	14.2200	0.0000***
累计流动时长	-0.1043	0.0045	-23.3000	0.0000***

续表

变量	系数	标准差	Z值	P值
流动原因	-0.3033	0.0072	-42.2400	0.0000 ***
父母流动经历	-0.0533	0.0056	-9.6100	0.0000 ***
打工地区（对照组：西部）				
中部	0.1507	0.0195	7.7300	0.0000 ***
东部	0.4637	0.0180	25.7200	0.0000 ***
东北	0.3869	0.0339	11.4100	0.0000 ***
常数项	0.8763	0.0523	16.7700	0.0000 ***
3—社会就业平台				
个人特征				
性别	0.1378	0.0180	7.6700	0.0000 ***
年龄	-0.0082	0.0014	-5.9500	0.0000 ***
受教育水平（对照组：小学及以下）				
初中	0.1671	0.0313	5.3500	0.0000 ***
高中（中专）	0.6818	0.0345	19.7500	0.0000 ***
大专及以上	1.6300	0.0381	42.7500	0.0000 ***
婚姻	-0.3546	0.0286	-12.3900	0.0000 ***
民族	-0.0106	0.0341	-0.3100	0.7570
党员	0.2358	0.0484	4.8800	0.0000 ***
家庭特征				
家庭人数	-0.0888	0.0120	-7.4300	0.0000 ***
老家地理位置	-0.3395	0.0136	-25.0500	0.0000 ***
孩子数量	-0.1952	0.0184	-10.6000	0.0000 ***
流动特征				
累计流动次数	0.1084	0.0086	12.5800	0.0000 ***
流动范围	-0.0793	0.0133	-5.9800	0.0000 ***
累计流动时长	-0.0446	0.0066	-6.8100	0.0000 ***
流动原因	-0.5249	0.0125	-41.9200	0.0000 ***
父母流动经历	-0.0323	0.0075	-4.3000	0.0000 ***
打工地区（对照组：西部）				
中部	0.3478	0.0296	11.7400	0.0000 ***
东部	1.2623	0.0275	45.9300	0.0000 ***
东北	1.1832	0.0496	23.8700	0.0000 ***
常数项	0.4773	0.0764	6.2500	0.0000 ***

注：*、*** 分别表示在10%、1%的统计水平上显著。

表 6-25　教育（分类变量）对农民工工作搜寻途径影响的 MLogit 回归结果—模型（4）

变量	系数	标准差	Z 值	P 值
1—自主就业	对照组			
2—社会关系				
个人特征				
性别	0.2951	0.0136	21.7400	0.0000***
年龄	0.0033	0.0010	3.4500	0.0010***
受教育水平（对照组：小学及以下）				
初中	0.0237	0.0196	1.2100	0.2280
高中（中专）	-0.0327	0.0237	-1.3700	0.1690
大专及以上	-0.2045	0.0320	-6.3800	0.0000***
婚姻	-0.5738	0.0230	-24.9500	0.0000***
民族	-0.0360	0.0249	-1.4400	0.1490
党员	-0.1046	0.0473	-2.2100	0.0270**
家庭特征				
家庭人数	-0.0649	0.0087	-7.4300	0.0000***
老家地理位置	-0.0878	0.0129	-6.7900	0.0000***
孩子数量	-0.0605	0.0128	-4.7300	0.0000***
流动特征				
累计流动次数	0.0609	0.0073	8.2800	0.0000***
流动范围	-0.0752	0.0049	-15.4400	0.0000***
累计流动时长	0.0989	0.0095	10.4600	0.0000***
流动原因	-0.2766	0.0074	-37.3000	0.0000***
父母流动经历	-0.0597	0.0059	-10.1000	0.0000***
居留特征				
长期居住打算	0.0524	0.0051	10.2400	0.0000***
户口迁徙	-0.0366	0.0087	-4.2100	0.0000***
本地购买住房	-0.1994	0.0171	-11.6600	0.0000***
打工地区（对照组：西部）				
中部	0.0594	0.0195	3.0400	0.0020***
东部	0.3250	0.0163	19.9300	0.0000***
东北	0.2178	0.0274	7.9500	0.0000***
常数项	0.9117	0.0606	15.0500	0.0000***

续表

变量	系数	标准差	Z 值	P 值
3—社会就业平台				
个人特征				
性别	0.1424	0.0188	7.5700	0.0000***
年龄	-0.0103	0.0015	-7.0300	0.0000***
受教育水平（对照组：小学及以下）				
初中	0.1153	0.0334	3.4600	0.0010***
高中（中专）	0.5974	0.0367	16.2900	0.0000***
大专及以上	1.5038	0.0405	37.1700	0.0000***
婚姻	-0.4088	0.0302	-13.5300	0.0000***
民族	-0.1490	0.0357	-4.1800	0.0000***
党员	0.2448	0.0502	4.8700	0.0000***
家庭特征				
家庭人数	-0.0885	0.0126	-7.0400	0.0000***
老家地理位置	0.0142	0.0163	0.8700	0.3830
孩子数量	-0.2017	0.0194	-10.3800	0.0000***
流动特征				
累计流动次数	0.1078	0.0094	11.5000	0.0000***
流动范围	-0.0488	0.0070	-6.9200	0.0000***
累计流动时长	0.0073	0.0133	0.5400	0.5860
流动原因	-0.5484	0.0130	-42.0400	0.0000***
父母流动经历	-0.0374	0.0079	-4.7300	0.0000***
居留特征				
长期居住打算	-0.0221	0.0074	-3.0000	0.0030***
户口迁徙	-0.0397	0.0119	-3.3300	0.0010***
本地购买住房	0.0395	0.0234	1.6900	0.0920*
打工地区（对照组：西部）				
中部	0.0991	0.0294	3.3800	0.0010***
东部	0.8156	0.0233	34.9900	0.0000***
东北	0.3326	0.0396	8.4000	0.0000***
常数项	0.3659	0.0868	4.2100	0.0000***

注：*、**、***分别表示在10%、5%和1%的统计水平上显著。

第五节 本章小结

第一，随着受教育水平的提升，农民工更倾向于利用社会资本搜寻工作。本章分别考察了教育作为连续变量和分类变量的 OLS、Logit 和 MLogit 模型，对比所有结果可知，虽然利用社会关系是农民工搜寻工作的主要途径，但是随着农民工受教育水平的提高，农民工逐渐认识到互联网、报纸、杂志等社会资本在工作搜寻过程中的重要性，实现利用社会资本搜寻工作，实现就业。这表明随着人力资本的积累，农民工对社会资本的认知和利用程度会逐渐增加，这也有利于农民工在流动过程中更好更快地找寻到合适的工作机会进而实现就业。

第二，高等教育更能促进农民工利用社会资本进行工作搜寻。从数据分析结果来看，整体上受教育水平的提升有助于农民工利用社会资本进行工作搜寻，但是存在明显的分层效应。对于初中学历的农民工，教育资本的积累对他们工作搜寻的方式没有明显的影响，但是大专及以上学历的农民工，教育对他们利用社会资本搜寻工作的影响是很显著的，甚至是起到了决定性作用。这也说明在整体提高农民工受教育水平的时候，更多要关注增加农民工高等教育的人力资本投资，因为高等教育对于农民工的影响尤为显著。

第三，年龄越大的农民工就越倾向依赖社会关系搜寻工作。通过分析结果可以看出，年龄越大的农民工更倾向于通过自己的亲戚朋友来寻找工作，而年轻的农民工更加偏向自主就业。这也是新生代农民工和老一代农民工的一个区别。新生代农民工教育程度普遍提高，而且对其子女教育问题更加重视；此外，新生代农民工的城市融入感更加强烈，他们更加渴望能够在城市定居，而且相对于老一代农民工，他们提高了对工作的要求。随着新生代农民工的不断崛起，他们自主性更高，更多地依靠信息平台和自身力量来寻找更好的工作机会。从另一角度来说年龄的区别也包含了教育人力资本的差别，所以年龄对工作搜寻方式的影响一定程度上包含了教育对其影响。

第四，工作搜寻方式在男性和女性之间存在较大的差别。相对于女性，男性更加依赖于自己的人际关系网来搜寻工作。这可能与男女就业领域的差别有密切的联系，从更深层次来讲，这可能与劳动力市场上的职业隔离相关，由于职业隔离的存在，导致在一些领域存在着严重的"隐形性别歧视"。传统的男性农民工更多是在建筑业及其相关领域工作，再加上中国农民工中特有的"包工头"，都说明男性农民工就业都是同村或者亲戚朋友一块儿在某一地方就业，具有鲜明的团体特色；而对于女性农民工来说，更多的是在服务行业就业，这种工作可能更多是通过小广告、杂志来搜寻。

第五，累计流动次数和时间对农民工工作搜寻途径存在显著性影响。农民工流动性比较强，工作基本上不固定，由实证结果可知在此过程中流动次数越多，就越有可能依靠自己的朋友来寻找工作。根据工作搜寻理论，频繁流动寻找工作的成本是很高的，但是农民工如果依赖自己的亲戚朋友等人际关系来搜寻工作，这就在很大程度上降低了搜寻成本，在就业过程中流动的次数可能就越多。但是值得关注的是，累计流动时间越长,农民工会逐渐摆脱依靠人际关系就业的方式,这可能是农民工在某一区域流动的时间越长,对该区域更加熟悉,融入感逐渐增强,所以更有能力利用社会资源和就业平台公布的信息来寻找工作,实现自主就业。

第六,不同打工区域的农民工工作搜寻方式存在明显差别。相对于西部地区,在东部地区和东北地区的农民工更多依赖自己的社会关系网络来搜寻工作,这在一定程度上与各地域的行业分布有密切的联系。在我国的东部地区,尤其是东北地区,工业较为发达,而工业的发展更多是依赖于我国低技能劳动力。而农民工由于自身人力资本存量不足,大多是在建筑行业和低技能要求的工业领域就业,因此在东北地区存在较多低技能劳动力。此外,在建筑业发达的东北地区,更多的是承包式的团体就业,这些承包团体大部分是由具有亲戚朋友关系的农民工组成。而在我国的西部地区,区域发展更多是依赖第一产业和高科技产业,再加上西部地区特殊的环境,农民工很少往西部地区流动,到西部就业的农民工更多的是通过中介介绍过去的。

第七章

教育对农民工社会保障的影响研究

第一节 引 言

改革开放以来,我国农村劳动力不断向非农部门转移,农民工开始出现在各行各业中。尽管农民工为城市经济发展做出了巨大贡献,但由于城乡户籍制度的差别,农民工无法享受与城市居民相同的社会保障。提升农民工的社会保障覆盖率,对农民工工作发展尤为重要(石智雷等,2014;Talleraas et al., 2019;Barrett et al., 2008)。教育水平是影响农民工社会保障覆盖率的重要因素,高教育水平的农民工能为企业带来利润,企业为留住农民工会选择加强农民工社会保障覆盖(秦立建等,2015;陈静等,2018;张永丽等,2018)。因此,研究如何提高农民工社会保障覆盖率,解决农民工的城市融入问题,尤为重要。本章主要研究的是受教育程度的提高,是否会提高农民工社会保障的覆盖率。

国外学者对农民工的社会保障研究已较为成熟。贾尔斯等(Giles et al., 2010)和黑格尔等(Geuger et al., 2018)对墨西哥的社会保障制度进行研究后表明,该国社会保障制度的私有化改革对老年妇女的福利具有负面影响。吉尔马(Guillemard, 2010)、勒克斯顿(Luxton, 2018)和博雷拉(Borella, 2019)通过分析养老金在家庭成员之间的分配是否存在性别差异,发现妇女领取的养老金对家庭内部女孩的个人特征如身高、体重具有显著影响,但对男孩的影响不大。而男性领取养老金后的分配却没有相似的影响,说明有效的公共转移支付计划与领取人的性别高度相关。戴森豪斯等(Diesenhaus et al., 2016)和米塔格等(Mittag et al., 2018)比较分析了荷兰、芬兰和德国劳动者在工作能力下降的情况下的社会保障,发现工作年龄残疾是欧洲各国决策者面临的主要挑战,这既与职业再融入有关,也与因工作能力丧失而获得的社会福利有关。阿凯等(Akay et al., 2012)、拉斐尔等(Raphael et al., 2019)和吴(Wu, 2018)认为我国农民工之间的社会保障覆盖率也存在较大差异,本地区的农民工社会保障参与情况较好于外地农民工。

国内研究主要集中在社会保障的影响因素方面。王延中(2016)和白维军(2018)研究了二元体制下的农民工社会保障问题,认为当前农民工社会保障存在工伤保险严重缺失、医疗保险参保率低以及失业保险参保率低等问题。孙浩等（2018）、钱泽森等（2018）和李东平等（2018）研究了影响农民工社会保障的因素，通过计量分析发现影响农民工各项社会保障获得的主要因素为农民工所处企业的企业性质，同时农民工的教育水平也对农民工社会保障获得产生显著影响。秦立建等（2015）、温兴祥等（2017）和仲翔宇等（2018）研究了教育、企业所有制对社会保障的影响，研究发现教育水平越高，农民工的社会保障获取率越高。郭菲等（2013）、李亚青等（2012）和陈乙西等（2018）研究了农民工新政下的流动人口社会保险，研究表明经过十多年新政策的执行，农民工的社会保障覆盖率仍低于城市职工的社会保障覆盖率，这与农民工的就业状况、企业性质等有关。

已有的研究多数是对部分地区农民工社会保障的研究，缺少从总体视角研究农民工的社会保障问题，其研究结论和政策建议不具有普遍的全国适用性。多数文献研究的主要是教育对个别社会保障项目的影响，将农民工社会保障项目都作为研究变量的文献较少，无法整体表现农民工社会保障参与状况。教育对农民工社会保障存在重要的影响，较高的受教育程度意味着农民工有较高的人力资本存量，更容易学习和提高生产率，给企业带来利润。企业为留住生产率高的工人，会提供他们更好的福利待遇，提供更好的社会保障水平。本章从总体视角出发，研究教育对我国农民工社会保障的影响。并拟检验以下两个假设：

假设1：农民工受教育水平越高，则其获得各类社会保障项目的概率越高。

假设2：农民工受教育水平越高，则其获得社会保障数量越多。

第二节 数据来源及描述性统计

本章数据来源2016年全国大规模流动人口卫生计生动态监测调查。本章较为关注的变量涉及到农民工的教育、社会保障以及社会保障的参与数量，在筛选非农民工以及年龄在15岁以下的问卷后得到其中的115 910份问卷。表7-1给出了变量的划分。本章的因变量主要为是否参加医疗保险、是否参加工伤保险、是否参加失业保险、是否参加生育保险、是否参加住房公积金、是否参加医疗保险、参加五险的数量以及参加五险一金的数量。本章所关注的自变量主要分为四类：个人特征、家庭特征、工作特征以及流动特征。个人特征主要包括农民工的性别、年龄、婚姻状况、教育、上个月纯收入以及户籍来源区域。其中，农民工的受教育程度是研究的关键自变量，主要分为小学及以下、初中、高中（中专）以及大专及以上，分别用1表示小学及以下、2表示初中、3表示高中（中专）、4表示大专及以上，教育的二分变量则是用虚拟变量对受教育水平的各个阶段赋值。教育连续变量是农民工受教育年限连续变量户籍的来源地主要分为四类：西部、中部、东部和东北。

表 7-1　教育对农民工社会保障影响因素的描述性统计

变量	定义	均值	标准差	最小值	最大值
因变量					
是否参加养老保险	是为1，否为0	0.1888	0.4983	0	1
是否参加工伤保险	是为1，否为0	0.2003	0.3941	0	1
是否参加失业保险	是为1，否为0	0.1657	0.4131	0	1
是否参加生育保险	是为1，否为0	0.1435	0.3760	0	1
是否参加住房公积金	是为1，否为0	0.0717	0.3020	0	1
是否参加医疗保险	是为1，否为0	0.1838	0.3232	0	1
参加五险的数量	参加1个为1；参加2个为2；参加3个为3；参加4个为4；参加5个为5	3.3711	1.7589	1	5
参加五险一金的数量	参加1个为1；参加2个为2；参加3个为3；参加4个为4；参加5个为5；参加6个为6	3.7000	2.0488	1	6
自变量					
个人特征					
性别	男为1；女为0	0.5212	0.4996	0	1
年龄	小于20岁为1；20~30岁为2；30~40岁为3；40~50岁为5；大于50岁为6	3.0864	1.0323	1	5
年龄的平方	受访者年龄的平方	1436.107	891.3352	245.44	9900.25
婚姻状况	已婚为1；否为0	0.8111	0.3915	0	1
受教育年限	受教育年限（年）	9.7188	2.8140	0	18
受教育水平					
小学及以下	是为1，否为0	0.1470	0.3541	0	1
初中	是为1，否为0	0.4701	0.4991	0	1
高中（中专）	是为1，否为0	0.2230	0.4162	0	1
大专及以上	是为1，否为0	0.1599	0.3665	0	1
上个月收入	受访者上个月收入（单位为千）	3.3458	3.5436	0	99.9
上个月纯收入	受访者上个月收入对数	6.6875	3.1322	0	11.51
所居城市级别	省会及计划单列市为1；地级市为2；县级市为3	2.8451	0.5186	1	3
户籍来源区域	西部为1；中部为2；东部为3；东北为4	2.0326	0.9594	1	4

续表

变量	定义	均值	标准差	最小值	最大值
户籍来源区域					
西部	是为1，否为0	0.3591	0.4797	0	1
中部	是为1，否为0	0.3346	0.4719	0	1
东部	是为1，否为0	0.221	0.4149	0	1
东北	是为1，否为0	0.0854	0.2794	0	1
家庭特征					
孩子数目	受访者孩子的数目	1.3942	0.7666	0	5
家庭人数	受访者家庭人数	3.0917	1.1468	1	10
家庭每月总支出	受访者家庭平均每月总支出	3425.634	2731.458	30	110000
家庭每月总支出对数	受访者家庭平均每月总支出对数	7.9458	0.6124	3	11.61
是否已购住房	是为1，否为0	0.2619	0.4397	0	1
工作特征					
找工作方式	自主就业为1；亲戚朋友介绍为2；社会网络了解为3	1.7048	0.7471	1	3
找工作方式					
自主就业	是为1，否为0	0.4702	0.4991	0	1
亲戚朋友介绍	是为1，否为0	0.3547	0.4784	0	1
社会网络了解	是为1，否为0	0.175	0.38	0	1
职业类型	国家机关、党群组织、企业单位负责人为1；公务员、经商人员为2；商业服务人员为3；生产人员为4；无固定职业为5	3.4969	1.2047	1	5
职业类型					
国家机关、党群组织、企业单位负责人	是为1，否为0	0.0707	0.2564	0	1
公务员、经商人员	是为1，否为0	0.1771	0.3817	0	1
商业服务人员	是为1，否为0	0.1483	0.3554	0	1
生产人员	是为1，否为0	0.3925	0.4883	0	1
无固定职业	是为1，否为0	0.2115	0.4084	0	1
就业单位性质	个体户为1；机关事业单位、国企为2；私营企业为3；外资企业为4，社团民办组织、无单位、其他为5	2.8669	1.6242	1	5

续表

变量	定义	均值	标准差	最小值	最大值
就业单位性质					
个体户	是为1，否为0	0.3437	0.4749	0	1
机关事业单位、国企	是为1，否为0	0.0675	0.2509	0	1
私营企业	是为1，否为0	0.2629	0.4402	0	1
外资企业	是为1，否为0	0.03	0.1706	0	1
社团民办组织、无单位其他	是为1，否为0	0.2959	0.4564	0	1
就业行业	制造业、采掘和电煤水生产供应为1；建筑、交通为2；批发零售为3；住宿餐饮为4；农林牧业、社会服务为5；金融、卫生、教育、科研、信息软件为6	4.0027	2.0357	1	7
就业行业					
制造业、采掘等	是为1，否为0	0.1507	0.3577	0	1
建筑、交通等	是为1，否为0	0.1124	0.3158	0	1
批发零售	是为1，否为0	0.195	0.3962	0	1
住宿餐饮	是为1，否为0	0.1196	0.3245	0	1
农林牧业、社会服务	是为1，否为0	0.1528	0.3598	0	1
金融、卫生等	是为1，否为0	0.2696	0.4437	0	1
是否签订合同	是为1，否为0	0.3006	0.4585	0	1
工作经验	受访者的工作经验	20.1757	12.2884	-4.17	85
工作经验的平方	受访者工作经验的平方	558.0642	640.021	0	7225
是否有五险	是为1，否为0	0.9156	0.278	0	1
是否有五险一金	是为1，否为0	0.9156	0.2779	0	1
流动特征					
流动范围	跨省为1；省内跨市为2；市内跨县为3	2.3173	0.7506	1	3
本地居留时间	受访者在本地居留时间	6.1908	5.5095	0.75	81.92
本地居留时间重新划分	小于2年为1；2~5年为2；5~10年为3；大于10年为4	2.3958	1.053	1	4
打工所在区域					
打工所在区域	西部为1；中部为2；东部为3；东北为4	2.219	1.0056	1	4

续表

变量	定义	均值	标准差	最小值	最大值
西部	西部包括：内蒙古、广西、重庆、四川、贵州、云南、西藏、陕西、甘肃、青海、宁夏、新疆。是为1，否为0	0.3432	0.4748	0	1
中部	中部包括：山西、安徽、江西、河南、湖北、湖南。是为1，否为0	0.1716	0.377	0	1
东部	东部包括：北京、天津、河北、上海、江苏、浙江、福建、山东、广东、海南，不含港澳台。是为1，否为0	0.4083	0.4915	0	1
东北	东北包括：辽宁、吉林、黑龙江。是为1，否为0	0.0769	0.2665	0	1
流动次数	受访者流动次数	1.3398	1.0302	1	40
本次流动年限	本次已经流动了多少年	6.6424	5.5221	1	82
累计流动时间	受访者以及流动了多长时间	3.6127	1.5664	1	8
工作时长	受访者一周工作时长	54.5721	17.0317	1	99

家庭特征主要包括孩子数目、家庭人数、家庭每月总收入、家庭每月总支出以及是否已购住房。其中孩子数目最小值为0，最大值为5；家庭人数最小值为1，最大值为10。工作特征主要分为找工作方式、职业类型、就业单位性质、就业行业以及工作经验。找工作方式分为自主就业、亲戚朋友介绍以及社会网络了解，并用虚拟变量依此进行赋值。职业类型被划分为五大类：国家机关、经商、其他商业服务人员、生产人员以及无固定，并用虚拟变量依此进行赋值。流动特征主要包括本地居留时间、打工所在区域、流动次数、本次流动年限、累计流动时间以及工作时长等。其中，打工所在区域划分为四类：西部、中部、东部和东北，并用虚拟变量依此进行赋值。其他具体变量定义见表7-1。

根据表7-1可知，参加工伤保险的农民工最多，其次是参加医疗保险和养老保险的农民工占比较高，占比最少的是参加住房公积金的农民工，主要是因为住房公积金主要存在于较少企业中。农民工参加五险的数量普遍在3个左右，相对于部分企业职工的五险全部参加，农民工存在较为严重的社会保障问题。在教育水平方面，农民工受教育水平在初中的占比最高，达到47.01%，高中/中专占比为22.30%，小学及以下占比为14.70%，大专及以上占比相对较低，只有15.99%。可见，农民工的受教育水平相对较低，其较低的受教育水平是否会对农民工参加社会保障带来一定的影响？本章主要探讨解决的就是这一问题。

第三节 理论基础与计量方法

一、理论基础

农民工社会保障参与率是评价农民工福利的基本形式，拥有与城市市民一样的社会保障福利，是农民工追求自身效用最大化的理性决策。随机效用模型由法登（McFadden）创立，随后得到广泛应用（Weiler et al.，2011；Bilecen et al.，2015；Delavande et al.，2017；Kuhn et al.，2018）。随机效用理论主要将效用分解为两部分：一部分是选项本身以及消费者的特征，即固定成分（deterministic component of utility）；第二部分是描述其他无法观察到的影响的随机变量，即随机成分（random component of utility）（Oyelere et al.，2011；Anand et al.，2018）。这个随机变数导致每一个选项的效用本身都是随机的，进而导致某一因素影响各个选项的效用的大小也是随机变化的（秦立建等，2014；Stephen et al.，2010；MacEachen et al.，2019）。基于此，应当采用随机效用理论来分析这种理性决策。标准的随机效用模型如下所示：

$$U^{Z值} = \beta_{Z值}X + \varepsilon_{Z值} \text{ 或 } U^s = \beta_s X + \varepsilon_s \tag{7.1}$$

其中，U 代表农民工的选择效用。X 是可能影响农民工各项社会保障覆盖率的变量，包括个体特征、家庭特征、工作特征和流动特征变量。β 是各影响因素的待估参数。ε 是随机误差项。Z 值代表农民工参与该项社会保障项目，S 值代表农民工未参加该项社会保障项目。

二、计量方法

在研究教育对农民工社会保障的影响方面，主要有两种研究取向。一是将农民工社会保障参与数量视为连续变量，进而采用 OLS 估计方法分析教育对农民工社会保障参与数量的影响。二是将农民工各类社会保障作为二分变量，进而采用 Probit 模型，分析教育对农民工各类社会保障的影响。为准确验证教育对农民工社会保障的影响，本章即采用连续变量，也采用分类变量。由于变量中存在内生性的问题，本章将采用 IVProbit 模型和 IVOLS 模型验证假设。自变量教育先采用分类变量进行初步回归分析，再采用教育连续变量进行验证，得出的结论更加精确、合理。

（一）IVProbit 和 Probit 回归分析

IVProbit 和 Probit 模型的基本思路是将因变量农民工各类社会保障项目设定为 Y_i，并且分别赋值为 0、1。其中农民工参加养老保险赋值为 1，未参加养老保险赋值为 0；农民工参加医疗保险赋值为 1，未参加赋值为 0；农民工参加工伤保险设为 1，未参加设为 0；农民工参加失业保险设为 1，未参加设为 0；农民工参加生育保险设为 1，未参加设为 0；农民工参加住房公积金设为 1，未参加设为 0。自变量设为连续变量或分类变量，主要分为个人特征、家庭特征、工作特征以及流动特征四类，分别定义为 X_1、X_2、X_3……。公式主要为：

$$Y_i^* = \alpha + \beta m_i + \sum \gamma_i x_i + u_i \qquad (7.2)$$

$$m_i = \alpha + \delta Z_i + \sum \varphi_i x_i + v_i \qquad (7.3)$$

其中 Y_i 为本章的自变量。Z_i 值为本章所采用的工具变量。m_i 为内生变量。

（二）IVOLS 回归分析

在实证分析的经验中，通常采用的是对数线性回归模型，由于存在内生性，故而采用 IVOLS 模型，其一般形式为：

$$Y_1 = \alpha + \beta Y_0 + \gamma X_i + \varepsilon (LnA = LnB) \qquad (7.4)$$

其中，Y_1 为农民工五险一金的参与数量。Y_0 为农民工的教育水平。参数 β 表示教育水平变动 1%，农民工社会保障数量增加的百分比。X_i 为控制变量（包括农民工的个人特征、家庭特征、工作特征以及流动特征等）。LnA 表示的是农民工收入的对数，LnB 表示的是农民工家庭支出对数，LnB 是 LnA 的工具变量。

第四节 实证结果

根据内生性检验（wald test）可知，农民工部分社会保险项目和社会保险数量存在内生性问题。本章采用 IVProbit 模型研究存在内生性问题的社会保险项目，采用 IVOLS 模型研究社会保障参与数量。因此，在计量回归中，因变量为养老保险、医疗保险、工伤保险和住房公积金，则使用工具变量的 IVProbit 模型。因变量为失业保险和生育保险的方程，使用一般的 Probit 模型。因变量为参与五险的数量和参与五险一金的数量，则采用 IVOLS 模型。本章首先研究教育对农民工各类社会保障项目的影响，然后研究教育对农民工社会保障参与数量的影响，下文将具体研究各个因变量的实证回归结果。

一、教育对农民工各类社会保障项目的影响

（一）教育影响农民工养老保险获取能力回归结果

首先研究的是教育对农民工养老保险的影响。因养老保险存在内生性问题，采用 IVProbit 回归。表 7-2 是教育影响农民工养老保险获取能力的模型（1），主要探讨的是个人特征对养老保险参与的影响。由表 7-2 可知，农民工的年龄、年龄的平方以及婚姻状况、所居城市级别对养老保险的参与存在显著影响，并且变量在 1% 的统计水平上显著。主要研究自变量教育对养老保险的参与也存在显著影响，变量在 1% 的统计水平上显著。并且相对于小学及以下的学历，农民工越高的受教育水平，有效提高了农民

工的养老保险获取能力。相对于小学及以下学历的农民工，学历为初中、高中（中专）、大专及以上的系数值分别为 0.1063、0.2575、0.6230，农民工学历越高，影响越显著。相对于户籍来源在西部的地区，户籍来源在东部或东北地区的农民工有养老保险的可能性更高。

表 7-2 教育（分类变量）对农民工养老保险获取能力影响的 IVProbit 回归结果—模型（1）

变量	系数值	标准差	Z 值	P 值
个人特征				
上个月纯收入	0.0393	0.0170	2.31	0.021**
性别	-0.0112	0.0280	-0.40	0.690
年龄	0.0534	0.0138	3.86	0.000***
年龄的平方	0.0001	0.0000	7.79	0.000***
婚姻状况	0.1210	0.0105	11.48	0.000***
受教育水平				
（对照组：小学及以下）				
初中	0.1063	0.0123	8.61	0.000***
高中（中专）	0.2575	0.0150	17.21	0.000***
大专及以上	0.6230	0.0201	30.94	0.000***
所居城市级别	0.1877	0.0082	-22.90	0.000***
户籍来源区域				
（对照组：西部）				
中部	0.0005	0.0127	0.04	0.967
东部	0.1352	0.0149	9.07	0.000***
东北	-0.4911	0.0151	-32.45	0.000***
常数项	-0.3023	0.0943	-3.21	0.001
Wald chi2（12）	5867.56			
Prob > F	0.0000			

注：**、*** 分别表示在 5% 和 1% 的水平下显著。

表 7-3 描述的是教育影响农民工养老保险获取能力的 IVProbit 模型（2），在表 7-2 的基础上增添了农民工的家庭特征。在增添了家庭特征后，部分显著变量不再显著，比如性别、年龄等。但研究的主要自变量教育仍存在显著影响，均在 1% 的水平下显著。家庭特征中的孩子数目以及是否已购住房变量对养老保险存在显著影响。表 7-4 在表 7-3 的基础上增添了工作特征。在增添其他变量之后，教育对养老保险仍存在显著影响。工作特征中大部分变量都表现出较强的显著性，并且绝大部分变量在 1% 的统计水平上显著。比如就业单位性质，相对于个体户的农民工而言，在机关事业单位、

国企、私企、外企工作的农民工有养老保险的可能性越大。

表 7-3　教育（分类变量）对农民工养老保险获取能力影响的 IVProbit 回归结果—模型（2）

变量	系数值	标准差	Z 值	P 值
个人特征				
上个月纯收入	0.0574	0.0116	4.96	0.000 ***
性别	-0.0427	0.0228	-1.87	0.061 *
年龄	0.0203	0.0132	1.53	0.125
年龄的平方	0.0002	0.0000	9.44	0.000 ***
婚姻状况	0.0637	0.0260	2.45	0.014 **
受教育水平				
（对照组：小学及以下）				
初中	0.0979	0.0115	8.50	0.000 ***
高中（中专）	0.2464	0.0146	16.89	0.000 ***
大专及以上	0.6109	0.0207	29.50	0.000 ***
所居城市级别	-0.1504	0.0087	-17.33	0.000 ***
户籍来源区域				
（对照组：西部）				
中部	0.0226	0.0110	2.06	0.040 **
东部	0.1283	0.0129	9.92	0.000 ***
东北	-0.5331	0.0169	-31.50	0.000 ***
家庭特征				
孩子数目	-0.0219	0.0077	-2.85	0.004 ***
家庭人数	-0.0060	0.0060	-1.00	0.319
是否已购住房	0.0581	0.0106	5.50	0.000 ***
常数项	-0.3572	0.0763	-4.68	0.000
Wald chi2（12）		4460.07		
Prob > F		0.0000		

注：*、**、*** 分别表示在 10%、5% 和 1% 的水平下显著。

表 7-4　教育（分类变量）对农民工养老保险获取能力影响的 IVProbit 回归结果—模型（3）

变量	系数值	标准差	Z 值	P 值
个人特征				
上个月纯收入	0.1079	0.0219	4.93	0.000 ***
性别	-0.0370	0.0145	-2.56	0.011 **

续表

变量	系数值	标准差	Z 值	P 值
年龄	−0.0355	0.0134	−2.66	0.008 ***
年龄的平方	0.0001	0.0000	1.03	0.303
婚姻状况	0.0819	0.0262	3.13	0.002 ***
受教育水平				
（对照组：小学及以下）				
初中	0.1244	0.0184	6.77	0.000 ***
高中（中专）	0.2765	0.0288	9.60	0.000 ***
大专及以上	0.5328	0.0431	12.36	0.000 ***
所居城市级别	−0.0456	0.0086	−5.28	0.000 ***
户籍来源区域				
（对照组：西部）				
中部	0.0387	0.0094	4.12	0.000 ***
东部	0.1192	0.0111	10.72	0.000 ***
东北	−0.5302	0.0173	−30.73	0.000 ***
家庭特征				
孩子数目	−0.0034	0.0078	−0.43	0.668
家庭人数	−0.0104	0.0061	−1.72	0.086 *
是否已购住房	0.0379	0.0094	4.05	0.000 ***
工作特征				
找工作方式				
（对照组：自主就业）				
亲戚朋友介绍	−0.0474	0.0120	−3.97	0.000 ***
社会网络了解	−0.0004	0.0174	−0.02	0.981
职业类型				
（对照组：国家机关、党群组织、企业单位负责人）				
公务员、经商人员	−0.0735	0.0252	−2.92	0.003 ***
商业服务人员	−0.1565	0.0265	−5.90	0.000 ***
生产人员	−0.2178	0.0256	−8.52	0.000 ***
无固定职业	0.1197	0.0981	1.22	0.222
就业单位性质				
（对照组：个体户）				
机关事业单位、国企	0.4571	0.0236	19.40	0.000 ***
私营企业	0.0794	0.0140	5.66	0.000 ***

续表

变量	系数值	标准差	Z值	P值
外资企业	0.8212	0.0359	22.84	0.000 ***
社团民办组织、无单位、其他	0.0719	0.0192	3.74	0.000 ***
就业行业				
（对照组：制造业、采掘等）				
建筑、交通等	-0.1103	0.0180	-6.12	0.000 ***
批发零售	0.0071	0.0182	0.39	0.697
住宿餐饮	0.0315	0.0184	1.71	0.003 ***
农林牧业、社会服务	-0.0553	0.0189	-2.92	0.000 ***
金融、卫生等	0.3177	0.0474	6.70	0.000 ***
是否签订合同	0.4664	0.0139	33.59	0.000 ***
工作经验	0.0372	0.0034	10.85	0.000 ***
工作经验的平方	-0.0004	0.0001	-8.32	0.000 ***
常数项	-1.3795	0.1676	-8.23	0.000
Wald chi2（12）	9 880.23			
Prob > F	0.0000			

注：*、**、*** 分别表示在10%、5%和1%的水平下显著。

表7-5　教育（分类变量）对农民工养老保险获取能力影响的IVProbit回归结果—模型（4）

变量	系数值	标准差	Z值	P值
个人特征				
上个月纯收入	0.1639	0.0227	7.22	0.000 ***
性别	-0.0304	0.0108	-2.82	0.005 ***
年龄	-0.0312	0.0148	-2.11	0.035 **
年龄的平方	0.0001	0.0001	2.23	0.026 **
婚姻状况	0.1011	0.0289	3.50	0.000 ***
受教育水平				
（对照：小学及以下）				
初中	0.0858	0.0213	4.03	0.000 ***
高中（中专）	0.2048	0.0334	6.13	0.000 ***
大专及以上	0.4689	0.0472	9.93	0.000 ***
所居城市级别	-0.0250	0.0092	-2.71	0.000 ***

续表

变量	系数值	标准差	Z值	P值
户籍来源区域				
（对照组：西部）				
中部	0.1143	0.0131	8.70	0.000***
东部	0.1994	0.0145	13.72	0.000***
东北	-0.0653	0.0288	-2.27	0.023**
家庭特征				
孩子数目	-0.0072	0.0088	-0.81	0.416
家庭人数	-0.0061	0.0069	-0.89	0.375
是否已购住房	0.0006	0.0111	0.05	0.959
流动特征				
找工作方式				
（对照组：自主就业）				
亲戚朋友介绍	0.0034	0.0103	0.33	0.739
社会网络了解	0.0499	0.0157	3.19	0.001***
职业类型				
（对照组：国家机关、党群组织、企业单位负责人）				
公务员、经商人员	-0.0887	0.0245	-3.62	0.003***
商业服务人员	-0.1901	0.0242	-7.85	0.000***
生产人员	-0.2266	0.0226	-10.02	0.000***
无固定职业	-0.2972	0.0323	-9.21	0.222
就业单位性质				
（对照组：个体户）				
机关事业单位、国企	0.4790	0.0236	20.28	0.000***
私营企业	0.0861	0.0142	6.08	0.000***
外资企业	0.8466	0.0359	23.58	0.000***
社团民办组织、无单位、其他	0.0234	0.0142	1.65	0.099*
就业行业				
（对照组：制造业、采掘等）				
建筑、交通等	-0.1391	0.0172	-8.11	0.000***
批发零售	0.0055	0.0180	0.30	0.761
住宿餐饮	0.0174	0.0178	0.97	0.330
农林牧业、社会服务	-0.0411	0.0178	-2.31	0.021**
金融、卫生等	0.0450	0.0232	1.94	0.053*

续表

变量	系数值	标准差	Z值	P值
是否签订合同	0.4773	0.0126	37.95	0.000***
工作经验	0.0298	0.0038	7.86	0.000***
工作经验的平方	-0.0004	0.0001	-6.97	0.000***
流动特征				
流动范围	-0.1350	0.0067	-20.22	0.000***
本地居留时间	-0.0384	0.0161	-2.38	0.017**
本地居留时间重新划分	0.0417	0.0087	4.78	0.000***
打工所在区域				
（对照组：西部）				
中部	-0.0811	0.0159	-5.12	0.000***
东部	-0.0795	0.0139	-5.70	0.000***
东北	-0.6315	0.0292	-21.62	0.000***
流动次数	0.0001	0.0046	0.03	0.978
本次流动年限	0.0384	0.0162	2.37	0.018**
累计流动时间	-0.0123	0.0051	-2.41	0.016**
工作时长	-0.0025	0.0003	-9.73	0.000***
常数项	-1.4469	0.1848	-7.83	0.000
Wald chi2（12）	9 170.53			
Prob > F	0.0000			

注：*、**、*** 表示在10%、5%和1%的水平下显著。

表7-5在表7-4的基础上，增加了农民工的流动特征。流动特征中，农民工的流动范围、本地居留时间、工作时长表现出较强的统计显著性，在1%的水平下显著。这表明农民工在本地居留时间越长，越能有效提高其养老保险的获取能力；流动范围越大或工作时间越长，降低了农民工养老保险的获取能力。相对于打工所在区域为西部的农民工，打工所在区域在中部、东部、东北的农民工的养老保险获取能力更高，也间接表明了我国地区之间的发展不平衡。在逐步增添了家庭特征、工作特征和流动特征后，教育虚拟变量仍表现出较强的统计显著性，并且这种显著性水平也没有随着加入更多的变量而发生变化，说明教育对养老保险存在稳健的影响。

为进一步探究教育存量是否能提高农民工的养老保险获取能力，下文将研究教育连续变量对养老保险的影响。表7-6是模型（1），主要探讨农民工的个人特征。此时，教育存在较强的显著性水平，表明受教育年限每提高一年，农民工养老保险的获取能力提高19.28%。表7-7在表7-6的基础上增加了家庭特征，受教育年限变量影响仍显著，但影响系数降低了0.0131。表7-8在表7-7的基础上增加了工作特征，受教育年限影响系数为 17.63%。表 7-9 在表 7-8 的基础上增加了流动特征，受教育年限影响系数为 15.53%。由上可知，受教育年限的提高，显著提高了农民工的养老保险获取能力。

表 7-6　教育（连续变量）对农民工养老保险获取能力影响的 IVProbit 回归结果—模型（1）

变量	系数值	标准差	Z 值	P 值
个人特征				
上个月纯收入	0.0458	0.0170	2.69	0.007***
性别	-0.0303	0.0282	-1.08	0.282
年龄	0.0493	0.0139	3.55	0.000***
年龄的平方	0.0001	0.0000	8.64	0.000***
婚姻状况	0.1149	0.0104	11.05	0.000***
受教育年限	0.1928	0.0060	31.93	0.000***
所居城市级别	-0.1858	0.0083	-22.38	0.000***
籍来源区域				
（对照组：西部）				
中部	-0.0113	0.0128	-0.89	0.376
东部	0.1248	0.0151	8.26	0.000***
东北	-0.4981	0.0151	-33.03	0.000***
常数项	-0.5998	0.0921	-6.51	0.000
Wald chi2（12）	5 686.30			
Prob > F	0.0000			

注：*** 表示在 1% 的水平下显著。

表 7-7　教育（连续变量）对农民工养老保险获取能力影响的 IVProbit 回归结果—模型（2）

变量	系数值	标准差	Z 值	P 值
个人特征				
上个月纯收入	0.0618	0.0115	5.37	0.000***
性别	-0.0582	0.0227	-2.56	0.010**
年龄	0.0144	0.0132	1.09	0.277
年龄的平方	0.0002	0.0000	10.27	0.000***
婚姻状况	0.0632	0.0260	2.43	0.015**
受教育年限	0.1797	0.0061	29.39	0.000***
所居城市级别	-0.1499	0.0087	-17.24	0.000***

续表

变量	系数值	标准差	Z值	P值
户籍来源区域				
（对照组：西部）				
中部	0.0117	0.0110	1.06	0.287
东部	0.1188	0.0129	9.18	0.000***
东北	-0.5424	0.0169	-32.14	0.000***
家庭特征				
孩子数目	-0.0234	0.0077	-3.05	0.002***
家庭人数	-0.0068	0.0060	-1.14	0.254
是否已购住房	0.0674	0.0105	6.40	0.000***
常数项	-0.6136	0.0744	-8.25	0.000
Wald chi2（12）		4 315.03		
Prob > F		0.0000		

注：**、***分别表示在5%和1%的水平下显著。

表7-8　教育（连续变量）对农民工养老保险获取能力影响的IVProbit回归结果—模型（3）

变量	系数值	标准差	Z值	P值
个人特征				
上个月纯收入	0.1127	0.0214	5.27	0.000***
性别	-0.0407	0.0142	-2.87	0.004***
年龄	-0.0316	0.0133	-2.37	0.018**
年龄的平方	0.0000	0.0000	-0.29	0.772
婚姻状况	0.0818	0.0262	3.12	0.002***
受教育年限	0.1763	0.0138	12.81	0.000***
所居城市级别	-0.0458	0.0086	-5.31	0.000***
户籍来源区域				
（对照组：西部）				
中部	0.0354	0.0093	3.80	0.000***
东部	0.1167	0.0111	10.56	0.000***
东北	-0.5318	0.0173	-30.83	0.000***
家庭特征				
孩子数目	-0.0032	0.0078	-0.41	0.684
家庭人数	-0.0101	0.0061	-1.67	0.095*
是否已购住房	0.0406	0.0093	4.35	0.000***

续表

变量	系数值	标准差	Z值	P值
工作特征				
找工作方式				
（对照组：自主就业）				
亲戚朋友介绍	-0.0495	0.0118	-4.19	0.000 ***
社会网络了解	0.0025	0.0175	0.14	0.886
职业类型				
（对照组：国家机关、党群组织、企业单位负责人）				
公务员、经商人员	-0.0792	0.0253	-3.14	0.002 ***
商业服务人员	-0.1621	0.0267	-6.06	0.000 ***
生产人员	-0.2236	0.0258	-8.66	0.000 ***
无固定职业	0.1289	0.0973	1.33	0.185
就业单位性质				
（对照组：个体户）				
事业单位、国企	0.4605	0.0236	19.51	0.000 ***
私营企业	0.0818	0.0140	5.83	0.000 ***
外资企业	0.8194	0.0359	22.81	0.000 ***
社团民办组织、无单位、其他	0.0758	0.0189	4.00	0.000 ***
就业行业				
（对照组：制造业、采掘等）				
建筑、交通等	-0.1092	0.0181	-6.04	0.000 ***
批发零售	0.0075	0.0182	0.41	0.678
住宿餐饮	0.0319	0.0184	1.73	0.083 *
农林牧业、社会服务	-0.0555	0.0189	-2.93	0.003 ***
金融、卫生等	0.3345	0.0459	7.29	0.000 ***
是否签订合同	0.4664	0.0139	33.52	0.000 ***
工作经验	0.0369	0.0034	10.79	0.000 ***
工作经验的平方	-0.0003	0.0000	-7.20	0.000 ***
常数项	-1.6046	0.1590	-10.09	0.000
Wald chi2（12）	9 874.04			
Prob > F	0.0000			

注：*、**、*** 分别表示在10%、5%和1%的水平下显著。

表7-9 教育（连续变量）对农民工养老保险获取能力影响的IVProbit回归结果—模型（4）

变量	系数值	标准差	Z值	P值
个人特征				
上个月纯收入	0.1704	0.0226	7.54	0.000***
性别	-0.0339	0.0107	-3.16	0.002***
年龄	-0.0255	0.0147	-1.73	0.083*
年龄的平方	0.0000	0.0001	0.63	0.527
婚姻状况	0.0999	0.0289	3.46	0.001***
受教育年限	0.1553	0.0149	10.41	0.000***
所居城市级别	-0.0251	0.0092	-2.72	0.000***
户籍来源区域				
（对照组：西部）				
中部	0.1108	0.0131	8.44	0.000***
东部	0.1971	0.0145	13.57	0.000***
东北	-0.0670	0.0288	-2.33	0.020**
家庭特征				
孩子数目	-0.0071	0.0088	-0.81	0.420
家庭人数	-0.0056	0.0069	-0.80	0.422
是否已购住房	0.0038	0.0111	0.34	0.732
工作特征				
找工作方式				
（对照组：自主就业）				
亲戚朋友介绍	0.0020	0.0103	0.19	0.847
社会网络了解	0.0560	0.0156	3.58	0.001***
职业类型				
（对照组：国家机关、党群组织、企业单位负责人）				
公务员、经商人员	-0.0983	0.0244	-4.03	0.000***
商业服务人员	-0.2000	0.0241	-8.29	0.000***
生产人员	-0.2369	0.0226	-10.50	0.000***
无固定职业	-0.3032	0.0322	-9.41	0.000***
就业单位性质				
（对照组：个体户）				
事业单位、国企	0.4852	0.0236	20.59	0.000***
私营企业	0.0898	0.0141	6.36	0.000***
外资企业	0.8453	0.0359	23.57	0.000***
社团民办组织、无单位、其他	0.0265	0.0142	1.87	0.062*

续表

变量	系数值	标准差	Z 值	P 值
就业行业				
(对照组：制造业、采掘等)				
建筑、交通等	-0.1366	0.0171	-7.96	0.000***
批发零售	0.0075	0.0180	0.42	0.678
住宿餐饮	0.0195	0.0178	1.09	0.274
农林牧业、社会服务	-0.0392	0.0178	-2.20	0.028**
金融、卫生等	0.0603	0.0231	2.61	0.009***
是否签订合同	0.4785	0.0126	38.04	0.000***
工作经验	0.0294	0.0038	7.76	0.000***
工作经验的平方	-0.0003	0.0001	-4.86	0.000***
流动特征				
流动范围	-0.1351	0.0067	-20.25	0.000***
本地居留时间	-0.0400	0.0161	-2.48	0.013**
本地居留时间重新划分	0.0424	0.0087	4.87	0.000***
打工所在区域				
(对照组：西部)				
中部	-0.0816	0.0159	-5.14	0.000***
东部	-0.0805	0.0139	-5.78	0.000***
东北	-0.6332	0.0292	-21.69	0.000***
流动次数	0.0001	0.0046	0.01	0.989
本次流动年限	0.0400	0.0162	2.47	0.014**
累计流动时间	-0.0122	0.0051	-2.39	0.017**
工作时长	-0.0025	0.0003	-9.84	0.000***
常数项	-1.6665	0.1830	-9.10	0.000
Wald chi2 (12)	9163.69			
Prob > F	0.0000			

注：*、**、*** 分别表示在10%、5%和1%的水平下显著。

根据以上分析可知，教育不论为虚拟变量还是连续变量，均能有效地提高农民工养老保险获取能力；随着增加家庭特征、工作特征、流动特征，教育对养老保险都有着显著的正向作用，并且这种显著性水平并没有随着加入更多的变量而发生变化，说明教育的影响是稳健的；随着变量的逐步增加，教育对养老保险的影响系数在逐渐减小，分别为19.28%、17.97%、17.63%、15.53%，但其减少的幅度很低。其他部分变量对养老保险的影响也存在较强的统计显著性，详见表7-6～表7-9。

(二) 教育影响农民工医疗保险获取能力回归结果

本小节研究教育对农民工医疗保险的影响。因医疗保险存在内生性问题，故采用 IVProbit 回归。表 7-10 是教育影响农民工医疗保险获取能力的模型（1），主要研究农民工个人特征对养老保险参与的影响。由表 7-10 可知，农民工的收入、年龄的平方、婚姻状况以及所居城市级别对养老保险的参与存在显著影响，并且部分变量在 1% 的统计水平上显著。而性别对医疗保险不存在显著影响，表明医疗保险的参与不存在性别差异。自变量教育对医疗保险的参与也存在显著影响，变量在 1% 的统计水平上显著。并且相对于小学及以下的学历，农民工的受教育水平越高，有效提高了农民工的养老保险获取能力。相对于小学及以下学历的农民工，学历为初中、高中（中专）、大专及以上的系数值分别为 0.1036、0.0719、0.0055，农民工学历越低，影响越显著，且影响系数在逐渐减少。相对于户籍来源在西部的地区，户籍来源在东部或东北地区的农民工有医疗保险的可能性更高。

表 7-10 教育（分类变量）对农民工医疗保险获取能力影响的 IVProbit 回归结果—模型（1）

变量	系数值	标准差	Z 值	P 值
个人特征				
上个月纯收入	0.0508	0.0223	2.28	0.023**
性别	-0.0394	0.0369	-1.07	0.286
年龄	-0.0025	0.0183	-0.14	0.890
年龄的平方	0.0001	0.0000	2.54	0.011**
婚姻状况	0.2357	0.0128	18.35	0.000***
受教育水平				
（对照组：小学及以下）				
初中	0.1036	0.0169	6.13	0.000***
高中（中专）	0.0719	0.0201	3.57	0.000***
大专及以上	0.0055	0.0260	0.21	0.833
所居城市级别	-0.0285	0.0109	-2.60	0.009***
户籍来源区域				
（对照组：西部）				
中部	-0.0636	0.0168	-3.79	0.000***
东部	-0.1997	0.0187	-10.67	0.000***
东北	-0.4310	0.0175	-24.69	0.000***
常数项	0.7866	0.1297	6.07	0.000
Wald chi2 (12)	1 482.67			
Prob > F	0.0000			

注：**、*** 分别表示在 5% 和 1% 的水平下显著。

表 7-11 描述的是教育影响农民工医疗保险获取能力的 IVProbit 模型（2），在表 7-10 的基础上增加了农民工的家庭特征。在增加了家庭特征后，部分显著变量不再显著，比如收入等。但研究的主要自变量教育仍存在显著影响，并且在 1% 的水平下显著。家庭特征中的孩子数目以及是否已购住房变量对医疗保险存在显著影响。表 7-12 在表 7-11 的基础上增添了工作特征。此时，教育对养老保险的影响不显著，可能是受到其他变量的影响。工作特征中大部分变量都没有表现出较强的显著性，间接表明了我国医疗保险的覆盖率较高，基本与工作情况无关。

表 7-11 教育（分类变量）对农民工医疗保险获取能力影响的 IVProbit 回归结果—模型（2）

变量	系数值	标准差	Z 值	P 值
个人特征				
上个月纯收入	0.0177	0.0160	1.11	0.269
性别	0.0154	0.0314	0.49	0.624
年龄	-0.0012	0.0181	-0.06	0.949
年龄的平方	0.0000	0.0000	1.83	0.068 *
婚姻状况	0.2101	0.0328	6.41	0.000 ***
受教育水平				
（对照组：小学及以下）				
初中	0.1338	0.0157	8.51	0.000 ***
高中（中专）	0.0850	0.0196	4.33	0.000 ***
大专及以上	0.0096	0.0262	0.37	0.000 ***
所居城市级别	-0.0176	0.0118	-1.49	0.000 ***
户籍来源区域				
（对照组：西部）				
中部	-0.0382	0.0155	-2.47	0.014 **
东部	-0.1907	0.0173	-11.02	0.000 ***
东北	-0.3986	0.0203	-19.66	0.000 ***
家庭特征				
孩子数目	0.0448	0.0106	4.23	0.000 ***
家庭人数	-0.0018	0.0082	-0.22	0.829
是否已购住房	-0.0573	0.0144	-3.98	0.000 ***
常数项	0.9250	0.1047	8.84	0.000
Wald chi2（12）	892.57			
Prob > F	0.0000			

注：*、**、*** 分别表示在 10%、5% 和 1% 的水平下显著。

表 7-12 教育（分类变量）对农民工医疗保险获取能力影响的 IVProbit 回归结果—模型（3）

变量	系数值	标准差	Z 值	P 值
个人特征				
上个月纯收入	-0.0229	0.0304	-0.75	0.451
性别	0.0317	0.0198	1.60	0.109
年龄	-0.0081	0.0181	-0.45	0.655
年龄的平方	0.0003	0.0001	3.85	0.000 ***
婚姻状况	0.2109	0.0328	6.42	0.000 ***
受教育水平				
（对照组：小学及以下）				
初中	0.0600	0.0245	2.45	0.014
高中（中专）	-0.0248	0.0378	-0.66	0.511
大专及以上	-0.1056	0.0555	-1.90	0.057
所居城市级别	-0.0391	0.0118	-3.31	0.001
户籍来源区域				
（对照组：西部）				
中部	-0.0458	0.0132	-3.47	0.001 ***
东部	-0.1993	0.0148	-13.49	0.000 ***
东北	-0.4011	0.0204	-19.70	0.000 ***
家庭特征				
孩子数目	0.0431	0.0107	4.03	0.635
家庭人数	-0.0039	0.0082	-0.47	0.000 ***
是否已购住房	-0.0583	0.0124	-4.69	0.000 ***
工作特征				
找工作方式				
（对照组：自主就业）				
亲戚朋友介绍	0.0289	0.0167	1.73	0.083 **
社会网络了解	0.0116	0.0230	0.50	0.615
职业类型				
（对照组：国家机关、党群组织、单位负责人）				
公务员、经商人员	-0.0424	0.0323	-1.31	0.189
商业服务人员	-0.0652	0.0337	-1.94	0.053
生产人员	-0.1135	0.0321	-3.53	0.000 ***
无固定职业	-0.3128	0.1333	-2.35	0.019

续表

变量	系数值	标准差	Z值	P值
就业单位性质				
（对照组：个体户）				
事业单位、国企	-0.0636	0.0293	-2.17	0.000***
私营企业	-0.0894	0.0190	-4.71	0.000***
外资企业	-0.1086	0.0389	-2.79	0.005***
社团民办组织、无单位、其他	-0.0088	0.0269	-0.33	0.742
就业行业				
（对照组：制造业、采掘等）				
建筑、交通等	0.0430	0.0247	1.74	0.081*
批发零售	0.0471	0.0245	1.92	0.054*
住宿餐饮	0.0625	0.0250	2.50	0.012**
农林牧业、社会服务	-0.0174	0.0253	-0.69	0.492
金融、卫生等	-0.0506	0.0651	-0.78	0.437
是否签订合同	0.0220	0.0177	1.24	0.214
工作经验	0.0041	0.0045	-0.92	0.359
工作经验的平方	-0.0002	0.0001	-3.51	0.000***
常数项	1.4190	0.2332	6.08	0.000
Wald chi2 (12)		1 147.89		
Prob > F		0.0000		

注：*、**、***分别表示在10%、5%和1%的水平下显著。

表7-13　教育（分类变量）对农民工医疗保险获取能力影响的IVProbit回归结果—模型（4）

变量	系数值	标准差	Z值	P值
个人特征				
上个月纯收入	0.0608	0.0317	1.92	0.055*
性别	0.0121	0.0149	0.82	0.414
年龄	-0.0083	0.0204	-0.41	0.684
年龄的平方	0.0003	0.0001	3.78	0.000***
婚姻状况	0.2275	0.0368	6.18	0.000***
受教育水平				
（对照组：小学及以下）				
初中	0.0272	0.0288	0.95	0.344
高中（中专）	-0.0850	0.0447	-1.90	0.057*

续表

变量	系数值	标准差	Z值	P值
大专及以上	-0.1768	0.0624	-2.83	0.005***
所居城市级别	-0.0226	0.0126	-1.80	0.073
户籍来源区域				
（对照组：西部）				
中部	0.0298	0.0176	1.69	0.091
东部	-0.0807	0.0191	-4.22	0.000***
东北	-0.1275	0.0336	-3.79	0.000***
家庭特征				
孩子数目	0.0384	0.0123	3.11	0.002***
家庭人数	-0.0022	0.0096	-0.23	0.822
是否已购住房	-0.1166	0.0151	-7.75	0.000***
工作特征				
找工作方式				
（对照组：自主就业）				
亲戚朋友介绍	0.0483	0.0146	3.32	0.001***
社会网络了解	0.0247	0.0207	1.19	0.233
职业类型				
（对照组：国家机关、党群组织、企业单位负责人）				
公务员、经商人员	-0.0230	0.0316	-0.73	0.465
商业服务人员	-0.0422	0.0308	-1.37	0.170
生产人员	-0.0578	0.0286	-2.02	0.043**
无固定职业	-0.2213	0.0406	-5.45	0.000***
就业单位性质				
（对照组：个体户）				
事业单位、国企	-0.0673	0.0299	-2.25	0.025**
私营企业	-0.0639	0.0193	-3.31	0.001***
外资企业	-0.0348	0.0393	-0.89	0.375
社团民办组织、无单位、其他	0.0282	0.0201	1.40	0.161
就业行业				
（对照组：制造业、采掘等）				
建筑、交通等	-0.0491	0.0233	-2.11	0.035*
批发零售	-0.0268	0.0243	-1.10	0.271
住宿餐饮	-0.0458	0.0243	-1.89	0.059*

续表

变量	系数值	标准差	Z值	P值
农林牧业、社会服务	-0.0858	0.0237	-3.62	0.000***
金融、卫生等	-0.0892	0.0291	-3.07	0.002***
是否签订合同	.0307207	0.0171	1.80	0.072*
工作经验	-.0069004	0.0051	-1.35	0.178
工作经验的平方	-0.0002	0.0001	-2.91	0.004***
流动特征				
流动范围	-0.2301	0.0099	-23.21	0.000***
本地居留时间	0.0151	0.0223	0.68	0.498
本地居留时间重新划分	0.0035	0.0119	0.29	0.769
打工所在区域				
（对照组：西部）				
中部	0.0233	0.0232	1.00	0.315
东部	-0.1985	0.0190	-10.46	0.000***
东北	-0.3991	0.0338	-11.82	0.000***
流动次数	0.0128	0.0070	1.83	0.067*
本次流动年限	-0.0212	0.0224	-0.95	0.344
累计流动时间	0.0006	0.0073	0.09	0.930
工作时长	0.0015	0.0004	4.02	0.000***
常数项	1.2771	0.2585	4.94	0.000***
Wald chi2（12）	1 926.92			
Prob > F	0.0000			

注：*、**、*** 分别表示在10%、5%和1%的水平下显著。

表7-13在表7-12的基础上，增加了农民工的流动特征。在流动特征中，农民工的流动范围、流动次数、工作时长表现出较强的统计显著性，部分变量在1%的水平下显著。表明农民工流动次数越多，越能有效提高其医疗保险的获取能力；流动范围越大，越会降低其养老保险的获取能力；工作时长越长，越能提高其医疗保险的获取能力，但影响程度较小。相对于打工所在区域为西部的农民工，打工所在区域在东部、东北的农民工的医疗保险获取能力更高，也间接表明了我国地区之间发展不平衡，东部、东北的医疗保险覆盖率较高。在逐步增加其他变量后，教育虚拟变量对医疗保险的显著性逐渐降低，表明教育不是提高医疗保险获取能力的关键变量。

为进一步研究教育存量是否能有效提高农民工的医疗保险获取能力，下文将研究教育连续变量对医疗保险的影响。表7-14是探讨农民工个人特征影响程度的模型（1）。此时，受教育年限对医疗保险不存在显著影响。表7-15增加了家庭特征，受教育年限变量影响仍不显著。表 7-16 增加了工作特征，受教育年限对医疗保险存在显著影响，影响系数为 -6.54%，表明受教育年限越长，医疗保险的获取能力越低。表 7-17 增加了流动特征，受教育年限变量仍显著，影响系数为 -9.04%。根据以上分析可知，受教育年限不是影响医疗保险获取能力的关键变量；随着变量的逐渐增加，受教育年限对医疗保险的影响受到其他变量的影响变得不再显著。其他变量的影响详见表 7-14 ~ 表 7-17。

表 7-14　教育（连续变量）对农民工医疗保险获取能力影响的 IVProbit 回归结果—模型（1）

变量	系数值	标准差	Z 值	P 值
个人特征				
上个月纯收入	0.0474	0.0224	2.12	0.034 **
性别	-0.0261	0.0373	-0.70	0.484
年龄	0.0009	0.0184	0.05	0.961
年龄的平方	0.0000	0.0000	1.83	0.067 *
婚姻状况	0.2426	0.0128	18.96	0.000 ***
受教育年限	-0.0074	0.0077	-0.96	0.336
所居城市级别	-0.0295	0.0109	-2.70	0.007 ***
户籍来源区域				
（对照组：西部）				
中部	-0.0534	0.0170	-3.13	0.002 ***
东部	-0.1905	0.0190	-10.02	0.000 ***
东北	-0.4207	0.0174	-24.17	0.000 ***
常数项	0.8924	0.1278	6.98	0.00
Wald chi2 (12)	1 387.16			
Prob > F	0.0000			

注：*、**、*** 分别表示在 10%、5% 和 1% 的水平下显著。

表 7-15　教育（连续变量）对农民工医疗保险获取能力影响的 IVProbit 回归结果—模型（2）

变量	系数值	标准差	Z 值	P 值
个人特征				
上个月纯收入	0.0147	0.0160	0.92	0.359
性别	0.0294	0.0314	0.94	0.348
年龄	0.0067	0.0181	0.37	0.712
年龄的平方	0.0000	0.0000	0.98	0.328
婚姻状况	0.2129	0.0328	6.50	0.000 ***

续表

变量	系数值	标准差	Z值	P值
受教育年限	-0.0019	0.0080	-0.24	0.812
所居城市级别	-0.0172	0.0118	-1.45	0.146
户籍来源区域				
（对照组：西部）				
中部	-0.0254	0.0154	-1.64	0.100
东部	-0.1790	0.0173	-10.33	0.000***
东北	-0.3817	0.0202	-18.88	0.000***
家庭特征				
孩子数目	0.0460	0.0106	4.33	0.000***
家庭人数	-0.0009	0.0082	-0.11	0.912
是否已购住房	-0.0658	0.0144	-4.58	0.000***
常数项	1.0216	0.1026	9.96	0.000
Wald chi2（12）	782.04			
Prob > F	0.0000			

注：*** 表示在1%的水平下显著。

表7-16　教育（连续变量）对农民工医疗保险获取能力影响的IVProbit回归结果—模型（3）

变量	系数值	标准差	Z值	P值
个人特征				
上个月纯收入	-0.0287	0.0297	-0.97	0.334
性别	0.0364	0.0194	1.88	0.060**
年龄	-0.0127	0.0181	-0.70	0.482
年龄的平方	0.0004	0.0001	5.90	0.000***
婚姻状况	0.2125	0.0328	6.47	0.000***
受教育年限	-0.0654	0.0177	-3.70	0.000***
所居城市级别	-0.0384	0.0118	-3.26	0.001***
户籍来源区域				
（对照组：西部）				
中部	-0.0397	0.0131	-3.02	0.002***
东部	-0.1938	0.0147	-13.20	0.000***
东北	-0.3936	0.0203	-19.39	0.000***

续表

变量	系数值	标准差	Z值	P值
家庭特征				
孩子数目	0.0427	0.0107	4.00	0.000***
家庭人数	−0.0045	0.0082	−0.54	0.587
是否已购住房	−0.0623	0.0124	−5.04	0.000***
工作特征				
找工作方式				
（对照组：自主就业）				
亲戚朋友介绍	0.0319	0.0165	1.93	0.054*
社会网络了解	0.0087	0.0231	0.38	0.707
职业类型				
（对照组：国家机关、党群组织、企业单位负责人）				
公务员、经商人员	−0.0356	0.0325	−1.10	0.273
商业服务人员	−0.0591	0.0340	−1.74	0.082*
生产人员	−0.1064	0.0325	−3.28	0.001***
无固定职业	−0.3254	0.1321	−2.46	0.014**
就业单位性质				
（对照组：个体户）				
事业单位、国企	−0.0672	0.0293	−2.30	0.022**
私营企业	−0.0923	0.0190	−4.86	0.000***
外资企业	−0.1093	0.0389	−2.81	0.005***
社团民办组织、无单位、其他	−0.0125	0.0265	−0.47	0.637
就业行业				
（对照组：制造业、采掘等）				
建筑、交通等	0.0411	0.0247	1.66	0.096*
批发零售	0.0450	0.0245	1.83	0.067*
住宿餐饮	0.0612	0.0250	2.45	0.014**
农林牧业、社会服务	−0.0185	0.0253	−0.73	0.464
金融、卫生等	−0.0711	0.0631	−1.13	0.260
是否签订合同	0.0199	0.0177	1.12	0.261
工作经验	−0.0048	0.0045	−1.08	0.281
工作经验的平方	−0.0004	0.0001	−7.21	0.000***
常数项	1.5745	0.2222	7.09	0.000
Wald chi2（12）	1 100.26			
Prob > F	0.0000			

注：*、**、***分别表示在10%、5%和1%的水平下显著。

表 7-17　教育（连续变量）对农民工医疗保险获取能力影响的 IVProbit 回归结果—模型（4）

变量	系数值	标准差	Z 值	P 值
个人特征				
上个月纯收入	0.0550	0.0317	1.74	0.082*
性别	0.0156	0.0148	1.05	0.293
年龄	-0.0126	0.0203	-0.62	0.535
年龄的平方	0.0004	0.0001	5.61	0.000***
婚姻状况	0.2302	0.0368	6.26	0.000***
受教育年限	-0.0904	0.0197	-4.58	0.000***
所居城市级别	-0.0222	0.0126	-1.77	0.077*
户籍来源区域				
（对照组：西部）				
中部	0.0342	0.0176	1.94	0.052*
东部	-0.0770	0.0191	-4.03	0.000***
东北	-0.1235	0.0336	-3.68	0.000***
家庭特征				
孩子数目	0.0382	0.0123	3.10	0.002***
家庭人数	-0.0029	0.0096	-0.31	0.758
是否已购住房	-0.1197	0.0150	-7.96	0.000***
工作特征				
找工作方式				
（对照组：自主就业）				
亲戚朋友介绍	0.0496	0.0146	3.40	0.001***
社会网络了解	0.0211	0.0207	1.02	0.307
职业类型				
（对照组：国家机关、党群组织企业负责人）				
公务员、经商人员	-0.0164	0.0315	-0.52	0.601
商业服务人员	-0.0363	0.0307	-1.18	0.237
生产人员	-0.0513	0.0285	-1.80	0.072*
无固定职业	-0.2189	0.0406	-5.40	0.000***
就业单位性质				
（对照组：个体户）				
事业单位、国企	-0.0711	0.0299	-2.38	0.017**
私营企业	-0.0666	0.0193	-3.45	0.001***
外资企业	-0.0359	0.0393	-0.92	0.360
社团民办组织、无单位、其他	0.0268	0.0201	1.33	0.183

续表

变量	系数值	标准差	Z值	P值
就业行业				
（对照组：制造业、采掘等）				
建筑、交通等	-0.0509	0.0233	-2.19	0.029**
批发零售	-0.0297	0.0243	-1.22	0.222
住宿餐饮	-0.0477	0.0243	-1.97	0.049**
农林牧业、社会服务	-0.0884	0.0237	-3.73	0.000***
金融、卫生等	-0.0993	0.0289	-3.43	0.001***
是否签订合同	0.0285	0.0171	1.67	0.095*
工作经验	-0.0076	0.0051	-1.50	0.134
工作经验的平方	-0.0004	0.0001	-5.81	0.000***
流动特征				
流动范围	-0.2298	0.0099	-23.17	0.000***
本地居留时间	0.0164	0.0223	0.74	0.461
本地居留时间重新划分	0.0029	0.0119	0.24	0.807
打工所在区域				
（对照组：西部）				
中部	0.0234	0.0232	1.01	0.312
东部	-0.1969	0.0190	-10.38	0.000***
东北	-0.3946	0.0337	-11.69	0.000***
流动次数	0.0126	0.0070	1.80	0.073*
本次流动年限	-0.0224	0.0224	-1.00	0.316
累计流动时间	0.0007	0.0073	0.10	0.923
工作时长	0.0015	0.0004	4.13	0.000***
常数项	1.4534	0.2566	5.66	0.000
Wald chi2（12）	1 898.74			
Prob > F	0.0000			

注：*、**、***分别表示在10%、5%和1%的水平下显著。

(三) 教育影响农民工工伤保险获取能力回归结果

本小节研究教育对农民工工伤保险的影响。因工伤保险存在内生性问题，采用IVProbit回归。表7-18是教育影响农民工工伤保险获取能力的模型（1）。由表7-18可知，农民工的收入、性别、年龄的平方、婚姻状况以及所居城市级别对工伤保险的参与存在显著影响，并且变量均在1%的统计水平上显著。性别对工伤保险存在显著影响，相对于男性农民工来说，女性农民工的工伤保险的获取能力更高，女性农民工在社会上更易受到保护。所居城市级别越高，获取工伤保险的能力越低。自变量教育对工伤保险的参与也存在显著影响，变量在1%的统计水平上显著。并且相对于小学及以下的学历，农民工的受教育水平越高，有效提高了农民工的工伤保险获取能力。相对于小学及以下学历的农民工，学历为初中、高中（中专）、大专及以上的系数值分别为0.1126、0.4189、1.0782，农民工学历越高，影响越显著。相对于户籍来源在西部的地区，户籍来源在中部、东部或东北地区的农民工有工伤保险的可能性更高。

表7-18 教育（分类变量）对农民工工伤保险获取能力影响的 IVProbit 回归结果—模型（1）

变量	系数值	标准差	Z值	P值
个人特征				
上个月纯收入	0.2239	0.0161	13.93	0.000***
性别	-0.0794	0.0159	-5.00	0.000***
年龄	0.0016	0.0143	0.11	0.910
年龄的平方	-0.0001	0.0000	-4.49	0.000***
婚姻状况	0.0817	0.0121	6.76	0.000***
受教育水平				
（对照组：小学及以下）				
初中	0.1126	0.0168	6.71	0.000***
高中（中专）	0.4189	0.0222	18.91	0.000***
大专及以上	1.0782	0.0343	31.43	0.000***
所居城市级别	-0.4218	0.0114	-37.06	0.000***
户籍来源区域				
（对照组：西部）				
中部	-0.1043	0.0125	-8.33	0.000***
东部	0.1273	0.0167	7.63	0.000***
东北	-0.1731	0.0200	-8.64	0.000***
常数项	-1.4764	0.1086	-13.60	0.000
Wald chi2（12）	17 193.95			
Prob > F	0.0000			

注：*** 表示在1%的水平下显著。

表7-19描述的是教育影响农民工工伤保险获取能力的模型（2），在表7-18的基础上，增加了家庭特征。此时，收入、性别、年龄的平方、婚姻状况以及所居城市级别，仍在1%的统计水平下显著。教育仍对工伤保险存在显著影响，并且影响系数在逐渐提高，意味着受教育水平越高，其影响工伤保险获取能力的程度越高。在家庭特

征方面，孩子数目以及是否已购住房，对工伤保险的获取存在显著影响。孩子数目越多，越会降低农民工获取工伤保险的能力；住房已购，则提高了农民工获取工伤保险的能力。而家庭人数对工伤保险的获取不存在显著影响。

表7-19 教育（分类变量）对农民工工伤保险获取能力影响的IVProbit回归结果—模型（2）

变量	系数值	标准差	Z值	P值
个人特征				
上个月纯收入	0.2281	0.0151	15.15	0.000***
性别	-0.0926	0.0175	-5.29	0.000***
年龄	-0.0126	0.0157	-0.80	0.423
年龄的平方	-0.0001	0.0000	-2.58	0.010**
婚姻状况	0.1289	0.0344	3.75	0.000***
受教育水平				
（对照组：小学及以下）				
初中	0.0856	0.0166	5.15	0.000***
高中（中专）	0.3809	0.0221	17.21	0.000***
大专及以上	1.0402	0.0350	29.72	0.000***
所居城市级别	-0.4111	0.0126	-32.53	0.000***
户籍来源区域				
（对照组：西部）				
中部	-0.1037	0.0132	-7.84	0.000***
东部	0.1226	0.0172	7.12	0.000***
东北	-0.2177	0.0229	-9.49	0.000***
家庭特征				
孩子数目	-0.0716	0.0104	-6.92	0.000***
家庭人数	-0.0029	0.0082	-0.36	0.719
是否已购住房	0.0992	0.0118	8.38	0.000***
常数项	-1.4582	0.1113	-13.11	0.000
Wald chi2 (12)	13 841.07			
Prob > F	0.0000			

注：**、***分别表示在5%和1%的水平下显著。

表7-20在表7-19的基础上，增加了工作特征。在个人特征方面，收入、性别、婚姻状况以及所居城市级别，仍存在显著影响。相对于学历为小学及以下的农民工，受教育水平为初中、高中（中专）以及大专及以上的农民工获取工伤保险的能力更强。在家庭特征方面，是否已购住房仍在1%的水平下显著。而孩子数目却不再显著，表明

孩子数目这个影响因素并不稳健，会随着变量的增加，改变其显著性。在工作特征方面，找工作方式、职业类型、就业单位性质、就业行业以及是否签订合同，均存在较强的统计显著性，变量均在1%的水平下显著。工作经验在5%的水平下显著，表明农民工的工作经验越多，则其获取工伤保险的能力越强。

表7-20 教育（分类变量）对农民工工伤保险获取能力影响的IVProbit回归结果—模型（3）

变量	系数值	标准差	Z值	P值
个人特征				
上个月纯收入	0.5818	0.0100	58.39	0.000 ***
性别	-0.1937	0.0109	-17.77	0.000 ***
年龄	-0.0222	0.0155	-1.43	0.153
年龄的平方	-0.0001	0.0001	-0.78	0.433
婚姻状况	0.1137	0.0318	3.58	0.000 ***
受教育水平				
（对照组：小学及以下）				
初中	0.0901	0.0244	3.69	0.000 ***
高中（中专）	0.2358	0.0387	6.09	0.000 ***
大专及以上	0.3221	0.0562	5.73	0.000 ***
所居城市级别	-0.0934	0.0083	-11.26	0.000 ***
户籍来源区域				
（对照组：西部）				
中部	-0.0220	0.0111	-1.98	0.048
东部	0.1504	0.0144	10.47	0.000 ***
东北	-0.1327	0.0214	-6.19	0.000 ***
家庭特征				
孩子数目	0.0109	0.0098	1.12	0.262
家庭人数	-0.0047	0.0078	-0.61	0.545
是否已购住房	0.0704	0.0114	6.17	0.000 ***
工作特征				
找工作方式				
（对照组：自主就业）				
亲戚朋友介绍	-0.2192	0.0124	-17.64	0.000 ***
社会网络了解	-0.1372	0.0164	-8.36	0.000 ***

续表

变量	系数值	标准差	Z 值	P 值
职业类型				
（对照组：国家机关、党群组织、企业单位负责人）				
公务员、经商人员	0.1531	0.0242	6.33	0.000***
商业服务人员	0.2108	0.0232	9.07	0.000***
生产人员	0.1499	0.0217	6.90	0.000***
无固定职业	2.2858	0.0466	49.01	0.000***
就业单位性质				
（对照组：个体户）				
事业单位、国企	0.6151	0.0292	21.03	0.000***
私营企业	0.3532	0.0187	18.91	0.000***
外资企业	0.7589	0.0369	20.56	0.000***
社团民办组织、无单位、其他	0.3273	0.0192	17.06	0.000***
就业行业				
（对照组：制造业、采掘等）				
建筑、交通等	-0.4734	0.0166	-28.57	0.000***
批发零售	-0.4482	0.0205	-21.86	0.000***
住宿餐饮	-0.5340	0.0211	-25.29	0.000***
农林牧业、社会服务	-0.5339	0.0189	-28.22	0.000***
金融、卫生等	0.9022	0.0292	30.95	0.000***
是否签订合同	0.6223	0.0243	25.58	0.000***
工作经验	0.0089	0.0042	2.10	0.035**
工作经验的平方	0.0000	0.0001	-0.74	0.459
常数项	-5.5150	0.0753	-73.24	0.000
Wald chi2（12）	56 161.77			
Prob > F	0.0000			

注：**、***分别表示在5%和1%的水平下显著。

表7-21在表7-20的基础上增加了流动特征。在个人特征方面，收入、性别、教育以及所居城市级别仍存在显著影响，由此可见，其影响是稳健的。在家庭特征方面，是否已购住房仍显著，表明其影响也是显著的。在工作特征方面，就业行业、是否签订合同以及工作经验仍在1%的水平下显著。在流动特征方面，流动范围、本地居留时间、流动次数、本次流动年限、累计流动时间以及工作时长，均表现出较强的统计显著性。相对于打工所在区域为西部的农民工来说，打工所在区域在东部或东北地区获取工伤保险的能力更强。

表7-21 教育（分类变量）对农民工工伤保险获取能力影响的 IVProbit 回归结果—模型（4）

变量	系数值	标准差	Z值	P值
个人特征				
上个月纯收入	0.6662	0.0255	26.08	0.000***
性别	-0.0828	0.0146	-5.66	0.000***
年龄	-0.0165	0.0205	-0.81	0.421
年龄的平方	-0.0001	0.0001	-1.42	0.155
婚姻状况	0.0686	0.0423	1.62	0.105
受教育水平				
（对照组：小学及以下）				
初中	0.1057	0.0336	3.15	0.002***
高中（中专）	0.3288	0.0527	6.24	0.000***
大专及以上	0.6891	0.0732	9.41	0.000***
所居城市级别	-0.0808	0.0102	-7.93	0.000***
户籍来源区域				
（对照组：西部）				
中部	-0.0884	0.0182	-4.87	0.000***
东部	0.0401	0.0196	2.04	0.041**
东北	-0.0801	0.0411	-1.95	0.052*
家庭特征				
孩子数目	0.0099	0.0132	0.75	0.456
家庭人数	-0.0077	0.0105	-0.73	0.465
是否已购住房	0.0859	0.0163	5.26	0.000***
工作特征				
找工作方式				
（对照组：自主就业）				
亲戚朋友介绍	-0.0224	0.0167	-1.34	0.180
社会网络了解	0.1279	0.0199	6.43	0.000***
职业类型				
（对照组：国家机关、党群组织、企业单位负责人）				
公务员、经商人员	-0.0137	0.0298	-0.46	0.647
商业服务人员	-0.0589	0.0274	-2.15	0.031**
生产人员	-0.1651	0.0247	-6.68	0.000***
无固定职业	-0.0689	0.0421	-1.64	0.102

续表

变量	系数值	标准差	Z 值	P 值
就业单位性质				
（对照组：个体户）				
事业单位、国企	1.0973	0.0281	39.09	0.000 ***
私营企业	0.5343	0.0197	27.11	0.000 ***
外资企业	1.0925	0.0369	29.59	0.000 ***
社团民办组织、无单位、其他	0.0118	0.0262	0.45	0.652
就业行业				
（对照组：制造业、采掘等）				
建筑、交通等	-0.3844	0.0198	-19.43	0.000 ***
批发零售	-0.3295	0.0251	-13.13	0.000 ***
住宿餐饮	-0.4597	0.0252	-18.21	0.000 ***
农林牧业、社会服务	-0.3180	0.0235	-13.54	0.000 ***
金融、卫生等	-0.2058	0.0260	-7.93	0.000 ***
是否签订合同	1.0488	0.0193	54.29	0.000 ***
工作经验	0.0199	0.0057	3.47	0.001 ***
工作经验的平方	-0.0002	0.0001	-1.79	0.074 *
流动特征				
流动范围	-0.0389	0.0102	-3.83	0.000 ***
本地居留时间	-0.0814	0.0225	-3.62	0.000 ***
本地居留时间重新划分	0.0231	0.0122	1.89	0.059 *
打工所在区域				
（对照组：西部）				
中部	-0.0031	0.0252	-0.12	0.903
东部	0.3384	0.0220	15.36	0.000 ***
东北	-0.1938	0.0457	-4.24	0.000 ***
流动次数	0.0166	0.0058	2.86	0.004 ***
本次流动年限	0.0873	0.0226	3.86	0.000 ***
累计流动时间	0.0376	0.0069	5.44	0.000 ***
工作时长	-0.0038	0.0004	-9.37	0.000 ***
常数项	-6.9357	0.1975	-35.12	0.000
Wald chi2（12）	27 729.00			
Prob > F	0.0000			

注：*、**、*** 分别表示在 10%、5% 和 1% 的水平下显著。

为进一步研究教育存量是否能有效提高农民工的工伤保险获取能力,下文将研究教育连续变量对工伤保险的影响。表7-22是探讨农民工个人特征影响程度的模型(1)。此时,受教育年限对工伤保险存在显著影响,影响系数为0.3698。表7-23增加了家庭特征,受教育年限变量仍显著,影响显著为0.3405。表7-24增加了工作特征,受教育年限对工伤保险仍存在显著影响,影响系数为0.1425,表明受教育年限越长,工伤保险的获取能力越高。表7-25增加了流动特征,受教育年限变量影响仍显著,影响系数为0.2757。根据以上分析可知,受教育年限是影响工伤保险获取能力的关键变量;随着变量的逐渐增加,受教育年限对工伤保险的影响受到其他变量的影响仍显著,表明受教育年限变量是稳健的。其他变量的影响详见表7-22~表7-25。

表7-22 教育(连续变量)对农民工工伤保险获取能力影响的IVProbit回归结果—模型(1)

变量	系数值	标准差	Z值	P值
个人特征				
上个月纯收入	0.2348	0.0155	15.13	0.000 ***
性别	-0.1086	0.0154	-7.04	0.000 ***
年龄	-0.0064	0.0142	-0.45	0.650
年龄的平方	-0.0001	0.0000	-2.82	0.005 ***
婚姻状况	0.0686	0.0119	5.75	0.000 ***
受教育年限	0.3698	0.0112	32.96	0.000 ***
所居城市级别	-0.4159	0.0117	-35.61	0.000 ***
户籍来源区域				
(对照组:西部)				
中部	-0.1262	0.0122	-10.32	0.000 ***
东部	0.1040	0.0165	6.30	0.000 ***
东北	-0.1854	0.0198	-9.38	0.000 ***
常数项	-2.1287	0.0942	-22.60	0.000
Wald chi2 (12)	16 829.26			
Prob > F	0.0000			

注:*** 表示在1%的水平下显著。

表7-23 教育(连续变量)对农民工工伤保险获取能力影响的IVProbit回归结果—模型(2)

变量	系数值	标准差	Z值	P值
个人特征				
上个月纯收入	0.2384	0.0145	16.43	0.000 ***
性别	-0.1209	0.0170	-7.12	0.000 ***
年龄	-0.0255	0.0156	-1.64	0.101

续表

变量	系数值	标准差	Z值	P值
年龄的平方	0.0000	0.0000	-1.06	0.290
婚姻状况	0.1288	0.0342	3.76	0.000***
受教育年限	0.3405	0.0113	30.26	0.000***
所居城市级别	-0.4077	0.0129	-31.61	0.000***
户籍来源区域				
（对照组：西部）				
中部	-0.1275	0.0129	-9.88	0.000***
东部	0.0962	0.0169	5.69	0.000***
东北	-0.2380	0.0226	-10.51	0.000***
家庭特征				
孩子数目	-0.0756	0.0103	-7.33	0.000***
家庭人数	-0.0061	0.0081	-0.75	0.453
是否已购住房	0.1154	0.0116	9.91	0.000***
常数项	-2.0397	0.0988	-20.64	0.000
Wald chi2（12）	\multicolumn{4}{c}{13 508.38}			
Prob > F	\multicolumn{4}{c}{0.0000}			

注：*** 表示在1%的水平下显著。

表7-24　教育（连续变量）对农民工工伤保险获取能力影响的IVProbit回归结果—模型（3）

变量	系数值	标准差	Z值	P值
个人特征				
上个月纯收入	0.5820	0.0098	59.46	0.000***
性别	-0.1952	0.0108	-18.08	0.000***
年龄	-0.0218	0.0155	-1.41	0.160
年龄的平方	-0.0001	0.0001	-1.77	0.077*
婚姻状况	0.1131	0.0318	3.56	0.000***
受教育年限	0.1425	0.0180	7.92	0.000***
所居城市级别	-0.0948	0.0083	-11.42	0.000***
户籍来源区域				
（对照组：西部）				
中部	-0.0232	0.0111	-2.09	0.036**
东部	0.1479	0.0142	10.43	0.000***
东北	-0.1321	0.0214	-6.17	0.000***

续表

变量	系数值	标准差	Z值	P值
家庭特征				
孩子数目	0.0113	0.0097	1.16	0.245
家庭人数	-0.0048	0.0078	-0.61	0.540
是否已购住房	0.0698	0.0114	6.12	0.000***
工作特征				
找工作方式				
(对照组：自主就业)				
亲戚朋友介绍	-0.2195	0.0124	-17.67	0.000***
社会网络了解	-0.1420	0.0164	-8.63	0.000***
职业类型				
(对照组：国家机关、党群组织、企业单位负责人)				
公务员、经商人员	0.1611	0.0241	6.67	0.000***
商业服务人员	0.2178	0.0233	9.35	0.000***
生产人员	0.1578	0.0219	7.22	0.000***
无固定职业	2.2969	0.0466	49.24	0.000***
就业单位性质				
(对照组：个体户)				
事业单位、国企	0.6107	0.0292	20.90	0.000***
私营企业	0.3528	0.0187	18.88	0.000***
外资企业	0.7567	0.0367	20.63	0.000***
社团民办组织、无单位、其他	0.3255	0.0192	17.00	0.000***
就业行业				
(对照组：制造业、采掘等)				
建筑、交通等	-0.4757	0.0165	-28.81	0.000***
批发零售	-0.4516	0.0204	-22.09	0.000***
住宿餐饮	-0.5384	0.0210	-25.59	0.000***
农林牧业、社会服务	-0.5363	0.0189	-28.42	0.000***
金融、卫生等	0.8979	0.0284	31.60	0.000***
是否签订合同	0.6205	0.0241	25.75	0.000***
工作经验	0.0106	0.0042	2.52	0.012**
工作经验的平方	0.0000	0.0001	0.33	0.739
常数项	-5.6960	0.0752	-75.73	0.000
Wald chi2 (12)	56398.90			
Prob > F	0.0000			

注：*、**、***分别表示在10%、5%和1%的水平下显著。

表 7-25　教育（连续变量）对农民工工伤保险获取能力影响的 IVProbit 回归结果—模型（4）

变量	系数值	标准差	Z 值	P 值
个人特征				
上个月纯收入	0.6742	0.0252	26.72	0.000***
性别	-0.0895	0.0145	-6.17	0.000***
年龄	-0.0077	0.0204	-0.38	0.708
年龄的平方	-0.0003	0.0001	-4.06	0.000***
婚姻状况	0.0649	0.0422	1.54	0.120
受教育年限	0.2757	0.0227	12.10	0.000***
所居城市级别	-0.0823	0.0102	-8.09	0.000***
户籍来源区域				
（对照组：西部）				
中部	-0.0950	0.0181	-5.25	0.000***
东部	0.0330	0.0196	1.69	0.092*
东北	-0.0841	0.0409	-2.05	0.040**
家庭特征				
孩子数目	0.0101	0.0132	0.76	0.446
家庭人数	-0.0066	0.0105	-0.63	0.531
是否已购住房	0.0904	0.0163	5.55	0.000***
工作特征				
找工作方式				
（对照组：自主就业）				
亲戚朋友介绍	-0.0245	0.0167	-1.47	0.142
社会网络了解	0.1324	0.0198	6.67	0.000***
职业类型				
（对照组：国家机关、党群组织、企业单位负责人）				
公务员、经商人员	-0.0195	0.0296	-0.66	0.511
商业服务人员	-0.0672	0.0273	-2.46	0.014**
生产人员	-0.1724	0.0246	-7.00	0.000***
无固定职业	-0.0711	0.0419	-1.70	0.090*
就业单位性质				
（对照组：个体户）				
事业单位、国企	1.0986	0.0281	39.15	0.000***
私营企业	0.5369	0.0197	27.28	0.000***
外资企业	1.0856	0.0368	29.47	0.000***
社团民办组织、无单位、其他	0.0145	0.0261	0.56	0.578

续表

变量	系数值	标准差	Z值	P值
就业行业				
（对照组：制造业、采掘等）				
建筑、交通等	-0.3818	0.0197	-19.34	0.000***
批发零售	-0.3293	0.0250	-13.16	0.000***
住宿餐饮	-0.4600	0.0252	-18.26	0.000***
农林牧业、社会服务	-0.3167	0.0234	-13.51	0.000***
金融、卫生等	-0.1894	0.0257	-7.36	0.000***
是否签订合同	1.0449	0.0193	54.10	0.000***
工作经验	0.0215	0.0057	3.80	0.000***
工作经验的平方	0.0002	0.0001	2.03	0.043**
流动特征				
流动范围	-0.0390	0.0101	-3.85	0.000***
本地居留时间	-0.0832	0.0225	-3.70	0.000***
本地居留时间重新划分	0.0235	0.0122	1.92	0.055*
打工所在区域				
（对照组：西部）				
中部	-0.0029	0.0251	-0.11	0.909
东部	0.3366	0.0220	15.32	0.000***
东北	-0.1944	0.0455	-4.27	0.000***
流动次数	0.0168	0.0058	2.89	0.004***
本次流动年限	0.0889	0.0226	3.94	0.000***
累计流动时间	0.0373	0.0069	5.41	0.000***
工作时长	-0.0039	0.0004	-9.55	0.000***
常数项	-7.3315	0.1924	-38.10	0.000
Wald chi2（12）		27 804.80		
Prob > F		0.0000		

注：*、**、***分别表示在10%、5%和1%的水平下显著。

（四）教育影响农民工住房公积金获取能力回归结果

本小节研究教育对农民工住房公积金的影响。住房公积金也存在内生性问题，因而也采用工具变量法进行回归。表7-26是回归的模型（1）。由表7-26可知，农民工的收入、性别、年龄的平方、婚姻状况以及所居城市级别对住房公积金的参与存在显著影响，并且变量均在1%的统计水平上显著。性别对住房公积金也存在显著影响，相对来说，男性农民工的住房公积金覆盖率要高于女性农民工。可能的原因是，男性承担更多的买房压力，更加注重住房公积金的覆盖率。所居城市级别越高，获取住房公积金的能力越低。教育对住房公积金的参与也存在显著影响，变量在1%的统计水平上显著。并且相对于小学及以下的学历，农民工的受教育水平越高，有效提高了农民工的住房公积金获取能力。相对于小学及以下学历的农民工，学历为初中、高中（中专）、大专及以上的系数值分别为0.1220、0.4793、1.0812，农民工学历越高，影响越显著。相对于户籍来源在西部的地区，户籍来源在中部、东部或东北地区的农民工有工伤保险的可能性更高。

表7-26 教育（分类变量）对农民工住房公积金获取能力影响的IVProbit回归结果—模型（1）

变量	系数值	标准差	Z值	P值
个人特征				
上个月纯收入	0.3101	0.0137	22.60	0.000***
性别	0.1562	0.0164	-9.52	0.000***
年龄	-0.0109	0.0173	-0.63	0.528
年龄的平方	-0.0001	0.0000	-3.75	0.000***
婚姻状况	0.1340	0.0146	9.19	0.000***
受水平教育				
（对照组：小学及以下）				
初中	0.1220	0.0251	4.87	0.000***
高中（中专）	0.4793	0.0347	13.83	0.000***
大专及以上	1.0812	0.0551	19.63	0.000***
所居城市级别	-0.1224	0.0105	-11.70	0.000***
户籍来源区域				
（对照组：西部）				
中部	-0.1243	0.0145	-8.59	0.000***
东部	0.0493	0.0194	2.54	0.011**
东北	0.0817	0.0229	3.57	0.000***
常数项	-3.3751	0.0601	-56.19	0.000
Wald chi2（12）	16 811.44			
Prob > F	0.0000			

注：*** 表示在1%的水平下显著。

表7-27描述的是教育影响农民工住房公积金获取能力的扩展模型，在表7-26的基础上，增加了家庭特征。此时，收入、性别、年龄的平方、婚姻状况以及所居城市级别，仍在1%的统计水平下显著。教育仍对住房公积金存在显著影响，并且影响系数

在逐渐提高,意味着受教育水平越高,其影响住房公积金获取能力的程度越高。在家庭特征方面,孩子的数目以及是否已购住房,对农民工住房公积金覆盖率存在显著影响。孩子的数量越多,则农民工的住房公积金覆盖率越低;住房已购,则农民工获取住房公积金的能力越高。而家庭人数对住房公积金的获取不存在显著影响。

表7-27 教育(分类变量)对农民工住房公积金获取能力影响的IVProbit回归结果—模型(2)

变量	系数值	标准差	Z值	P值
个人特征				
上个月纯收入	0.2666	0.0168	15.88	0.000 ***
性别	-0.1287	0.0213	-6.03	0.000 ***
年龄	-0.0118	0.0203	-0.58	0.561
年龄的平方	-0.0001	0.0000	-3.33	0.000 ***
婚姻状况	0.1470	0.0490	3.00	0.000 ***
受教育水平				
(对照组:小学及以下)				
初中	0.1163	0.0265	4.39	0.000 ***
高中(中专)	0.4779	0.0350	13.64	0.000 ***
大专及以上	1.0834	0.0537	20.17	0.000 ***
所居城市级别	-0.1174	0.0128	-9.18	0.000 ***
户籍来源区域				
(对照组:西部)				
中部	-0.0951	0.0174	-5.46	0.000 ***
东部	0.0837	0.0221	3.79	0.000 ***
东北	-0.0300	0.0279	-1.08	0.281
家庭特征				
孩子数目	-0.0971	0.0143	-6.78	0.000 ***
家庭人数	-0.0105	0.0110	-0.95	0.341
是否已购住房	0.2568	0.0144	17.85	0.000 ***
常数项	-3.0927	0.0993	-31.14	0.000
Wald chi2 (12)	11 603.54			
Prob > F	0.0000			

注:*** 表示在1%的水平下显著。

表7-28在表7-27的基础上,增加了工作特征。在个人特征方面,收入、性别、婚姻状况以及所居城市级别,仍存在显著影响,部分变量在1%的水平下显著。相对于学历为小学及以下的农民工,受教育水平为初中、高中(中专)以及大专及以上的农

民工获取住房公积金的能力越强。在家庭特征方面,是否已购住房仍在1%的水平下显著。而孩子数目却不再显著,表明孩子数目这个影响因素并不稳健,会随着变量的增加,改变其显著性。在工作特征方面,找工作方式、职业类型、就业单位性质、就业行业以及是否签订合同,均存在较强的统计显著性,变量均在1%的水平下显著。工作经验和工作经验的平方在10%的水平下显著,表明农民工的工作经验越多,则其获取工伤保险的能力越强,但其影响程度不明显。

表7-28 教育(分类变量)对农民工住房公积金获取能力影响的IVProbit回归结果—模型(3)

变量	系数值	标准差	Z值	P值
个人特征				
上个月纯收入	0.5706	0.0139	40.97	0.000***
性别	-0.1839	0.0144	-12.80	0.000***
年龄	0.0152	0.0200	0.76	0.448
年龄的平方	0.0000	0.0001	-0.31	0.753
婚姻状况	0.0950	0.0446	2.13	0.033**
受教育水平				
(对照组:小学及以下)				
初中	0.1120	0.0395	2.84	0.005***
高中(中专)	0.2967	0.0613	4.84	0.000***
大专及以上	0.3502	0.0862	4.06	0.000***
所居城市级别	0.0373	0.0109	3.43	0.001***
户籍来源区域				
(对照组:西部)				
中部	0.0139	0.0151	0.92	0.359
东部	0.1384	0.0182	7.58	0.000***
东北	0.0490	0.0267	1.84	0.066*
家庭特征				
孩子数目	-0.0124	0.0134	-0.92	0.358
家庭人数	-0.0079	0.0104	-0.76	0.448
是否已购住房	0.1606	0.0147	10.91	0.000***
工作特征				
找工作方式				
(对照组:自主就业)				
亲戚朋友介绍	-0.2843	0.0179	-15.87	0.000***
社会网络了解	-0.1476	0.0207	-7.13	0.000***

续表

变量	系数值	标准差	Z值	P值
职业类型				
（对照组：国家机关、党群组织、企业单位负责人）				
公务员、经商人员	0.1508	0.0286	5.28	0.000***
商业服务人员	0.1896	0.0264	7.18	0.000***
生产人员	0.1189	0.0251	4.74	0.000***
无固定职业	2.1814	0.0637	34.23	0.000***
就业单位性质				
（对照组：个体户）				
事业单位、国企	0.7625	0.0412	18.49	0.000***
私营企业	0.2893	0.0257	11.26	0.000***
外资企业	0.7640	0.0444	17.19	0.000***
社团民办组织、无单位、其他	0.4680	0.0295	15.84	0.000***
就业行业				
（对照组：制造业、采掘等）				
建筑、交通等	-0.4256	0.0210	-20.25	0.000***
批发零售	-0.3329	0.0261	-12.75	0.000***
住宿餐饮	-0.3469	0.0268	-12.93	0.000***
农林牧业、社会服务	-0.4162	0.0234	-17.75	0.000***
金融、卫生等	1.0149	0.0332	30.59	0.000***
是否签订合同	0.5247	0.0302	17.37	0.000***
工作经验	-0.0102	0.0061	-1.67	0.094*
工作经验的平方	0.0002	0.0001	1.78	0.075*
常数项	-6.2760	0.0901	-69.64	0.000
Wald chi2（12）		30 424.64		
Prob > F		0.0000		

注：*、**、*** 分别表示在10%、5%和1%的水平下显著。

表7-29在表7-28的基础上增加了流动特征。在个人特征方面，收入、性别、教育以及所居城市级别仍存在显著影响，由此可见，其影响是稳健的。在家庭特征方面，是否已购住房仍显著，表明其影响也是稳健的。在工作特征方面，就业单位性质、就业行业、是否签订合同以及工作经验仍在1%的水平下显著，而其他变量部分显著。在流动特征方面，流动范围、本地居留时间、流动次数、本次流动年限、累计流动时间以及工作时长，均表现出较强的统计显著性，部分变量在1%的水平下显著。相对于打工所在区域为西部的农民工来说，打工所在区域在中部、东部或东北地区获取住房公

积金的能力越强。

表7-29　教育（分类变量）对农民工住房公积金获取能力影响的 IVProbit 回归结果—模型（4）

变量	系数值	标准差	Z值	P值
个人特征				
上个月纯收入	0.6917	0.0351	19.69	0.000***
性别	-0.0758	0.0198	-3.82	0.000***
年龄	0.0468	0.0274	1.71	0.087*
年龄的平方	0.0000	0.0002	-0.19	0.851
婚姻状况	0.0744	0.0623	1.19	0.232
受教育水平				
（对照组：小学及以下）				
初中	0.0950	0.0578	1.64	0.100
高中（中专）	0.3249	0.0894	3.64	0.000***
大专及以上	0.5824	0.1218	4.78	0.000***
所居城市级别	0.0959	0.0135	7.08	0.000***
户籍来源区域				
（对照组：西部）				
中部	0.0542	0.0258	2.10	0.036**
东部	0.1653	0.0271	6.10	0.000***
东北	0.1337	0.0544	2.46	0.014**
家庭特征				
孩子数目	-0.0173	0.0190	-0.91	0.363
家庭人数	-0.0089	0.0146	-0.61	0.542
是否已购住房	0.1661	0.0211	7.87	0.000***
工作特征				
找工作方式				
（对照组：自主就业）				
亲戚朋友介绍	-0.1316	0.0252	-5.23	0.000***
社会网络了解	0.1043	0.0264	3.95	0.000***
职业类型				
（对照组：国家机关、党群组织、企业单位负责人）				
公务员、经商人员	-0.0144	0.0362	-0.40	0.691
商业服务人员	-0.0577	0.0311	-1.85	0.064*
生产人员	-0.1531	0.0276	-5.54	0.000***
无固定职业	-0.1084	0.0530	-2.05	0.041**

续表

变量	系数值	标准差	Z值	P值
就业单位性质				
（对照组：个体户）				
事业单位、国企	1.2276	0.0381	32.18	0.000***
私营企业	0.4228	0.0308	13.72	0.000***
外资企业	1.0770	0.0435	24.73	0.000***
社团民办组织、无单位、其他	0.1989	0.0440	4.53	0.000***
就业行业				
（对照组：制造业、采掘等）				
建筑、交通	-0.3953	0.0272	-14.55	0.000***
批发零售	-0.2364	0.0347	-6.81	0.000***
住宿餐饮	-0.2796	0.0359	-7.80	0.000***
农林牧业、社会服务	-0.2300	0.0316	-7.29	0.000***
金融、卫生等	-0.0576	0.0288	-2.00	0.046**
是否签订合同	0.8669	0.0285	30.42	0.000***
工作经验	-0.0136	0.0090	-1.52	0.129
工作经验的平方	0.0001	0.0001	1.07	0.287
流动特征				
流动范围	-0.0399	0.0138	-2.88	0.004***
本地居留时间	-0.0759	0.0298	-2.54	0.011**
本地居留时间重新划分	0.0324	0.0169	1.91	0.056*
打工所在区域				
（对照组：西部）				
中部	-0.0722	0.0355	-2.04	0.042**
东部	0.0664	0.0296	2.24	0.025**
东北	-0.1123	0.0605	-1.85	0.064*
流动次数	-0.0391	0.0111	-3.53	0.000***
本次流动年限	0.0757	0.0300	2.53	0.012**
累计流动时间	0.0272	0.0103	2.64	0.008***
工作时长	-0.0073	0.0006	-11.80	0.000***
常数项	-7.8192	0.2631	-29.72	0.000
Wald chi2（12）	11 816.13			
Prob > F	0.0000			

注：*、**、***分别表示在10%、5%和1%的水平下显著。

为进一步研究教育存量是否有效能提高农民工的住房公积金获取能力,下文将研究教育连续变量对住房公积金的影响。表7-30为农民工个人特征影响农民工住房公积金获取能力的模型(1)结果。此时,受教育年限对住房公积金存在显著影响,影响系数为0.5154。表7-31增加了家庭特征,受教育年限变量影响仍显著,影响系数为0.4050。表7-32增加了工作特征,受教育年限对住房公积金仍存在显著影响,影响系数为0.1737,表明受教育年限越长,住房公积金的获取能力越高。表7-33增加了流动特征,受教育年限变量影响仍显著,影响系数为0.2659。根据以上分析可知,受教育年限是影响住房公积金获取能力的关键变量;不论是教育虚拟变量还是连续变量,随着变量的逐渐增加,教育对住房公积金的影响受到其他变量的影响仍显著,表明教育变量是稳健的。其他变量的影响详见表7-30~表7-33。

表7-30 教育(连续变量)对农民工住房公积金获取能力影响的IVProbit回归结果—模型(1)

变量	系数值	标准差	Z值	P值
个人特征				
上个月纯收入	0.0595	0.0025	24.24	0.000***
性别	-0.0491	0.0098	-5.03	0.000***
年龄	0.0367	0.0153	2.39	0.000***
年龄的平方	-0.0001	0.0000	-5.47	0.017**
婚姻状况	0.0653	0.0131	5.00	0.000***
受教育年限	0.5154	0.0060	85.71	0.000***
所居城市级别	-0.3132	0.0074	-42.06	0.000***
户籍来源区域				
(对照组:西部)				
中部	-0.0279	0.0116	-2.42	0.016**
东部	0.2784	0.0124	22.51	0.000***
东北	-0.1281	0.0220	-5.83	0.000***
常数项	-1.8414	0.0380	-48.44	0.000
Wald chi2 (12)	13 793.15			
Prob > F	0.0000			

注:**、***分别表示在5%和1%的水平下显著。

表7-31 教育(连续变量)对农民工住房公积金获取能力影响的IVProbit回归结果—模型(2)

变量	系数值	标准差	Z值	P值
个人特征				
上个月纯收入	0.2752	0.0160	17.17	0.000***
性别	-0.1499	0.0206	-7.28	0.000***

续表

变量	系数值	标准差	Z值	P值
年龄	-0.0216	0.0200	-1.08	0.280
年龄的平方	-0.0001	0.0000	-2.39	0.017**
婚姻状况	0.1477	0.0487	3.04	0.002***
受教育年限	0.4050	0.0184	22.00	0.000***
所居城市级别	-0.1167	0.0127	-9.17	0.000***
户籍来源区域				
(对照组:西部)				
中部	-0.1149	0.0169	-6.79	0.000***
东部	0.0618	0.0215	2.87	0.004***
东北	-0.0480	0.0274	-1.75	0.080*
家庭特征				
孩子数目	-0.1012	0.0143	-7.10	0.000***
家庭人数	-0.0126	0.0109	-1.15	0.248
是否已购住房	0.2648	0.0143	18.54	0.000***
常数项	-3.7697	0.0826	-45.66	0.000
Wald chi2 (12)		11 562.03		
Prob > F		0.0000		

注:*、**、***分别表示在10%、5%和1%的水平下显著。

表7-32 教育(连续变量)对农民工住房公积金获取能力影响的IVProbit回归结果—模型(3)

变量	系数值	标准差	Z值	P值
个人特征				
上个月纯收入	0.5701	0.0137	41.50	0.000***
性别	-0.1836	0.0143	-12.87	0.000***
年龄	0.0134	0.0200	0.67	0.504
年龄的平方	-0.0001	0.0001	-0.98	0.327
婚姻状况	0.0956	0.0447	2.14	0.032**
受教育年限	0.1737	0.0266	6.54	0.000***
所居城市级别	0.0365	0.0109	3.36	0.001***
户籍来源区域				
(对照组:西部)				
中部	0.0146	0.0150	0.97	0.330
东部	0.1379	0.0181	7.63	0.000***
东北	0.0501	0.0266	1.88	0.060*

续表

变量	系数值	标准差	Z值	P值
家庭特征				
孩子数目	-0.0116	0.0134	-0.86	0.388
家庭人数	-0.0083	0.0104	-0.80	0.425
是否已购住房	0.1583	0.0148	10.72	0.000***
工作特征				
找工作方式				
（对照组：自主就业）				
亲戚朋友介绍	-0.2848	0.0179	-15.87	0.000***
社会网络了解	-0.1551	0.0208	-7.47	0.000***
职业类型				
（对照组：国家机关、党群组织、企业单位负责人）				
公务员、经商人员	0.1625	0.0286	5.68	0.000***
商业服务人员	0.2007	0.0265	7.56	0.000***
生产人员	0.1304	0.0252	5.17	0.000***
无固定职业	2.1966	0.0637	34.49	0.000***
就业单位性质				
（对照组：个体户）				
事业单位、国企	0.7584	0.0412	18.41	0.000***
私营企业	0.2887	0.0258	11.21	0.000***
外资企业	0.7658	0.0442	17.32	0.000***
社团民办组织、无单位、其他	0.4660	0.0296	15.76	0.000***
就业行业				
（对照组：制造业、采掘等）				
建筑、交通等	-0.4281	0.0210	-20.39	0.000***
批发零售	-0.3356	0.0261	-12.85	0.000***
住宿餐饮	-0.3503	0.0268	-13.06	0.000***
农林牧业、社会服务	-0.4183	0.0234	-17.84	0.000***
金融、卫生等	1.0046	0.0324	30.96	0.000***
是否签订合同	0.5240	0.0300	17.45	0.000***
工作经验	-0.0063	0.0060	-1.06	0.291
工作经验的平方	0.0002	0.0001	2.54	0.011**
常数项	-6.5239	0.0943	-69.21	0.000
Wald chi2 (12)	30 811.55			
Prob > F	0.0000			

注：*、**、***分别表示在10%、5%和1%的水平下显著。

表7-33 教育（连续变量）对农民工住房公积金获取能力影响的IVProbit回归结果—模型（4）

变量	系数值	标准差	Z值	P值
个人特征				
上个月纯收入	0.6979	0.0348	20.06	0.000 ***
性别	-0.0799	0.0197	-4.05	0.000 ***
年龄	0.0520	0.0273	1.91	0.056 *
年龄的平方	-0.0002	0.0001	-1.65	0.100
婚姻状况	0.0728	0.0622	1.17	0.241
受教育年限	0.2659	0.0358	7.42	0.000 ***
所居城市级别	0.0945	0.0135	6.99	0.000 ***
户籍来源区域				
（对照组：西部）				
中部	0.0500	0.0257	1.94	0.052 *
东部	0.1606	0.0270	5.95	0.000 ***
东北	0.1307	0.0542	2.41	0.016 **
家庭特征				
孩子数目	-0.0163	0.0189	-0.86	0.389
家庭人数	-0.0084	0.0145	-0.58	0.563
是否已购住房	0.1678	0.0211	7.96	0.000 ***
工作特征				
找工作方式				
（对照组：自主就业）				
亲戚朋友介绍	-0.1333	0.0251	-5.31	0.000 ***
社会网络了解	0.1048	0.0263	3.98	0.000 ***
职业类型				
（对照组：国家机关、党群组织、企业单位负责人）				
公务员、经商人员	-0.0152	0.0361	-0.42	0.674
商业服务人员	-0.0602	0.0310	-1.94	0.053 *
生产人员	-0.1549	0.0276	-5.61	0.000 ***
无固定职业	-0.1063	0.0528	-2.01	0.044 **
就业单位性质				
（对照组：个体户）				
事业单位、国企	1.2282	0.0382	32.19	0.000 ***
私营企业	0.4253	0.0308	13.83	0.000 ***
外资企业	1.0754	0.0435	24.72	0.000 ***
社团民办组织、无单位、其他	0.2000	0.0438	4.56	0.000 ***

续表

变量	系数值	标准差	Z值	P值
就业行业				
（对照组：制造业、采掘等）				
建筑、交通等	-0.3929	0.0271	-14.50	0.000***
批发零售	-0.2354	0.0346	-6.80	0.000***
住宿餐饮	-0.2791	0.0358	-7.80	0.000***
农林牧业、社会服务	-0.2285	0.0315	-7.25	0.000***
金融、卫生等	-0.0516	0.0287	-1.80	0.072*
是否签订合同	0.8651	0.0285	30.38	0.000***
工作经验	-0.0090	0.0087	-1.03	0.303
工作经验的平方	0.0004	0.0001	3.37	0.001***
流动特征				
流动范围	-0.0399	0.0138	-2.89	0.004***
本地居留时间	-0.0765	0.0298	-2.57	0.010**
本地居留时间重新划分	0.0326	0.0169	1.93	0.054*
打工所在区域				
（对照组：西部）				
中部	-0.0724	0.0354	-2.05	0.041**
东部	0.0657	0.0295	2.22	0.026**
东北	-0.1138	0.0604	-1.89	0.059*
流动次数	-0.0389	0.0111	-3.52	0.000***
本次流动年限	0.0763	0.0299	2.55	0.011**
累计流动时间	0.0268	0.0103	2.61	0.009***
工作时长	-0.0074	0.0006	-11.88	0.000***
常数项	-8.2347	0.2566	-32.09	0.000
Wald chi2（12）	11865.50			
Prob > F	0.0000			

注：*、**、***分别表示在10%、5%和1%的水平下显著。

（五）教育影响农民工失业保险获取能力回归结果

本小节研究教育对农民工失业保险的影响。失业保险不存在内生性问题，可以直接用Probit模型进行分析。表7-34是回归的模型（1）。由表7-34可知，农民工的收入、性别、年龄、年龄的平方、婚姻状况以及所居城市级别对失业保险的参与存在显著影响，变量均在1%的统计水平上显著。性别对失业保险存在显著影响，女性农民工的失业保险的获取状况要高于男性农民工。所居城市级别越高，获取失业保险的能力越低。收入水平越高，失业保险的获取能力越强。教育对失业保险的参与也存在显著影响，变量在1%的统计水平上显著。并且相对于小学及以下的学历，农民工的受教育水平越高，有效提高了其失业保险获取能力。相对于小学及以下学历的农民工，学历为初中、高中（中专）、大专及以上的系数值分别为0.3056、0.7190、1.4918，其影响系数均高于前文的养老保险、医疗保险、工伤保险以及住房公积金。相对于户籍来源在西部的地区，户籍来源在东部或东北地区的农民工有工伤保险的可能性更高。

表7-34 教育（分类变量）对农民工失业保险获取能力影响的Probit回归结果—模型（1）

变量	系数值	标准差	Z值	P值
个人特征				
性别	-0.0341	0.0098	-3.48	0.000***
年龄	0.0403	0.0153	2.63	0.009***
年龄的平方	-0.0001	0.0000	-6.48	0.000***
婚姻状况	0.0739	0.0131	5.63	0.000***
受教育水平				
（对照组：小学及以下）				
初中	0.3056	0.0177	17.29	0.000***
高中（中专）	0.7190	0.0192	37.39	0.000***
大专及以上	1.4918	0.0212	70.33	0.000***
上个月纯收入	0.0598	0.0025	24.35	0.000***
所居城市级别	-0.3125	0.0074	-42.05	0.000***
户籍来源区域				
（对照组：西部）				
中部	-0.0154	0.0116	-1.33	0.183
东部	0.2883	0.0124	23.24	0.011**
东北	-0.1210	0.0221	-5.49	0.000***
常数项	-1.1390	0.0379	-30.08	0.000
Pseudo R²	0.1369			
Prob > F	0.0000			

注：**、***分别表示在5%、1%的水平下显著。

表7-35描述的是教育影响农民工失业保险获取能力的模型（2），在表7-34的基础上，增加了家庭特征。此时，收入、年龄的平方以及所居城市级别，仍在1%的统计水平下显著，表明结果是稳健的。教育仍对失业保险存在显著影响，并且影响系数在逐渐提高，意味着受教育水平越高，其影响失业保险获取能力的程度越高。在家庭

特征方面，孩子的数目以及是否已购住房，对失业保险的获取存在显著影响。孩子越多，则农民工获取失业保险的能力越低；住房已购，则农民工获取失业保险的能力越高。而家庭人数对失业保险的获取不存在显著影响。

表7-35 教育（分类变量）对农民工失业保险获取能力影响的Probit回归结果—模型（2）

变量	系数值	标准差	Z值	P值
个人特征				
性别	-0.0179	0.0110	-1.63	0.103
年龄	0.0292	0.0171	1.71	0.088*
年龄的平方	-0.0001	0.0000	-4.59	0.000***
婚姻状况	0.0574	0.0384	1.49	0.135
受教育水平				
（对照组：小学及以下）				
初中	0.2587	0.0182	14.19	0.000***
高中（中专）	0.6568	0.0203	32.28	0.000***
大专及以上	1.4116	0.0237	59.56	0.000***
上个月纯收入	0.0617	0.0027	23.04	0.000***
所居城市级别	-0.2820	0.0090	-31.19	0.000***
户籍来源区域				
（对照组：西部）				
中部	-0.0030	0.0130	-0.23	0.816
东部	0.3001	0.0137	21.90	0.000***
东北	-0.2315	0.0258	-8.96	0.000***
家庭特征				
孩子数目	-0.1090	0.0117	-9.32	0.000***
家庭人数	0.0149	0.0092	1.62	0.106
是否已购住房	0.1632	0.0126	12.92	0.000***
常数项	-1.1356	0.0595	-19.09	0.000
Pseudo R^2	0.1354			
Prob > F	0.0000			

注：*、***分别表示在10%、1%的水平下显著。

表7-36在表7-35的基础上，增加了工作特征。在个人特征方面，年龄、年龄的平方以及所居城市级别，仍存在显著影响，部分变量在1%的水平下显著。相对于学历为小学及以下的农民工，受教育水平为初中、高中（中专）以及大专及以上的农民工获取失业保险的能力越强。在家庭特征方面，是否已购住房、孩子数目、家庭人数存

在较强的统计显著性。在工作特征方面，找工作方式、职业类型、就业单位性质、就业行业、是否签订合同、工作经验以及工作经验的平方，均存在较强的统计显著性，变量均在1%的水平下显著。相对于个体户来说，事业单位、国企、私企以及外企的失业保险覆盖率更高。

表7-36 教育（分类变量）对农民工失业保险获取能力影响的Probit回归结果—模型（3）

变量	系数值	标准差	Z值	P值
个人特征				
性别	-0.0214	0.0138	-1.55	0.121
年龄	-0.0438	0.0220	-2.00	0.046 **
年龄的平方	0.0003	0.0001	-2.90	0.004 ***
婚姻状况	0.0522	0.0458	1.14	0.255
受教育水平				
（对照组：小学及以下）				
初中	0.3392	0.0389	8.71	0.000 ***
高中（中专）	0.7627	0.0596	12.80	0.000 ***
大专及以上	1.3766	0.0803	17.14	0.000 ***
上个月纯收入	0.0055	0.0048	1.14	0.253
所居城市级别	0.0964	0.0111	8.70	0.000 ***
户籍来源区域				
（对照组：西部）				
中部	0.0879	0.0159	5.53	0.000 ***
东部	0.4639	0.0167	27.73	0.000 ***
东北	-0.1809	0.0318	-5.69	0.000 ***
家庭特征				
孩子数目	-0.0507	0.0144	-3.53	0.000 ***
家庭人数	0.0224	0.0113	1.98	0.000 ***
是否已购住房	0.2004	0.0155	12.89	0.048 **
工作特征				
找工作方式				
（对照组：自主就业）				
亲戚朋友介绍	-0.2118	0.0187	-11.32	0.000 ***
社会网络了解	0.0297	0.0218	1.36	0.174

续表

变量	系数值	标准差	Z 值	P 值
职业类型				
（对照组：国家机关、党群组织、企业单位负责人）				
公务员、经商人员	0.0559	0.0322	1.74	0.082 *
商业服务人员	-0.0702	0.0289	-2.43	0.015 **
生产人员	-0.2642	0.0253	-10.44	0.000 ***
无固定职业	0.0611	0.0405	1.51	0.132
就业单位性质				
（对照组：个体户）				
事业单位、国企	1.0681	0.0293	36.41	0.000 ***
私营企业	0.5510	0.0219	25.15	0.000 ***
外资企业	1.3790	0.0369	37.35	0.000 ***
社团民办组织、无单位、其他	0.0440	0.0296	1.49	0.137
就业行业				
（对照：制造业、采掘等）				
建筑、交通等	-0.4552	0.0226	-20.12	0.000 ***
批发零售	-0.3774	0.0269	-14.05	0.000 ***
住宿餐饮	-0.4146	0.0271	-15.32	0.000 ***
农林牧业、社会服务	-0.4108	0.0248	-16.58	0.000 ***
金融、卫生等	-0.0790	0.0268	-2.95	0.003 ***
是否签订合同	1.2518	0.0183	68.53	0.000 ***
工作经验	0.0603	0.0063	9.63	0.000 ***
工作经验的平方	-0.0007	0.0001	-6.86	0.000 ***
常数项	-2.9053	0.0918	-31.66	0.000
Pseudo R^2	0.4147			
Prob > F	0.0000			

注：*、**、*** 分别表示在10%、5%和1%的水平下显著。

表7-37在表7-36的基础上增加了流动特征。在个人特征方面，收入、性别、教育以及所居城市级别仍存在显著影响，由此可见，其影响是稳健的。在家庭特征方面，是否已购住房和孩子数目仍显著，表明其影响也是稳健的。在工作特征方面，就业单位性质、就业行业、是否签订合同以及工作经验仍在1%的水平下显著，而其他变量部分显著。在流动特征方面，流动范围、本地居留时间、流动次数、本次流动年限、累计流动时间以及工作时长，均表现出较强的统计显著性，部分变量在1%的水平下显著。相对于打工所在区域为西部的农民工来说，打工所在区域在中部、东部或东北地

区获取失业保险的能力越强。

表7-37 教育（分类变量）对农民工失业保险获取能力影响的 Probit 回归结果—模型（4）

变量	系数值	标准差	Z值	P值
个人特征				
性别	-0.0128	0.0151	-0.84	0.398
年龄	-0.0367	0.0237	-1.55	0.121
年龄的平方	-0.0003	0.0001	-2.84	0.004***
婚姻状况	-0.0123	0.0491	-0.25	0.802
受教育水平				
（对照组：小学及以下）				
初中	0.3283	0.0422	7.77	0.000***
高中（中专）	0.7345	0.0650	11.30	0.000***
大专及以上	1.2885	0.0880	14.64	0.000***
上个月纯收入	0.1110	0.0110	10.10	0.000***
所居城市级别	0.0773	0.0117	6.62	0.000***
户籍来源区域				
（对照组：西部）				
中部	-0.0016	0.0214	-0.08	0.939
东部	0.1440	0.0226	6.36	0.000***
东北	-0.0936	0.0488	-1.92	0.055*
家庭特征				
孩子数目	-0.0638	0.0156	-4.08	0.000***
家庭人数	0.0189	0.0123	1.53	0.126
是否已购住房	0.2501	0.0177	14.10	0.000***
工作特征				
找工作方式				
（对照组：自主就业）				
亲戚朋友介绍	-0.1724	0.0198	-8.73	0.000***
社会网络了解	0.0586	0.0227	2.58	0.010**
职业类型				
（对照组：国家机关、党群组织、企业单位负责人）				
公务员、经商人员	0.0564	0.0332	1.70	0.090
商业服务人员	-0.1007	0.0297	-3.39	0.001***
生产人员	-0.3023	0.0260	-11.64	0.000***
无固定职业	-0.1843	0.0473	-3.90	0.000***

续表

变量	系数值	标准差	Z 值	P 值
就业单位性质				
（对照组：个体户）				
事业单位、国企	1.1137	0.0304	36.67	0.000 ***
私营企业	0.5003	0.0227	22.08	0.000 ***
外资企业	1.2621	0.0379	33.28	0.000 ***
社团民办组织、无单位、其他	-0.0741	0.0324	-2.29	0.022 **
就业行业				
（对照组：制造业、采掘等）				
建筑、交通等	-0.3647	0.0236	-15.45	0.000 ***
批发零售	-0.2452	0.0281	-8.73	0.000 ***
住宿餐饮	-0.2771	0.0284	-9.77	0.000 ***
农林牧业、社会服务	-0.2939	0.0260	-11.31	0.000 ***
金融、卫生等	-0.0842	0.0284	-2.96	0.003 ***
是否签订合同	1.2653	0.0190	66.59	0.000 ***
工作经验	0.0447	0.0069	6.47	0.000 ***
工作经验的平方	-0.0004	0.0001	-3.69	0.000 ***
流动特征				
流动范围	-0.0239	0.0115	-2.07	0.038 **
本地居留时间	-0.1667	0.0257	-6.48	0.000 ***
本地居留时间重新划分	0.0622	0.0141	4.40	0.000 ***
打工所在区域				
（对照组：西部）				
中部	-0.0566	0.0300	-1.89	0.059 *
东部	0.5256	0.0233	22.55	0.000 ***
东北	-0.1709	0.0548	-3.12	0.002 ***
流动次数	-0.0305	0.0083	-3.67	0.000 ***
本次流动年限	0.1709	0.0259	6.61	0.000 ***
累计流动时间	0.0570	0.0085	6.75	0.000 ***
工作时长	-0.0069	0.0005	-14.78	0.000 ***
常数项	-3.6474	0.1314	-27.76	0.000
Pseudo R²		0.4571		
Prob > F		0.0000		

注：*、**、*** 分别表示在 10%、5% 和 1% 的水平下显著。

为进一步研究教育存量是否能有效提高农民工的失业保险获取能力，下文将研究教育连续变量对失业保险的影响。表 7-38 探讨农民工个人特征影响农民工失业保险获取能力的模型（1）。此时，受教育年限对失业保险存在显著影响，影响系数为 0.5154。表 7-39 增加了家庭特征，受教育年限变量影响仍显著，影响系数为 0.4778。表 7-40 增加了工作特征，受教育年限对失业保险仍存在显著影响，影响系数为 0.5099，表明受教育年限越长，失业保险的获取能力越高。表 7-41 增加了流动特征，受教育年限变量影响仍显著，影响系数为 0.4728。根据以上分析可知，教育是影响失业保险获取能力的关键变量；不论是教育虚拟变量还是连续变量，随着变量的逐渐增加，教育对失业保险的影响受到其他变量的影响仍显著，表明教育变量是稳健的；随着变量的逐渐增加，教育对失业保险的影响系数在减小，但其减小幅度低。其他变量的影响详见表 7-38~表 7-41。

表 7-38 教育（连续变量）对农民工失业保险获取能力影响的 Probit 回归结果—模型（1）

变量	系数值	标准差	Z 值	P 值
个人特征				
性别	-0.0491	0.0098	-5.03	0.000 ***
年龄	0.0367	0.0153	2.39	0.017 **
年龄的平方	-0.0001	0.0000	-5.47	0.000 ***
婚姻状况	0.0653	0.0131	5.00	0.000 ***
受教育年限	0.5154	0.0060	85.71	0.000 ***
上个月纯收入	0.0595	0.0025	24.24	0.000 ***
所居城市级别	-0.3132	0.0074	42.06	0.000 ***
户籍来源区域				
（对照组：西部）				
中部	-0.0279	0.0116	-2.42	0.016 **
东部	0.2784	0.0124	22.51	0.000 ***
东北	-0.1281	0.0220	-5.83	0.000 ***
常数项	-1.8414	0.0380	-48.44	0.000
Pseudo R^2	0.1325			
Prob > F	0.0000			

注：**、*** 分别表示在5%和1%的水平下显著。

表 7-39 教育（连续变量）对农民工失业保险获取能力影响的 Probit 回归结果—模型（2）

变量	系数值	标准差	Z 值	P 值
个人特征				
性别	-0.0315	0.0110	-2.87	0.004 ***
年龄	0.0218	0.0171	1.28	0.200

续表

变量	系数值	标准差	Z值	P值
年龄的平方	-0.0001	0.0000	-3.66	0.000***
婚姻状况	0.0577	0.0386	1.50	0.135
受教育年限	0.4778	0.0070	68.38	0.000***
上个月纯收入	0.0614	0.0027	22.95	0.000***
所居城市级别	-0.2848	0.0091	-31.44	0.000***
户籍来源区域				
（对照组：西部）				
中部	-0.0180	0.0130	-1.39	0.164
东部	0.2868	0.0137	21.01	0.000***
东北	-0.2465	0.0257	-9.59	0.000***
家庭特征				
孩子数目	-0.1138	0.0117	-9.69	0.000***
家庭人数	0.0130	0.0092	1.41	0.157
是否已购住房	0.1747	0.0126	13.89	0.000***
常数项	-1.7762	0.0605	-29.35	0.00
Pseudo R²	0.1307			
Prob > F	0.0000			

注：***表示在1%的水平下显著。

表7-40　教育（连续变量）对农民工失业保险获取能力影响的Probit回归结果—模型（3）

变量	系数值	标准差	Z值	P值
个人特征				
性别	-0.0263	0.0138	-1.91	0.056*
年龄	-0.0344	0.0219	-1.57	0.116
年龄的平方	-0.0005	0.0001	-5.63	0.000***
婚姻状况	0.0496	0.0459	1.08	0.279
受教育年限	0.5099	0.0238	21.40	0.000***
上个月纯收入	0.0072	0.0048	1.50	0.133
所居城市级别	0.0951	0.0111	8.57	0.000
户籍来源区域				
（对照组：西部）				
中部	0.0817	0.0159	5.15	0.000***
东部	0.4587	0.0167	27.48	0.000***
东北	-0.1817	0.0317	-5.74	0.000***

续表

变量	系数值	标准差	Z值	P值
家庭特征				
孩子数目	-0.0505	0.0143	-3.52	0.000***
家庭人数	0.0234	0.0113	2.07	0.038**
是否已购住房	0.2050	0.0155	13.22	0.000***
工作特征				
找工作方式			-11.48	
（对照组：自主就业）				
亲戚朋友介绍	-0.2147	0.0187	-11.48	0.000***
社会网络了解	0.0340	0.0218	1.56	0.119
职业类型				
（对照组：国家机关、党群组织、企业单位负责人）				
公务员、经商人员	0.0492	0.0321	1.53	0.125
商业服务人员	-0.0822	0.0288	-2.86	0.004***
生产人员	-0.2747	0.0252	-10.89	0.000***
无固定职业	0.0532	0.0404	1.32	0.188
就业单位性质				
（对照组：个体户）				
事业单位、国企	1.0742	0.0293	36.65	0.000***
私营企业	0.5569	0.0219	25.44	0.000***
外资企业	1.3780	0.0369	37.33	0.000***
社团民办组织、无单位、其他	0.0458	0.0296	1.55	0.122
就业行业				
（对照组：制造业、采掘等）				
建筑、交通等	-0.4517	0.0226	-19.98	0.000***
批发零售	-0.3792	0.0268	-14.12	0.000***
住宿餐饮	-0.4154	0.0271	-15.35	0.000***
农林牧业、社会服务	-0.4105	0.0248	-16.57	0.000***
金融、卫生等	-0.0640	0.0267	-2.40	0.017**
是否签订合同	1.2517	0.0183	68.55	0.000***
工作经验	0.0628	0.0062	10.20	0.000***
工作经验的平方	-0.0004	0.0001	-4.12	0.000***
常数项	-3.5051	0.1006	-34.83	0.000
Pseudo R^2		0.4139		
Prob > F		0.0000		

注：*、**、***分别表示在10%、5%和1%的水平下显著。

表 7-41 教育（连续变量）对农民工失业保险获取能力影响的 Probit 回归结果—模型（4）

变量	系数值	标准差	Z 值	P 值
个人特征				
性别	-0.0170	0.0151	-1.13	0.258
年龄	-0.0288	0.0236	-1.22	0.223
年龄的平方	-0.0005	0.0001	-4.93	0.000 ***
婚姻状况	-0.0147	0.0491	-0.30	0.765
受教育年限	0.4728	0.0263	17.94	0.000 ***
上个月纯收入	0.1130	0.0110	10.28	0.000 ***
所居城市级别	0.0760	0.0117	6.51	0.000 ***
户籍来源区域				
（对照组：西部）				
中部	-0.0065	0.0214	-0.31	0.760
东部	0.1394	0.0226	6.16	0.000 ***
东北	-0.0947	0.0487	-1.94	0.052 *
家庭特征				
孩子数目	-0.0638	0.0156	-4.09	0.000 ***
家庭人数	0.0199	0.0123	1.61	0.107
是否已购住房	0.2541	0.0177	14.36	0.000 ***
工作特征				
找工作方式				
（对照组：自主就业）				
亲戚朋友介绍	-0.1749	0.0197	-8.86	0.000 ***
社会网络了解	0.0621	0.0227	2.73	0.006 ***
职业类型				
（对照组：国家机关、党群组织、企业单位负责人）				
公务员、经商人员	0.0512	0.0332	1.54	0.123
商业服务人员	-0.1098	0.0296	-3.71	0.000 ***
生产人员	-0.3104	0.0259	-11.99	0.000 ***
无固定职业	-0.1880	0.0472	-3.99	0.000 ***
就业单位性质				
（对照组：个体户）				
事业单位、国企	1.1180	0.0304	36.84	0.000 ***
私营企业	0.5044	0.0226	22.28	0.000 ***
外资企业	1.2603	0.0379	33.24	0.000 ***
社团民办组织、无单位、其他	-0.0726	0.0324	-2.24	0.025 **

续表

变量	系数值	标准差	Z值	P值
就业行业				
（对照组：制造业、采掘等）				
建筑、交通等	-0.3621	0.0236	-15.35	0.000***
批发零售	-0.2468	0.0281	-8.79	0.000***
住宿餐饮	-0.2783	0.0284	-9.81	0.000***
农林牧业、社会服务	-0.2942	0.0260	-11.32	0.000***
金融、卫生等	-0.0709	0.0283	-2.51	0.012**
是否签订合同	1.2649	0.0190	66.60	0.000***
工作经验	0.0468	0.0068	6.86	0.000***
工作经验的平方	-0.0001	0.0001	-1.31	0.189
流动特征				
流动范围	-0.0237	0.0115	-2.05	0.040**
本地居留时间	-0.1683	0.0257	-6.54	0.000***
本地居留时间重新划分	0.0628	0.0141	4.45	0.000***
打工所在区域				
（对照组：西部）				
中部	-0.0563	0.0299	-1.88	0.060*
东部	0.5263	0.0233	22.59	0.000***
东北	-0.1719	0.0547	-3.14	0.002***
流动次数	-0.0306	0.0083	-3.68	0.000***
本次流动年限	0.1724	0.0258	6.67	0.000***
累计流动时间	0.0570	0.0085	6.74	0.000***
工作时长	-0.0070	0.0005	-14.91	0.000***
常数项	-4.1983	0.1387	-30.27	0.000
Pseudo R^2		0.4566		
Prob > F		0.0000		

注：*、**、*** 分别表示在10%、5%和1%的水平下显著。

（六）教育影响农民工生育保险获取能力回归结果

本小节主要研究教育对农民工生育保险的影响。生育保险和失业保险一样，不存在内生性问题，可以直接用 Probit 模型进行分析。表 7-42 是教育影响农民工生育保险获取能力的回归模型（1）。由表 7-42 可知，农民工的收入、性别、年龄、年龄的平方、教育、户籍所在区域、婚姻状况以及所居城市级别对生育保险的参与存在显著影响,并且变量均在1%的统计水平上显著。性别对生育保险存在显著影响,女性农民工生育保险的获取能力高于男性农民工,可能是因为生育保险更适用于女性。所居城市级别越高,获取生育保险的能力越低。收入水平越高,生育保险的获取能力越强。教育虚拟变量对生育保险的参与也存在显著影响,变量在1%的统计水平上显著。并且相对于小学及以下的学历,农民工的受教育水平越高,有效提高了自身的生育保险获取能力。相对于小学及以下学历的农民工,学历为初中、高中(中专)、大专及以上的系数值分别为0.3044、0.7402、1.5040,农民工学历越高,影响越显著,且其影响系数均高于前文的养老保险、医疗保险、工伤保险、住房公积金以及失业保险。相对于户籍来源在西部的地区,户籍来源在东部或东北地区的农民工有生育保险的可能性更高。

表7-42 教育(分类变量)对农民工生育保险获取能力影响的Probit回归结果—模型(1)

变量	系数值	标准差	Z值	P值
个人特征				
性别	-0.1322	0.0102	-12.98	0.000***
年龄	0.0552	0.0160	3.44	0.001***
年龄的平方	-0.0002	0.0000	-8.04	0.000***
婚姻状况	0.0907	0.0136	6.66	0.000***
受教育水平				
(对照组:小学及以下)				
初中	0.3044	0.0191	15.97	0.000***
高中(中专)	0.7402	0.0205	36.03	0.000***
大专及以上	1.5040	0.0223	67.30	0.000***
上个月纯收入	0.0532	0.0025	21.11	0.000***
所居城市级别	-0.2921	0.0077	-37.98	0.000***
户籍来源区域				
(对照组:西部)				
中部	-0.0246	0.0122	-2.02	0.043**
东部	0.3035	0.0129	23.60	0.000***
东北	-0.1287	0.0233	-5.52	0.000***
常数项	-1.2077	0.0394	-30.65	0.000
Pseudo R^2	0.1456			
Prob > F	0.0000			

注:**、***表示在5%和1%的水平下显著。

表7-43描述的是教育影响农民工生育保险获取能力的模型(2),在表7-42的基础上,增加了家庭特征。此时,收入、性别、年龄、年龄的平方、教育、户籍所在

区域以及所居城市级别仍具有较强的统计显著性，部分变量在1%的统计水平下显著，表明这些变量对生育保险的影响是稳健的。教育对生育保险显著性水平保持不变，并且影响系数在逐渐提高，意味着受教育水平越高，其影响生育保险获取能力的程度越高。在家庭特征方面，孩子的数目以及是否已购住房，对生育保险的获取存在显著影响。孩子数目越多，农民工获取失业保险的能力越低；住房已购，农民工获取失业保险的能力越高。而家庭人数对失业保险的获取不存在显著影响。

表7－43　教育（分类变量）对农民工生育保险获取能力影响的Probit回归结果—模型（2）

变量	系数值	标准差	Z值	P值
个人特征				
性别	-0.1148	0.0115	-10.03	0.000 ***
年龄	0.0409	0.0179	2.29	0.022 **
年龄的平方	-0.0002	0.0000	-5.91	0.000 ***
婚姻状况	0.0643	0.0407	1.58	0.114
受教育水平				
（对照组：小学及以下）				
初中	0.2516	0.0197	12.80	0.000 ***
高中（中专）	0.6693	0.0217	30.86	0.000 ***
大专及以上	1.4173	0.0248	57.13	0.000 ***
上个月纯收入	0.0574	0.0028	20.75	0.000 ***
所居城市级别	-0.2577	0.0094	-27.29	0.000 ***
户籍来源区域				
（对照组：西部）				
中部	-0.0224	0.0137	-1.63	0.103
东部	0.3087	0.0143	21.66	0.000 ***
东北	-0.2293	0.0272	-8.43	0.000 ***
家庭特征				
孩子数目	-0.1214	0.0125	-9.74	0.000 ***
家庭人数	0.0143	0.0098	1.47	0.142
是否已购住房	0.1816	0.0131	13.83	0.000 ***
常数项	-1.1948	0.0626	-19.10	0.000
Pseudo R^2	0.1469			
Prob > F	0.0000			

注：**、*** 分别表示在5%和1%的水平下显著。

表7－44在表7－43的基础上，增加了工作特征。在个人特征方面，性别、年龄的

平方、教育、户籍所在区域以及所居城市级别，存在显著影响，变量均在1%的水平下显著。相对于学历为小学及以下的农民工，受教育水平为初中、高中（中专）以及大专及以上的农民工获取生育保险的能力越强。在家庭特征方面，是否已购住房、孩子数目存在较强的统计显著性。在工作特征方面，找工作方式、职业类型、就业单位性质、就业行业、是否签订合同、工作经验以及工作经验的平方，均存在较强的统计显著性，变量均在1%的水平下显著。在职业类型方面，相对于国家机关工作人员来说，生产人员获得生育保险的可能性更低。在就业单位性质方面，相对于个体户来说，事业单位、国企、私企以及外企的生育保险覆盖率更高。

表7-44 教育（分类变量）对农民工生育保险获取能力影响的Probit回归结果—模型（3）

变量	系数值	标准差	Z值	P值
个人特征				
性别	-0.1445	0.0140	-10.30	0.000***
年龄	-0.0237	0.0224	-1.06	0.290
年龄的平方	-0.0003	0.0001	-2.79	0.005***
婚姻状况	0.0625	0.0475	1.31	0.189
受教育水平				
（对照组：小学及以下）				
初中	0.3027	0.0408	7.43	0.000***
高中（中专）	0.7234	0.0621	11.65	0.000***
大专及以上	1.3133	0.0836	15.71	0.000***
上个月纯收入	0.0046	0.0050	0.92	0.359
所居城市级别	0.0712	0.0112	6.33	0.000***
户籍来源区域				
（对照组：西部）				
中部	0.0456	0.0163	2.80	0.005***
东部	0.4346	0.0169	25.68	0.000***
东北	-0.1774	0.0326	-5.44	0.000***
家庭特征				
孩子数目	-0.0649	0.0149	-4.35	0.000***
家庭人数	0.0180	0.0117	1.53	0.126
是否已购住房	0.2024	0.0158	12.84	0.000***
工作特征				
找工作方式				
（对照组：自主就业）				
亲戚朋友介绍	-0.1992	0.0192	-10.36	0.000***
社会网络了解	0.0376	0.0222	1.70	0.090*

续表

变量	系数值	标准差	Z值	P值
职业类型				
（对照组：国家机关、党群组织、企业单位负责人）				
公务员、经商人员	0.1303	0.0322	4.04	0.000***
商业服务人员	-0.0044	0.0288	-0.15	0.879
生产人员	-0.2048	0.0251	-8.16	0.000***
无固定职业	0.1109	0.0411	2.70	0.007***
就业单位性质				
（对照组：个体户）				
事业单位、国企	0.9090	0.0300	30.32	0.000***
私营企业	0.5363	0.0227	23.61	0.000***
外资企业	1.2351	0.0360	34.29	0.000***
社团民办组织、无单位、其他	0.0483	0.0310	1.56	0.119
就业行业				
（对照组：制造业、采掘等）				
建筑、交通等	-0.3706	0.0234	-15.84	0.000***
批发零售	-0.2985	0.0275	-10.86	0.000***
住宿餐饮	-0.3390	0.0278	-12.20	0.000***
农林牧业、社会服务	-0.3368	0.0255	-13.21	0.000***
金融、卫生等	-0.0287	0.0267	-1.07	0.283
是否签订合同	1.1495	0.0191	60.27	0.000***
工作经验	0.0525	0.0065	8.09	0.000***
工作经验的平方	-0.0006	0.0001	-6.06	0.000***
常数项	-2.7794	0.0938	-29.64	0.000
Pseudo R^2	0.3844			
Prob > F	0.0000			

注：*、***分别表示在10%、1%的水平下显著。

表7-45在表7-44的基础上增加了流动特征。在个人特征方面，性别、年龄的平方、教育以及所居城市级别仍存在显著影响，由此可见，这些变量对生育保险的影响是稳健的。在家庭特征方面，是否已购住房和孩子数目仍显著，表明其影响也是稳健的。在工作特征方面，就业单位性质、就业行业、是否签订合同以及工作经验仍在1%的水平下显著，而其他变量部分显著。在流动特征方面，流动范围、本地居留时间、流动次数、本次流动年限、累计流动时间以及工作时长，均表现出较强的统计显著性，部分变量在1%的水平下显著。相对于打工所在区域为西部的农民工来说，打工所在区

域在中部、东部或东北地区获取生育保险的能力更强。农民工在本地居留时间越长，则获取生育保险的能力越低；流动范围越大，则生育保险获取能力越低；流动次数越多，获取能力也越低；工作时长越长，获取能力越低。这表明我国仍存在高压力、低保障的工作。

表7-45　教育（分类变量）对农民工生育保险获取能力影响的Probit回归结果—模型（4）

变量	系数值	标准差	Z值	P值
个人特征				
性别	-0.1518	0.0152	-9.97	0.000***
年龄	-0.0157	0.0240	-0.65	0.513
年龄的平方	-0.0002	0.0001	-1.73	0.084*
婚姻状况	0.0087	0.0506	0.17	0.863
受教育水平				
（对照组：小学及以下）				
初中	0.2802	0.0449	6.24	0.000***
高中（中专）	0.6609	0.0693	9.54	0.000***
大专及以上	1.1814	0.0937	12.61	0.000***
上个月纯收入	0.0880	0.0110	8.01	0.000***
所居城市级别	0.0636	0.0118	5.37	0.000***
户籍来源区域				
（对照组：西部）				
中部	-0.0103	0.0219	-0.47	0.638
东部	0.1311	0.0230	5.70	0.000***
东北	-0.0835	0.0501	-1.67	0.096*
家庭特征				
孩子数目	-0.0763	0.0162	-4.71	0.000***
家庭人数	0.0130	0.0127	1.02	0.308
是否已购住房	0.2619	0.0178	14.67	0.000***
工作特征				
找工作方式				
（对照组：自主就业）				
亲戚朋友介绍	-0.1634	0.0202	-8.10	0.000***
社会网络了解	0.0608	0.0230	2.65	0.008***
职业类型				
（对照组：国家机关、党群组织、企业单位负责人）				
公务员、经商人员	0.1319	0.0330	3.99	0.000***
商业服务人员	-0.0348	0.0294	-1.18	0.236

续表

变量	系数值	标准差	Z值	P值
生产人员	-0.2374	0.0256	-9.27	0.000***
无固定职业	-0.1037	0.0477	-2.17	0.000***
就业单位性质				
(对照组:个体户)				
事业单位、国企	0.9396	0.0309	30.42	0.000***
私营企业	0.4857	0.0234	20.78	0.000***
外资企业	1.1162	0.0368	30.30	0.000***
社团民办组织、无单位、其他	-0.0628	0.0338	-1.86	0.063*
就业行业				
(对照组:制造业、采掘等)				
建筑、交通等	-0.2876	0.0243	-11.85	0.000***
批发零售	-0.1802	0.0285	-6.31	0.000***
住宿餐饮	-0.2201	0.0289	-7.61	0.000***
农林牧业、社会服务	-0.2297	0.0266	-8.64	0.000***
金融、卫生等	-0.0292	0.0281	-1.04	0.299
是否签订合同	1.1541	0.0197	58.50	0.000***
工作经验	0.0353	0.0072	4.87	0.000***
工作经验的平方	-0.0005	0.0001	-4.19	0.000***
流动特征				
流动范围	-0.0539	0.0117	-4.58	0.000***
本地居留时间	-0.1336	0.0261	-5.12	0.000***
本地居留时间重新划分	0.0451	0.0145	3.12	0.002***
打工所在区域				
(对照组:西部)				
中部	-0.1308	0.0309	-4.23	0.000***
东部	0.4864	0.0238	20.41	0.000***
东北	-0.1720	0.0564	-3.05	0.002***
流动次数	-0.0249	0.0086	-2.90	0.004***
本次流动年限	0.1338	0.0262	5.10	0.000***
累计流动时间	0.0603	0.0086	7.01	0.000***
工作时长	-0.0052	0.0005	-10.73	0.000***
常数项	-3.3413	0.1328	-25.16	0.000
Pseudo R^2		0.4212		
Prob > F		0.0000		

注:*、***分别表示在10%、1%的水平下显著。

为进一步研究教育存量是否能有效提高农民工的生育保险获取能力，下文将研究教育连续变量对生育保险的影响。表7-46为农民工个人特征影响农民工生育保险获取能力的模型（1）。此时，受教育年限对生育保险存在显著影响，影响系数为0.5296。表7-47增加了家庭特征，受教育年限变量影响仍显著，影响系数为0.4913。表7-48增加了工作特征，受教育年限对生育保险仍存在显著影响，影响系数为0.5046，表明受教育年限越长，生育保险的获取能力越高。表7-49增加了流动特征，受教育年限变量影响仍显著，影响系数为0.4516。根据以上分析可知，教育是影响生育保险获取能力的关键变量；不论是教育虚拟变量还是连续变量，随着变量的逐渐增加，教育对生育保险的影响受到其他变量的影响仍显著，表明教育变量是稳健的；随着变量的逐渐增加，教育对生育保险的影响系数在减小，但其减小幅度低。其他变量的影响详见表7-46~表7-49。

表7-46 教育（连续变量）对农民工生育保险获取能力影响的 Probit 回归结果—模型（1）

变量	系数值	标准差	Z值	P值
个人特征				
性别	-0.1469	0.0101	-14.47	0.000 ***
年龄	0.0515	0.0160	3.21	0.001 ***
年龄的平方	-0.0002	0.0000	-7.06	0.000 ***
婚姻状况	0.0827	0.0136	6.09	0.000 ***
受教育年限	0.5296	0.0062	84.92	0.000 ***
上个月纯收入	0.0529	0.0025	21.01	0.000 ***
所居城市级别	-0.2932	0.0077	-38.06	0.000 ***
户籍来源区域				
（对照组：西部）				
中部	-0.0368	-0.0368	-3.03	0.002 ***
东部	0.2936	0.2936	22.88	0.000 ***
东北	-0.1358	-0.1358	-5.85	0.000 ***
常数项	-1.9389	-1.9389	-49.31	0.000
Pseudo R^2	0.1415			
Prob > F	0.0000			

注：*** 表示在1%的水平下显著。

表7-47 教育（连续变量）对农民工生育保险获取能力影响的 Probit 回归结果—模型（2）

变量	系数值	标准差	Z值	P值
个人特征				
性别	-0.1285	0.0114	-11.25	0.000 ***
年龄	0.0336	0.0179	1.88	0.060 *

续表

变量	系数值	标准差	Z值	P值
年龄的平方	-0.0001	0.0000	-4.99	0.000***
婚姻状况	0.0654	0.0409	1.60	0.110
受教育年限	0.4913	0.0073	67.63	0.000***
上个月纯收入	0.0570	0.0028	20.66	0.000***
所居城市级别	-0.2612	0.0095	27.61	0.000***
户籍来源区域				
（对照组：西部）				
中部	-0.0373	0.0137	-2.72	0.006***
东部	0.2951	0.0142	20.77	0.000***
东北	-0.2448	0.0271	-9.05	0.000***
家庭特征				
孩子数目	-0.1266	0.0125	-10.11	0.000***
家庭人数	0.0128	0.0098	1.30	0.193
是否已购住房	0.1926	0.0131	14.73	0.000***
常数项	-1.8691	0.0635	-29.41	0.000
Pseudo R^2	0.1423			
Prob > F	0.0000			

注：*、*** 分别表示在10%、1%的水平下显著。

表7-48 教育（连续变量）对农民工生育保险获取能力影响的Probit回归结果—模型（3）

变量	系数值	标准差	Z值	P值
个人特征				
性别	-0.1497	0.0140	-10.68	0.000***
年龄	-0.0142	0.0223	-0.64	0.524
年龄的平方	-0.0006	0.0001	-5.73	0.000***
婚姻状况	0.0602	0.0476	1.27	0.206
受教育年限	0.5046	0.0246	20.54	0.000***
上个月纯收入	0.0065	0.0050	1.30	0.192
所居城市级别	0.0695	0.0112	6.18	0.000***
户籍来源区域				
（对照组：西部）				
中部	0.0393	0.0163	2.41	0.016**
东部	0.4291	0.0169	25.40	0.000***
东北	-0.1794	0.0325	-5.52	0.000***

续表

变量	系数值	标准差	Z值	P值
家庭特征				
孩子数目	-0.0646	0.0149	-4.33	0.000***
家庭人数	0.0189	0.0117	1.61	0.106
是否已购住房	0.2072	0.0157	13.18	0.000***
工作特征				
找工作方式				
（对照组：自主就业）				
亲戚朋友介绍	-0.2023	0.0192	-10.52	0.000***
社会网络了解	0.0419	0.0221	1.89	0.059*
职业类型				
（对照组：国家机关、党群组织、企业单位负责人）				
公务员、经商人员	0.1227	0.0321	3.82	0.000***
商业服务人员	-0.0172	0.0286	-0.60	0.549
生产人员	-0.2162	0.0250	-8.65	0.000***
无固定职业	0.1029	0.0410	2.51	0.012**
就业单位性质				
（对照组：个体户）				
事业单位、国企	0.9157	0.0300	30.57	0.000***
私营企业	0.5426	0.0227	23.90	0.000***
外资企业	1.2348	0.0360	34.30	0.000***
社团民办组织、无单位、其他	0.0507	0.0310	1.64	0.102
就业行业				
（对照组：制造业、采掘等）				
建筑、交通等	-0.3671	0.0234	-15.70	0.000***
批发零售	-0.2997	0.0275	-10.91	0.000***
住宿餐饮	-0.3394	0.0278	-12.21	0.000***
农林牧业、社会服务	-0.3364	0.0255	-13.19	0.000***
金融、卫生等	-0.0132	0.0266	-0.50	0.620
是否签订合同	1.1497	0.0191	60.29	0.000***
工作经验	0.0560	0.0064	8.81	0.000***
工作经验的平方	-0.0003	0.0001	-2.97	0.003***
常数项	-3.3986	0.1027	-33.09	0.000
Pseudo R^2				0.3835
Prob > F				0.0000

注：*、**、***分别表示在10%、5%和1%的水平下显著。

表 7-49 教育（连续变量）对农民工生育保险获取能力影响的 Probit 回归结果—模型（4）

变量	系数值	标准差	Z 值	P 值
个人特征				
性别	-0.1564	0.0152	-10.28	0.000 ***
年龄	-0.0076	0.0239	-0.32	0.752
年龄的平方	-0.0004	0.0001	-3.95	0.000 ***
婚姻状况	0.0066	0.0506	0.13	0.896
受教育年限	0.4516	0.0277	16.33	0.000 ***
上个月纯收入	0.0904	0.0110	8.23	0.000 ***
所居城市级别	0.0621	0.0118	5.25	0.000 ***
户籍来源区域				
（对照组：西部）				
中部	-0.0150	0.0219	-0.69	0.492
东部	0.1265	0.0230	5.51	0.000 ***
东北	-0.0851	0.0500	-1.70	0.089 *
家庭特征				
孩子数目	-0.0762	0.0162	-4.71	0.000 ***
家庭人数	0.0139	0.0127	1.10	0.273
是否已购住房	0.2661	0.0178	14.94	0.000 ***
工作特征				
找工作方式				
（对照组：自主就业）				
亲戚朋友介绍	-0.1662	0.0202	-8.23	0.000 ***
社会网络了解	0.0643	0.0229	2.81	0.005 ***
职业类型				
（对照组：国家机关、党群组织、企业单位负责人）				
公务员、经商人员	0.1259	0.0330	3.82	0.126
商业服务人员	-0.0448	0.0293	-1.53	0.000 ***
生产人员	-0.2464	0.0255	-9.65	0.023 **
无固定职业	-0.1081	0.0476	-2.27	0.000 ***
就业单位性质				
（对照组：个体户）				
事业单位、国企	0.9447	0.0309	30.61	0.000 ***
私营企业	0.4903	0.0234	20.99	0.000 ***
外资企业	1.1149	0.0368	30.27	0.000 ***
社团民办组织、无单位、其他	-0.0607	0.0338	-1.80	0.072 *

续表

变量	系数值	标准差	Z值	P值
就业行业				
（对照组：制造业、采掘等）				
建筑、交通等	-0.2853	0.0243	-11.76	0.000***
批发零售	-0.1817	0.0285	-6.37	0.000***
住宿餐饮	-0.2211	0.0289	-7.65	0.000***
农林牧业、社会服务	-0.2300	0.0266	-8.66	0.000***
金融、卫生等	-0.0158	0.0280	-0.57	0.571
是否签订合同	1.1538	0.0197	58.50	0.000***
工作经验	0.0385	0.0071	5.41	0.000***
工作经验的平方	-0.0002	0.0001	-1.69	0.091*
流动特征				
流动范围	-0.0535	0.0117	-4.55	0.000***
本地居留时间	-0.1353	0.0261	-5.19	0.000***
本地居留时间重新划分	0.0461	0.0145	3.19	0.001***
打工所在区域				
（对照组：西部）				
中部	-0.1307	0.0309	-4.23	0.000***
东部	0.4870	0.0238	20.44	0.000***
东北	-0.1733	0.0563	-3.08	0.002***
流动次数	-0.0252	0.0086	-2.92	0.003***
本次流动年限	0.1353	0.0262	5.16	0.000***
累计流动时间	0.0604	0.0086	7.01	0.000***
工作时长	-0.0052	0.0005	-10.86	0.000***
常数项	-3.8946	0.1404	-27.74	0.000
Pseudo R^2	0.4206			
Prob > F	0.0000			

注：*、**、*** 分别表示在10%、5%和1%的水平下显著。

根据上文分析可知，假设1被验证。农民工受教育水平越高，则获取各类社会保障项目的概率越大。除了医疗保险外，教育是影响农民工获取养老保险、工伤保险、失业保险、生育保险、住房公积金的重要因素。农民工存在较高的受教育水平，意味着有较好的学习能力，能给企业带来更多的利润，企业会采取各项福利措施留住人才。其中，社会保障是企业福利中较为常见的措施，企业会提高农民工社会保障覆盖率，从而留住人才。

二、教育对农民工社会保障获得数量的影响

(一) 教育影响五险参与数量回归结果

首先研究的是教育对农民工五险参与数量的影响。根据内生性检验可知，五险参与数量存在内生性，则采用 IVOLS 模型进行回归分析。表 7-50 是教育影响五险参与数量的回归模型 (1)。由表 7-50 可知，农民工的收入、性别、年龄的平方、教育、户籍所在区域、婚姻状况以及所居城市级别对五险参与数量存在显著影响，并且变量均在 1% 的统计水平上显著。性别对五险参与数量存在显著影响，女性五险参与数量的获取能力高于男性，表明女性在职场中还是受到部分保护的。所居城市级别越高，参与五险的数量越少，保障水平越低。收入水平越高，参与五险的数量越多，保障水平越高。教育虚拟变量对五险参与数量也存在显著影响，变量在 1% 的统计水平上显著。并且相对于小学及以下的学历，农民工的受教育水平越高，则获取的五险数量越多。相对于户籍来源在西部的地区，户籍来源在中部、东部或东北地区的农民工，五险参与数量更多，保障水平更好。

表 7-50 教育 (分类变量) 对五险参与数量影响的 IVOLS 回归结果—模型 (1)

变量	系数值	标准差	Z 值	P 值
个人特征				
上个月纯收入	0.3397	0.0456	7.45	0.000 ***
性别	-0.2277	0.0370	-6.15	0.000 ***
年龄	-0.0347	0.0358	-0.97	0.333
年龄的平方	-0.0003	0.0001	-6.27	0.000 ***
婚姻状况	-0.0203	0.0295	-0.69	0.492
受教育水平				
(对照组：小学及以下)				
初中	0.3998	0.0450	8.89	0.000 ***
高中 (中专)	0.7584	0.0492	15.41	0.000 ***
大专及以上	1.1422	0.0562	20.34	0.000 ***
所居城市级别	-0.2852	0.0164	-17.44	0.000 ***
户籍来源区域				
(对照组：西部)				
中部	0.0661	0.0295	2.24	0.025 **
东部	0.3567	0.0319	11.17	0.000 ***
东北	-0.3427	0.0446	-7.69	0.000 ***
常数项	1.8059	0.3106	5.81	0.000
R - squared	0.1121			
Prob > F	0.0000			

注：**、*** 分别表示在 5% 和 1% 的水平下显著。

表 7 – 51 描述的是教育影响五险参与数量的模型（2），在表 7 – 50 的基础上，增加了家庭特征。此时，收入、性别、年龄的平方、教育、户籍所在区域以及所居城市级别仍具有较强的统计显著性，部分变量在 1% 的统计水平下显著，表明这些变量对五险参与数量的影响是稳健的。教育对五险参与数量显著性水平保持不变，并且影响系数在逐渐提高，意味着教育水平越高，农民工五险参与的数量越多。在家庭特征方面，孩子的数目、家庭人数以及是否已购住房，对五险参与数量存在显著影响。孩子的数目越多，则农民工获取的保障就越少，五险参与数量就越少；已购住房，则五险的参与数量就越少。家庭人数越多，五险参与数量也越少。

表 7 – 51　教育（分类变量）对五险参与数量影响的 IVOLS 回归结果—模型（2）

变量	系数值	标准差	Z 值	P 值
个人特征				
上个月纯收入	0.4677	0.0475	9.85	0.000 ***
性别	-0.3486	0.0451	-7.72	0.000 ***
年龄	-0.0468	0.0420	-1.11	0.265
年龄的平方	-0.0002	0.0001	-4.07	0.000 ***
婚姻状况	0.0896	0.0931	0.96	0.336
受教育水平				
（对照组：小学及以下）				
初中	0.3193	0.0490	6.51	0.000 ***
高中（中专）	0.6916	0.0549	12.60	0.000 ***
大专及以上	1.0924	0.0638	17.11	0.000 ***
所居城市级别	-0.2185	0.0221	-9.90	0.000 ***
户籍来源区域				
（对照组：西部）				
中部	-0.0107	0.0349	-0.31	0.760
东部	0.3035	0.0374	8.12	0.000 ***
东北	-0.3584	0.0556	-6.44	0.000 ***
家庭特征				
孩子数目	-0.0822	0.0285	-2.88	0.004 ***
家庭人数	-0.0463	0.0220	-2.10	0.035 **
是否已购住房	-0.2584	0.0288	-8.97	0.000 ***
常数项	0.9687	0.3361	2.88	0.000
R – squared	0.0033			
Prob > F	0.0000			

注：** 、*** 分别表示在 5% 和 1% 的水平下显著。

表 7-52 在表 7-51 的基础上,增加了工作特征。在个人特征方面,收入、性别、教育以及户籍所在区域,存在显著影响,变量均在 1% 的水平下显著。相对于学历为小学及以下的农民工,受教育水平为初中、高中(中专)以及大专及以上的农民工,获取的五险数量更多。在家庭特征方面,是否已购住房、家庭人数仍存在较强的统计显著性,表明这两种对五险参与数量的影响是稳健的,不随变量的增多而改变其统计显著性。在工作特征方面,找工作方式、职业类型、就业单位性质、就业行业以及是否签订合同,均存在较强的统计显著性,变量均在 1% 的水平下显著。在找工作方式方面,相对于自主就业的农民工来说,亲戚朋友介绍、社会网络了解获取工作的农民工的五险参与数量较少。在就业单位性质方面,相对于个体户来说,事业单位、国企、私企以及外企的五险覆盖率更高。

表 7-52　教育(分类变量)对五险参与数量影响的 IVOLS 回归结果—模型(3)

变量	系数值	标准差	Z 值	P 值
个人特征				
上个月纯收入	1.0339	0.0720	14.36	0.000***
性别	-0.5251	0.0414	-12.69	0.000***
年龄	-0.0751	0.0461	-1.63	0.103
年龄的平方	-0.0002	0.0002	-0.88	0.381
婚姻状况	0.0253	0.0995	0.25	0.799
受教育水平				
(对照组:小学及以下)				
初中	0.3920	0.0871	4.50	0.000***
高中(中专)	0.6249	0.1358	4.60	0.000***
大专及以上	0.6051	0.1857	3.26	0.001***
所居城市级别	-0.0269	0.0247	-1.09	0.277
户籍来源区域				
(对照组:西部)				
中部	0.0303	0.0347	0.87	0.383
东部	0.3571	0.0358	9.97	0.000***
东北	-0.2951	0.0590	-5.00	0.000***
家庭特征				
孩子数目	-0.0127	0.0305	-0.42	0.677
家庭人数	-0.0446	0.0236	-1.89	0.059*
是否已购住房	-0.1417	0.0298	-4.76	0.000***

续表

变量	系数值	标准差	Z值	P值
工作特征				
找工作方式				
（对照组：自主就业）				
亲戚朋友介绍	-0.4652	0.0458	-10.17	0.000***
社会网络了解	-0.3036	0.0509	-5.96	0.000***
职业类型				
（对照组：国家机关、党群组织、企业单位负责人）				
公务员、经商人员	-0.0059	0.0611	-0.10	0.923
商业服务人员	0.3795	0.0574	6.61	0.000***
生产人员	0.1868	0.0486	3.84	0.000***
无固定职业	4.0192	0.2716	14.80	0.000***
就业单位性质				
（对照组：个体户）				
事业单位、国企	0.9315	0.0641	14.54	0.000***
私营企业	0.6641	0.0541	12.28	0.000***
外资企业	0.7695	0.0721	10.67	0.000***
社团民办组织、无单位、其他	1.3488	0.1190	11.33	0.000***
就业行业				
（对照组：制造业、采掘等）				
建筑、交通等	-0.8225	0.0573	-14.34	0.000***
批发零售	-0.6736	0.0620	-10.86	0.000***
住宿餐饮	-0.6659	0.0637	-10.46	0.000***
农林牧业、社会服务	-0.8470	0.0607	-13.95	0.000***
金融、卫生等	0.4487	0.0638	7.03	0.000***
是否签订合同	0.9921	0.0508	19.53	0.000***
工作经验	0.0192	0.0140	1.37	0.171
工作经验的平方	-0.0001	0.0002	-0.58	0.563
常数项	-5.3987	0.5367	-10.06	0.000
R-squared	0.3125			
Prob > F	0.0000			

注：*、***分别表示在10%、1%的水平下显著。

表7-53在表7-52的基础上增加了流动特征。在个人特征方面，收入、性别、教育以及户籍所在区域仍存在显著影响，由此可见，这些变量对五险参与数量的影响是

稳健的。在家庭特征方面，是否已购住房仍显著，表明其影响也是稳健的。在工作特征方面，找工作方式、就业单位性质、就业行业以及是否签订合同，仍在1%的水平下显著，而其他变量部分显著。在流动特征方面，流动范围、本地居留时间、累计流动时间以及工作时长，均表现出较强的统计显著性，部分变量在1%的水平下显著。相对于打工所在区域为西部的农民工来说，打工所在区域在中部、东部或东北地区的农民工五险的覆盖率更高。农民工在本地居留时间越长，则获取五险的数量越少；流动范围越大，则五险的覆盖率越低；工作时长越长，获取五险的数量越少。这表明我国仍存在高压力、低保障的工作。

表7-53　教育（分类变量）对五险参与数量影响的IVOLS回归结果—模型（4）

变量	系数值	标准差	Z值	P值
个人特征				
上个月纯收入	0.7435	0.0523	14.22	0.000***
性别	-0.2557	0.0253	-10.10	0.000***
年龄	-0.0048	0.0333	-0.14	0.886
年龄的平方	-0.0003	0.0002	-1.49	0.136
婚姻状况	-0.0203	0.0730	-0.28	0.781
受教育水平				
（对照组：小学及以下）				
初中	0.2155	0.0652	3.30	0.001***
高中（中专）	0.4214	0.1025	4.11	0.000***
大专及以上	0.6096	0.1400	4.35	0.000***
所居城市级别	0.0354	0.0175	2.02	0.043**
户籍来源区域				
（对照组：西部）				
中部	-0.1988	0.0321	-6.19	0.000***
东部	-0.1050	0.0328	-3.20	0.001***
东北	-0.2123	0.0667	-3.18	0.001***
家庭特征				
孩子数目	-0.0152	0.0224	-0.68	0.499
家庭人数	-0.0134	0.0172	-0.78	0.438
是否已购住房	-0.0677	0.0228	-2.97	0.003***
工作特征				
找工作方式				
（对照组：自主就业）				
亲戚朋友介绍	-0.0459	0.0298	-1.54	0.124
社会网络了解	0.1418	0.0332	4.27	0.000***

续表

变量	系数值	标准差	Z值	P值
职业类型				
（对照组：国家机关、党群组织、企业单位负责人）				
公务员、经商人员	0.0783	0.0424	1.85	0.065
商业服务人员	0.1052	0.0380	2.77	0.006 ***
生产人员	0.0127	0.0334	0.38	0.704
无固定职业	0.1103	0.0646	1.71	0.088 *
就业单位性质				
（对照组：个体户）				
事业单位、国企	0.8517	0.0446	19.10	0.000 ***
私营企业	0.5645	0.0381	14.81	0.000 ***
外资企业	0.6521	0.0510	12.79	0.000 ***
社团民办组织、无单位、其他	-0.0458	0.0475	-0.96	0.335
就业行业				
（对照组：制造业、采掘等）				
建筑、交通等	-0.3968	0.0350	-11.33	0.000 ***
批发零售	-0.1859	0.0407	-4.57	0.000 ***
住宿餐饮	-0.3001	0.0426	-7.04	0.000 ***
农林牧业、社会服务	-0.2118	0.0378	-5.60	0.000 ***
金融、卫生等	-0.1244	0.0362	-3.44	0.001 ***
是否签订合同	1.2491	0.0342	36.54	0.000 ***
工作经验	0.0224	0.0106	2.12	0.034 **
工作经验的平方	-0.0002	0.0002	-0.93	0.353
流动特征				
流动范围	-0.1880	0.0170	-11.06	0.000 ***
本地居留时间	-0.0241	0.0361	-0.67	0.505
本地居留时间重新划分	-0.0538	0.0199	-2.71	0.007 ***
打工所在区域				
（对照组：西部）				
中部	0.1271	0.0439	2.90	0.004 ***
东部	0.6469	0.0366	17.67	0.000 ***
东北	-0.1549	0.0716	-2.16	0.030 **
流动次数	-0.0085	0.0136	-0.62	0.532
本次流动年限	0.0304	0.0363	0.84	0.402

续表

变量	系数值	标准差	Z 值	P 值
累计流动时间	0.0431	0.0129	3.35	0.001***
工作时长	-0.0021	0.0007	-2.98	0.003***
常数项	-3.5713	0.4253	-8.40	0.000***
R-squared			0.4240	
Prob > F			0.0000	

注：*、**、*** 分别表示在 10%、5% 和 1% 的水平下显著。

上文教育变量主要采用的是虚拟变量，为进一步研究教育变量对五险参与数量的影响，下文采用教育连续变量进行检验。表 7-54 为农民工个人特征影响五险参与数量的模型（1）。此时，受教育年限对五险参与数量存在显著影响，影响系数为 0.3473。表 7-55 增加了家庭特征，受教育年限变量影响仍显著，影响系数为 0.0888。表 7-56 增加了工作特征，受教育年限对五险参与数量仍存在显著影响，影响系数为 0.1016，表明受教育年限越长，五险参与数量越多。表 7-57 增加了流动特征，受教育年限变量影响仍显著，影响系数为 0.1965。随着变量的增加，教育连续变量对五险参与数量的影响变化不大，但相对于前文的养老保险、医疗保险等来说，影响较低。根据以上分析可知，教育是影响五险参与数量的关键变量；不论是教育虚拟变量还是连续变量，随着变量的逐渐增加，教育对五险参与数量的影响受到其他变量的影响仍显著，表明教育变量是稳健的。其他变量的影响详见表 7-54~表 7-57。

表 7-54　教育（连续变量）对五险参与数量影响的 IVOLS 回归结果—模型（1）

变量	系数值	标准差	Z 值	P 值
个人特征				
上个月纯收入	0.3403	0.0455	7.48	0.000***
性别	-0.2274	0.0373	-6.10	0.000***
年龄	-0.0343	0.0359	-0.95	0.340
年龄的平方	-0.0003	0.0001	-6.28	0.000***
婚姻状况	-0.0197	0.0295	-0.67	0.505
受教育年限	0.3743	0.0149	25.18	0.000***
所居城市级别	-0.2853	0.0164	17.44	0.000***
户籍来源区域				
（对照组：西部）				
中部	0.0667	0.0296	2.26	0.024**
东部	0.3572	0.0321	11.13	0.000***

续表

变量	系数值	标准差	Z值	P值
东北	-0.3410	0.0445	-7.67	0.000***
常数项	1.4446	0.3104	4.65	0.000
R-squared		0.1116		
Prob > F		0.0000		

注：**、*** 分别表示在5%和1%的水平下显著。

表7-55　教育（连续变量）对五险参与数量影响的IVOLS回归结果—模型（2）

变量	系数值	标准差	Z值	P值
个人特征				
性别	0.4691	0.0474	9.90	0.000***
年龄	-0.3528	0.0454	-7.77	0.000***
年龄的平方	-0.0495	0.0421	-1.17	0.240
婚姻状况	-0.0002	0.0001	-3.94	0.000***
受教育年限	0.0888	0.0932	0.95	0.341
上个月纯收入	0.3728	0.0180	20.75	0.000***
所居城市级别	-0.2185	0.0221	-9.90	0.000***
户籍来源区域				
（对照组：西部）				
中部	-0.0145	0.0350	-0.41	0.679
东部	0.2996	0.0375	7.98	0.000***
东北	-0.3614	0.0555	-6.52	0.000***
家庭特征				
孩子数目	-0.0826	0.0285	-2.90	0.004***
家庭人数	-0.0466	0.0220	-2.11	0.034**
是否已购住房	-0.2561	0.0289	-8.87	0.000***
常数项	0.5482	0.3355	1.63	0.000
R-squared		0.0016		
Prob > F		0.0000		

注：**、*** 分别表示在5%和1%的水平下显著。

表7-56　教育（连续变量）对五险参与数量影响的IVOLS回归结果—模型（3）

变量	系数值	标准差	Z值	P值
个人特征				
上个月纯收入	1.0121	0.0697	14.52	0.000***
性别	-0.5092	0.0401	-12.69	0.000***

续表

变量	系数值	标准差	Z值	P值
年龄	-0.0927	0.0457	-2.03	0.042**
年龄的平方	0.0002	0.0002	0.84	0.402
婚姻状况	0.0308	0.0985	0.31	0.755
受教育年限	0.1016	0.0571	1.78	0.075*
所居城市级别	-0.0231	0.2439	-0.95	0.343
户籍来源区域				
（对照组：西部）				
中部	0.0401	0.0342	1.17	0.241
东部	0.3651	0.0353	10.34	0.000***
东北	-0.2920	0.0584	-5.00	0.000***
家庭特征				
孩子数目	-0.0155	0.0302	-0.51	0.607
家庭人数	-0.0453	0.0234	-1.94	0.053*
是否已购住房	-0.1490	0.0295	-5.06	0.000***
工作特征				
找工作方式				
（对照组：自主就业）				
亲戚朋友介绍	-0.4550	0.0450	-10.12	0.000***
社会网络了解	-0.3058	0.0505	-6.06	0.000***
职业类型				
（对照组：国家机关、党群组织、企业单位负责人）				
公务员、经商人员	0.0095	0.0602	0.16	0.875
商业服务人员	0.3990	0.0572	6.98	0.000***
生产人员	0.2052	0.0484	4.24	0.000***
无固定职业	3.9700	0.2655	14.95	0.000***
就业单位性质				
（对照组：个体户）				
事业单位、国企	0.9164	0.0632	14.51	0.000***
私营企业	0.6557	0.0535	12.25	0.000***
外资企业	0.7676	0.0714	10.76	0.000***
社团民办组织、无单位、其他	1.3096	0.1155	11.34	0.000***

续表

变量	系数值	标准差	Z值	P值
就业行业				
（对照组：制造业、采掘等）				
建筑、交通等	-0.8267	0.0569	-14.53	0.000***
批发零售	-0.6659	0.0612	-10.89	0.000***
住宿餐饮	-0.6660	0.0630	-10.57	0.000***
农林牧业、社会服务	-0.8453	0.0600	-14.08	0.000***
金融、卫生等	0.4119	0.0614	6.71	0.000***
是否签订合同	1.0005	0.0501	19.98	0.000***
工作经验	0.0154	0.0138	1.11	0.265
工作经验的平方	-0.0007	0.0002	-3.73	0.000***
常数项	-5.2146	0.5097	-10.23	0.000
R-squared		0.2541		
Prob > F		0.0000		

注：*、**、*** 分别表示在10%、5%和1%的水平下显著。

表7-57 教育（连续变量）对五险参与数量影响的IVOLS回归结果—模型（4）

变量	系数值	标准差	Z值	P值
个人特征				
上个月纯收入	0.7419	0.0520	14.27	0.000***
性别	-0.2547	0.0252	-10.12	0.000***
年龄	-0.0060	0.0332	-0.18	0.856
年龄的平方	-0.0002	0.0002	-1.42	0.154
婚姻状况	-0.0202	0.0730	-0.28	0.782
受教育年限	0.1965	0.0426	4.61	0.000
所居城市级别	0.0356	0.0175	2.04	0.042
户籍来源区域				
（对照：西部）				
中部	-0.1985	0.0321	-6.18	0.000***
东部	-0.1050	0.0328	-3.20	0.001***
东北	-0.2128	0.0667	-3.19	0.001***
家庭特征				
孩子数目	-0.0153	0.0224	-0.68	0.494
家庭人数	-0.0134	0.0172	-0.78	0.436
是否已购住房	-0.0681	0.0228	-2.99	0.003***

续表

变量	系数值	标准差	Z值	P值
工作特征				
找工作方式				
(对照组：自主就业)				
亲戚朋友介绍	-0.0456	0.0298	-1.53	0.126
社会网络了解	0.1412	0.0332	4.26	0.000 ***
职业类型				
(对照组：国家机关、党群组织、企业单位负责人)				
公务员、经商人员	0.0793	0.0423	1.87	0.061 *
商业服务人员	0.1066	0.0379	2.81	0.005 ***
生产人员	0.0139	0.0333	0.42	0.676
无固定职业	0.1106	0.0646	1.71	0.087 *
就业单位性质				
(对照组：个体户)				
事业单位、国企	0.8509	0.0445	19.11	0.000 ***
私营企业	0.5640	0.0381	14.80	0.000 ***
外资企业	0.6520	0.0509	12.80	0.000 ***
社团民办组织、无单位、其他	-0.0471	0.4739	-0.99	0.320
就业行业				
(对照组：制造业、采掘等)				
建筑、交通等	-0.3973	0.0350	-11.35	0.000 ***
批发零售	-0.1857	0.0407	-4.57	0.000 ***
住宿餐饮	-0.3003	0.0426	-7.05	0.000 ***
农林牧业、社会服务	-0.2121	0.0378	-5.61	0.000 ***
金融、卫生等	-0.1261	0.0360	-3.50	0.000 ***
是否签订合同	1.2493	0.0342	36.56	0.000 ***
工作经验	0.0221	0.0105	2.11	0.035 **
工作经验的平方	-0.0002	0.0001	-1.34	0.181
流动特征				
流动范围	-0.1881	0.0170	-11.07	0.000 ***
本地居留时间	-0.0238	0.0361	-0.66	0.509
本地居留时间重新划分	-0.0538	0.0198	-2.71	0.007 ***

续表

变量	系数值	标准差	Z值	P值
打工所在区域				
（对照组：西部）				
中部	0.1277	0.0438	2.91	0.004***
东部	0.6477	0.0365	17.73	0.000***
东北	-0.1538	0.0715	-2.15	0.031**
流动次数	-0.0085	0.0136	-0.62	0.533
本次流动年限	0.0301	0.0362	0.83	0.406
累计流动时间	0.0430	0.0129	3.34	0.001***
工作时长	-0.0021	0.0007	-2.97	0.003***
常数项	-3.7468	0.4233	-8.85	0.000
R-squared		0.4244		
Prob > F		0.0000		

注：*、**、***分别表示在10%、5%和1%的水平下显著。

（二）教育影响五险一金参与数量回归结果

其次，研究的是教育对农民工五险一金参与数量的影响。根据内生性检验可知，五险一金参与数量存在内生性，则采用IVOLS模型进行回归分析。表7-58是教育影响五险一金参与数量的回归模型（1）。由表7-58可知，农民工的收入、性别、年龄的平方、教育、户籍所在区域以及所居城市级别对五险一金参与的数量存在显著影响，并且变量均在1%的统计水平上显著。性别对五险一金参与数量存在显著影响，女性农民工五险一金参与数量高于男性农民工，表明女性农民工的社会保障覆盖率高于男性农民工。所居城市级别越高，参与五险一金的数量越少，保障水平越低。收入水平越高，参与五险一金的数量越多，保障水平越高。教育虚拟变量对五险一金参与数量也存在显著影响，变量在1%的统计水平上显著。并且相对于小学及以下的学历，农民工的受教育水平越高，则获取的五险一金数量越多。相对于户籍来源在西部的地区，户籍来源在中部、东部或东北地区的农民工，五险一金参与数量更多，保障水平更好。

表7-58 教育（分类变量）对五险一金参与数量影响的IVOLS回归结果—模型（1）

变量	系数值	标准差	Z值	P值
个人特征				
上个月纯收入	0.3944	0.0520	7.58	0.000***
性别	-0.2231	0.0422	-5.28	0.000***
年龄	-0.0415	0.0409	-1.01	0.310

续表

变量	系数值	标准差	Z值	P值
年龄的平方	-0.0004	0.0001	-6.39	0.000***
婚姻状况	0.0040	0.0336	0.12	0.905
受教育水平				
（对照组：小学及以下）				
初中	0.4257	0.0513	8.30	0.000***
高中（中专）	0.8964	0.0561	15.97	0.000***
大专及以上	1.4943	0.0641	23.33	0.000***
所居城市级别	-0.3081	0.0187	-16.52	0.000***
户籍来源区域				
（对照组：西部）				
中部	0.0620	0.0336	1.85	0.065*
东部	0.3852	0.0364	10.57	0.000***
东北	-0.2789	0.0509	-5.48	0.000***
常数项	1.6714	0.3542	4.72	0.000
R-squared	0.1278			
Prob > F	0.0000			

注：*、*** 分别表示在10%、1%的水平下显著。

表7-59描述的是教育影响五险一金参与数量的模型（2），在表7-58的基础上，增加了家庭特征。此时，收入、性别、年龄的平方、教育、户籍所在区域以及所居城市级别仍具有较强的统计显著性，部分变量在1%的统计水平下显著，表明这些变量对五险一金参与数量的影响是稳健的。教育对五险一金参与数量影响的统计显著性水平保持不变，并且影响系数在逐渐提高，意味着受教育水平越高，农民工五险一金参与的数量越多。在家庭特征方面，孩子的数目、家庭人数以及是否已购住房，对五险一金参与数量存在显著影响。孩子的数目越多，则农民工获取的保障就越少，五险一金参与数量就越少；已购住房，则五险一金的参与数量就越少；家庭人数越多，五险一金参与数量也越少。三者对五险一金的数量都呈现负向影响。

表7-59　教育（分类变量）对五险一金参与数量影响的IVOLS回归结果—模型（2）

变量	系数值	标准差	Z值	P值
个人特征				
上个月纯收入	0.5063	0.0533	9.49	0.000***
性别	-0.3345	0.0507	-6.60	0.000***
年龄	-0.0462	0.0472	-0.98	0.328

续表

变量	系数值	标准差	Z值	P值
年龄的平方	-0.0003	0.0001	-4.58	0.000 ***
婚姻状况	0.1155	0.1045	1.11	0.269
受教育水平				
（对照组：小学及以下）				
初中	0.3425	0.0551	6.22	0.000 ***
高中（中专）	0.8167	0.0616	13.25	0.000 ***
大专及以上	1.4217	0.0717	19.83	0.000 ***
所居城市级别	-0.2321	0.0248	-9.37	0.000 ***
户籍来源区域				
（对照组：西部）				
中部	-0.0095	0.0392	-0.24	0.808
东部	0.3359	0.0420	8.00	0.000 ***
东北	-0.3377	0.0625	-5.41	0.000 ***
家庭特征				
孩子数目	-0.1084	0.0320	-3.39	0.001 ***
家庭人数	-0.0523	0.0247	-2.11	0.034 **
是否已购住房	-0.2294	0.0324	-7.09	0.000 ***
常数项	0.9704	0.3775	2.57	0.000
R-squared	0.0440			
Prob > F	0.0000			

注：**、*** 分别表示在5%和1%的水平下显著。

表7-60在表7-59的基础上，增加了工作特征。在个人特征方面，收入、性别、教育以及户籍所在区域，存在显著影响，变量均在1%的水平下显著。相对于学历为小学及以下的农民工，受教育水平为初中、高中（中专）以及大专及以上的农民工，获取的五险一金数量更多。在家庭特征方面，是否已购住房、孩子数目以及家庭人数仍存在较强的统计显著性，表明其对五险一金参与数量的影响是稳健的，不随变量的增多而改变其统计显著性。在工作特征方面，找工作方式、职业类型、就业单位性质、就业行业以及是否签订合同，均存在较强的统计显著性，变量均在1%的水平下显著。在找工作方式方面，相对于自主就业的农民工来说，由亲戚朋友介绍、社会网络了解获取工作的农民工的五险一金参与数量较少。在就业行业方面，相对于制造业来说，就业在建筑、交通、批发零售、住宿餐饮、农林牧业以及社会服务行业的农民工五险一金覆盖率更低，而就业在金融、卫生等行业的农民工五险一金覆盖率更高。这表明建筑、交通、批发零售、住宿餐饮、农林牧业以及社会服务等行业没有严格执行相应

的政府政策，应该加大这些行业对农民工的五险一金覆盖率。

表7-60 教育（分类变量）对五险一金参与数量影响的IVOLS回归结果—模型（3）

变量	系数值	标准差	Z值	P值
个人特征				
上个月纯收入	1.1640	0.0808	14.41	0.000 ***
性别	-0.5597	0.0464	-12.06	0.000 ***
年龄	-0.0569	0.0517	-1.10	0.272
年龄的平方	-0.0002	0.0003	-0.72	0.471
婚姻状况	0.0251	0.1116	0.22	0.822
受教育水平				
（对照组：小学及以下）				
初中	0.4059	0.0977	4.16	0.000 ***
高中（中专）	0.6865	0.1523	4.51	0.000 ***
大专及以上	0.7284	0.2083	3.50	0.000 ***
所居城市级别	-0.0086	0.0277	-0.31	0.755
户籍来源区域				
（对照组：西部）				
中部	0.0431	0.0389	1.11	0.268
东部	0.4096	0.0402	10.20	0.000 ***
东北	-0.2534	0.0662	-3.83	0.000 ***
家庭特征				
孩子数目	-0.0240	0.0342	-0.70	0.000 ***
家庭人数	-0.0491	0.0265	-1.86	0.063 *
是否已购住房	-0.1030	0.0334	-3.08	0.002 ***
工作特征				
找工作方式				
（对照组：自主就业）				
亲戚朋友介绍	-0.5439	0.0513	-10.60	0.000 ***
社会网络了解	-0.3143	0.0571	-5.50	0.000 ***
职业类型				
（对照组：国家机关、党群组织、企业单位负责人）				
公务员、经商人员	-0.0743	0.0685	-1.09	0.278
商业服务人员	0.3457	0.0644	5.37	0.000 ***
生产人员	0.1246	0.0545	2.29	0.022 **
无固定职业	4.4032	0.3047	14.45	0.000 ***

续表

变量	系数值	标准差	Z值	P值
就业单位性质				
（对照组：个体户）				
事业单位、国企	1.2496	0.0719	17.39	0.000***
私营企业	0.7260	0.0607	11.96	0.000***
外资企业	1.0131	0.0809	12.53	0.000***
社团民办组织、无单位、其他	1.5777	0.1335	11.82	0.000***
就业行业				
（对照组：制造业、采掘等）				
建筑、交通等	−0.9353	0.0643	−14.54	0.000***
批发零售	−0.7894	0.0696	−11.35	0.000***
住宿餐饮	−0.7638	0.0714	−10.69	0.000***
农林牧业、社会服务	−0.9910	0.0681	−14.55	0.000***
金融、卫生等	0.5353	0.0716	7.48	0.000***
是否签订合同	1.0884	0.0570	19.11	0.000***
工作经验	0.0073	0.0157	0.46	0.643
工作经验的平方	0.0027	0.0002	0.01	0.991
常数项	−6.2127	0.6021	−10.32	0.000
R − squared	0.3125			
Prob > F	0.0000			

注：*、**、***分别表示在10%、5%和1%的水平下显著。

表7–61在表7–60的基础上增加了流动特征。在个人特征方面，收入、性别、教育以及户籍所在区域仍存在显著影响，由此可见，这些变量对五险一金参与数量的影响是稳健的。在家庭特征方面，是否已购住房、孩子数目以及家庭人数均不显著，随着变量增加，其影响改变，表明其影响不是稳健的。在工作特征方面，找工作方式、就业单位性质、就业行业以及是否签订合同，仍在1%的水平下显著，而其他变量部分显著。在流动特征方面，流动范围、本地居留时间、累计流动时间以及工作时长，均表现出较强的统计显著性，部分变量在1%的水平下显著。相对于打工所在区域为西部的农民工来说，打工所在区域在中部、东部或东北地区的农民工五险一金的覆盖率更高。农民工在本地居留时间越长，则获取五险一金的数量越少；流动范围越大，则五险一金的覆盖率越低；工作时长越长，获取五险一金的数量越少。这表明我国仍存在高压力、低保障的工作。

表7-61　教育（分类变量）对五险一金参与数量影响的 IVOLS 回归结果—模型（4）

变量	系数值	标准差	Z值	P值
个人特征				
上个月纯收入	0.8617	0.0592	14.56	0.000***
性别	-0.2670	0.0286	-9.33	0.000***
年龄	0.0247	0.0377	0.66	0.512
年龄的平方	-0.0003	0.0002	-1.22	0.222
婚姻状况	-0.0211	0.0826	-0.26	0.798
受教育水平				
（对照组：小学及以下）				
初中	0.2056	0.0738	2.79	0.005***
高中（中专）	0.4524	0.1160	3.90	0.000***
大专及以上	0.7167	0.1585	4.52	0.000***
所居城市级别	0.0600	0.0198	3.03	0.002***
户籍来源区域				
（对照组：西部）				
中部	-0.1861	0.0363	-5.12	0.000***
东部	-0.0448	0.0371	-1.21	0.228
东北	-0.1495	0.0755	-1.98	0.048**
家庭特征				
孩子数目	-0.0270	0.0254	-1.06	0.288
家庭人数	-0.0119	0.0195	-0.61	0.542
是否已购住房	-0.0315	0.0258	-1.22	0.223
工作特征				
找工作方式				
（对照组：自主就业）				
亲戚朋友介绍	-0.0774	0.0337	-2.30	0.022**
社会网络了解	0.1808	0.0376	4.81	0.000***
职业类型				
（对照组：国家机关、党群组织、企业单位负责人）				
公务员、经商人员	0.0218	0.0480	0.45	0.649
商业服务人员	0.0438	0.0430	1.02	0.308
生产人员	-0.0606	0.0378	-1.60	0.109
无固定职业	0.0406	0.0731	0.56	0.578

续表

变量	系数值	标准差	Z值	P值
就业单位性质				
（对照组：个体户）				
事业单位、国企	1.1530	0.0505	22.85	0.000***
私营企业	0.6155	0.0431	14.27	0.000***
外资企业	0.8894	0.0577	15.42	0.000***
社团民办组织、无单位、其他	0.0156	0.0537	0.29	0.771
就业行业				
（对照组：制造业、采掘等）				
建筑、交通等	-0.4722	0.0396	-11.92	0.000***
批发零售	-0.2561	0.0460	-5.56	0.000***
住宿餐饮	-0.3631	0.0482	-7.53	0.000***
农林牧业、社会服务	-0.2898	0.0428	-6.77	0.000***
金融、卫生等	-0.1142	0.0409	-2.79	0.005***
是否签订合同	1.3847	0.0387	35.80	0.000***
工作经验	0.0106	0.0119	0.89	0.373
工作经验的平方	0.0000	0.0002	-0.22	0.823
流动特征				
流动范围	-0.1907	0.0192	-9.92	0.000***
本地居留时间	-0.0308	0.0408	-0.75	0.451
本地居留时间重新划分	-0.0584	0.0225	-2.60	0.009***
打工所在区域				
（对照组：西部）				
中部	0.1239	0.0496	2.50	0.013**
东部	0.6239	0.0414	15.06	0.000***
东北	-0.1776	0.0810	-2.19	0.028**
流动次数	-0.0154	0.0154	-1.00	0.317
本次流动年限	0.0360	0.0410	0.88	0.380
累计流动时间	0.0517	0.0146	3.55	0.000***
工作时长	-0.0034	0.0008	-4.23	0.000***
常数项	-4.324889	0.4812712	-8.99	0.000
R-squared		0.4413		
Prob > F		0.0000		

注：**、*** 分别表示在5%和1%的水平下显著。

上文教育变量主要采用的是虚拟变量，为进一步研究教育变量对五险一金参与数量的影响，下文采用教育连续变量进行检验。表7-62为农民工个人特征影响五险一金参与数量的模型（1）。此时，受教育年限对五险一金参与数量存在显著影响，影响系数为0.5119。表7-63增加了家庭特征，受教育年限变量影响仍显著，影响系数为0.4962。表7-64增加了工作特征，受教育年限对五险一金参与数量仍存在显著影响，影响系数为0.1583，表明受教育年限越长，五险一金参与数量越多。表7-65增加了流动特征，受教育年限变量影响仍显著，影响系数为0.2588。随着变量的增加，教育连续变量对五险一金参与数量的影响变化不大。根据以上分析可知，教育连续变量对五险一金参与数量的影响，不随着变量的增加而改变其统计显著性，可见教育对五险一金参与数量的影响是稳健的。其他变量的影响详见表7-62~表7-65。

表7-62　教育（连续变量）对五险一金参与数量影响的IVOLS回归结果—模型（1）

变量	系数值	标准差	Z值	P值
个人特征				
上个月纯收入	0.4001	0.0520	7.69	0.000 ***
性别	-0.2337	0.0426	-5.49	0.000 ***
年龄	-0.0463	0.0410	-1.13	0.259
年龄的平方	-0.0004	0.0001	-6.08	0.000 ***
婚姻状况	0.0001	0.0337	0.00	0.997
受教育年限	0.5119	0.0170	30.13	0.000 ***
所居城市级别	-0.3064	0.0187	-16.38	0.000 ***
户籍来源区域				
（对照组：西部）				
中部	0.0548	0.0338	1.62	0.105
东部	0.3776	0.0367	10.29	0.000 ***
东北	-0.2797	0.0508	-5.50	0.000 ***
常数项	1.0399	0.3548	2.93	0.000
R-squared	0.1237			
Prob > F	0.0000			

注：*** 表示在1%的水平下显著。

表7-63　教育（连续变量）对五险一金参与数量影响的IVOLS回归结果—模型（2）

变量	系数值	标准差	Z值	P值
个人特征				
上个月纯收入	0.5122	0.0533	9.60	0.000 ***
性别	-0.3489	0.0511	-6.83	0.000 ***

续表

变量	系数值	标准差	Z值	P值
年龄	-0.0546	0.0474	-1.15	0.250
年龄的平方	-0.0003	0.0001	-4.24	0.000***
婚姻状况	0.1132	0.1049	1.08	0.280
受教育年限	0.4962	0.0202	24.54	0.000***
所居城市级别	-0.2321	0.0249	-9.34	0.000***
户籍来源区域				
（对照组：西部）				
中部	-0.0218	0.0394	-0.55	0.580
东部	0.3232	0.0423	7.65	0.000***
东北	-0.3455	0.0624	-5.53	0.000***
家庭特征				
孩子数目	-0.1099	0.0321	-3.42	0.001***
家庭人数	-0.0533	0.0248	-2.15	0.032
是否已购住房	-0.2217	0.0325	-6.82	0.000***
常数项	0.3225	0.3776	0.85	0.000
R-squared	0.0378			
Prob > F	0.0000			

注：*** 表示在1%的水平下显著。

表7-64　教育（连续变量）对五险一金参与数量影响的 IVOLS 回归结果—模型（3）

变量	系数值	标准差	Z值	P值
个人特征				
上个月纯收入	1.1442	0.0783	14.61	0.000***
性别	-0.5454	0.0451	-12.10	0.000***
年龄	-0.0725	0.0513	-1.41	0.158
年龄的平方	0.0002	0.0003	0.60	0.550
婚姻状况	0.0298	0.1107	0.27	0.788
受教育年限	0.1583	0.0642	2.47	0.014**
所居城市级别	-0.0053	0.0274	-0.19	0.846
户籍来源区域				
（对照组：西部）				
中部	0.0518	0.0384	1.35	0.178
东部	0.4167	0.0397	10.50	0.000***
东北	-0.2513	0.0656	-3.83	0.000***

续表

变量	系数值	标准差	Z值	P值
家庭特征				
孩子数目	-0.0264	0.0339	-0.78	0.437
家庭人数	-0.0497	0.0262	-1.89	0.058*
是否已购住房	-0.1095	0.0331	-3.31	0.001***
工作特征				
找工作方式				
（对照组：自主就业）				
亲戚朋友介绍	-0.5348	0.0505	-10.58	0.000***
社会网络了解	-0.3162	0.0567	-5.58	0.000***
职业类型				
（对照组：国家机关、党群组织、企业单位负责人）				
公务员、经商人员	-0.0606	0.0677	0.16	0.371
商业服务人员	0.3632	0.0643	6.98	0.000***
生产人员	0.1410	0.0544	4.24	0.010**
无固定职业	4.3584	0.2984	14.95	0.000***
就业单位性质				
（对照组：个体户）				
事业单位、国企	1.2362	0.0710	17.42	0.000***
私营企业	0.7188	0.0601	11.95	0.000***
外资企业	1.0118	0.0802	12.62	0.000***
社团民办组织、无单位、其他	1.5426	0.1298	11.89	0.000***
就业行业				
（对照组：制造业、采掘等）				
建筑、交通等	-0.9389	0.0639	-14.68	0.000***
批发零售	-0.7822	0.0687	-11.38	0.000***
住宿餐饮	-0.7635	0.0708	-10.78	0.000***
农林牧业、社会服务	-0.9891	0.0674	-14.67	0.000***
金融、卫生等	0.5022	0.0690	7.28	0.000***
是否签订合同	1.0960	0.0563	19.48	0.000***
工作经验	0.0042	0.0155	0.27	0.785
工作经验的平方	-0.0005	0.0002	-2.36	0.018**
常数项	-6.1204	0.5727	-10.69	0.000
R-squared		0.2541		
Prob > F		0.0000		

注：**、***分别表示在5%和1%的水平下显著。

表7-65 教育（连续变量）对五险一金参与数量影响的 IVOLS 回归结果—模型（4）

变量	系数值	标准差	Z值	P值
个人特征				
上个月纯收入	0.8645	0.0589	14.68	0.000 ***
性别	-0.2689	0.0285	-9.43	0.000 ***
年龄	0.0272	0.0376	0.72	0.469
年龄的平方	-0.0003	0.0002	-1.65	0.099
婚姻状况	-0.0216	0.0826	-0.26	0.794
受教育年限	0.2588	0.0482	5.37	0.000 ***
所居城市级别	0.0595	0.0198	3.00	0.003 ***
户籍来源区域				
（对照组：西部）				
中部	-0.1867	0.0363	-5.14	0.000 ***
东部	-0.0451	0.0372	-1.21	0.225
东北	-0.1494	0.0755	-1.98	0.048 **
家庭特征				
孩子数目	-0.0265	0.0254	-1.04	0.297
家庭人数	-0.0117	0.0195	-0.60	0.547
是否已购住房	-0.0305	0.0258	-1.18	0.237
工作特征				
找工作方式				
（对照组：自主就业）				
亲戚朋友介绍	-0.0781	0.0337	-2.32	0.021 **
社会网络了解	0.1817	0.0376	4.84	0.000 ***
职业类型				
（对照组：国家机关、党群组织、企业单位负责人）				
公务员、经商人员	0.0199	0.0479	0.42	0.678
商业服务人员	0.0412	0.0429	0.96	0.337
生产人员	-0.0628	0.0377	-1.67	0.096 *
无固定职业	0.0403	0.0731	0.55	0.582
就业单位性质				
（对照组：个体户）				
事业单位、国企	1.1549	0.0504	22.90	0.000 ***
私营企业	0.6167	0.0431	14.30	0.000 ***
外资企业	0.8900	0.0577	15.43	0.000 ***
社团民办组织、无单位、其他	0.0187	0.0537	0.35	0.727

续表

变量	系数值	标准差	Z值	P值
就业行业				
（对照组：制造业、采掘等）				
建筑、交通等	-0.4711	0.0396	-11.89	0.000***
批发零售	-0.2562	0.0460	-5.56	0.000***
住宿餐饮	-0.3623	0.0482	-7.51	0.000***
农林牧业、社会服务	-0.2888	0.0428	-6.75	0.000***
金融、卫生等	-0.1109	0.0408	-2.72	0.007***
是否签订合同	1.3841	0.0387	35.76	0.000***
工作经验	0.0117	0.0119	0.98	0.326
工作经验的平方	0.0001	0.0002	0.31	0.758
流动特征				
流动范围	-0.1907	0.0192	-9.91	0.000***
本地居留时间	-0.0312	0.0408	-0.76	0.445
本地居留时间重新划分	-0.0582	0.0225	-2.59	0.010**
打工所在区域				
（对照组：西部）				
中部	0.1228	0.0496	2.47	0.013**
东部	0.6225	0.0414	15.04	0.000***
东北	-0.1801	0.0810	-2.22	0.026**
流动次数	-0.0153	0.0154	-1.00	0.319
本次流动年限	0.0364	0.0410	0.89	0.375
累计流动时间	0.0518	0.0146	3.56	0.000***
工作时长	-0.0034	0.0008	-4.26	0.000***
常数项	-4.6315	0.4794	-9.66	0.000
R-squared		0.4408		
Prob > F		0.0000		

注：**、***分别表示在5%和1%的水平下显著。

根据上文分析可知，假设2被验证。农民工教育水平越高，则其参与社会保障的数量越多，社会保障的覆盖率越高。而且教育水平越高，农民工社会保障的获取能力得到了大幅度的提高。此外，其他控制变量，如性别、户籍来源区域、就业单位性质以及打工所在区域等也存在显著影响。其中，女性农民工社会保障参与数量高于男性；国企、外企、私企的农民工获取更多数量的社会保障的概率更高；相较于户籍来源是西部地区的农民工，中部和东部地区的农民工获取更多社会保障的概率越高。

第五节 本章小结

本章数据来源于2016年全国大规模流动人口卫生计生动态监测调查，运用IVProbit和IVOLS模型对教育是否提高农民工社会保障覆盖率进行了详细的分析。根据分析可知，上文两个假设均被验证，其基本结论包括：

第一，农民工受教育水平越高，则其获得各类社会保障项目的概率越高。农民工受教育水平越高，则其对社会保障的获取能力也越高。同时，农民工学历越高，影响越显著，例如在被解释变量为养老保险时，相对于小学及以下学历的农民工，学历为初中、高中（中专）、大专及以上的系数值分别为0.1063、0.2575、0.6230，这意味着相对于小学及以下的农民工来说，学历为初中时，农民工的养老保险获取能力将提高10.63%；学历为高中（中专）时，农民工的养老保险获取能力将提高25.75%；学历为大专及以上时，农民工的养老保险获取能力将提高62.30%。农民工学历越高，影响越显著。因此，较高的教育水平能有效提高农民工的社会保障获取能力。

第二，农民工受教育水平越高，则其获得社会保障数量越多。农民工受教育水平越高，则其参与社会保障的数量越多，农民工的社会保障越完善。而且随着农民工受教育水平的提高，教育对农民工社会保障参与数量的影响也在提升。例如，被解释变量为五险参与数量时，相对于小学及以下学历的农民工，学历为初中、高中（中专）、大专及以上的系数值分别为0.3998、0.7584、1.1422；被解释变量为五险一金参与数量时，相对于小学及以下学历的农民工，学历为初中、高中（中专）、大专及以上的系数值分别为0.4257、0.8964、1.4943，教育水平的提高对农民工社会保障参与数量存在显著影响。因此，应当加大农民工教育投入，提高农民工教育人力资本存量。

第三，女性农民工社会保障的获取能力高于男性。性别变量的结果表明，男性农民工的总体社会保障获得状况低于女性农民工。女性农民工在养老保险、工伤保险、生育保险、失业保险方面的覆盖率高于男性，但是住房公积金的获取能力低于男性，主要是因为女性农民工在职场中更易受到保护，对于女性农民工的养老保险、工伤保险等覆盖率较高，而住房公积金主要存在与部分企业中，且男性承担更多的买房压力。因此，男性农民工的住房公积金覆盖率更高。此外，性别对农民工医疗保险的获取能力影响并不显著，表明医疗保险的获取并不存在男性和女性的差别，我国的医疗保险体系已基本完善，初步形成全民医保。

第四，国企、私企、外企等类型企业的社会保障覆盖率高。农民工为企业制企业员工时，其社会保障参与数量越多。当农民工所处企业为国有企业时，覆盖率最高，其次为外企和私营企业，而覆盖率最差的企业类型是个体工商户。例如，被解释变量为五险参与数量时，相对于个体户的农民工，在国有企业、私企、外企的系数值分别为0.9315、0.6641、0.7695；被解释变量为五险一金参与数量时，相对于个体户的农民工，在国有企业、私企、外企的系数值分别为1.2496、0.7260、1.0131；国有企业社会保障覆盖率最好，远高于私营企业。我国应当严格监督私营企业、个体工商户的社会保障政策实施,扩大农民工社会保障覆盖率。

第五,农民工各类社会保障项目的覆盖率存在显著的地区差异。户籍来源地为东部地区的农民工,社会保障覆盖率最高,其次是中部地区和西部地区,覆盖率最差的是东北地区。例如,被解释变量为五险参与数量时,相对于户籍来源地为西部的农民工,户籍来源为中部、东部及东北地区的系数值分别为 0.0661、0.3567、-0.3427。打工所在区域为东部地区的社会保障覆盖率最高,其次中部地区和西部地区,覆盖率最差的是东北地区。例如,被解释变量为五险一金参与数量时,相对于打工所在区域为西部的农民工,打工所在区域为中部、东部、东北的系数值分别为 0.1239、0.6239、-0.1776。可知,我国各地区之间社会保障覆盖率存在显著差异,西部地区和东北地区的覆盖率较低,不利于该地区留住劳动力,不利于该地区的经济发展。

第八章

教育对农民工务工收入的影响

第一节 引 言

改革开放以来,我国经济的快速发展也伴随着人口的大规模流动。大量的农民工涌入城市,成为我国经济发展的重要力量,根据国家统计局发布的2017年度农民工监测调查报告显示,我国农民工总规模达到了2.87亿人,新生代农民工群体占比超过50%。随着我国经济增速的下降以及人口老龄化带来的劳动力短缺,如何保持我国经济的可持续增长成为重要议题。对此,蔡昉(2009)提出通过教育深化提高劳动力的人力资本,能够延续人口红利,保持经济增长。舒尔茨在20世纪60年代就提出了教育对于农民及农村的发展起到了不可忽视的作用,并指出继续教育和职业教育更能从实际上提高工作效率。目前,农村劳动力的受教育水平普遍低于城市,黄海峰等(2018)指出企业对于农民工的受教育水平要求越来越高,农民工的工资水平在很大程度上会受到自身教育水平的影响。因此研究农民工教育水平对于其收入的影响能够促进农民工对于自身人力资本的投入,获得更高的收入。此外,更高的教育水能够帮助农民工更好适应经济结构的转型期,从而减少失业。

影响收入水平的因素有很多,但丹森(Denison,1985)研究发现,一般来说,造成个人之间的收入差距的原因中,60%都是由教育造成的。舒尔茨(Schultz,1960)认为,收入的差距主要是因为教育水平的差距所造成的,提高劳动者教育能够提高他们的收入从而影响整个社会的收入分配,坎贝尔曼等(Kampelmann et al.,2018)更指出,学历对生产力的影响比工资成本更大。刘林平、张春林(2007)对农民工工资的决定模型做了较为完善的描述,从人力资本、社会资本、企业制度以及社会环境四个方面选取变量,发现人力资本对农民工工资的影响程度最大。黄海峰等(2018)研究发现农村居民接受高水平教育投资时,其月收入会提升63.9%,这种正向促进作用在新生代农民群体中更明显。魏婧华等(2013)对广东、上海等地9个市的新生代农民工的数据分析发现,教育水平和技能培训对他们的收入水平都产生了显著影响,教育水平越高,收入越高,参与培训的农民工收入高于没有参加培训的农民工;刘莹莹等(2018)则指出技能培训对农民工收入的影响要大于教育水平,但是改善农村基础教育，普及义务教育依然是提高农民工收入的关键和基础。黄斌（2014）进一步检验得到，低收入农民群体借助教育来提高收入水平的能力偏低，在这个前提下，农民的收入差距会逐渐增加，笔者认为，强调农村教育的质量和效率要比单纯增加教育年限对农民的收入提高更有用。此外，钟水映、代书静（2018）指出不同教育水平对于收入的影响程度也有所不同，随着教育层次的提高，教育的回报率也逐渐增加。

除了受教育水平会对农民工的收入产生影响，其他因素如个人特征、家庭特征、流动特征等也会对收入产生一定的影响。从个人特征来说，高文书（2006）利用5个城市的调查数据得到，男性农民工的收入水平要比女性高23.8%，陈和关（Chen and Guan, 2016）进一步指出，当外来务工人员的教育水平足够高时，男性和女性之间的收入差距就不再明显，年龄对农民工的工资有所影响，年龄越大，收入水平越高。刘林平、张春泥（2007）对此解释为，年龄越大，工龄越长，相当于工作经验越多，从而收入水平越高；但王春超、周先波（2013）进一步发现年龄和收入的关系更为复杂，在年轻阶段随着年龄的增加，正向促进作用是逐渐减弱的，到了一个特殊的年龄时，年龄开始负向影响收入。艾小青等（2018）以北京为例，研究了子女数量对流动人口收入的影响，指出子女数量的增加会抑制流动人口收入的增加。阿萨德等（Assaad et al., 2018）则指出家庭背景对于财富的影响比制度激励更大；田新朝、张建武（2014）认为家庭人数越多，农民工获得的收入越高，但是张务伟等（2010）则指出家庭人数越多，家庭的耕地面积越大，该农民工的非农就业倾向越低，收入水平越低。

从工作特征来看，高文书（2006）和刘林平、张春泥（2007）都认为行业性质对农民工的工资水平没有显著影响，但田丰（2010）分析不同单位的工资发现，在体制内单位工作的农民工收入高于其他单位，没有固定单位的农民工收入在所有单位类型中最低。他还指出农民工的流向地不同，收入水平也不同。这与钱雪飞（2010）的结论一致，即农民工的工作越稳定，其每小时的收入越高；同时他还指出，签订劳动合同有利于提高农民工的每小时的收入水平。另外，农民工的流动区域的不同对工资水平产生了影响，中西部地区打工的农民收入低于东部，西部地区打工的农民工的收入水平最低。邓翔等（2018）对农民工的流动范围研究发现，区外流动的农民工收入高于区内流动的农民工，说明农民工流动范围越远，收入越高，但同时也牺牲了他们的社会保障。

通过对已有文献研究的梳理，发现对于农民工的工资决定模型的研究已经较为完善，在前人的基础上不断有学者在现有的模型中增加变量，但是大多数文献在研究教育水平对收入的影响时，采用的通常是受教育年限这一连续变量，这会掩盖不同受教育水平阶段对收入的不同影响的信息；在研究教育对农民工收入的影响时，很多文献并没有考虑加入流动特征变量，只考虑到个人特征或者家庭特征等；另外多数研究采用简单且单一的回归计量方法，没有指出教育对不同收入阶段的不同影响。最后，大多文献分析的样本较小，只涉及市或者区域，而很少有文献研究全国的农民工的情况。因此本章以前人的工资决定模型为基础，加入个人特征变量、家庭特征变量、工作特征变量以及流动特征变量来考察教育对于农民工务工收入的影响。

农民工的务工收入水平会受到受教育水平以及其他特征变量的影响，受教育水平高的农民工往往获得更好的工作机会从而获得更高的收入。另外，在不同的受教育水平下，提高教育水平对农民工务工收入促进作用也有所不同，对于受教育水平较高的农民工而言，提高教育水平对其务工收入的促进作用更加明显。鉴于此，本章提出以下假设：

假设 1：农民工的受教育程度越高，务工收入越高；

假设 2：较高受教育水平对务工收入的促进程度高于低受教育水平对收入的促进程度。

第二节 数据来源及描述性统计

本章的数据来源于 2016 年全国流动人口卫生计生动态监测调查，通过对 31 个省区市的调查，得到了 168 407 个样本。由于本章研究对象是农民工，经过数据清理，剔除了城镇户籍人口，并保留年龄处于 15～59 岁的样本，此外限定他们的流动原因为务工/工作和经商，最终得到有效样本为 115 910 个。表 8－1 是本章主要变量的描述性统计。就农民工的务工收入而言，平均月收入为 3 614.88 元，月收入最高达到了 90 000 元。从农民工的受教育水平来看，平均受教育年限为 9.7 年左右，说明农民工的平均受教育水平处于高中水平。具体来看，有 15.33% 的农民工的最高受教育水平为小学及以下；53.24% 的农民工的最高受教育水平为初中；仅 21.44% 的农民工受到的最高教育水平为高中；接受大专及以上教育水平的农民工占比最少，只有 9.99%。从年龄分布情况来看，31～40 岁年龄段的农民工占整个群体的比重最高，为 33.49%，其次为处于 21～30 岁年龄段的农民工，占总体的 30.39%，有 26.56% 的农民工处于 41～50 岁年龄段，51 岁以上的农民工的比例仅为 7.37%，年龄在 15～20 岁的农民工占比最低，只有 2.19%。样本中，57.67% 的农民工为男性，男性农民工数量略高于女性；82.1% 的农民工都处于已婚状态。

从家庭情况来看，87.35% 的农民工家庭中有子女，其中，40.61% 的农民工只有一个孩子，32.44% 的农民工家庭有两个孩子，拥有三个以及三个以上孩子的农民工家庭只占整个样本的 4.8%，这说明独生子女家庭是最多的，同时相对而言家庭中孩子超过三个的占比非常少；从家庭总人口数量上看，39.13% 的家庭是三口之家，四口之家的家庭占整个样本的 29.39%，11.08% 的家庭只有两口人，五口之家的家庭比例最低，仅为 7.32%，也就是说，样本中家庭规模主要是三口人和四口人，结合孩子的数量来看，家庭中户内同住人口主要为一代人，家庭规模较小，家庭结构简单。从农民工房产拥有情况来看，样本中只有 19.01% 的农民工有自己的房子，包括自建房。这说明绝大部分在外地农民工都没有购买自己的房子。

从农民工的工作情况来看，就职于个体户的农民工占比最高为 40.5%，其次为私营企业，占比为 28.56%；有 22.45% 的农民工在社团和民办组织工作，他们甚至没有工作单位；5.27% 的农民工在机关事业单位、国企工作；在港澳台企业、外资企业单位工作的就业人数最少，仅占 3.22%。从农民工的职业类型来看，从事生产人员的占比最高,为 46.97%;其次是公务员办和经商人员,占比为 19.68%;从事商业服务的农民工占比为 15.42%;12.15% 的农民工没有固定职业。从流动范围来看,跨省流动工作的农民工占比最高,为 51.27%;其次是省内跨市,占比为 32.30%;市内跨县的占比最低。从流动次数来看,平均流动次数为 1.3886 次,有农民工最多流动了 40 次。从农民工的流动时间来看,最长为 30 年以上,最短不到 1 年,平均流动时间为 3 年左右。从农民工的流动地区分布来看,流向东部的农民工比例最高,为 43.31%;西部的数量居中,为 32.64%;流向中部地区的农民工比例为 17.80%;在东北部打工的农民工数量最少,只占整个群体的 6.25%。

表 8-1　　　　教育对农民工务工收入影响因素的描述性统计

变量	定义	均值	标准差	最小值	最大值
因变量					
月收入	月纯收入(元)	3 614.8800	3 233.05	0	90 000
自变量					
个人特征					
受教育年限	受教育年限(年)	9.7188	2.8140	0	18
受教育水平					
小学及以下	受教育水平小学及以下为1,其余为0	0.1524	0.3005	0	1
初中	受教育水平为初中为1,其余为0	0.5324	0.4990	0	1
高中(中专)	高中为1,其余为0	0.2144	0.4104	0	1
大专及以上	大专及以上为1,其余为0	0.0999	0.2999	0	1
年龄					
15~20岁	15~20岁为1,否则为0	0.0219	0.4216	0	1
21~30岁	21~30岁为1,否则为0	0.3039	0.4599	0	1
31~40岁	31~40岁为1,否则为0	0.3349	0.4720	0	1
41~50岁	41~50岁为1,否则为0	0.2656	0.4417	0	1
51~59岁	51~59岁为1,否则为0	0.0737	0.2613	0	1
年龄的平方	年龄的平方	1 362.5970	686.6470	225	3 481
性别	男性赋值为1,女性赋值为0	0.5767	0.4941	0	1
是否党员	是党员赋值为1,否为0	0.0251	0.1564	0	1
婚姻状况	已婚为1,其他为0	0.8210	0.3834	0	1

续表

变量	定义	均值	标准差	最小值	最大值
家庭特征					
孩子数量					
没有孩子	没有孩子为1，其余为0	0.0314	0.2011	0	1
一个孩子	只有一个孩子为1，其余为0	0.4061	0.4911	0	1
两个孩子	有两个孩子为1，其余为0	0.3244	0.4682	0	1
三个及以上的孩子	有三个及以上的孩子为1，其余为0	0.0480	0.2138	0	1
房产情况	有房产（包括自建房）赋值为1，否为0	0.1901	0.3924	0	1
家庭人数					
一口人	家庭总人口为一人为1，其余为0	0.1308	0.4264	0	1
两口之家	家庭总人口为两人为1，其余为0	0.1108	0.3139	0	1
三口之家	家庭总人口为三人为1，其余为0	0.3913	0.4881	0	1
四口之家	家庭总人口为四人为1，其余为0	0.2939	0.4555	0	1
五口之家及以上	家庭总人口为五人及以上为1，其余为0	0.0732	0.2605	0	1
工作特征					
工作单位					
个体户	工作单位为个体户为1，其余为0	0.4050	0.5432	0	1
机关事业单位、国企	工作单位为机关事业单位、国企为1，其余为0	0.0527	0.2235	0	1
私营企业	工作单位为私营企业为1，其余为0	0.2856	0.4517	0	1
港澳台企业、外资企业	工作单位为港澳台企业、外资企业为1，其余为0	0.0322	0.1766	0	1
社团民办组织、无单位、其他	工作单位为社团民办组织、无单位、其他为1，其余为0	0.2245	0.4173	0	1

续表

变量	定义	均值	标准差	最小值	最大值
职业类型					
国家机关、党群组织、企业单位负责人	职业为国家机关、党群组织、企业单位负责人为1，否为0	0.0578	0.1643	0	1
公务员、经商人员	职业为公务员或经商人员为1，否为0	0.1968	0.3976	0	1
商业服务人员	职业为商业服务人员为1，否为0	0.1542	0.3612	0	1
生产人员	职业为生产人员为1，否为0	0.4697	0.4991	0	1
无固定职业	无固定职业为1，否为0	0.1215	0.3267	0	1
有无劳动合同	有劳动合同赋值为1，否为0	0.3053	0.4606	0	1
流动特征					
流动范围					
市内跨县	流动范围市内跨县为1，其余为0	0.1643	0.3120	0	1
省内跨市	流动范围省内跨市为1，其余为0	0.3230	0.4676	0	1
跨省	流动范围跨省为1，其余为0	0.5127	0.4998	0	1
流动次数	流动次数（次）	1.3886	1.1019	1	40
流动时间	不到一年为1，1~2年为2，3~4年为3，5~9年为4，10~14年为5，15~19年为6，20~29年为7，30年及以上为8	3.5857	1.5718	1	8
流动地区					
西部	西部包括：内蒙古、广西、重庆、四川、贵州、云南、西藏、陕西、甘肃、青海、宁夏、新疆。西部为1，否为0	0.3264	0.4216	0	1
中部	中部包括：山西、安徽、江西、河南、湖北、湖南。中部为1，否为0	0.1780	0.3825	0	1
东部	东部包括：北京、天津、河北、上海、江苏、浙江、福建、山东、广东、海南，不包括港澳台。东部为1，否为0	0.4331	0.4955	0	1
东北	东北包括：辽宁、吉林、黑龙江。东北部为1，否为0	0.0625	0.2421	0	1

第三节 理论框架与计量模型

一、理论框架

为了研究教育对收入的影响,需要回顾前人的理论并以此为依据为后续的模型研究做基础。本章研究的主要内容涉及的重要理论为人力资本理论。人力资本理论最早于20世纪60年代由舒尔茨提出,他认为人的能力素质比物质资本更加重要,在经济发展中起到重要作用,因为人力资本的回报率非常高。人力资本就是对人力的投资从而形成资本,投资的形式主要分为四类,即医疗保健、在职人员技能培训、教育投入以及劳动力的迁移。舒尔茨认为在这四类投资中,教育是投资最核心的部分。教育对个人收入产生了很大的影响,舒尔茨指出,收入的差距主要是因为教育水平的差距所造成的,提高劳动者教育能够提高他们的收入从而影响整个社会的收入分配;另外他还指出随着义务教育的普及以及初等教育、高等教育升学率的提高,个人之间的收入差距会逐渐缩小,社会收入不平衡的现象会减轻。

舒尔茨认为教育对于农民、农村的发展起到了不可忽视的作用。他指出,在农村教育中,职业教育和继续教育能够更加有效得地解决农民的就业问题,让农村社会得到更好的发展。此外舒尔茨还指出,仅仅只是增加受教育年限而不注重教育质量和效率,最终的效果会低于预期。要考虑农村教育的形式和内容,根据农民的需求提供更适合他们的教育形式。此外人力资本理论还提出劳动力迁移对于个人收入的改善。舒尔茨认为年轻时候发生的劳动力迁移会改善个人的工作环境,对个人劳动力的回报有所提升,也就是说劳动力迁移会提高这一部分年轻劳动力的收入水平;而对于年龄较大的劳动者而言,劳动力迁移对收入的正向促进作用可能并不显著,但是会对他们的下一代产生影响,更加丰富的教育资源会有利于下一代人力资本的提高,从而提高收入水平。

二、计量模型

本章以 Mincer 收入方程为基础,研究教育对收入的影响。由于本章研究的重点是教育对收入的影响,故将人力资本所包含的其他因素都看作外生变量来看待,得到的基础模型如下所示:

$$\text{lnincome} = \alpha + \beta edu + \varepsilon \tag{8.1}$$

其中,lnincome 表示的是农民工的月收入对数。edu 表示农民工的受教育年限。人力资本所包含的其他因素都看作外生变量纳入 ε 残差项中。β 指的是当教育水平变化时,收入水平的变动幅度。由于其他变量,如个人特征和家庭特征都会对收入产生一定的影响,因此得到拓展模型如下所示:

$$\text{lnincome} = \alpha + \beta edu + \sum \gamma_i X_i + \varepsilon \tag{8.2}$$

其中 X_i 指的是加入的个人特征、家庭特征、工作特征和流动特征。除了运用 OLS 方法进行估计，本章还运用 Tobit 估计和分位数回归对模型进行进一步估计，观察教育对于收入是否存在稳健性影响。

（一）Tobit 估计方法

Tobit 模型源于托宾（Tobin，1958）对解释变量有上下限或者极值问题的研究。后来在不断的发展中，人们将被解释变量取值有限或者存在选择行为的模型都称为 Tobit 模型。这类模型的特点在于，被解释变量是受限变量，也就是说文中的因变量收入会受到某些条件的约束，如本章在研究收入时就限制了收入大于 0。Tobit 模型的种类可以分为五类，本章根据研究内容选取的是左截断数据模型，Tobit 模型结构说明当样本的收入小于 0 时，该样本的信息不计入回归。因为如果工资低于 0 就说明无法了解该农民工的收入会受到哪些因素的影响，所以必须限制农民工的收入大于 0。本章的 Tobit 模型结构为：

$$\text{lnincome}* = \alpha + \beta edu + \varepsilon$$
$$\text{lnincome} = \text{lnincome}*, \text{ if lnincome}* > 0 \tag{8.3}$$

（二）分位数回归估计

分位数回归方法由肯克（Koenkel）和皮艾塞特（Pxassett）于 1978 年提出，是对因变量的多个分位数如四分位、十分位等来得到因变量的条件分布下相应的分位数方程。与 OLS 估计相比较，OLS 只得到均值方程相比，而分位数则可以更详细地描述变量的统计分布，估计结果更加稳健，获得更多被掩盖的信息。本章将收入水平分为低收入水平、较低收入水平、一般收入水平、较高收入水平以及高收入水平五类，相应的分位数为 10%、25%、50%、75% 和 90%。上述方程中的 $\beta^{(\theta)}$ 为对教育变量进行估计的第 θ 个分位数的回归参数，同理 $\gamma_i^{(\theta)}$ 为对其他控制变量进行估计的第 θ 个分位数的回归参数，$\varepsilon^{(\theta)}$ 则为第 θ 分位数上的回归残差。根据分位数回归的理论，本章的分位数回归基础模型如下所示：

$$\text{lnincome}^{(\theta)} = \alpha^{(\theta)} + \beta^{(\theta)} edu^{(\theta)} + \varepsilon^{(\theta)} \tag{8.4}$$

拓展方程：

$$\text{lnincome}^{(\theta)} = \alpha^{(\theta)} + \beta^{(\theta)} edu^{(\theta)} + \gamma_i^{(\theta)} X_i^{(\theta)} + \varepsilon^{(\theta)} \tag{8.5}$$

第四节 教育对农民工收入影响的实证结果与分析

一、OLS 模型回归结果

（一）教育为连续变量的估计结果

表 8-2 是教育为连续变量时的回归结果，即模型（1）的回归结果农民工的受教

育年限依然对收入产生显著的正向促进作用，受教育年限越高，其收入水平越高，受教育年限对收入的影响程度为6.72%。在增加家庭特征变量后得到了模型（2），受教育年限对于务工收入的正向促进作用增加为7.47%，但是在继续增加工作特征变量、流动特征变量分别得到模型（3）和模型（4）后，受教育年限对收入的影响程度降低到2.16%。OLS模型的估计结果显示，教育水平对农民工的收入有稳定的正向促进作用，当受教育年限的增加，农民工的收入也随着增加，而且均通过了1%的显著性水平检验。

个人特征变量中，农民工年龄影响其务工收入。模型（1）和模型（2）的估计结果显示，21~30岁年龄段的农民工，其年龄对于收入的影响并不显著，但是对于31~40岁和41~50岁阶段的农民工而言，年龄越大，收入水平越高，这种正向促进作用在1%的水平下显著；对于51~59岁的高龄农民工来说，年龄越大，收入越低。在模型（3）和模型（4）中，年龄在21~30岁、31~40岁以及41~50岁的农民工，随着年龄的增加，收入逐渐增加，这种正向促进作用在1%的水平下显著，但是对于51~59岁年龄段的农民工，年龄对于收入的影响并不显著。就性别而言，男性农民工的收入水平要显著高于女性；在基础模型中，已婚的农民工收入低于未婚的农民工，但在所有的拓展模型中，婚姻状况对于收入的影响并不显著；另外，是否党员对于农民工收入的影响并不显著。

家庭特征变量中，据表8-3的模型（2）估计结果显示，相比较没有孩子的农民工来说，有一个孩子的农民工，其收入水平高于前者；两个孩子的农民工其收入水平比没有孩子的农民工收入水平更高；这种显著性对于拥有三个及以上孩子的农民工家庭依然成立，但是从家庭人口数量来看，相比较一口人的家庭，两口之家的农民工收入低于前者；家庭人数越多，该农民工的收入越低；从房产情况来看，有自己房子的农民工收入水平要低于没有房子的农民工。但是在模型（3）和模型（4）中，孩子数量和家庭人口数量对于农民工收入的影响不再显著，是否有房产也不再显著影响农民工的收入。

工作特征中，从表8-4的估计结果看，相对于个体经营的农民工而言，在机关事业单位、国企工作的农民工收入水平低于前者；就职于港澳台企业、外资企业以及社团民办组织、没有单位及其他企业的农民工收入水平也低于从事个体经营的农民工。从职业类型来看，职业为公务员和商人的农民工收入高于国家机关、党群组织和企业单位负责人；从事商业服务的农民工收入低于国家机关、党群组织和企业单位负责人；相对于职业为国家机关、党群组织和企业单位负责人而言，没有固定职业的农民工收入低于前者。有无劳动合同始终正向促进农民工的收入水平，且在1%的水平下显著。

流动特征变量中，从农民工的流动范围来看，省内跨市的农民工相对于市内跨县的农民工收入水平更高，跨省流动的农民工收入水平显著高于市内跨县的农民工；农民工的收入水平还受到流动次数的影响，在5%的显著水平下，流动次数越多，农民工的收入水平越高；农民工的流动时间则对于收入的影响不显著。从农民工的流动地区来看，以打工地为西部地区为参照，流向中部、东部以及东北地区的农民工收入水平都显著高于在西部工作的农民工，另外从系数来看，四个地区中在东部地区工作的农民工收入水平最高（见表8-5）。

表8-2　教育（连续变量）对农民工收入影响的OLS模型回归结果—模型（1）

变量	系数值	标准差	T值	P值
受教育年限	0.0672***	0.0027	25.3200	0.0000
年龄（对照组：15~20岁）				
21~30岁	0.0347	0.0497	0.7000	0.4860
31~40岁	0.2907***	0.0571	5.0900	0.0000
41~50岁	0.2801***	0.0738	3.8000	0.0000
51~59岁	-0.1665*	0.0984	-1.6900	0.0910
年龄的平方	0.0000	0.0000	0.5200	0.6020
性别	0.7247***	0.0138	52.5100	0.0000
是否党员	-0.0745*	0.0436	-1.7100	0.0870
婚姻状况	-0.1044***	0.0204	-5.1200	0.0000
常数项	6.2321***	0.0545	114.3000	0.0000
Adj R-squared	0.0345			
Prob > F	0.0000			

注：*、***分别表示在10%、1%的水平下显著。

表8-3　教育（连续变量）对农民工收入影响的OLS模型回归结果—模型（2）

变量	系数值	标准差	T值	P值
个人特征				
受教育年限	0.0747***	0.0027	27.6100	0.0000
年龄（对照组：15~20岁）				
21~30岁	0.0321	0.0497	0.6500	0.5190
31~40岁	0.2749***	0.0572	4.8000	0.0000
41~50岁	0.2698***	0.0738	3.6500	0.0000
51~59岁	-0.1698*	0.0983	-1.7300	0.0840
年龄的平方	0.0000	0.0000	0.1500	0.8780
性别	0.7256***	0.0138	52.5300	0.0000
是否党员	-0.0628	0.0436	-1.4400	0.1500
婚姻状况	-0.0116	0.0362	-0.3200	0.7490

续表

变量	系数值	标准差	T值	P值
家庭特征				
孩子数量（对照组：没有孩子）				
一个孩子	0.1426***	0.0346	4.1200	0.0000
两个孩子	0.2214***	0.0395	5.6100	0.0000
三个及三个以上的孩子	0.2612***	0.0522	5.0000	0.0000
房产情况	-0.2529***	0.0176	-14.3900	0.0000
家庭总人口（对照组：一口人）				
两口之家	-0.2240***	0.0387	-5.7900	0.0000
三口之家	-0.2543***	0.0409	-6.2200	0.0000
四口之家	-0.2308***	0.0434	-5.3100	0.0000
五口之家以及以上	-0.3219***	0.0492	-6.5500	0.0000
常数项	6.2293***	0.0556	112.0800	0.0000
Adj R-squared		0.0372		
Prob > F		0.0000		

注：*、***分别表示在10%、1%的水平下显著。

表8-4　教育（连续变量）对农民工收入影响的OLS模型回归结果—模型（3）

变量	系数值	标准差	T值	P值
个人特征				
受教育年限	0.0223***	0.0018	12.5100	0.0000
年龄（对照组：15~20岁）				
21~30岁	0.1831***	0.0315	5.8100	0.0000
31~40岁	0.3017***	0.0363	8.3100	0.0000
41~50岁	0.2790***	0.0468	5.9600	0.0000
51~59岁	0.0927	0.0624	1.4900	0.1370
年龄的平方	0.0000	0.0000	1.6000	0.1110
性别	0.4367***	0.0089	49.1600	0.0000
是否党员	0.0290	0.0277	1.0500	0.2950
婚姻状况	0.0360	0.0230	1.5700	0.1170
家庭特征				
孩子数量（对照组：没有孩子）				
一个孩子	0.0111	0.0220	0.5100	0.6130
两个孩子	-0.0089	0.0251	-0.3600	0.7220

续表

变量	系数值	标准差	T值	P值
三个及三个以上的孩子	0.0359	0.0331	1.0800	0.2780
房产情况	-0.0294***	0.0112	-2.6300	0.0090
家庭总人口（对照组：一口人）				
两口之家	-0.0272	0.0246	-1.1100	0.2680
三口之家	-0.0470*	0.0259	-1.8100	0.0700
四口之家	-0.0164	0.0276	-0.5900	0.5520
五口之家以及以上	-0.0640**	0.0312	-2.0500	0.0400
工作特征				
工作单位（对照组：个体户）				
机关事业单位、国企	-0.1850***	0.0219	-8.4600	0.0000
私营企业	-0.0136	0.0130	-1.0500	0.2960
港澳台企业、外资企业	-0.0611**	0.0272	-2.2500	0.0250
社团民办组织、无单位、其他	-0.7600***	0.0143	-53.3300	0.0000
职业类型（对照组：国家机关、党群组织、企业单位负责人）				
公务员、经商人员	0.1092***	0.0221	4.9300	0.0000
商业服务人员	-0.0434**	0.0215	-2.0200	0.0430
生产人员	0.0164	0.0197	0.8400	0.4030
无固定职业	-4.7539***	0.0246	-193.0800	0.0000
有无劳动合同	0.2304***	0.0124	18.6000	0.0000
省内跨市	7.3291***	0.0419	174.9500	0.0000
Adj R-squared	0.06129			
Prob > F	0.0000			

注：*、**、***分别表示在10%、5%和1%的水平下显著。

表8-5　教育（连续变量）对农民工收入影响的OLS模型回归结果—模型（4）

变量	系数值	标准差	T值	P值
个人特征				
受教育年限	0.0216***	0.0018	12.0500	0.0000
年龄（对照组：15~20岁）				
21~30岁	0.1953***	0.0315	6.2000	0.0000
31~40岁	0.3144***	0.0363	8.6500	0.0000
41~50岁	0.2908***	0.0468	6.2100	0.0000
51~59岁	0.1043*	0.0623	1.6800	0.0940

续表

变量	系数值	标准差	T值	P值
年龄的平方	0.0000 **	0.0000	2.0400	0.0410
性别	0.4404 ***	0.0089	49.5500	0.0000
是否党员	0.0364	0.0277	1.3200	0.1880
婚姻状况	0.0142	0.0230	0.6200	0.5370
家庭特征				
孩子数量（对照组：没有孩子）				
一个孩子	-0.0004	0.0220	-0.0200	0.9850
两个孩子	-0.0269	0.0251	-1.0700	0.2850
三个及三个以上的孩子	0.0161	0.0332	0.4800	0.6280
房产情况	0.0064	0.0116	0.5500	0.5790
家庭总人口（对照组：一口人）				
两口之家	-0.0181	0.0246	-0.7400	0.4610
三口之家	-0.0294	0.0260	-1.1300	0.2580
四口之家	0.0039	0.0276	0.1400	0.8890
五口之家以及以上	-0.0384	0.0313	-1.2300	0.2200
工作特征				
工作单位（对照组：个体户）				
机关事业单位、国企	-0.1810 ***	0.0219	-8.2800	0.0000
私营企业	-0.0500 ***	0.0131	-3.8100	0.0000
港澳台企业、外资企业	-0.1382 ***	0.0274	-5.0500	0.0000
社团民办组织、无单位、其他	-0.7647 ***	0.0142	-53.6700	0.0000
职业类型（对照组：国家机关、党群组织、企业单位负责人）				
公务员、经商人员	0.1112 ***	0.0221	5.0300	0.0000
商业服务人员	-0.0384 *	0.0214	-1.7900	0.0730
生产人员	0.0038	0.0196	0.1900	0.8460
无固定职业	-4.7565 ***	0.0246	-193.2800	0.0000
有无劳动合同	0.2148 ***	0.0124	17.3300	0.0000
流动特征				
流动范围（对照组：市内跨县）				
省内跨市	0.0968 ***	0.0130	7.4400	0.0000
跨省	0.0983 ***	0.0130	7.5400	0.0000
流动次数	0.0094 **	0.0041	2.2900	0.0220
流动时间	-0.0023	0.0032	-0.7100	0.4780

续表

变量	系数值	标准差	T值	P值
流动地区（对照组：西部）				
中部	0.0249*	0.0130	1.9200	0.0550
东部	0.1848***	0.0107	17.2700	0.0000
东北	0.1151***	0.0189	6.0800	0.0000
常数项	7.1603***	0.0436	164.2900	0.0000
Adj R-squared	0.6146			
Prob > F	0.0000			

注：*、**、***分别表示在10%、5%和1%的水平下显著。

（二）教育为分类变量的估计结果

将教育作为分类变量，以小学及以下水平作为参照组，得到的估计结果如表8-6所示，教育水平为初中水平的农民工，其收入高于小学及以下水平的农民工，对收入的影响程度为38.75%，当农民工的教育水平处于高中中专水平时，其对收入的正向促进作用增加为51.52%，当农民工的受教育程度为大专及以上水平时，教育对于收入的正向促进作用程度进一步提高为68.67%，说明教育程度越高，对收入的影响程度越大。在增加三种特征变量之后的拓展模型后，从表8-7、表8-8和表8-9的估计结果来看这种正向关系依然保持在1%的水平下显著，但是从系数来看，随着其他变量的不断增加，教育对于收入的影响程度逐渐降低。相比较教育为连续变量时的回归结果，当教育为分类变量时，其他变量对于收入的影响没有产生较大的变化，与教育为连续变量得到的结果基本保持一致。

表8-6 教育（分类变量）对农民工收入影响的OLS模型回归结果—模型（2）

变量	系数值	标准差	T值	P值
个人特征				
受教育水平（对照组：小学及以下）				
初中	0.3875***	0.3875	19.0200	0.0000
高中（中专）	0.5152***	0.5152	21.3400	0.0000
大专及以上	0.6867***	0.6867	22.9300	0.0000
年龄（对照组：15~20岁）				
21~30岁	0.0588	0.0588	1.1800	0.2380
31~40岁	0.3039***	0.3039	5.3200	0.0000
41~50岁	0.2896***	0.2896	3.9200	0.0000
51~59岁	-0.1603	-0.1603	-1.6300	0.1040

续表

变量	系数值	标准差	T值	P值
年龄的平方	0.0000	0.0000	0.9000	0.3690
性别	0.7200***	0.7200	51.9800	0.0000
是否党员	-0.0360	-0.0360	-0.8200	0.4120
婚姻状况	-0.1153***	-0.1153	-5.6400	0.0000
常数项	6.4779***	6.4779	126.1300	0.0000
Adj R-squared		0.0345		
Prob > F		0.0000		

注：*** 表示在1%的水平下显著。

表8-7 教育（分类变量）对农民工收入影响的OLS模型回归结果—模型（2）

变量	系数值	标准差	T值	P值
个人特征				
受教育水平（对照组：小学及以下）				
初中	0.3990***	0.0204	0.0204	0.0000
高中（中专）	0.5517***	0.0243	0.0243	0.0000
大专及以上	0.7638***	0.0305	0.0305	0.0000
年龄（对照组：15~20岁）				
21~30岁	0.0532	0.0498	0.0498	0.2850
31~40岁	0.2887***	0.0573	0.0573	0.0000
41~50岁	0.2799***	0.0739	0.0739	0.0000
51~59岁	-0.1645*	0.0984	0.0984	0.0940
年龄的平方	0.0000	0.0000	0.0000	0.6130
性别	0.7224***	0.0139	0.0139	0.0000
是否党员	-0.0292	0.0438	0.0438	0.5040
婚姻状况	-0.0113	0.0362	0.0362	0.7550
家庭特征				
孩子数量（对照组：没有孩子）				
一个孩子	0.1284***	0.0347	0.0347	0.0000
两个孩子	0.2057***	0.0395	0.0395	0.0000
三个及三个以上的孩子	0.2431***	0.0522	0.0522	0.0000
房产情况	-0.2460***	0.0176	0.0176	0.0000

续表

变量	系数值	标准差	T值	P值
家庭总人口（对照组：一口人）				
两口之家	-0.2224***	0.0387	0.0387	0.0000
三口之家	-0.2543***	0.0409	0.0409	0.0000
四口之家	-0.2323***	0.0434	0.0434	0.0000
五口之家以及以上	-0.3191***	0.0492	0.0492	0.0000
常数项	6.5291***	0.0523	0.0523	0.0000
Adj R-squared		0.0369		
Prob > F		0.0000		

注：*、***分别表示在10%、1%的水平下显著。

表8-8　教育（分类变量）对农民工收入影响的OLS模型回归结果—模型（3）

变量	系数值	标准差	T值	P值
个人特征				
受教育水平（对照组：小学及以下）				
初中	0.0628***	0.0130	4.8200	0.0000
高中（中专）	0.0805***	0.0156	5.1500	0.0000
大专及以上	0.2650***	0.0201	13.1700	0.0000
年龄（对照组：15~20岁）				
21~30岁	0.1752***	0.0316	5.5500	0.0000
31~40岁	0.2952***	0.0363	8.1300	0.0000
41~50岁	0.2726***	0.0468	5.8200	0.0000
51~59岁	0.0897	0.0624	1.4400	0.1500
年龄的平方	0.0000	0.0000	1.3300	0.1830
性别	0.4422***	0.0089	49.5900	0.0000
是否党员	0.0178	0.0278	0.6400	0.5230
婚姻状况	0.0355	0.0230	1.5400	0.1220
家庭特征				
孩子数量（对照组：没有孩子）				
一个孩子	0.0164	0.0220	0.7500	0.4560
两个孩子	-0.0046	0.0251	-0.1800	0.8530
三个及三个以上的孩子	0.0339	0.0331	1.0200	0.3060
房产情况	-0.0308	0.0112	-2.7500	0.0060

续表

变量	系数值	标准差	T值	P值
家庭总人口（对照组：一口人）				
两口之家	-0.0289	0.0246	-1.1800	0.2400
三口之家	-0.0474*	0.0259	-1.8300	0.0680
四口之家	-0.0170	0.0276	-0.6100	0.5390
五口之家以及以上	-0.0645**	0.0312	-2.0700	0.0390
工作特征				
工作单位（对照组：个体户）				
机关事业单位、国企	-0.1949***	0.0219	-8.8900	0.0000
私营企业	-0.0188	0.0130	-1.4500	0.1480
港澳台企业、外资企业	-0.0614**	0.0272	-2.2600	0.0240
社团民办组织、无单位、其他	-0.7648***	0.0143	-53.6100	0.0000
职业类型（对照组：国家机关、党群组织、企业单位负责人）				
公务员、经商人员	0.1212***	0.0222	5.4500	0.0000
商业服务人员	-0.0303	0.0216	-1.4100	0.1600
生产人员	0.0303	0.0198	1.5300	0.1270
无固定职业	-4.7432***	0.0247	-192.0900	0.0000
有无劳动合同	0.2297***	0.0124	18.5300	0.0000
省内跨市	7.4693***	0.0392	190.4100	0.0000
Adj R - squared	0.6130			
Prob > F	0.0000			

注：*、**、***分别表示在10%、5%和1%的水平下显著。

表8-9 教育（分类变量）对农民工收入影响的OLS模型回归结果—模型（4）

变量	系数值	标准差	T值	P值
个人特征				
受教育水平（对照组：小学及以下）				
初中	0.0530***	0.0130	4.0600	0.0000
高中（中专）	0.0749***	0.0157	4.7700	0.0000
大专及以上	0.2552***	0.0202	12.6300	0.0000
年龄（对照组：15~20岁）				
21~30岁	0.1865***	0.0316	5.9100	0.0000
31~40岁	0.3073***	0.0364	8.4500	0.0000
41~50岁	0.2839***	0.0468	6.0700	0.0000
51~59岁	0.1013	0.0623	1.6300	0.1040

续表

变量	系数值	标准差	T值	P值
年龄的平方	0.0000 *	0.0000	1.7300	0.0830
性别	0.4461 ***	0.0089	50.0200	0.0000
是否党员	0.0243	0.0278	0.8800	0.3820
婚姻状况	0.0137	0.0230	0.6000	0.5510
家庭特征				
孩子数量（对照组：没有孩子）				
一个孩子	0.0053	0.0220	0.2400	0.8090
两个孩子	-0.0224	0.0251	-0.8900	0.3740
三个及三个以上的孩子	0.0141	0.0331	0.4200	0.6710
房产情况	0.0045	0.0116	0.3900	0.6960
家庭总人口（对照组：一口人）				
两口之家	-0.0198	0.0245	-0.8100	0.4200
三口之家	-0.0298	0.0260	-1.1500	0.2510
四口之家	0.0035	0.0276	0.1300	0.8990
五口之家以及以上	-0.0388	0.0313	-1.2400	0.2150
工作特征				
工作单位（对照组：个体户）				
机关事业单位、国企	-0.1911 ***	0.0219	-8.7200	0.0000
私营企业	-0.0554 ***	0.0131	-4.2200	0.0000
港澳台企业、外资企业	-0.1388 ***	0.0274	-5.0700	0.0000
社团民办组织、无单位、其他	-0.7694 ***	0.0143	-53.9500	0.0000
职业类型（对照组：国家机关、党群组织、企业单位负责人）				
公务员、经商人员	0.1237 ***	0.0222	5.5700	0.0000
商业服务人员	-0.0250	0.0216	-1.1600	0.2470
生产人员	0.0184	0.0198	0.9300	0.3530
无固定职业	-4.7453 ***	0.0247	-192.2600	0.0000
有无劳动合同	0.2138 ***	0.0124	17.2400	0.0000
流动特征				
流动范围（对照组：市内跨县）				
省内跨市	0.0953 ***	0.0130	7.3200	0.0000
跨省	0.0981 ***	0.0130	7.5200	0.0000
流动次数	0.0094 **	0.0041	2.3000	0.0210
流动时间	-0.0019	0.0032	-0.5900	0.5560

续表

变量	系数值	标准差	T 值	P 值
流动地区（对照组：西部）				
中部	0.0279 **	0.0130	2.1600	0.0310
东部	0.1858 ***	0.0107	17.3600	0.0000
东北	0.1178 ***	0.0189	6.2200	0.0000
常数项	7.3002 ***	0.0410	177.8800	0.0000
Adj R – squared	0.6174			
Prob > F	0.0000			

注：*、**、*** 分别表示在 10%、5% 和 1% 的水平下显著。

二、Tobit 模型回归结果

（一）教育为连续变量的估计结果

当教育为连续变量时，教育对农民工收入影响的 Tobit 模型回归结果如表 8 – 10、表 8 – 11、表 8 – 12、表 8 – 13 所示。从模型（1）的结果来看，当农民工的受教育年限越长，农民工的收入水平越高，受教育水平对农民工的收入产生明显的正向促进作用，且在 1% 的水平下显著。为进一步检验受教育年限对收入水平的影响是否稳定，在基础模型的基础上逐渐增加家庭特征、工作特征以及流动特征的变量，分别得到模型（2）、模型（3）和模型（4）。从模型（2）（3）（4）的估计结果来看，受教育年限始终对农民的收入水平产生正向的影响，并且稳定在 1% 的水平下显著。从系数来看，随着变量的增加，受教育年限对收入的影响逐渐减弱，因为系数从 7.11% 递减到 2.16%。

其他的变量对收入的影响也值得关注。如性别变量，从基础模型和拓展模型的结果来看，性别显著影响农民工的收入，并且稳定在 1% 显著水平。也就是说，估计结果显示农民工群体中，男性要比女性的收入高。不同年龄段对收入产生的影响不同，在模型（1）和模型（2）中，21~30 岁的农民工，其年龄对于收入的影响并不显著，但是在模型（3）和模型（4）中，处于该年龄阶段的农民工，年龄越大，收入水平越高；31~40 岁和 41~50 岁的农民工，其年龄越大，收入越高，且无论在基础模型还是拓展模型中，都在 1% 的水平下显著；当农民工处于 51~59 岁的年龄阶段时，从模型（1）和模型（2）的估计结果来看，年龄对于收入的负向影响在 10% 的水平下显著，即年龄越大，收入水平越低，但是这种显著性并不稳定，因为在模型（3）和模型（4）的估计结果显示，该年龄段对收入的影响中并不显著。其他变量如是否党员和婚姻状况对农民工收入的影响并不显著。

家庭特征变量中，模型（2）的估计结果显示，相比较没有孩子的农民工来说，有一个孩子的农民工，其收入水平高于前者；两个孩子的农民工其收入水平比没有孩子的农民工收入水平更高；这种显著性对于拥有三个及三个以上孩子的农民工家庭依然成立；但是从家庭人口数量来看，相较于一口人的家庭，两口之家的农民工收入低于前者；家庭人数越多，该农民工的收入越低；从房产情况来看，有自己房子的农民工收入水平要低于没有房子的农民工。但在模型（3）和模型（4）中，以上变量对于收入的影响并不稳定。

工作特征变量中，相对于个体经营者而言，工作单位为机关事业单位、国企的农民工收入更低；工作单位为社团民办组织、没有单位、其他单位的农民工收入要低于个体经营者；以上相关关系在模型（3）和模型（4）中保持稳定，并通过1%的显著性检验。就农民工的职业类型来看，相对于国家机关、党群组织和企业单位负责人而言，职业为公务员和经商人员的农民工收入更高，没有固定职业的农民工收入水平要低于职业为国家机关、党群组织和企业单位负责人的农民工，其他职业类型对于农民工的收入的影响并不显著。劳动合同的有无对农民工的收入水平产生正向促进作用，并在1%的水平下显著，即有劳动合同的农民收入水平要高于没有劳动合同的农民工。

流动特征变量中，流动范围为省内跨市的农民工收入水平要高于市内跨县的农民工，跨省流动的农民工收入水平也高于市内跨县的农民工；流动次数越多，该农民工的收入越高，相对于在西部打工的农民工而言，在中部、东部以及东北地区打工的农民工收入水平要显著高于前者。但是农民工流动时间的长短对农民工的收入水平并不产生显著性影响。

表8-10 教育（连续变量）对农民工收入影响的 Tobit 模型回归结果—模型（1）

变量	系数值	标准差	T值	P值
个人特征				
受教育年限	0.0711***	0.0029	24.5200	0.0000
年龄（对照组：15-20岁）				
21~30岁	0.0227	0.0543	0.4200	0.6770
31~40岁	0.2987***	0.0624	4.7900	0.0000
41~50岁	0.2929***	0.0806	3.6300	0.0000
51~59岁	-0.1886***	0.1076	-1.7500	0.0800
年龄的平方	0.0000	0.0000	0.5800	0.5610
性别	0.7759***	0.0151	51.4100	0.0000
是否党员	-0.0862**	0.0477	-1.8100	0.0710
婚姻状况	-0.1306***	0.0223	-5.8600	0.0000
常数项	6.1173***	0.0596	102.6500	0.0000
left-censored observations		9884		
uncensored observations		106026		

注：**、***分别表示在5%和1%的水平下显著。

表8-11　教育（连续变量）对农民工收入影响的Tobit模型回归结果—模型（2）

变量	系数值	标准差	T值	P值
个人特征				
受教育年限	0.0795***	0.0030	26.8600	0.0000
年龄（对照组：15~20岁）				
21~30岁	0.0203	0.0543	0.3700	0.7080
31~40岁	0.2825***	0.0625	4.5200	0.0000
41~50岁	0.2825***	0.0807	3.5000	0.0000
51~59岁	-0.1921**	0.1075	-1.7900	0.0740
年龄的平方	0.0000	0.0000	0.2200	0.8240
性别	0.7768***	0.0151	51.4400	0.0000
是否党员	-0.0730	0.0476	-1.5300	0.1250
婚姻状况	-0.0264	0.0396	-0.6700	0.5050
家庭特征				
孩子数量（对照组：没有孩子）				
一个孩子	0.1499***	0.0379	3.9600	0.0000
两个孩子	0.2390***	0.0432	5.5400	0.0000
三个及三个以上的孩子	0.2875***	0.0571	5.0300	0.0000
房产情况	-0.2827***	0.0192	-14.7100	0.0000
家庭总人口（对照组：一口人）				
两口之家	-0.2441***	0.0423	-5.7800	0.0000
三口之家	-0.2750***	0.0447	-6.1600	0.0000
四口之家	-0.2514***	0.0475	-5.2900	0.0000
五口之家以及以上	-0.3520***	0.0538	-6.5500	0.0000
常数项	6.1123***	0.0607	100.6300	0.0000
left-censored observations		9 884		
uncensored observations		106 026		

注：**、***分别表示在5%和1%的水平下显著。

表8-12　教育（连续变量）对农民工收入影响的Tobit模型回归结果—模型（3）

变量	系数值	标准差	T值	P值
个人特征				
受教育年限	0.0223***	0.0020	11.4300	0.0000
年龄（对照组：15~20岁）				
21~30岁	0.1885***	0.0344	5.4800	0.0000
31~40岁	0.3162***	0.0397	7.9700	0.0000
41~50岁	0.2963***	0.0511	5.7900	0.0000

续表

变量	系数值	标准差	T值	P值
51~59岁	0.0973	0.0681	1.4300	0.1530
年龄的平方	0.0000**	0.0000	1.7600	0.0790
性别	0.4643***	0.0097	47.8400	0.0000
是否党员	0.0290	0.0302	0.9600	0.3370
婚姻状况	0.0254	0.0251	1.0100	0.3120
家庭特征				
孩子数量（对照组：没有孩子）				
一个孩子	0.0062	0.2402	0.2600	0.7960
两个孩子	-0.0130	0.2741	-0.4700	0.6370
三个及三个以上的孩子	0.0418	0.3626	1.1500	0.2490
房产情况	-0.0380***	0.0123	-3.1000	0.0020
家庭总人口（对照组：一口人）				
两口之家	-0.0286	0.0268	-1.0600	0.2870
三口之家	-0.0484*	0.0283	-1.7100	0.0880
四口之家	-0.0159	0.0301	-0.5300	0.5970
五口之家以及以上	-0.0686**	0.0341	-2.0100	0.0450
工作特征				
工作单位（对照组：个体户）				
机关事业单位、国企	-0.1915***	0.2371	-8.0800	0.0000
私营企业	-0.0168	0.0141	-1.1900	0.2330
港澳台企业、外资企业	-0.0702**	0.0295	-2.3800	0.0170
社团民办组织、无单位、其他	-0.8254***	0.1547	-53.3500	0.0000
职业类型（对照组：国家机关、党群组织、企业单位负责人）				
公务员、经商人员	0.1188***	0.0240	4.9500	0.0000
商业服务人员	-0.0304	0.0233	-1.3100	0.1920
生产人员	0.0284	0.0213	1.3300	0.1830
无固定职业	-5.1932***	0.0271	191.7600	0.0000
有无劳动合同	0.2508***	0.0134	18.6600	0.0000
常数项	7.2972***	0.0457	159.6800	0.0000
left-censored observations		9 884		
uncensored observations		106 026		

注：*、**、***分别表示在10%、5%和1%的水平下显著。

表 8-13　教育（连续变量）对农民工收入影响的 Tobit 模型回归结果—模型（4）

变量	系数值	标准差	T 值	P 值
个人特征				
受教育年限	0.0216 ***	0.0020	11.0000	0.0000
年龄（对照组：15~20 岁）				
21~30 岁	0.2010 ***	0.0344	5.8400	0.0000
31~40 岁	0.3289 ***	0.0397	8.2900	0.0000
41~50 岁	0.3083 ***	0.0511	6.0300	0.0000
51~59 岁	0.1091	0.0680	1.6000	0.1090
年龄的平方	0.0001 **	0.0000	2.1900	0.0280
性别	0.4677 ***	0.0097	48.1900	0.0000
是否党员	0.0364	0.0302	1.2100	0.2280
婚姻状况	0.0041	0.0251	0.1600	0.8690
家庭特征				
孩子数量（对照组：没有孩子）				
一个孩子	-0.0056	0.0240	-0.2300	0.8160
两个孩子	-0.0307	0.0275	-1.1200	0.2640
三个及三个以上的孩子	0.0214	0.0363	0.5900	0.5550
房产情况	-0.0022	0.0126	-0.1800	0.8600
家庭总人口（对照组：一口人）				
两口之家	-0.0193	0.0268	-0.7200	0.4720
三口之家	-0.0301	0.0283	-1.0600	0.2880
四口之家	0.0051	0.0302	0.1700	0.8660
五口之家以及以上	-0.0415	0.0342	-1.2100	0.2250
工作特征				
工作单位（对照组：个体户）				
机关事业单位、国企	-0.1874 ***	0.0237	-7.9100	0.0000
私营企业	-0.0534 ***	0.0142	-3.7600	0.0000
港澳台企业、外资企业	-0.1473 ***	0.0297	-4.9600	0.0000
社团民办组织、无单位、其他	-0.8298 ***	0.0155	-53.6400	0.0000
职业类型（对照组：国家机关、党群组织、企业单位负责人）				
公务员、经商人员	0.1214 ***	0.0240	5.0600	0.0000
商业服务人员	-0.0258	0.0233	-1.1100	0.2670
生产人员	0.0157	0.0213	0.7400	0.4600
无固定职业	-5.1940 ***	0.0271	-191.9100	0.0000
有无劳动合同	0.2349 ***	0.0134	17.4700	0.0000

续表

变量	系数值	标准差	T值	P值
流动特征				
流动范围（对照组：市内跨县）				
省内跨市	0.0991***	0.0142	6.9700	0.0000
跨省	0.0952***	0.0142	6.6800	0.0000
流动次数	0.0097**	0.0044	2.1800	0.0300
流动时间	-0.0033	0.0035	-0.9500	0.3410
流动地区（对照组：西部）				
中部	0.0245*	0.0141	1.7300	0.0830
东部	0.1879***	0.0117	16.0600	0.0000
东北	0.1198***	0.0207	5.7900	0.0000
常数项	7.1293***	0.0475	149.9300	0.0000
left-censored observations		9 884		
uncensored observations		106 026		

注：*、**、***分别表示在10%、5%和1%的水平下显著。

（二）教育为分类变量的估计结果

将教育作为分类变量，以小学及以下水平作为参照组，得到的估计结果如表8-14所示，受教育水平为初中的农民工，其收入高于小学以及以下水平的农民工，对收入的影响程度为41.62%，当农民工的受教育水平为高中中专时，其对收入的正向促进作用增加为54.92%，当农民工的受教育水平为大专及以上时，教育对于收入的正向促进作用程度进一步提高为72.55%，说明受教育水平越高，对收入的影响程度越大。在增加三种特征变量之后的拓展模型中，从表8-15、表8-16和表8-17的估计结果来看这种正向关系依然在1%的水平下显著，但是从系数值来看，随着其他变量的不断增加，教育对于收入的影响程度逐渐降低。相较于教育为连续变量时的回归结果，当教育为分类变量时，其他变量对于收入的影响没有产生较大的变化，与上述结果基本保持一致。

表8-14　教育（分类变量）对农民工收入影响的Tobit模型回归结果—模型（1）

变量	系数值	标准差	T值	P值
个人特征				
受教育水平（对照组：小学及以下）				
初中	0.4162***	0.0223	18.6800	0.0000
高中（中专）	0.5492***	0.0264	20.8000	0.0000
大专及以上	0.7255***	0.0327	22.1600	0.0000

续表

变量	系数值	标准差	T值	P值
年龄（对照组：15~20岁）				
21~30岁	0.0498	0.0544	0.9100	0.3600
31~40岁	0.3136***	0.0624	5.0200	0.0000
41~50岁	0.3037***	0.0807	3.7700	0.0000
51~59岁	-0.1813*	0.1076	-1.6800	0.0920
年龄的平方	0.0000	0.0000	0.9600	0.3370
性别	0.7705***	0.0151	50.8700	0.0000
是否党员	-0.0432	0.0479	-0.9000	0.3670
婚姻状况	-0.1428***	0.0223	-6.3900	0.0000
常数项	6.3728***	0.0561	113.5400	0.0000
left-censored observations		9 884		
uncensored observations		106 026		

注：*、*** 分别表示在10%、1%的水平下显著。

表8-15　教育（分类变量）对农民工收入影响的 Tobit 模型回归结果—模型（2）

变量	系数值	标准差	T值	P值
个人特征				
受教育水平（对照组：小学及以下）				
初中	0.4293***	0.0224	19.2000	0.0000
高中（中专）	0.5899***	0.0266	22.1500	0.0000
大专及以上	0.8110***	0.0333	24.3400	0.0000
年龄（对照组：15~20岁）				
21~30岁	0.0441	0.0544	0.8100	0.4170
31~40岁	0.2982***	0.0626	4.7600	0.0000
41~50岁	0.2940***	0.0807	3.6400	0.0000
51~59岁	-0.1857*	0.1075	-1.7300	0.0840
年龄的平方	0.0000	0.0000	0.5800	0.5630
性别	0.7730***	0.0152	51.0000	0.0000
是否党员	-0.0356	0.0478	-0.7400	0.4570
婚姻状况	-0.0260	0.0396	-0.6600	0.5110

续表

变量	系数值	标准差	T值	P值
家庭特征				
孩子数量（对照组：没有孩子）				
一个孩子	0.1340***	0.0380	3.5300	0.0000
两个孩子	0.2213***	0.0433	5.1200	0.0000
三个及三个以上的孩子	0.2673***	0.0571	4.6800	0.0000
房产情况	-0.2749***	0.0193	-14.2800	0.0000
家庭总人口（对照组：一口人）				
两口之家	-0.2424***	0.0423	-5.7300	0.0000
三口之家	-0.2750***	0.0447	-6.1600	0.0000
四口之家	-0.2529***	0.0475	-5.3300	0.0000
五口之家以及以上	-0.3489***	0.0538	-6.4900	0.0000
常数项	6.4276***	0.0571	112.4800	0.0000
left-censored observations		9 884		
uncensored observations		106 026		

注：*、*** 分别表示在10%、1%的水平下显著。

表8-16　教育（分类变量）对农民工收入影响的Tobit模型回归结果—模型（3）

变量	系数值	标准差	T值	P值
个人特征				
受教育水平（对照组：小学及以下）				
初中	0.0605***	0.0142	4.2500	0.0000
高中（中专）	0.0737***	0.0171	4.3100	0.0000
大专及以上	0.2668***	0.0220	12.1200	0.0000
年龄（对照组：15~20岁）				
21~30岁	0.1802***	0.0345	5.2200	0.0000
31~40岁	0.3093***	0.0397	7.8000	0.0000
41~50岁	0.2894***	0.0511	5.6600	0.0000
51~59岁	0.0944	0.0681	1.3900	0.1660
年龄的平方	0.0000	0.0000	1.4900	0.1350
性别	0.4702***	0.0097	48.2600	0.0000
是否党员	0.0169	0.0304	0.5600	0.5770
婚姻状况	0.0248	0.0251	0.9900	0.3230

续表

变量	系数值	标准差	T值	P值
家庭特征				
孩子数量（对照组：没有孩子）				
一个孩子	0.0118	0.0241	0.4900	0.6240
两个孩子	-0.0086	0.0275	-0.3100	0.7550
三个及三个以上的孩子	0.0395	0.0362	1.0900	0.2750
房产情况	-0.0395	0.0123	-3.2200	0.0010
家庭总人口（对照组：一口人）				
两口之家	-0.0304	0.0268	-1.1300	0.2570
三口之家	-0.0488*	0.0283	-1.7200	0.0850
四口之家	-0.0165	0.0301	-0.5500	0.5830
五口之家以及以上	-0.0691**	0.0341	-2.0200	0.0430
工作特征				
工作单位（对照组：个体户）				
机关事业单位、国企	-0.2022***	0.0238	-8.5000	0.0000
私营企业	-0.0224	0.0141	-1.5900	0.1120
港澳台企业、外资企业	-0.0705**	0.0295	-2.3900	0.0170
社团民办组织、无单位、其他	-0.8307***	0.0155	-53.6300	0.0000
职业类型（对照组：国家机关、党群组织、企业单位负责人）				
公务员、经商人员	0.1317***	0.0241	5.4600	0.0000
商业服务人员	-0.0164	0.0234	-0.7000	0.4840
生产人员	0.0431**	0.0215	2.0000	0.0450
无固定职业	-5.1817***	0.0272	-190.8100	0.0000
有无劳动合同	0.2501***	0.0134	18.6000	0.0000
常数项	7.4402***	0.0428	173.9700	0.0000
left-censored observations		9 884		
uncensored observations		106 026		

注：*、**、***分别表示在10%、5%和1%的水平下显著。

表8-17　教育（分类变量）对农民工收入影响的Tobit模型回归结果—模型（4）

变量	系数值	标准差	T值	P值
个人特征				
受教育水平（对照组：小学及以下）				
初中	0.0507***	0.0507	3.5500	0.0000
高中（中专）	0.0682***	0.0682	3.9700	0.0000
大专及以上	0.2566***	0.2566	11.6100	0.0000

续表

变量	系数值	标准差	T 值	P 值
年龄（对照组：15~20 岁）				
21~30 岁	0.1917***	0.1917	5.5600	0.0000
31~40 岁	0.3215***	0.3215	8.0900	0.0000
41~50 岁	0.3011***	0.3011	5.8900	0.0000
51~59 岁	0.1060	0.1060	1.5600	0.1190
年龄的平方	0.0000*	0.0000	1.8900	0.0590
性别	0.4739***	0.4739	48.6400	0.0000
是否党员	0.0235	0.0235	0.7000	0.4380
婚姻状况	0.0036	0.0036	0.1400	0.8850
家庭特征				
孩子数量（对照组：没有孩子）				
一个孩子	0.0004	0.0004	0.0200	0.9880
两个孩子	-0.0261	-0.0261	-0.9500	0.3420
三个及三个以上的孩子	0.0191	0.0191	0.5300	0.5980
房产情况	-0.0042	-0.0042	-0.3300	0.7400
家庭总人口（对照组：一口人）				
两口之家	-0.0212	-0.0212	-0.7900	0.4300
三口之家	-0.0306	-0.0306	-1.0800	0.2800
四口之家	0.0047	0.0047	0.1600	0.8760
五口之家以及以上	-0.0419	-0.0419	-1.2300	0.2210
工作特征				
工作单位（对照组：个体户）				
机关事业单位、国企	-0.1982***	-0.1982	-8.3400	0.0000
私营企业	-0.0592***	-0.0592	-4.1500	0.0000
港澳台企业、外资企业	-0.1479***	-0.1479	-4.9800	0.0000
社团民办组织、无单位、其他	-0.8349***	-0.8349	-53.9200	0.0000
职业类型（对照组：国家机关、党群组织、企业单位负责人）				
公务员、经商人员	0.1347***	0.1347	5.5900	0.0000
商业服务人员	-0.0114	-0.0114	-0.4900	0.6250
生产人员	0.0311	0.0311	1.4500	0.1480
无固定职业	-5.1820***	-5.1820	-190.9300	0.0000
有无劳动合同	0.2340***	0.2340	17.3900	0.0000

续表

变量	系数值	标准差	T 值	P 值
流动特征				
流动范围（对照组：市内跨县）				
省内跨市	0.0975 ***	0.0975	6.8500	0.0000
跨省	0.0949 ***	0.0949	6.6600	0.0000
流动次数	0.0097 **	0.0097	2.1800	0.0290
流动时间	-0.0029	-0.0029	-0.8400	0.4010
流动地区（对照组：西部）				
中部	0.0278 **	0.0278	1.9600	0.0500
东部	0.1890 ***	0.1890	16.1500	0.0000
东北	0.1225 ***	0.1225	5.9100	0.0000
常数项	7.2719 ***	7.2719	162.4900	0.0000
left - censored observations		9 884		
uncensored observations		106 026		

注：** 、*** 分别表示在 5% 和 1% 的水平下显著。

对比 Tobit 模型和 OLS 模型的结果可以发现，OLS 模型与 Tobit 模型的估计结果基本保持一致，无论教育是连续变量或者分类变量，其基础模型和拓展模型的估计结果都显示，随着教育水平的增加，农民工的收入水平也随之增加，即受教育程度越高，受教育水平对收入的影响程度越大。这种正向的影响随着变量的增加依然保持着稳定的显著性。

三、分位数回归结果

（一）教育为连续变量的估计结果

表 8-18 是教育为连续变量时的基础模型分位数回归结果。总体上看，受教育年限对于农民工的收入产生了显著的正向的影响，即受教育程度越高，收入越高，假设 1 得以证明。但在不同的分位点上，教育对于收入的影响程度存在一定的差别，在第 10 分位点上，教育对于收入的影响最高，为 6.93%，第 75 分位点上教育对收入的促进程度最小，为 3.08%，这可以解释为，教育对于低收入水平的农民工的促进作用最大。

关于年龄变量，对 21~30 岁的农民工而言，在第 90 分位点上，年龄对于收入的促进作用最大，但是在第 10 分位点上时，年龄对于收入的正向促进作用并不显著；对 31~40 岁的农民工，年龄对于收入的促进作用在第 90 分位点上最大，为 27.52%，而对于 41~50 岁的农民工来说，年龄对于收入的促进作用则在第 10 分位点上达到最大，21.83%。51~59 岁的农民工其收入和年龄的关系并不显著。性别对于收入呈现显著的正向促进作用，尤其是在第 10 分位点上，性别对收入的影响系数为 6.9088，说明在低收入水平下，男性农民工的收入远高于女性，但在第 75 分位点和第 90 分位点上，性别对于收入的影响程度降低为 24.18%，这可以解释为收入越高，男性农民工和女性农民工之间的收入差距越小。婚姻状况对收入的影响在不同分位点下表现不同，在第 10 分位点时，婚姻负向影响收入，即已婚的农民工收入低于未婚的农民工，婚姻对于收入的负向作用为 20.78%；也就是说低收入水平下，婚姻对于农民工收入会产生负向的影响；在第 50 分位点、第 75 分位以及第 90 分位点上，婚姻对于收入有正向的促进作用，且在第 90 分位点上的促进作用最高，为 22.44%，这说明高收入群体的农民工，已婚的农民工收入要高于未婚的农民工。是否党员这一变量只在第 90 分位点上对于收入有 9.61% 的促进作用，在其他分位点上并不显著。

表 8-19 在模型（1）基础上增加了家庭特征变量，得到模型（2）。教育对于收入的正向促进作用依然在 1% 的水平下显著。在第 10 分位点上，教育对于收入的影响最高，为 6.32%，第 75 分位点上教育对收入的促进程度最小，为 3.04%，这可以解释为，提高受教育程度对处于低收入阶段的农民工的促进作用最大，结论与基础模型一致。年龄在各个分位点对收入的影响与基础模型保持一致；模型（2）中性别对于收入依然呈现显著的正向促进作用，在第 10 分位点上影响程度最大；但是婚姻状况这一影响因素在拓展模型中对收入产生了正向的影响，尤其是在第 25 分位点上时的正向促进程度最大。是否党员这一变量依然在第 90 分位点上对收入有促进作用。

从孩子数量这一特征来看，相较于没有孩子的家庭，有一个孩子能显著促进农民工的收入；从系数来看，在第 25 分位点上的促进作用最明显，为 65.57%，在第 90 分位点上的促进作用最小，为 8.70%。当家庭有两个孩子时，依然对农民工的收入起到促进作用，从系数来看，也是在第 25 分位点上的促进程度最大，为 45.39%，在第 90 分位点上最小，仅 8.32%。这可以解释为对于收入较低的农民工而言，相较于没有孩子，家庭中有一个或者两个孩子时，农民工预期到家庭的支出增加，于是增加外出打工时间，付出更多劳动从而增加收入；而对于高收入的农民工来说，孩子数量对收入的影响程度要相对小得多。当家庭中有三个及以上的孩子时，只在第 75 分位点和第 90 分位点上对收入有明显的促进作用，这说明三个及以上的孩子对低收入和中等收入的农民工群体来说，促进收入的作用不再显著，从系数来看，即使是高收入的农民工家庭，拥有三个及以上孩子对农民工收入的促进程度也从拥有两个孩子的 8.32% 降低到 4.80%，说明孩子数量越多，对收入的促进作用越小。从房产情况来看，在第 10 分位点和第 25 分位点上，拥有房子的农民工收入低于没有房子的农民工，但是在第 75 分位点和第 90 分位点上，拥有房产对农民工的收入显著高于没有房产的农民工，第 90 分位点上尤为明显，其收入高于没有房产的农民工的 13.91%。

表 8-20 在模型（2）的基础上增加了工作特征变量，教育在模型（3）中依然对收入起到了显著的正向促进作用。与表 8-19 结论不同的是，教育在第 90 分位点对收入的影响程度最大，为 3.22%，在第 25 分位点上的影响程度最小，为 1.27%。也就是说，提高教育对于高收入群体的促进作用最大。这与模型（2）的结论是相反的。

在模型（3）中，对于 21~30 岁的农民工，年龄越大，收入越高，在所有的分位点上该正向关系都保持显著，在第 90 分位点上，年龄对收入的影响程度最大，为 18.12%；以上结论同样适用于 31~40 岁的农民工；对 41~50 岁的农民工而言，年龄越大，收入越高的正向关系依然存在，但是年龄对收入的促进作用在第 10 分位点上达到最高，为 15.40%；当农民工年龄处于 51~59 岁时，只有在第 25 分位点上时，年龄才显著影响收入，年龄越大，收入越高，但是在其他分位点时，年龄对收入的影响并不显著。性别对收入依然呈现显著的正向促进作用，但是从系数看，在第 75 分位点上性别对于收入的影响程度最大，也就是说，相对于低收入群体而言，在较高收入的农民工群体当中，男性和女性的工资差别更大。这与基础模型的结果是相反的。

另外，家庭特征变量中，相较于没有孩子的农民工，有一个孩子的农民工收入要显著高于前者，这与模型（2）结论保持一致；从系数来看，在第 75 分位点上的促进作用最明显，为 7.67%，在第 10 分位点上的促进作用最小，为 2.67%；当家庭有两个孩子时，在第 10 分位点上负向影响农民工的收入，但是并不显著，在其他分位点上依然对农民工的收入起到促进作用，从系数来看，也是在第 75 分位点上的促进程度最大，为 5.41%，在第 25 分位点上最小，为 2.34%。当家庭中有三个及以上的孩子时会对收入产生显著负向影响，但是在第 50 分位点和第 75 分位点上时会对收入产生显著促进作用。这可以解释为，对于低收入群体而言，当家庭有三个及以上孩子需要抚养时，孩子的生活支出较大，从而减少了农民工的纯收入。从房产情况来看，只有在第 75 分位点和第 90 分位点上，有房子的农民工收入才高于没有房子的农民工，这说明只有在高收入群体中，拥有房产对收入的促进作用才显著，从系数看，收入越高，这种促进作用更加明显。从家庭人数来看，在第 10 分位点和第 25 分位点上，相较于只有一个人的家庭，两口之家的收入要显著低于前者，但在其他分位点上该负向作用并不显著；同时，对家庭中有三口或者四口人的农民工而言，家庭人数越多，对收入的负向作用越明显。但是对高收入家庭来说，当家庭中超过五口人时，家庭人口数量对收入起到了显著的正向促进作用，这与模型（2）的结论也是基本保持一致的。

从工作特征来看，以农民工为个体经营者为对照组，可以发现，在机关事业单位、国企工作的农民工收入低于前者，但是在第 75 分位点上和第 90 分位点上并不显著；而对在私营企业工作的农民工，在第 50 分位点之前，收入要高于从事个体经营的农民工，但在第 75 分位点之后，收入却低于前者，该结论同样适用于在港澳台企业、外资企业工作的农民工。对在社团民办组织、没有单位以及其他单位工作的农民工来说，在所有分位点上，其收入都显著低于前者。从职业类型来看，对比职业为国家机关党群组织企业单位负责人的农民工，职业为公务员和经商人员的农民工收入在第 50 分位点之前要显著低于前者，但在第 50 分位点之后却显著高于前者；对职业为商业服务人员和生产人员的农民工，其收入在任何分位点上都低于对照组；而那些没有固定职业的农民工，其收入水平显著低于职业为国家机关、党群组织和企业单位负责人的农民工。从系数来看，没有固定职业的农民工是以上所有职业类型中，收入最低的群体。另外有劳动合同的农民工其收入要高于没有劳动合同的农民工。

表 8-21 在模型（3）的基础上继续加上了流动特征变量，对模型的稳定性进一步检验。可以发现教育对收入的促进作用依然保持稳定，教育水平越高，农民工的收入

越高。从系数来看，在第 90 分位点上，教育对收入的促进程度为 3.32%，但在第 10 分位点上，仅 1.42%，说明提高受教育水平对高收入群体的促进作用更明显。这与模型（3）和模型（4）得到的结论保持一致。比较模型中所有变量的系数可以发现，教育对于收入的影响程度并不是最大的，因为受教育年限对收入的影响系数为 1.42%，要小于年龄对收入的影响系数 13% 以及性别对收入的影响系数 15.7%，而且在所有的模型中，该结果保持一致。从系数上看，教育并不是农民工收入最重要的影响因素，但是教育对于收入的影响是所有考察的变量中对收入的影响最稳定的因素，这可能是因为，我国农民工所处的是非主流劳动力市场，在低水平、低技术、低保障的市场中存在很多歧视如年龄歧视性别歧视等，这都阻碍了人力资本的发挥，削弱了教育对于收入的影响。

对于 21~30 岁的农民工，年龄越大，收入越高，在所有的分位点上该正向关系都保持显著，在第 90 分位点上，年龄对收入的影响程度最大，为 17.72%；以上结论同样适用于 31~40 岁的农民工；对 41~50 岁的农民工而言，年龄越大，收入越高的正向关系依然存在，但是年龄对收入的促进作用在第 50 分位点上达到最高，为 15.08%；当农民工处于 51~59 岁时，只有在第 25 分位点上和第 50 分位点上，年龄才显著影响收入，年龄越大，收入越高，但是在其他分位点时，年龄对收入的影响并不显著。性别对收入依然呈现显著的正向促进作用，但是从系数看，第 75 分位点上性别对于收入的影响程度最大，也就是说，相对于低收入群体而言，在较高收入的农民工群体当中，男性和女性的工资差别更大。这与模型（3）结论保持一致。

家庭特征变量中，相比较没有孩子的农民工，有一个孩子的农民工收入要显著高于前者，这与模型（3）结论保持一致；当家庭有两个孩子时，只在第 50 分位点上和第 75 分位点上对农民工的收入产生正向促进作用；当家庭中有三个及以上的孩子时会对收入产生显著负向影响，但是在第 50 分位点上和第 75 分位点上时会对收入产生显著促进作用。这可以解释为，对于低收入群体而言，当家庭有三个及以上孩子需要抚养时，孩子的各项支出较大，从而导致农民工的收入减少。从房产情况来看，有房子的农民工收入要高于没有房子的农民工，但在低收入群体中，拥有房产对收入的促进作用并不显著。从家庭人数来看，家庭人数的多少并不显著影响农民工的收入。

从工作特征来看，以农民工为个体经营者作为对照组，可以发现，在机关事业单位、国企工作的农民工收入低于前者；而对在私营企业工作的农民工以及在港澳台企业、外资企业工作的农民工，在第 25 分位点之前，收入要高于从事个体经营的农民工，但在第 50 分位点之后，收入却低于前者。这与模型（3）的结论保持一致。对在社团民办组织、没有单位以及其他单位工作的农民工来说，在所有分位点上，其收入都显著低于前者。从职业类型来看，对比职业为国家机关、党群组织和企业单位负责人的农民工，职业为公务员办事员和经商人员的农民工收入在第 50 分位点之前要显著低于前者，但在第 50 分位点之后却显著高于前者；对职业为商业服务人员和生产人员的农民工，其收入在任何分位点上都低于对照组；而那些没有固定职业的农民工，其收入水平显著低于职业为国家机关党群组织企业单位负责人的农民工。从系数来看，没有固定职业的农民工是以上所有职业类型中，收入最低的群体。另外有劳动合同的农民工其收入要高于没有劳动合同的农民工,以上结论与模型(3)的结论一致。

从流动特征来看,对照流动范围为市内跨县的农民工,流动范围为省内跨市的农民工收入水平高于前者,并且通过1%显著性水平检验;跨省流动的农民工收入显著高于市内跨县的农民工,从系数来看,流动范围越远,农民工的收入越高。在第10分位点上,流动时间的长短并不会对农民工的收入产生显著影响,但在第10分位点之后,流动时间越长,农民工的收入水平越高。从农民工的流向地区来看,对比在西部工作的农民工,在中部、东部以及东北地区打工的农民工收入都明显高于在西部打工的农民工,比较系数可知,在东部打工的农民工是所有地区中收入最高的群体。

表8-18 教育(连续变量)对农民工收入影响的分位数回归的结果—模型(1)

变量	q=10 系数值	q=25 系数值	q50 系数值	q75 系数值	q90 系数值
个人特征					
受教育年限	0.0693*** (0.0078)	0.0373*** (0.0023)	0.0325*** (0.0023)	0.0308*** (0.0006)	0.0366*** (0.0016)
年龄(对照组:15~20岁)					
21~30岁	0.0105 (0.0675)	0.1130*** (0.0097)	0.1129*** (0.0097)	0.1388*** (0.0075)	0.1783*** (0.0321)
31~40岁	0.2183*** (0.072)	0.2063*** (0.0287)	0.1944*** (0.0287)	0.1878*** (0.0186)	0.2752*** (0.0372)
41~50岁	0.2183*** (0.073)	0.1192 (0.041)	0.1314*** (0.041)	0.1850*** (0.0195)	0.1925*** (0.0617)
51~59岁	0.0105 (0.0874)	-0.0810 (0.0655)	-0.0076 (0.0655)	0.0110 (0.0228)	-0.0169 (0.0685)
年龄的平方	0.0000 (0.0000)	0.0000 (0.0000)	0.0000 (0.0000)	0.0000* (0.0000)	0.0000* (0.0000)
性别	6.9088*** (0.0627)	0.3155*** (0.0112)	0.2593*** (0.0112)	0.2414*** (0.0079)	0.2418*** (0.0107)
是否党员	0.0000 (0.0393)	-0.0014 (0.0118)	0.0071 (0.0118)	0.0153 (0.0126)	0.0961*** (0.0196)
婚姻状况	-0.2078*** (0.0325)	0.0914 (0.0131)	0.1491*** (0.0131)	0.1741*** (0.0117)	0.2244*** (0.0053)
常数项	-0.4260*** (0.0799)	6.9518 (0.0249)	7.3640*** (0.0249)	7.6366*** (0.0062)	7.7554*** (0.0315)
Pseudo R²	0.1152	0.0130	0.0192	0.0346	0.0337

注:*、***分别表示在10%、1%的水平下显著。

表 8-19　教育（连续变量）对农民工收入影响的分位数回归的结果—模型（2）

变量	q=10 系数值	q=25 系数值	q50 系数值	q75 系数值	q90 系数值
个人特征					
受教育年限	0.0632*** (0.0054)	0.0375*** (0.0014)	0.0313*** (0.0008)	0.0304*** (0.0007)	0.0330*** (0.0015)
年龄（对照组：15~20岁）					
21~30岁	0.0510 (0.0495)	0.1588*** (0.0271)	0.1373*** (0.0109)	0.1335*** (0.0077)	0.1875*** (0.0219)
31~40岁	0.3071*** (0.0826)	0.2723*** (0.0292)	0.2211*** (0.0149)	0.1744*** (0.008)	0.2716*** (0.024)
41~50岁	0.3071*** (0.1113)	0.2113*** (0.0352)	0.1621*** (0.0258)	0.1314*** (0.0101)	0.1765*** (0.029)
51~59岁	-0.0028 (0.1458)	0.0193 (0.0448)	0.0354 (0.0373)	-0.0263* (0.0156)	0.0210 (0.036)
年龄的平方	0.0000 (0.0001)	0.0000 (0.0000)	0.0000*** (0.000)	0.0000 (0.0000)	0.0000 (0.0000)
性别	6.8963*** (0.0386)	0.3251*** (0.0065)	0.2670*** (0.0065)	0.2535*** (0.0072)	0.2393*** (0.0068)
是否党员	-0.0125 (0.0787)	-0.0051 (0.0112)	0.0155 (0.0089)	0.0198 (0.0123)	0.0783*** (0.0227)
婚姻状况	-0.0601 (0.0429)	0.1426*** (0.0177)	0.1057* (0.0096)	0.1216*** (0.0083)	0.1351*** (0.0159)
家庭特征					
孩子数量（对照组：没有孩子）					
一个孩子	0.1015** (0.0512)	0.6557*** (0.1416)	0.0933*** (0.8951)	0.0932*** (0.0083)	0.0870*** (0.0094)
两个孩子	0.2092*** (0.5865)	0.4539*** (0.1717)	0.0886*** (0.1093)	0.0828*** (0.0116)	0.0832*** (0.0107)
三个及三个以上的孩子	0.1015 (0.8009)	0.1236 (0.2223)	0.0614 (0.1829)	0.0544*** (0.0142)	0.0480** (0.0213)
房产情况	-0.2436*** (0.0505)	-0.0908*** (0.0089)	-0.0078 (0.0069)	0.0429*** (0.005)	0.1391*** (0.0068)
家庭总人口（对照组：一口人）					
两口之家	-0.2656*** (0.0643)	0.1062*** (0.0236)	-0.0413*** (0.0103)	-0.0021 (0.0077)	0.0419*** (0.014)

续表

变量	q=10 系数值	q=25 系数值	q50 系数值	q75 系数值	q90 系数值
三口之家	-0.3132*** (0.0553)	0.1401*** (0.0239)	-0.0564*** (0.0082)	-0.0326*** (0.0102)	0.0125 (0.0227)
四口之家	-0.3132*** (0.0693)	0.1255*** (0.027)	-0.0386*** (0.0116)	0.0083 (0.013)	0.0540** (0.0259)
五口之家以及以上	-0.3670*** (0.0621)	0.1894*** (0.0233)	-0.0649*** (0.0114)	0.0062 (0.0132)	0.1126*** (0.0226)
常数项	-0.2946*** (0.0859)	6.9602*** (0.0255)	7.3812*** (0.0144)	7.6338*** (0.0102)	7.7882*** (0.0282)
Pseudo R^2	0.1164	0.0137	0.0196	0.0355	0.0367

注：*、**、***分别表示在10%、5%和1%的水平下显著。

表8-20　教育（连续变量）对农民工收入影响的分位数回归的结果—模型（3）

变量	q=10 系数值	q=25 系数值	q50 系数值	q75 系数值	q90 系数值
个人特征					
受教育年限	0.0161*** (0.0011)	0.0127*** (0.0006)	0.0160*** (0.0007)	0.0272*** (0.0009)	0.0322*** (0.0013)
年龄（对照组：15~20岁）					
21~30岁	0.1513*** (0.0403)	0.1313*** (0.0159)	0.1257*** (0.0146)	0.1363*** (0.0179)	0.1812*** (0.0197)
31~40岁	0.1673*** (0.0417)	0.1775*** (0.0192)	0.1739*** (0.0152)	0.1961*** (0.0203)	0.2309*** (0.0254)
41~50岁	0.1540*** (0.0436)	0.1274*** (0.0243)	0.1267*** (0.0169)	0.1504*** (0.0247)	0.1489*** (0.0312)
51~59岁	0.0853* (0.0478)	0.0885*** (0.0298)	0.0067 (0.0207)	0.0422 (0.0349)	0.0158 (0.0425)
年龄的平方	0.0000 (0)	0.0000*** (0)	0.0000 (0)	0.0000 (0)	0.0000 (0)
性别	0.1282*** (0.0049)	0.1795*** (0.0035)	0.2378*** (0.0037)	0.2709*** (0.0041)	0.2604*** (0.0058)
是否党员	0.0052 (0.0064)	0.0190* (0.0114)	0.0353*** (0.0127)	0.0352*** (0.0117)	0.0992*** (0.0201)

续表

变量	q=10 系数值	q=25 系数值	q50 系数值	q75 系数值	q90 系数值
婚姻状况	0.1051*** (0.0135)	0.1024*** (0.0071)	0.0860*** (0.0081)	0.0932*** (0.0087)	0.1167*** (0.014)
家庭特征					
孩子数量（对照组：没有孩子）					
一个孩子	0.0267** (0.0105)	0.0419*** (0.006)	0.0419*** (0.8226)	0.0767*** (0.0069)	0.0485*** (0.0143)
两个孩子	-0.0055 (0.0129)	0.0234*** (0.0072)	0.0268*** (0.9473)	0.0541*** (0.0128)	0.0385** (0.0159)
三个及三个以上的孩子	-0.1058* (0.0239)	0.0012 (0.0133)	0.0259* (0.1466)	0.0570*** (0.0141)	0.0162 (0.0195)
房产情况	-0.0052 (0.0045)	0.0009 (0.0038)	0.0072 (0.0052)	0.0559*** (0.0055)	0.0935*** (0.0071)
家庭总人口（对照组：一口人）					
两口之家	-0.0276*** (0.0107)	-0.0245*** (0.0074)	-0.0033 (0.0077)	-0.0044 (0.0121)	0.0104 (0.0156)
三口之家	-0.0487*** (0.0117)	-0.0439*** (0.0081)	-0.0315*** (0.01)	-0.0277** (0.0124)	-0.0167 (0.0163)
四口之家	-0.0362*** (0.0136)	-0.0368*** (0.0083)	-0.0164 (0.0108)	0.0044 (0.0165)	0.0227 (0.0204)
五口之家以及以上	-0.0554*** (0.0124)	-0.0543*** (0.0084)	-0.0167 (0.0129)	0.0074 (0.0152)	0.0638*** (0.0202)
工作特征					
工作单位（对照组：个体户）					
机关事业单位、国企	-0.0920*** (0.0147)	-0.0855*** (0.0105)	-0.0964 (0.8369)	-0.1302*** (0.0091)	-0.1788 (0.0129)
私营企业	0.0734*** (0.0082)	0.0535*** (0.005)	0.0014 (0.5567)	-0.0368*** (0.0076)	-0.0940*** (0.0087)
港澳台企业、外资企业	0.1168*** (0.0203)	0.0965*** (0.0096)	0.0077 (0.8035)	-0.0532*** (0.0125)	-0.1412*** (0.0196)
社团民办组织、无单位、其他	-0.2279*** (0.0215)	-0.1399*** (0.0068)	-0.1675*** (0.1358)	-0.1695*** (0.0061)	-0.1956*** (0.0093)

续表

变量	q=10 系数值	q=25 系数值	q50 系数值	q75 系数值	q90 系数值
职业类型（对照组：国家机关、党群组织、企业单位负责人）					
公务员、经商人员	-0.0451*** (0.008)	-0.0236*** (0.0096)	0.0013 (0.0086)	0.1003*** (0.0124)	0.1609*** (0.0149)
商业服务人员	-0.1288*** (0.0125)	-0.1457** (0.011)	-0.1459*** (0.009)	-0.1434*** (0.0093)	-0.1716*** (0.0125)
生产人员	-0.0715*** (0.0082)	-0.0855*** (0.0064)	-0.0965*** (0.007)	-0.0881*** (0.0086)	-0.1176*** (0.0137)
无固定职业	-7.3557*** (0.0222)	-7.6945*** (0.0112)	-7.8878*** (0.0159)	-0.7994*** (0.0213)	-0.5551*** (0.0118)
有无劳动合同	0.1278*** (0.0072)	0.0955*** (0.0063)	0.0481*** (0.0045)	0.0038 (0.0072)	-0.0631*** (0.0101)
常数项	7.1095*** (0.0503)	7.4640*** (0.0185)	7.6900*** (0.0155)	7.8238*** (0.0229)	8.0671*** (0.0226)
Pseudo R^2	0.7720	0.6171	0.3478	0.0744	0.0777

注：*、**、*** 分别表示在10%、5%和1%的水平下显著。

表8-21　教育（连续变量）对农民工收入影响的分位数回归的结果—模型（4）

变量	q=10 系数值	q=25 系数值	q50 系数值	q75 系数值	q90 系数值
个人特征					
受教育年限	0.0142*** (0.0013)	0.0148*** (0.0007)	0.0185*** (0.0009)	0.0286*** (0.0008)	0.0332*** (0.001)
年龄（对照组：15~20岁）					
21~30岁	0.1387*** (0.0258)	0.1333*** (0.0065)	0.1279*** (0.0076)	0.1555*** (0.0102)	0.1772*** (0.0167)
31~40岁	0.1711*** (0.0273)	0.1751*** (0.0083)	0.1863*** (0.0117)	0.2136*** (0.013)	0.2234*** (0.019)
41~50岁	0.1324*** (0.0303)	0.1400*** (0.0116)	0.1508*** (0.0165)	0.1601*** (0.0216)	0.1418*** (0.0292)
51~59岁	0.0594 (0.031)	0.0729*** (0.0206)	0.0675*** (0.0235)	0.0484 (0.0288)	0.0021 (0.0488)
年龄的平方	0.0000 (0.0000)	0.0000*** (0.0000)	0.0000*** (0.0000)	0.0000 (0.0000)	0.0000 (0.0000)

续表

变量	q=10 系数值	q=25 系数值	q50 系数值	q75 系数值	q90 系数值
性别	0.1570*** (0.0049)	0.1991*** (0.0043)	0.2326*** (0.0043)	0.2807*** (0.0046)	0.2648*** (0.0057)
是否党员	0.0167 (0.0127)	0.0350*** (0.0131)	0.0396*** (0.0147)	0.0361*** (0.014)	0.0871*** (0.0182)
婚姻状况	0.0794*** (0.0192)	0.0730*** (0.0087)	0.0698*** (0.0063)	0.0772*** (0.0098)	0.0946*** (0.0131)
家庭特征					
孩子数量（对照组：没有孩子）					
一个孩子	0.0220 (0.0154)	0.0284*** (0.0082)	0.0515*** (0.0082)	0.0738*** (0.0114)	0.0607*** (0.0177)
两个孩子	-0.0221 (0.0206)	0.0031 (0.0109)	0.0272** (0.0111)	0.0324*** (0.0121)	0.0377 (0.0235)
三个及三个以上的孩子	-0.1040*** (0.0369)	-0.0185 (0.0139)	0.0247** (0.0109)	0.0273* (0.0161)	0.0135 (0.0256)
房产情况	0.0068 (0.0046)	0.0304*** (0.0048)	0.0545*** (0.0033)	0.0964*** (0.0061)	0.1394*** (0.006)
家庭总人口（对照组：一口人）					
两口之家	0.0051 (0.0168)	-0.0161 (0.0082)	-0.0080 (0.0078)	-0.0057 (0.0109)	0.0076 (0.0191)
三口之家	-0.0043 (0.0172)	-0.0289*** (0.0075)	-0.0308*** (0.0093)	-0.0298*** (0.0097)	(0.0208) (0.0164)
四口之家	-0.0001 (0.0194)	-0.0223* (0.0116)	-0.0177 (0.0112)	0.0043 (0.0096)	0.0067 (0.0223)
五口之家以及以上	-0.0232 (0.0219)	-0.0334** (0.0141)	-0.0250 (0.0123)	0.0086 (0.0143)	0.0522** (0.024)
工作特征					
工作单位（对照组：个体户）					
机关事业单位、国企	-0.0800*** (0.0169)	-0.0906*** (0.0112)	-0.0900*** (0.7132)	-0.1373*** (0.0089)	0.1916*** (0.0149)
私营企业	0.0553*** (0.0083)	0.0200*** (0.0041)	-0.0223 (0.3619)	-0.0814*** (0.0052)	-0.1343*** (0.0081)
港澳台企业、外资企业	0.0487*** (0.016)	0.0271*** (0.0072)	-0.0421 (0.5834)	-0.1307*** (0.0072)	-0.2238*** (0.0114)

续表

变量	q=10 系数值	q=25 系数值	q50 系数值	q75 系数值	q90 系数值
社团民办组织、无单位、其他	-0.2288*** (0.0174)	-0.1500*** (0.0064)	-0.1373*** (0.4804)	-0.1739*** (0.0046)	-0.2023*** (0.0068)
职业类型（对照组：国家机关、党群组织、企业单位负责人）					
公务员、经商人员	-0.0651*** (0.0166)	-0.0402*** (0.0082)	0.0191* (0.0107)	0.0980*** (0.0082)	0.1522*** (0.0153)
商业服务人员	-0.1155*** (0.0138)	-0.1330*** (0.0051)	-0.1450*** (0.0095)	-0.1297*** (0.0088)	-0.1546*** (0.0142)
生产人员	-0.0895*** (0.0126)	-0.0991*** (0.0056)	-0.1125*** (0.0094)	-0.0932*** (0.0086)	-0.1222*** (0.0125)
无固定职业	-7.4003*** (0.0214)	-7.7226*** (0.0068)	-7.9033*** (0.0108)	-0.7648*** (0.0209)	-0.5401*** (0.0135)
有无劳动合同	0.1266*** (0.0064)	0.0757*** (0.0042)	0.0285*** (0.0046)	-0.0140*** (0.0049)	-0.0751*** (0.0061)
流动特征					
流动范围（对照组：市内跨县）					
省内跨市	0.0834*** (0.0122)	0.0579*** (0.0051)	0.0556*** (0.0037)	0.0684*** (0.0061)	0.0696*** (0.0081)
跨省	0.1169*** (0.0118)	0.0860*** (0.0059)	0.0937*** (0.0052)	0.1311*** (0.0068)	0.1618*** (0.0109)
流动次数	0.0046** (0.0019)	0.0113*** (0.002)	0.0127*** (0.0021)	0.0164*** (0.0023)	0.0111*** (0.0033)
流动时间	0.0012 (0.002)	0.0035*** (0.0011)	0.0081*** (0.0011)	0.0094*** (0.0014)	0.0141*** (0.0024)
流动地区（对照组：西部）					
中部	0.0437*** (0.0061)	0.0207*** (0.0039)	0.0214*** (0.004)	0.0295*** (0.0054)	0.0204*** (0.0089)
东部	0.1436*** (0.0048)	0.1422*** (0.003)	0.1317*** (0.0039)	0.1371*** (0.0053)	0.1271*** (0.0065)
东北	0.1096*** (0.0061)	0.0914*** (0.006)	0.0582*** (0.0055)	0.0335*** (0.0087)	0.0075 (0.0123)
常数项	6.9603*** (0.0348)	7.2981*** (0.011)	7.5294*** (0.0228)	7.6040*** (0.02)	7.8529*** (0.0274)
Pseudo R^2	0.7740	0.6211	0.3530	0.0825	0.0870

注：***表示在1%的水平下显著。

(二) 教育为分类变量的估计结果

当教育作为分类变量，以小学及以下水平作为参照组，得到的估计结果如表 8 – 22 所示，受教育水平为初中的农民工，其收入高于受教育水平为小学以下的，且在第 10 分位点最为显著，为 40.51%；当农民工的受教育水平处于高中及（中专）时，其对收入的正向促进作用在第 10 分位点上，最高为 40.51%，当农民工的受教育水平为大专及以上时，在第 10 分位点上教育对于收入的正向促进作用程度最大，达到 69.26%，这不仅说明，受教育程度越高，对收入的影响程度越大，假设 2 得以证明；而且说明，相对于其他收入水平，对低收入群体而言，提高受教育水平对收入的促进作用最大。

个人特征中，性别对收入依然呈现显著的正向促进作用，但是从系数看，第 10 分位点上性别对于收入的影响程度最大，也就是说，在农民工的低收入群体中男性和女性的工资差别更大。是否为党员并不影响收入；在第 10 分位点上，婚姻状况对于收入产生负向的影响，已婚农民工的收入低于未婚农民工，但是在第 25 分位点以后，已婚农民工的收入却高于未婚农民工。对于 21~30 岁的农民工，在第 25 分位点以后，对收入有正向促进作用，即年龄越大，收入越高；对 31~40 岁的农民工，在所有分位点上，年龄都正向促进农民工收入；对于 41~50 岁的农民工，在第 50 分位点之前，年龄越大，收入越高的正向关系依然存在，但是年龄对收入的促进作用在第 75 分位点以后并不显著影响收入；当农民工处于 51~59 岁时，只有在第 25 分位点上和第 50 分位点上，年龄才显著影响收入，年龄越大，收入越低，但是在其他分位点时，年龄对收入的影响并不显著。假设 2 并不成立，年龄对于收入影响比较复杂，对于年轻一代和中年一代农民工而言，年龄越大，收入越高，但是对于年龄超过 50 岁的农民工，年龄对于收入的影响并不显著。

表 8 – 23 在基础模型上加入家庭特征变量得到模型（2），受教育水平为初中的农民工，其收入高于受教育水平为小学及以下的农民工，在第 10 分位点系数达到最高，为 36.67%；当农民工的受教育水平处于高中（中专）时，其对收入的正向促进作用在第 10 分位点上最高为 58.73%，当农民工的受教育程度为大专及以上水平时，在第 10 分位点上教育对于收入的正向促进作用程度最大，达到 69.26%，这与基础模型的结论高度一致，教育程度越高，对收入的影响程度越大。同时，相对于其他收入水平，对低收入群体而言，提高教育水平对收入的促进作用最大。另外，其他个人特征如年龄、性别、是否为党员、婚姻状况对于收入的影响与基础模型的结果保持一致。

家庭特征变量中，相较于没有孩子的农民工，有一个孩子的农民工收入要显著高于前者，但是在第 10 分位点并不显著；当家庭有两个孩子时，所有分位点上对农民工的收入均产生正向促进作用；当家庭中有三个及以上的孩子时会对收入产生正向促进作用，但是在第 50 分位点后该正向促进作用才显著，这可以解释为，对于低收入群体而言，当家庭有三个及以上孩子需要抚养时，会占用农民工的劳动时间从而减少收入。从房产情况来看，第 50 分位点之前，有房子的农民工收入低于没有房子的农民工，但在第 75 分位点之后，拥有房产的收入水平高于没有房子的农民工。从家庭人数看，相较于只有一个人的家庭，两口之家的收入要显著低于前者，同时，对家庭中有三口人的农民工而言,家庭人数越多,对收入的负向作用越明显。当家庭人口为四人时,在第 25 分位点之前,对收入产生负向影响,但在第 50 分位点之后,对收入产生显著的正向促进作用,当家庭人口为四人以上时,该结论也成立。

表 8-24 在模型（2）的基础上加入工作特征变量得到模型（3）,估计结果显示,教育在各个分位点显著影响收入水平,受教育水平为初中的农民工,其收入高于受教育水平为小学及以下的农民工,对收入的影响程度在第 10 分位点达到最高,为 10.05%；当农民工的受教育水平处于高中及中专时,其对收入的正向促进作用在第 90 分位点上最高,为 15.87%,当农民工的受教育程度为大专及以上时,在第 90 分位点上教育对于收入的正向促进作用程度最大,达到 37.92%。再次证明,受教育程度越高,对收入的影响程度越大,同时也发现,对受教育水平为初中的农民工而言,受教育程度对于低收入群体影响最大,而对于受教育水平处于高中、中专或者大专及以上的农民工而言,受教育水平的提高对高收入群体的促进作用更明显。

模型（3）中其他个人特征变量和家庭特征变量对收入的影响与模型（2）基本一致。有劳动合同的农民工其收入要高于没有劳动合同的农民工。在新加入的工作特征变量中,以农民工为个体经营者作为对照组,可以发现在机关事业单位、国企工作的农民工收入低于前者；而对在私营企业工作的农民工以及在港澳台企业、外资企业工作的农民工,在第 25 分位点之前,收入要高于从事个体经营的农民工,但在第 75 分位点之后,收入却低于前者。对在社团民办组织、没有单位以及其他单位工作的农民工来说,在所有分位点上,其收入都显著低于前者。从职业类型来看,对比职业为国家机关、党群组织和企业单位负责人的农民工,职业为公务员和经商人员的农民工收入在第 25 分位点之前要显著低于前者,但在第 50 分位点之后却显著高于前者；对职业为商业服务人员和生产人员的农民工,其收入在任何分位点上都低于对照组；而那些没有固定职业的农民工,其收入水平显著低于职业为国家机关、党群组织和企业单位负责人的农民工。从系数来看,没有固定职业的农民工是以上所有职业类型中,收入最低的群体。

表 8-25 在拓展模型（2）的基础上进一步加入了流动特征变量,教育对收入水平的正向促进作用保持稳定的显著性。受教育水平为初中的农民工,其收入高于受教育水平为小学及以下的农民工,在第 10 分位点达到最高,为 8.86%；当农民工的受教育水平为高中及中专时,其对收入的正向促进作用在第 90 分位点上最高,为 16.46%,当农民工的受教育程度为大专及以上时,在第 90 分位点上教育对于收入的正向促进作用程度最大,达到 37.14%,即受教育程度越高,对收入的影响程度越大,同时,对受教育水平为初中的农民工而言,受教育程度对于低收入群体影响程度最大,而对于受教育水平为高中、中专或者大专及以上的农民工而言,受教育水平的提高对高收入群体的促进作用更明显。其他个人特征对收入的影响与模型（3）的结果一致。

从流动特征来看,在第 10 分位点上,流动时间的长短并不会对农民工的收入产生显著影响,但在第 10 分位点之后,流动时间越长,农民工的收入水平越高。从农民工的流向地区来看,相比于在西部工作的农民工,在中部、东部以及东北地区打工的农民工收入都明显高于在西部打工的农民工,比较系数得知,在东部打工的农民工是所以地区中收入最高的群体。对照流动范围为市内跨县的农民工,流动范围为省内跨市的农民工收入水平高于前者，并且通过1%显著性检验；跨省流动的农民工收入显著高于市内跨县的农民工，从系数来看，流动范围越远，农民工的收入越高。流动次数也显著影响农民工的收入，流动次数越多，农民工的收入越高。这些结果表明，农民工流动地区离居住地区越远，其获得的工作机会越多，收入越高。流动次数也显著影响农民工的收入，流动次数越多，农民工的收入越高。

表8-22 教育（分类变量）对农民工收入影响的分位数回归的结果—模型（1）

变量	q=10 系数值	q=25 系数值	q50 系数值	q75 系数值	q90 系数值
个人特征					
受教育水平（对照组：小学及以下）					
初中	0.4051*** (0.0322)	0.2622*** (0.0173)	0.1541*** (0.0005)	0.1335*** (0.0100)	0.1053*** (0.0131)
高中（中专）	0.4051*** (0.0131)	0.3338*** (0.0124)	0.1905*** (0.0062)	0.1743*** (0.0136)	0.2350*** (0.0133)
大专及以上	0.6926*** (0.0623)	0.4247*** (0.0141)	0.3364*** (0.0212)	0.3566*** (0.0099)	0.4211*** (0.0232)
年龄（对照组：15~20岁）					
21~30岁	0.0000 (0.0488)	0.1713*** (0.0191)	0.1016*** (0.0175)	0.1335*** (0.003)	0.1804*** (0.0304)
31~40岁	0.4051*** (0.0599)	0.2622*** (0.0173)	0.1706*** (0.0205)	0.1743*** (0.0139)	0.2858*** (0.0333)
41~50岁	0.4051*** (0.0599)	0.1907*** (0.0258)	0.0734*** (0.0195)	0.1743 (0.0141)	0.2331 (0.0444)
51~59岁	0.0000 (0.0488)	-0.0715*** (0.0137)	-0.0807*** (0.0194)	0.0000 (0.0228)	0.0627 (0.0446)
年龄的平方	0.0000 (0)	0.0000 (0)	0.0000 (0)	0.0000 (0)	0.0000 (0)
性别	6.9088*** (0.0131)	0.3338*** (0.0083)	0.2512*** (0.003)	0.2231*** (0.0048)	0.2350*** (0.0087)
是否党员	0.0000 (0.0441)	0.0000 (0.0064)	0.0177 (0.0162)	0.0000 (0.0103)	0.0488** (0.0239)
婚姻状况	-0.2875*** (0.0319)	0.0715*** (0.008)	0.1497*** (0.0083)	0.1823*** (0.0127)	0.2350*** (0.008)
常数项	-0.1176* (0.0662)	7.0054*** (0.0237)	7.5324*** (0.0169)	7.8042*** (0.0096)	7.9966*** (0.0359)
Pseudo R^2	0.1158	0.0136	0.0195	0.0349	0.0342

注：*、***分别表示在10%、1%的水平下显著。

表 8-23　教育（分类变量）对农民工收入影响的分位数回归的结果—模型（2）

变量	q = 10 系数值	q = 25 系数值	q50 系数值	q75 系数值	q90 系数值
受教育水平（对照组：小学及以下）					
初中	0.3667 *** (0.0546)	0.2622 *** (0.0126)	0.0126 *** (0.0015)	0.1053 *** (0.0112)	0.0865 *** (0.0091)
高中（中专）	0.5873 *** (0.0643)	0.3338 *** (0.0091)	0.0091 *** (0.0059)	0.1722 *** (0.0115)	0.1823 *** (0.0116)
大专及以上	0.6926 *** (0.0334)	0.4280 *** (0.0193)	0.0193 *** (0.0102)	0.3284 *** (0.0132)	0.3388 *** (0.0169)
年龄（对照组：15~20岁）					
21~30岁	0.0000 (0.0463)	0.1768 *** (0.0185)	0.0185 *** (0.0145)	0.1193 *** (0.0136)	0.1852 *** (0.0208)
31~40岁	0.3260 *** (0.0358)	0.2483 *** (0.0232)	0.0232 *** (0.0164)	0.1578 *** (0.0179)	0.2717 *** (0.0198)
41~50岁	0.3260 *** (0.0411)	0.1768 *** (0.0232)	0.0232 *** (0.0265)	0.1087 *** (0.0241)	0.1852 *** (0.0259)
51~59岁	-0.0407 (0.0614)	-0.0855 *** (0.0259)	0.0259 *** (0.0307)	-0.0450 *** (0.0349)	0.0313 (0.0297)
年龄的平方	0.0000 (0.0000)	0.0000 (0.0000)	0.0000 (0.0000)	0.0000 (0.0000)	0.0000 (0.0000)
性别	6.9088 *** (0.0261)	0.3338 *** (0.0051)	0.0051 *** (0.0044)	0.2515 *** (0.0052)	0.2459 *** (0.0084)
是否党员	0.0000 (0.0455)	0.0000 (0.0088)	0.0088 (0.0072)	0.0206 (0.0141)	0.0701 *** (0.0183)
婚姻状况	-0.0192 (0.0295)	0.1443 *** (0.0266)	0.0266 *** (0.01)	0.1200 *** (0.0112)	0.1366 *** (0.0204)
家庭特征					
孩子数量（对照组：没有孩子）					
一个孩子	0.0599 (0.0427)	0.0690 *** (0.0225)	0.0225 *** (0.0096)	0.0953 *** (0.0104)	0.0929 *** (0.0141)
两个孩子	0.0984 ** (0.0414)	0.0690 *** (0.0213)	0.0213 *** (0.0094)	0.0852 *** (0.012)	0.0874 *** (0.0174)
三个及三个以上的孩子	0.0599 (0.05)	0.0227 (0.03)	0.0300 *** (0.0144)	0.0568 *** (0.0166)	0.0388 * (0.0227)
房产情况	-0.2614 *** (0.0614)	-0.0715 *** (0.0062)	0.0062 *** (0.0015)	0.0490 *** (0.0094)	0.1311 *** (0.0151)

续表

变量	q=10 系数值	q=25 系数值	q50 系数值	q75 系数值	q90 系数值
家庭总人口（对照组：一口人）					
两口之家	-0.3474*** (0.0584)	-0.1278*** (0.0352)	0.0352*** (0.009)	-0.0022 (0.0068)	0.0392*** (0.0152)
三口之家	-0.3667*** (0.05)	-0.1740*** (0.036)	0.0360*** (0.0079)	-0.0307*** (0.0098)	0.0164 (0.0187)
四口之家	-0.3667*** (0.0555)	-0.1740*** (0.0348)	0.0348*** (0.0088)	0.0078 (0.0095)	0.0448*** (0.0179)
五口之家以及以上	-0.3667*** (0.0526)	-0.2132*** (0.0439)	0.0439*** (0.0089)	0.0078 (0.0126)	0.1122*** (0.0226)
常数项	0.0000 (0.0517)	7.0516*** (0.0212)	0.0212*** (0.0134)	7.8181*** (0.0183)	7.9998*** (0.0229)
Pseudo R^2	0.1166	0.0141	0.0199	0.0356	0.0372

注：*、***分别表示在10%、1%的水平下显著。

表8-24　教育（分类变量）对农民工收入影响的分位数回归的结果—模型（3）

变量	q=10 系数值	q=25 系数值	q50 系数值	q75 系数值	q90 系数值
个人特征					
受教育水平（对照组：小学及以下）					
初中	0.1005*** (0.0108)	0.0737*** (0.0049)	0.0399*** (0.0036)	0.0622*** (0.0076)	0.0683*** (0.0088)
高中（中专）	0.1311*** (0.0103)	0.0998*** (0.0048)	0.0814*** (0.0057)	0.1282*** (0.0083)	0.1587*** (0.0081)
大专及以上	0.1933*** (0.0142)	0.1348*** (0.0073)	0.1950*** (0.0074)	0.3005*** (0.0111)	0.3792*** (0.0113)
年龄（对照组：15~20岁）					
21~30岁	0.1570*** (0.0348)	0.1334*** (0.0115)	0.1098*** (0.0118)	0.1262*** (0.0109)	0.1739*** (0.0102)
31~40岁	0.1661*** (0.0366)	0.1748*** (0.0168)	0.1533*** (0.0132)	0.1843*** (0.0128)	0.2264*** (0.0123)
41~50岁	0.1511*** (0.0392)	0.1220*** (0.0258)	0.1161*** (0.0133)	0.1398*** (0.0186)	0.1461*** (0.0123)
51~59岁	0.0773 (0.0519)	0.0615*** (0.0326)	-0.0137 (0.0192)	0.0285 (0.0291)	0.0140 (0.0314)

续表

变量	q = 10 系数值	q = 25 系数值	q50 系数值	q75 系数值	q90 系数值
年龄的平方	0.0000 (0.0000)	0.0000 ** (0.00000)	0.0000 (0.0000)	0.0000 * (0.0000)	0.0000 (0.0000)
性别	0.1197 *** 0.0059	0.1798 *** (0.0065)	0.2367 *** (0.0041)	0.2784 *** (0.0043)	0.2670 *** (0.0042)
是否党员	0.0093 * (0.0056)	0.0199 ** (0.0097)	0.0150 (0.013)	0.0213 (0.0145)	0.0709 *** (0.0223)
婚姻状况	0.1014 *** (0.0109)	0.1075 *** (0.0059)	0.0934 *** (0.0077)	0.0950 *** (0.0099)	0.1106 *** (0.0179)
家庭特征					
孩子数量（对照组：没有孩子）					
一个孩子	0.0215 ** (0.0108)	0.0383 *** (0.0069)	0.0514 *** (0.0085)	0.0836 *** (0.0107)	0.0683 *** (0.0162)
两个孩子	−0.0064 (0.0111)	0.0240 *** (0.0074)	0.0404 *** (0.0064)	0.0579 *** (0.0138)	0.0577 *** (0.0217)
三个及三个以上的孩子	−0.1053 *** (0.0224)	0.0009 (0.0148)	0.0363 (0.0095)	0.0574 *** (0.0186)	0.0256 (0.0227)
房产情况	−0.0039 (0.0042)	0.0013 (0.0025)	0.0051 (0.0044)	0.0533 *** (0.0062)	0.0857 *** (0.0072)
家庭总人口（对照组：一口人）					
两口之家	−0.0310 ** (0.015)	−0.0294 *** (0.0093)	−0.0054 (0.0082)	−0.0086 (0.0096)	0.0074 (0.0145)
三口之家	−0.0415 *** (0.0102)	−0.0475 *** (0.0074)	−0.0301 *** (0.0088)	−0.0332 *** (0.0129)	−0.0194 (0.0177)
四口之家	−0.0336 *** (0.0085)	−0.0437 *** (0.0079)	−0.0191 ** (0.009)	0.0012 (0.0118)	0.0227 (0.018)
五口之家以及以上	−0.0500 *** (0.0122)	−0.0576 *** (0.0102)	−0.0205 * (0.0106)	0.0011 (0.0156)	0.0605 *** (0.0228)
工作特征					
工作单位（对照组：个体户）					
机关事业单位、国企	−0.1002 *** (0.0155)	−0.0850 *** (0.0121)	−0.1003 *** (0.0092)	−0.1392 *** (0.0087)	−0.1856 *** (0.0123)
私营企业	0.0644 *** (0.011)	0.0546 *** (0.0069)	0.0019 (0.003)	−0.0440 *** (0.0047)	−0.0968 *** (0.0087)

续表

变量	q = 10 系数值	q = 25 系数值	q50 系数值	q75 系数值	q90 系数值
港澳台企业、外资企业	0.1103 *** (0.0158)	0.0974 *** (0.0116)	0.0114 (0.008)	-0.0599 *** (0.0083)	-0.1446 *** (0.0134)
社团民办组织、无单位、其他	-0.2389 *** (0.0194)	-0.1376 *** (0.0076)	-0.1686 *** (0.0082)	-0.1725 *** (0.0066)	-0.1957 *** (0.0097)
职业类型（对照组：国家机关、党群组织、企业单位负责人）					
公务员、经商人员	-0.0485 *** (0.0132)	-0.0253 ** (0.0104)	0.0112 * (0.0064)	0.1012 *** (0.011)	0.1833 *** (0.0132)
商业服务人员	-0.1300 *** (0.0126)	-0.1506 *** (0.0095)	-0.1300 *** (0.0059)	-0.1423 *** (0.0066)	-0.1510 *** (0.0131)
生产人员	-0.0721 *** (0.0095)	-0.0927 *** (0.0058)	-0.0815 *** (0.0051)	-0.0854 *** (0.0072)	-0.0951 *** (0.0132)
无固定职业	-7.3617 *** (0.0208)	-7.6971 *** (0.0079)	-7.8786 *** (0.011)	-0.8004 *** (0.0254)	-0.5409 *** (0.0194)
有无劳动合同	0.1242 *** (0.0074)	0.0948 *** (0.0075)	0.0457 *** (0.0032)	0.0026 (0.0041)	-0.0663 *** (0.0077)
常数项	7.1699 *** (0.0346)	7.5094 *** (0.0143)	7.7878 *** (0.0112)	8.0119 *** (0.0154)	8.2625 *** (0.0239)
Pseudo R^2	0.7720	0.6171	0.3480	0.0748	0.0788

注：*、**、*** 分别表示在10%、5%和1%的水平下显著。

表8-25　教育（分类变量）对农民工收入影响的分位数回归的结果—模型（4）

变量	q = 10 系数值	q = 25 系数值	q50 系数值	q75 系数值	q90 系数值
个人特征					
受教育水平（对照组：小学及以下）					
初中	0.0886 *** (0.007)	0.0471 *** (0.0056)	0.0533 *** (0.0038)	0.0678 *** (0.005)	0.0660 *** (0.0082)
高中（中专）	0.1159 *** (0.0103)	0.0808 *** (0.0055)	0.1056 *** (0.0051)	0.1415 *** (0.0054)	0.1646 *** (0.0101)
大专及以上	0.1493 *** (0.0115)	0.1588 *** (0.0072)	0.2133 *** (0.0066)	0.3129 *** (0.0085)	0.3714 *** (0.0125)

续表

变量	q = 10 系数值	q = 25 系数值	q50 系数值	q75 系数值	q90 系数值
年龄（对照组：15~20岁）					
21~30岁	0.1473 *** (0.0303)	0.1308 *** (0.012)	0.1222 *** (0.0076)	0.1414 *** (0.0101)	0.1607 *** (0.0182)
31~40岁	0.1717 *** (0.0291)	0.1713 *** (0.015)	0.1821 *** (0.0111)	0.2018 *** (0.012)	0.2092 *** (0.0235)
41~50岁	0.1357 *** (0.0308)	0.1372 *** (0.0156)	0.1496 *** (0.0152)	0.1490 *** (0.0186)	0.1324 *** (0.0305)
51~59岁	0.0573 (0.0357)	0.0667 *** (0.0241)	0.0655 *** (0.0214)	0.0441 (0.0286)	-0.0018 (0.0437)
年龄的平方	0.0000 (0.0000)	0.0000 *** (0.0000)	0.0000 *** (0.0000)	0.0000 (0.0000)	0.0000 (0.0000)
性别	0.1539 *** (0.0046)	0.2007 *** (0.0028)	0.2338 *** (0.004)	0.2866 *** (0.0038)	0.2704 *** (0.0054)
是否党员	0.0216 (0.0147)	0.0290 *** (0.0100)	0.0293 ** (0.0122)	0.0282 *** (0.0108)	0.0683 *** (0.0232)
婚姻状况	0.0892 *** (0.0166)	0.0738 *** (0.0085)	0.0711 *** (0.0099)	0.0804 *** (0.0122)	0.0972 *** (0.0154)
家庭特征					
孩子数量（对照组：没有孩子）					
一个孩子	0.0118 (0.0133)	0.0288 *** (0.0093)	0.0572 *** (0.0093)	0.0811 *** (0.0119)	0.0711 *** (0.0136)
两个孩子	-0.0327 ** (0.0166)	0.0051 (0.0124)	0.0333 *** (0.0101)	0.0411 *** (0.0127)	0.0462 *** (0.0166)
三个及三个以上的孩子	-0.1114 *** (0.0228)	-0.0195 ** (0.0105)	0.0283 ** (0.0132)	0.0306 (0.0245)	0.0078 (0.0188)
房产情况	0.0070 (0.0051)	0.0290 *** (0.0035)	0.0534 *** (0.0038)	0.0941 *** (0.0049)	0.1328 *** (0.0081)
家庭总人口（对照组：一口人）					
两口之家	0.0004 (0.017)	-0.0168 (0.011)	-0.0105 (0.0107)	-0.0121 (0.0106)	-0.0028 (0.016)
三口之家	-0.0050 (0.0168)	-0.0299 *** (0.0103)	-0.0344 *** (0.0109)	-0.0362 *** (0.0107)	-0.0265 * (0.0154)

续表

变量	q=10 系数值	q=25 系数值	q50 系数值	q75 系数值	q90 系数值
四口之家	0.0024 (0.0169)	−0.0241** (0.0101)	−0.0211** (0.01)	−0.0020 (0.0115)	0.0028 (0.0146)
五口之家以及以上	−0.0203 (0.0157)	−0.0347*** (0.0101)	−0.0288** (0.0122)	0.0003 (0.0182)	0.0423** (0.0192)
工作特征					
工作单位（对照组：个体户）					
机关事业单位、国企	−0.0783*** (0.0125)	−0.0899*** (0.0047)	−0.0973*** (0.0058)	−0.1438*** (0.0085)	−0.2002*** (0.0126)
私营企业	0.0607*** (0.0091)	0.0175*** (0.0044)	−0.0261*** (0.0043)	−0.0855*** (0.0041)	−0.1363*** (0.0075)
港澳台企业、外资企业	0.0596*** (0.0167)	0.0242*** (0.007)	−0.0435*** (0.0085)	−0.1326*** (0.0103)	−0.2219*** (0.0147)
社团民办组织、无单位、其他	−0.2182*** (0.0192)	−0.1518*** (0.0081)	−0.1392*** (0.0071)	−0.1763*** (0.0058)	−0.2003*** (0.009)
职业类型（对照组：国家机关、党群组织、企业单位负责人）					
公务员、经商人员	−0.0662*** (0.0164)	−0.0391*** (0.0094)	0.0269*** (0.0082)	0.1006*** (0.0089)	0.1755*** (0.0161)
商业服务人员	−0.1239*** (0.0102)	−0.1287*** (0.0096)	−0.1386*** (0.007)	−0.1264*** (0.0068)	−0.1360*** (0.011)
生产人员	−0.0978*** (0.0101)	−0.0950*** (0.0089)	−0.1006*** (0.007)	−0.0859*** (0.0062)	−0.0947*** (0.0096)
无固定职业	−7.4103*** (0.0232)	−7.7186*** (0.0111)	−7.8947*** (0.0116)	−0.7649*** (0.0215)	−0.5225*** (0.0173)
有无劳动合同	0.1271*** (0.0067)	0.0753*** (0.0053)	0.0271*** (0.0041)	−0.0162*** (0.0047)	−0.0784*** (0.0076)
流动特征					
流动范围（对照组：市内跨县）					
省内跨市	0.0866*** (0.0104)	0.0552*** (0.0047)	0.0544*** (0.0041)	0.0698*** (0.0075)	0.0667*** (0.0071)
跨省	0.1163*** (0.01)	0.0831*** (0.0047)	0.0940*** (0.0054)	0.1333*** (0.0084)	0.1589*** (0.007)

续表

变量	q = 10 系数值	q = 25 系数值	q50 系数值	q75 系数值	q90 系数值
流动次数	0.0052 (0.0017)	0.0109 *** (0.0016)	0.0128 *** (0.0014)	0.0164 *** (0.0016)	0.0118 *** (0.0019)
流动时间	0.0014 (0.0016)	0.0038 *** (0.0011)	0.0088 *** (0.0012)	0.0101 *** (0.0011)	0.0158 *** (0.0015)
流动地区（对照组：西部）					
中部	0.0414 *** (0.0083)	0.0204 *** (0.0055)	0.0234 *** (0.0051)	0.0335 *** (0.0055)	0.0193 *** (0.0082)
东部	0.1451 *** (0.0063)	0.1449 *** (0.0028)	0.1315 *** (0.0038)	0.1364 *** (0.0066)	0.1262 *** (0.0071)
东北	0.1116 *** (0.0082)	0.0936 *** (0.0062)	0.0599 *** (0.0052)	0.0387 *** (0.0077)	−0.0002 (0.0095)
常数项	7.0035 *** (0.0384)	7.3837 *** (0.0156)	7.6355 *** (0.0125)	7.7953 *** (0.0164)	8.0669 *** (0.0300)
Pseudo R^2	0.7740	0.6212	0.3532	0.0828	0.0882

注：**、*** 分别表示在5%和1%的水平下显著。

第五节 本章小结

一、教育水平的提高能够增加农民工收入

无论是 Tobit 模型、OLS 模型还是分位数回归，得到的结果都显示，受教育年限越长，农民工的收入水平越高，受教育年限的增加对于高收入群体的促进作用要高于其他收入群体；当教育为分类变量时，在不同的受教育水平阶段，提高受教育水平对于收入的影响都是正向的，受教育水平为初中的农民工，其收入高于受教育水平为小学及以下的农民工，受教育水平为高中及中专的农民工，其收入也高于受教育水平为小学及以下的农民工，且从系数逐渐变大的特征可以发现，受教育程度越高，对收入的影响程度越大，也就是说，当农民工为大专及以上的受教育水平时，提高受教育水平对于收入的促进作用最大。

二、接受高等教育对于农民工中高收入群体的促进作用更大

相比较 OLS 回归，分位数回归能更精确反映不同分位点上各个因素对收入的影响程度。从分位数回归的结果来看，受教育年限越长，农民工收入越高。但在不同的分

位点上,教育对于收入的影响程度存在一定的差别:受教育水平对高收入群体的促进作用更明显。进一步发现,对受教育水平为初中的农民工而言,受教育程度对于低收入群体促进程度最大;而对于受教育水平为高中、中专或者大专及以上的农民工而言,受教育水平的提高对高收入群体的促进作用更明显。这一结果说明,接受高等教育对于高收入群体的促进作用更大,而完成义务教育对低收入群体的农民工而言,对其工资水平的提升作用最明显。

三、男性农民工的收入水平高于女性

所有模型的实证结果表明,男性农民工的收入水平要显著高于女性。同时从分位数回归的估计结果可以发现,不同收入阶段下,男性和女性农民工的差距不同。也就是说,相对于低收入群体而言,在较高收入的农民工群体当中,男性和女性的工资差别更大。结合农民工的工作单位性质来分析,农民工多就职于私企、个体单位,在这些单位获得高收入意味着必须劳动时间更长,或者从事的工作更具风险,由于男性和女性之间某些先天差异,于是这些风险性高的工作会自动对女性设置一定的门槛,从而造成了男性和女性的收入差别更大。

四、婚姻对农民工中低收入群体的工资水平产生负向的影响,对高收入群体则相反

在 Tobit 模型和 OLS 模型的估计结果中,婚姻对于收入的影响并不稳定,也并不显著,但是在分位数回归模型中,可以发现,对于低收入群体来说,已婚农民工的收入低于未婚农民工,而对高收入群体而言,结果正好相反,婚姻对收入产生了显著的正向促进作用。可能是因为低收入的农民工群体中,已婚的农民工会因为维系婚姻状况而放弃更多的就业机会,从而导致收入降低,但对于高收入的农民工群体,为了维持婚后家庭的更多支出,他们可能会选择更加努力工作,从而获得更多收入。

五、孩子数量越多,处于低收入水平的农民工收入越低

对高收入家庭而言,无论是养育一个孩子还是两个孩子,对收入水平都呈现一定的正向促进作用。但是对收入处于低水平的农民工而言,养育一个孩子后的收入要高于没有孩子,但养育两个孩子对收入就产生负向的影响,养育三个孩子则对收入的负向影响更加严重。也就是说低收入家庭养育的孩子越多,该农民工的收入越低。这可以解释为,当家庭有一个孩子时,农民工预期到孩子未来的教育生活会增加家庭的支出,于是追求收入水平更高的工作,或者选择增加工作时间从而获取更高收入,但是随着家庭中孩子数量增加,支出越来越大,农民工的工作压力增加,不能像满足一个孩子的需要那样满足两个孩子甚至多个孩子,此时,农民工的收入要低于没有孩子时的收入水平。

第九章

结论与政策建议

第一节 结　　论

一、教育未促使农民工向更远区域迁移

一般认为，受教育程度愈高，农民工往更远区域流动的能力愈强。然而本研究发现，受教育程度的提高未对农民工的迁移距离产生促进作用，反而呈现出明显相反的影响，即受教育水平的提高并未使农民工向更远区域迁移。其中的原因可能是，近年来农民工主要输出地的经济有所发展，就业岗位增多，就业环境改善，开始吸引农民工返乡就业。人才资源的流失一直是制约地方经济发展的重要因素。于是，二、三线城市纷纷出台各项人才引进政策，提供住房优惠、落户安置等，同时积极改善当地生活环境，号召具备知识技能的农民工回归家乡，建设家乡，为当地经济的发展添砖加瓦。同时，国家大力鼓励农民工返乡创业。大量具备丰富工作经验和劳动技能的农民工返乡创业，成为推动当地经济发展的重要力量。随着各项政策的不断推进，农民工本地就业的机会增多，收入也随之增加，越来越多受教育水平较高的农民工开始选择在家乡附近的城市工作。

二、教育促进农民工的就业参与

教育作为人力资本的重要组成部分，对农民工的就业参与具有明显的影响。受教育水平越高，农民工进入劳动力市场找到工作的概率越大。教育提高了个人掌握技术的能力，而技术型农民工在劳动力市场一直备受青睐。加之劳动力市场正处于转型时期，对脑力劳动者需求强烈，受过教育、具备知识的农民工更容易进入劳动力市场工作。教育还拓宽了农民工的就业视野，使得农民工能够快速适应整体的就业环境。教育促进了农民工的就业参与，从另一方面说明了教育与生产有效衔接，将会鼓励农村地区的人们更加重视教育，加大对子女的教育投资。

三、教育提高农民工工作搜寻的能力

社会资本是农民工进行工作搜寻最重要的途径。研究表明，教育促进了农民工利用社会资本进行工作搜寻。教育有利于农民工挖掘社会资本。随着受教育水平的提高，农民工逐渐认识到社会资本，即互联网、报纸、杂志等在工作搜寻过程中的重要性。教育还提高了农民工利用社会资本的能力。受教育水平的提高使得农民工能熟练掌握获得社会资本的技能，改变了农民工以往获取工作资源的方式。受教育程度越高，农民工越倾向于利用自己的能力获取工作的资源，这与以往主要利用社会关系搜寻工作的情况大不相同。同时，农民工的工作搜寻方式也在发生变革，朝着更加便利、智能和共享的方向发展。

四、教育有效提高农民工社会保障的获取能力

研究结果表明，教育有效提高了农民工社会保障的获取能力。农民工教育水平提升会提高其获得各类社会保障项目的概率。农民工受教育水平越高，越有可能进入正规化的企业，此类企业往往拥有健全的社会保障机制。教育促进农民工获得更多的社会保障项目。农民工受教育水平越高，越具有社会保障的意识，因而会自愿加入较多的社会保障项目。有能力的农民工依靠拥有的知识和技能进入大型企业，自然容易获得各种福利待遇。受教育水平往往与收入挂钩，收入的提升使农民工有机会为自己争取和购买更多的保障。与此相反，受教育水平低的农民工缺乏渠道了解到更多的社会保障项目，也就无法以自由职业者或者企业职工的身份进入更为完善的社会保障体系。同时，经济能力也是制约其获得更多社会保障的重要因素。

五、受教育水平的提高有助于增加农民工的务工收入

教育对收入呈现显著的正向促进作用。农民工受教育水平越高，工作收入也就越高，这与人们日常认知相符。教育是提高个人经济效益最普遍的方式，教育使人拥有更广阔的视野，拥有更丰富的资源，拥有更多元化的技能，因而教育对个人经济收入具有重大的促进作用。受教育程度高的人对于工作的可选择性也更强。具备一定的知识储备、一定的技术方法的农民工，自然会挑选劳动力市场中收入更为可观、更为丰厚的职位。此外，有的产业，如知识密集型产业，注定只有受教育水平高的农民工才具有准入资格。而这些产业往往聚集较多资本，利润率高。所以，受教育水平的提高有助于增加农民工的收入。

六、就业单位性质显著影响农民工的社会保障获得

当农民工的就业单位为国有企业时，农民工获得社会保障的概率最大，项目最多，

其次为外资企业，最后为私营企业和个体工商户。其中，国有企业的社会保障覆盖率远高于私营企业和个体工商户，"五险一金"的实施状况也远优于外资企业。这说明相较于国有企业，外资企业、私营企业和个体工商户在为农民工提供社会保障方面略有欠缺，应当严格监督私营企业、外资企业等企业贯彻实施国家的社会保障政策，维护农民工获得社会保障的合法权益。同时应降低中小企业的社会保障缴费率，减轻私营、个体工商等一些盈利较少企业的财务压力，提高农民工社会保障的覆盖率。

七、签订劳动合同促进农民工的务工收入

研究发现，签订劳动合同对农民工的收入水平具有显著影响，有劳动合同的农民工赚取的务工收入要明显高于没有劳动合同的农民工。劳动合同中对工资和福利有明确的规定，获得的务工收入受法律的保护和认可，农民工与企业签订劳动合同从法律上保障了农民工的劳动权益。签订劳动力合同可以增加农民工获得的企业福利，如社会保障的获得等，从整体上提高务工收入的水平。签订劳动合同提高了农民工的维权意识和竞争意识，有利于农民工自身素质的提高，从而获得更多的务工收入。签订劳动合同还增强了农民工的就业稳定性，使农民工有条件创造更多的收入。

第二节　政策建议

一、鼓励受教育水平高的农民工返乡就业

对于农民工输出地区来说，学历相对较高的农民工愿意返乡就业无疑是一大利好条件，将给地方建设带来巨大的人力资本，对地区经济发展起到明显的促进作用。教育推动农民工返乡就业，推动地区振兴，因此要做到，在农村地区大力宣传教育的重要性，加强对农村地区教育事业的财政投入，完善农村地区教育设施以及提高乡村教师的劳动报酬，多措并举，为农村教育事业发展创造良好的政策条件。只有这样，才能做到真正以教育为抓手，为未来地区建设进行人才储备。推动高教育水平农民工返乡就业，还需要进一步改善本地的就业环境，即提高农民工薪资待遇，开辟更多适宜农民工参与的岗位以及完善农民工的返乡创业政策等，为农民工返乡就业提供切实保障。

二、提高农民工的人力资本存量

教育等人力资本为农民工劳动力市场进入做出了重要贡献，然而农民工的受教育水平总体偏低，既降低了农民进入劳动力市场的概率，也制约了农民工就业层次的提高。解决这一问题，需要提高农民工的人力资本存量，而提高人力资本存量需要加大人力资本的投资，如教育、在职培训等。用人单位可以根据岗位需求组织正规培训。

以前农民工就业主要以体力为主,现应开展一些岗位的技能培训,促使农民工采取脑力与体力相结合的工作模式,进而提高劳动生产率。农民工特别是新生代农民工还可以个人参与职业培训、成人教育等,提升自己的技能和学历。政府、工会、企业和学校可以整合各方资源,建立一套完整、实用、可行的培训方案,共同为农民工打开提升技能和学历的大门。从长远来看,提高农民工整体人力资本存量,关键是宣传知识在现代社会的重要性,转变农民传统的轻教育思想观念,使农村地区更加注重下一代人的教育问题。

三、搭建农民工就业信息共享平台

要想促进社会资本在农民工搜寻工作中的作用,搭建农民工就业信息共享平台至关重要。在未开始建立社会就业信息平台的区域,要加强平台的建立,积极进行宣传,使其真正地帮助农民工获取有效的信息。在已经初步建立相关平台的区域,要加大平台宣传力度,通过各种渠道使农民工了解就业平台带来的便利,并能够灵活运用。另外,加强平台的维护,及时更新就业信息,提高就业信息的时效性。搭建多方参与的信息平台,可以使劳动力市场、企业和政府等多方及时在就业信息平台上进行信息交流和互享,真正做到为民服务。

四、拓展农民工的就业渠道

当前我国农民工工作搜寻方式单一,依靠亲朋好友获取就业信息成为农民工工作搜寻的主要途径。农民工文化水平低,加之工作搜寻途径单一,与其他就业群体相比,在劳动力市场中处于就业的劣势地位,不仅从事劳动强度高、劳动环境恶劣的工作,而且权益难以得到保障。应当建立起多元化的农民工工作搜寻途径,通过政策宣传、集中培训等方式,使农民工掌握多种职业搜寻途径。可以考虑的做法是,借助互联网开辟专门面向农民工群体的职业推介渠道,有效对接劳动力市场空缺需求与农民工求职需要,依靠媒介力量,最大程度拓展就业信息获取渠道,为农民工赢得更多选择职业的自主权。

五、促进农民工的就业公平

当前,农民工就业过程中还存在职业隔离、就业领域局限、性别歧视等问题,严重阻碍了农民工个人发展和劳动力市场的完善。因而要提高就业信息的透明度,促进就业程序的正规化。招聘单位应全面公开招聘信息,秉持公开、公平、透明的原则,让能力和实力成为选拔的第一要素,避免内部招聘、歧视女性和职工子女照顾的现象出现。另外,还要加大对劳动力市场招聘的规范化管理。当劳动力市场发生歧视或者不公平现象时,要有严格、及时的惩罚措施,保证劳动力市场的有效运作。同时,劳动力市场应制定企业的严格准入标准,并将企业的真实信息、工资发放情况、可信程度等信息告知农民工,提高农民工在劳动力市场就业的公平性。

六、完善农民工社会保障体系

由于城乡户籍制度的差异,农民工社会保障覆盖率较低。当农民工在城市的生活难以得到保障时,农民工选择返乡的可能性加大,造成城市劳动力的流失,因而需要进一步完善农民工社会保障体系。因此应加强各类企业对农民工社会保障覆盖率。根据研究结果可知,国有企业、私营企业和外资企业对于农民工社会保障政策的执行较为全面,所以需要加强其他类型企业对农民工社会保障方面的实施力度。对于社会保险费用的缴纳,应适当降低农民工个人社会保险缴费比例,防止部分农民工因缴纳费用过高而选择不缴纳。对于不愿意缴纳社会保险的员工,可以给予一定的工资补偿。同时,农民工的养老问题一直是社会关注的热点。要多鼓励农民工参加城镇职工养老保险,下调农民工养老保险缴费比例,并根据他们工作流动性的特点实现养老保险的全国统筹,使他们也能够老有所依。

七、解决城市中的农民工子女教育问题

大量农民工进城务工,带来一系列的社会问题,其中城市农民工子女的教育问题尤为突出。教育公平问题关乎农民工城市融入与社会和谐,需要得到更多关注与重视。多数农民工子弟学校办学质量一般,公立学校借读费高昂,给农民工子弟上学带来困难。一方面政府应设立专项资金支持,为农民工子弟学校配置优质师资,改善教学环境,保障学校的办学质量。另一方面应取消农民工子弟在公立学校就读的高昂借读费,构建无歧视的教育环境,促进整个社会的教育公平。农民工子女的心理健康教育同样值得关注。因生活环境的差异,农民工子女在城市生活、学习时,容易产生心理上的不适应,甚至会变得自卑、孤僻。学校等有关部门应加强对学生的心理健康教育,组织多样化的课外活动,拉近城乡孩子们的距离,消除农民工子女的心理隔阂,从而更好地融入城市生活。

八、提高农民工劳动合同的签订率

企业单位与农民工签订劳动合同,对于保护农民工基本权益、提高农民工就业稳定性、提升农民工收入均起着重要的作用。政府应加大对劳动合同法律法规的宣传力度,增强农民工签订劳动合同的法律意识和依法签约履约的责任意识,切实保障自身的合法权益。同时政府需要对市场上的企业尤其是小微企业进行监督,引导企业依法规范用工,贯彻执行《劳动合同法》,积极与农民工签订正规的劳动合同,自觉承担社会责任。各地区要加大对企业与农民工签订劳动合同情况的监督和检查力度,对企业的资质进行审查,督促企业与农民工签订劳动合同,保证农民工享受合理的就业权益,不受侵害。

参考文献

[1] 安凡所:《农民工劳动力市场的契约特征及其关系治理》,载于《求索》2019年第1期,第76~82页。

[2] 白维军、樊文苑:《十八大以来我国社会保障研究的态势与评价——基于CSSCI(2013—2017)的文献计量分析》,载于《社会保障研究》2018年第4期,第104~112页。

[3] 毕丽敏:《转型时期中国劳动关系地方治理的新举措——来自浙江温岭工资集体协商的案例研究》,载于《天津市工会管理干部学院学报》2014年第3期,第32~37页。

[4] 蔡昉:《中国劳动力市场发育与就业变化》,载于《经济研究》2017年第5期,第4~22页。

[5] 蔡禾、王进、马鬼驿:《"农民工"永久迁移意愿研究》,载于《社会学研究》2007年第6期,第86~113页。

[6] 常进雄、刘杰、朱帆:《农民工教育回报率估计中存在的偏误研究》,载于《中国人口科学》2018年第5期,第57~68页。

[7] 陈斌开、张鹏飞、杨汝岱:《政府教育投入、人力资本投资与中国城乡收入差距》,载于《管理世界》2010年第1期,第36~43页。

[8] 陈晨、仲伟国:《人力资本、教育等级性与区域收入差距的实证分析》,载于《华东经济管理》2018年第8期,第80~87页。

[9] 陈静、柳颖:《新型城镇化进程中的农民工社会保障满意度及其影响因素分析——基于江苏省13地市的实证调查》,载于《农村经济》2018年第4期,第111~116页。

[10] 陈曦、边恕、范璐璐、韩之彬:《城乡社会保障差距、人力资本投资与经济增长》,载于《人口与经济》2018年第4期,第77~85页。

[11] 陈乙酉、张邦辉:《社会保障对农民工流动决策的影响研究——基于"推拉"理论的实证》,载于《农业经济问题》2018年第10期,第132~140页。

[12] 陈玉宇、邢春冰:《农村工业化以及人力资本在农村劳动力市场中的角色》,载于《经济研究》2004年第8期,第105~116页。

[13] 程名望、盖庆恩、Jin Yanhong、史清华:《人力资本积累与农户收入增长》,载于《经济研究》2016年第1期,第168~181页。

[14] 褚清华、杨云彦:《农民工社会融合再认识及其影响因素分析》,载于《人口与发展》2014年第4期,第28~36页。

[15] 崔丽娟：《农村职业教育如何界定》，载于《职教论坛》2015年第19期，第52~55页。

[16] 崔玉平、吴颖：《教育培训对苏州市农民工收入的影响——教育培训经济收益率的再检验》，载于《教育与经济》2017年第2期，第42~50页。

[17] 邓翔、朱海华、路征：《劳动力流动与工资收入差距：理论和实证分析》，载于《人口研究》2018年第4期，第39~50页。

[18] 丁一、刘伟江：《民族地区劳动力流动与人力资本关系研究——以云南省为例》，载于《教育与经济》2014年第6期，第17~24页。

[19] 独旭、张海峰：《子女数量对家庭经济决策的影响》，载于《武汉大学学报（社会科学版）》2018年第5期，第175~184页。

[20] 樊茜、金晓彤、徐尉：《教育培训对新生代农民工就业质量的影响研究——基于全国11个省（直辖市）4030个样本的实证分析》，载于《经济纵横》2018年第3期，第39~45页。

[21] 樊晔：《浅谈如何做好农村劳动力转移就业工作》，载于《经济研究导刊》2018年第12期，第41~44页。

[22] 方超、黄斌：《城镇化进程中教育人力资本收敛性的门槛效应与空间效应》，载于《西北师大学报（社会科学版）》2018年第4期，第98~108页。

[23] 方超、黄斌：《教育人力资本投资能够缩小农村居民的工资性收入差距吗？》，载于《教育与经济》2017年第4期，第33~41页。

[24] 方创琳：《中国城市发展方针的演变调整与城市规模新格局》，载于《地理研究》2014年第4期，第674~686页。

[25] 高春雷、李长安、石丹淅：《新生代农民工就业能力影响因素研究》，载于《经济管理》2015年第13期，第154~162页。

[26] 高帆、汪亚楠：《城乡收入差距是如何影响全要素生产率的》，载于《数量经济技术经济研究》2016年第1期，第92~109页。

[27] 高健、张东辉：《个体迁移、家庭迁移与定居城市：农民工迁移模式的影响因素分析》，载于《统计与决策》2016年第4期，第99~102页。

[28] 高强、徐晗筱、李宪宝：《中国农村人力资本投资效率影响因素研究》，载于《世界农业》2018年第11期，第217~224页。

[29] 高双、王梦奇：《社会保障视角下长春市农民工市民化的住房成本状况分析》，载于《劳动保障世界》2018年第9期，第39~40页。

[30] 高文书：《进城农民工就业状况及收入影响因素分析——以北京、石家庄、沈阳、无锡和东莞为例》，载于《中国农村经济》2006年第1期，第28~34页。

[31] 郭菲、张展新：《农民工新政下的流动人口社会保险：来自中国四大城市的证据》，载于《人口研究》2013年第3期，第29~42页。

[32] 郭林、熊波：《人口老龄化背景下城市老年人生活保障机制研究——基于武汉市的经验分析》，载于《武汉大学学报（哲学社会科学版）》2014年第6期，第121~127页。

[33] 郭熙保、周强：《农村代际多维贫困实证研究》，载于《中国人口科学》2017 年第 4 期，第 77~86 页。

[34] 韩长赋：《中国农民工发展趋势与展望》，载于《经济研究》2006 年第 12 期，第 4~12 页。

[35] 侯启缘、张弥：《农业劳动力转移与高质量就业的问题和出路》，载于《现代经济探讨》2018 年第 12 期，第 115~119 页。

[36] 黄斌、高蒙蒙、查晨婷：《中国农村地区教育收益与收入差异》，载于《中国农村经济》2014 年第 11 期，第 28~38 页。

[37] 黄海峰、朱雨桐、赵一凡：《人力资本投入与农村居民收入差异——基于倾向得分匹配法的分析》，载于《农村经济》2018 年第 8 期，第 43~50 页。

[38] 黄小明：《收入差距、农村人力资本深化与城乡融合》，载于《经济学家》2014 年第 1 期，第 84~91 页。

[39] 纪韶、李小亮：《改革开放以来农村劳动力流动就业制度、政策演进和创新》，载于《人口与经济》2019 年第 1 期，第 64~74 页。

[40] 贾伟、秦富：《人力资本对农民工工作搜寻的影响分析》，载于《江汉评论》2016 年第 8 期，第 31~36 页。

[41] 焦克源、张彦雄、张婷：《"趋利性"与新生代农村劳动力供给研究——基于哈里斯·托达罗模型的理论探析》，载于《西北人口》2012 年第 1 期，第 109~114 页。

[42] 焦克源、张彦雄、张婷：《后金融危机时期"民工荒"问题解析——基于哈里斯·托达罗模型的证解》，载于《经济管理》2011 年第 9 期，第 167~173 页。

[43] 康丽厚、任中华：《当前我国新生代农民工存在的问题及对策研究》，载于《劳动保障世界》2018 年第 30 期，第 50~52 页。

[44] 孔令文：《性别收入差距问题研究新进展》，载于《经济学动态》2018 年第 2 期，第 117~122 页。

[45] 赖晓飞、邹滨：《农民工城市融入最新研究综述》，载于《重庆工学院学报（社会科学版）》2008 年第 12 期，第 28~30 页。

[46] 李宾、王曼曼：《我国城镇化与农业现代化协调发展的总体趋势与政策解释》，载于《华中农业大学学报（社会科学版）》2017 年第 5 期，第 46~55 页。

[47] 李斌、毛鹏飞：《流动人口城市融入的复杂性逻辑》，载于《湖南大学学报（社会科学版）》2017 年第 4 期，第 126~132 页。

[48] 李超、万海远、田志磊：《为教育而流动——随迁子女教育政策改革对农民工流动的影响》，载于《财贸经济》2018 年第 1 期，第 132~146 页。

[49] 李东平、卢海阳、文晓丽：《农民工社会融入研究：内涵、测量范式、影响因素及解决路径》，载于《内蒙古农业大学学报（社会科学版）》2018 年第 2 期，第 15~21 页。

[50] 李帆、冯虹：《改革开放 40 年首都农民工社会管理政策：演变、反思与前瞻》，载于《社会政策研究》2018 年第 3 期，第 24~34 页。

[51] 李谷成、冯中朝、范丽霞：《教育、健康与农民收入增长——来自转型期湖

北省农村的证据》，载于《中国农村经济》2006 年第 1 期，第 66~74 页。

[52] 李楠、张志刚：《社会转型期农民工职业教育特殊性需求分析》，载于《职业技术教育》2013 年第 34 期，第 73~77 页。

[53] 李秋容、李洁：《多源流理论框架下我国农业转移人口政策的变迁与前景——基于渐进式市民化政策的演进分析》，载于《学习论坛》2015 年第 2 期，第 66~69 页。

[54] 李晓春、李应青：《江淮分水岭地区农业治理中的几个突出问题研究——基于滁州市岭区的考察》，载于《安徽农业大学学报（社会科学版）》2017 年第 5 期，第 10~15 页。

[55] 李秀玫、桂勇、黄荣贵：《政府基本公共服务供给与社会公平感——基于 CGSS 2010 的研究》，载于《社会科学》2018 年第 7 期，第 89~97 页。

[56] 李亚青、吴联灿、申曙光：《企业社会保险福利对农民工流动性的影响——来自广东珠三角地区的证据》，载于《中国农村经济》2012 年第 9 期，第 61~73 页。

[57] 李彦颖、张学英：《新生代农民工在职培训的调查研究》，载于《当代职业教育》2018 年第 6 期，第 105~109 页。

[58] 李颖、刘安长：《农民工迁移对城镇化的贡献、融城壁垒及消解路径分析》，载于《农业经济》2014 年第 3 期，第 12~14 页。

[59] 刘爱玉：《城市化过程中的农民工市民化问题》，载于《中国行政管理》2012 年第 1 期，第 112~118 页。

[60] 刘家强、王春蕊、刘嘉汉：《农民工就业地选择决策的影响因素分析》，载于《人口研究》2011 年第 2 期，第 73~82 页。

[61] 刘林平、张春泥：《农民工工资：人力资本、社会资本、企业制度还是社会环境？——珠江三角洲农民工工资的决定模型》，载于《社会学研究》2007 年第 6 期，第 114~137 页。

[62] 刘擎擎、陈文娟：《我国乡村小学百年嬗变管窥——基于山东省莒南县的考察》，载于《天津市教科院学报》2016 年第 6 期，第 62~66 页。

[63] 刘文：《农村劳动力流动过程中的人力资本效应研究》，载于《农业现代化研究》2004 年第 3 期，第 207~221 页。

[64] 刘阳阳、王瑞：《寒门难出贵子？——基于"家庭财富—教育投资—贫富差距"的实证研究》，载于《南方经济》2017 年第 2 期，第 40~61 页。

[65] 刘莹莹、梁栩凌、张一名：《新生代农民工人力资本对其就业质量的影响》，载于《调研世界》2018 年第 12 期，第 1~6 页。

[66] 刘泽云、赵佳音：《教育对地区性别工资差异的影响——基于地市级数据的分析》，载于《北京师范大学学报（社会科学版）》2014 年第 2 期，第 123~131 页。

[67] 柳建平、刘卫兵：《教育是如何帮助脱贫的？——基于劳动力职业选择作用的分析》，载于《人口与经济》2018 年第 1 期，第 61~68 页。

[68] 陆文聪、谢昌财：《社会关系—信息网络对新农民收入的影响——基于熵均衡法的实证分析》，载于《中国人口科学》2017 年第 4 期，第 54~65 页。

[69] 罗楚亮、刘晓霞：《教育扩张与教育的代际流动性》，载于《中国社会科学》

2018年第2期，第121~140页。

[70] 罗恩立：《就业能力对于新生代农民工城市融入的影响分析——以上海市为例》，载于《现代经济探讨》2012年第12期，第70~74页。

[71] 罗明忠、万盼盼、陶志：《影响就业困难人员工作搜寻决策的主要因素》，载于《经济管理评论》2018年第2期，第5~15页。

[72] 罗忠勇：《农民工教育投资的个人收益率研究——基于珠三角农民工的实证调查》，载于《教育与经济》2010年第1期，第27~33页。

[73] 吕炜、杨沫、朱东明：《农民工能实现与城镇职工的工资同化吗？》，载于《财经研究》2019年第2期，第86~99页。

[74] 吕炜、杨沫：《迁移时间有助于农民工融入城市吗？——基于职业流动和工资同化的动态研究》，载于《财经问题研究》2016年第10期，第101~109页。

[75] 马磊：《人力资本结构、全要素生产率对城乡收入差距的影响》，载于《经济与管理研究》2016年第4期，第52~58页。

[76] 蒙生儒、王世斌、潘海生：《农村职业教育与成人教育问题与对策研究》，载于《中国成人教育》2018年第22期，第155~157页。

[77] 闵维方：《教育促进经济增长的作用机制研究》，载于《北京大学教育评论》2017年第3期，第123~136页。

[78] 宁光杰：《自选择与农村剩余劳动力非农就业的地区收入差异——兼论刘易斯转折点是否到来》，载于《经济研究》2012年第2期，第42~55页。

[79] 彭竞：《高等教育回报率与工资的性别差异》，载于《人口与经济》2011年第4期，第51~57页。

[80] 钱龙、陈杰：《依靠教育还是依靠健康：两类人力资本对农民工收入的影响及分化效应》，载于《新疆农垦经济》2018年第2期，第11~19页。

[81] 钱龙、钱文荣、洪名勇：《就近务工提升了农民工城镇化意愿吗——基于贵阳市的调查》，载于《农业现代化研究》2016年第1期，第102~109页。

[82] 钱雪飞：《新生代农民工收入情况及影响因素》，载于《当代青年研究》2010年第3期，第15~21页。

[83] 钱泽森、朱嘉晔：《农民工的城市融入：现状、变化趋势与影响因素——基于2011—2015年29省农民工家庭调查数据的研究》，载于《农业经济问题》2018年第6期，第74~86页。

[84] 秦立建、王震：《农民工城镇户籍转换意愿的影响因素分析》，载于《中国人口科学》2014年第5期，第99~106页。

[85] 秦立建、杨倩、陈波：《教育人力资本、企业所有制与农民工社会保障获得》，载于《武汉大学学报（哲学社会科学版）》2015年第6期，第13~21页。

[86] 秦雪征、郑直：《新农合对农村劳动力迁移的影响：基于全国性面板数据的分析》，载于《中国农村经济》2011年第10期，第52~63页。

[87] 秦雪征、周建波、辛奕、庄晨：《城乡二元医疗保险结构对农民工返乡意愿的影响——以北京市农民工为例》，载于《中国农村经济》2014年第2期，第56~68页。

[88] 屈小博：《培训对农民工人力资本收益贡献的净效应》，载于《中国农村经济》2013年第8期，第55~64页。

[89] 石人炳、陈宁：《经济"新常态"下农民工再迁移决策研究——基于全国流动人口动态监测数据的分析》，载于《学习与实践》2017年第7期，第98~108页。

[90] 石智雷、吴为玲、张勇：《市场能否改善进城农民工的收入状况——市场化、人力资本与农民工收入》，载于《华中科技大学学报（社会科学版）》2018年第5期，第40~49页。

[91] 宋锦、李实：《农民工子女随迁决策的影响因素分析》，载于《中国农村经济》2014年第10期，第48~61页。

[92] 隋福民：《市场发育、非农就业和农户的选择：20世纪30—40年代保定农村的证据》，载于《经济研究》2018年第7期，第167~181页。

[93] 孙浩、杨治辉：《社会保障满意度对农民工创业的影响效应——基于中国家庭追踪调查数据（CFPS2016）的考察》，载于《湖南农业大学学报（社会科学版）》2018年第5期，第54~61页。

[94] 孙战文、杨学成：《市民化进程中农民工家庭迁移决策的静态分析——基于成本—收入的数理模型与实证检验》，载于《农业技术经济》2014年第7期，第36~48页。

[95] 谭华清、周羿、赵波、魏旭：《教育对城乡劳动力转移的影响及其机制》，载于《财经研究》2018年第9期，第66~79页。

[96] 谭江蓉：《乡城流动人口的收入分层与人力资本回报》，载于《农业经济问题》2016年第2期，第59~66页。

[97] 谭静、余静文、李小龙：《流动人口教育回报率的城乡户籍差异及其原因研究——来自2012年北京、上海、广州流动人口动态监测的经验证据》，载于《中国农村观察》2017年第1期，第82~96页。

[98] 谭永生：《农村劳动力流动与中国经济增长——基于人力资本角度的实证研究》，载于《济问题探索》2007年第4期，第80~84页。

[99] 田丰：《城市工人与农民工的收入差距研究》，载于《社会学研究》2010年第2期，第87~105页。

[100] 田新朝、张建武：《农民工工资收入不平等与影响因素研究——基于广东问卷调查》，载于《财经论丛》2014年第3期，第17~24页。

[101] 王春超、叶琴：《中国农民工多维贫困的演进——基于收入与教育维度的考察》，载于《经济研究》2014年第12期，第159~174页。

[102] 王春超、周先波：《社会资本能影响农民工收入吗？——基于有序响应收入模型的估计和检验》，载于《管理世界》2013年第9期，第55~68页。

[103] 王春超：《农民参与农村基础设施建设筹资的意愿研究——以广东19个村农户调查为例》，载于《上海经济研究》2010年第3期，第18~27页。

[104] 王春光、华玉武、金廷芳：《农民工平等就业调研报告》，载于《北京农学院学报》2017年第4期，第93~97页。

[105] 王广慧、徐桂珍:《教育——工作匹配程度对新生代农民工收入的影响》,载于《中国农村经济》2014年第6期,第66~96页。

[106] 王广慧、张士伟:《教育对农村劳动力流动和收入的影响》,载于《中国农村经济》2008年第9期,第44~51页。

[107] 王红蕾、吕武:《改革开放以来我国农村教师政策的演进与改革路径》,载于《现代教育管理》2017年第5期,第81~87页。

[108] 王红晓:《探讨新生代农民工阶层固化的原因》,载于《劳动保障世界》2013年第1期,第114~115页。

[109] 王季:《我国新生代农民工人力资本投资问题研究》,载于《中国劳动关系学院校报》2014年第2期,第64~67页。

[110] 王建:《正规教育与技能培训:何种人力资本更有利于农民工正规就业?》,载于《中国农村观察》2017年第1期,第113~126页。

[111] 王小章、冯婷:《从身份壁垒到市场性门槛:农民工政策40年》,载于《浙江社会科学》2018年第1期,第4~9页。

[112] 王延中、龙玉其、江翠萍、徐强:《中国社会保障收入再分配效应研究——以社会保险为例》,载于《经济研究》2016年第2期,第4~15页。

[113] 王妍:《新时代背景下新生代农民工社会融入的路径探究》,载于《华中师范大学研究生学报》2018年第2期,第23~28页。

[114] 王永洁:《劳动力市场性别差异与女性赋权——基于2016年中国城市劳动力调查数据的分析》,载于《人口与经济》2019年第1期,第95~109页。

[115] 王玉柱、周亦奇:《特大型城市人口控制与我国劳动力流动政策设计思考》,载于《科学发展》2014年第9期,第99~105页。

[116] 王跃生:《中国当代人口生存压力应对制度考察——以20世纪50~80年代政策为中心》,载于《中国高校社会科学》2015年第1期,第123~138页。

[117] 王章豹、俞一珍:《我国高等教育人力资本与产业结构升级的相关性分析》,载于《现代教育管理》2016年第3期,第25~31页。

[118] 王竹林、吕俊涛:《农民工市民化政策演进的实质和路径选择》,载于《农业经济与管理》2014年第4期,第5~11页。

[119] 魏婧华、罗湛、翁贞林:《人力资本因素对新生代农民工就业及收入水平的影响——基于9省市的调查数据》,载于《经济研究导刊》2013年第9期,第151~153页。

[120] 魏巍、杨河清:《基于工作搜寻理论的高校毕业生就业能力理论评述》,载于《商业经济研究》2015年第4期,第111~113页。

[121] 魏众:《健康对非农就业及其工资决定的影响》,载于《经济研究》2014年第2期,第64~74页。

[122] 温兴祥、程超:《教育有助于提高农村居民的创业收益吗?——基于CHIP农村住户调查数据的三阶段估计》,载于《中国农村经济》2017年第9期,第80~96页。

[123] 温兴祥:《户籍获取、工资增长与农民工的经济同化》,载于《经济评论》

2017年第1期，第135~147页。

[124] 吴华英、苏志庆、何均琳：《刘易斯拐点与中国城乡人口流动——基于DEA非参数估计方法》，载于《福建农林大学学报（哲学社会科学版）》2007年第1期，第42~49页。

[125] 吴克明、田永坡：《劳动力流动与教育收益率：理论与实证》，载于《华中师范大学学报（人文社会科学版）》2008年第6期，第107~114页。

[126] 吴兴陆、亓名杰：《农民工迁移决策的社会文化影响因素探析》，载于《中国农村经济》2005年第1期，第26~32页。

[127] 肖立宏：《从善政到善治：地方政府在基础教育改革中的作用》，载于《教育探索》2017年第5期，第109~113页。

[128] 谢勇、孟凡利：《新生代农民工就业流动行为研究——基于江苏省农民工就业调查数据》，载于《调研世界》2015年第3期，第26~30页。

[129] 谢正勤、钟甫宁：《农村劳动力的流动性与人力资本和社会资源的关系研究——基于江苏农户调查数据的实证分析》，载于《农业经济问题》2006年第8期，第28~32页。

[130] 邢春冰、贾淑艳、李实：《教育回报率的地区差异及其对劳动力流动的影响》，载于《经济研究》2013年第11期，第114~126页。

[131] 熊景维、钟涨宝：《农民工家庭化迁移中的社会理性》，载于《中国农村观察》2016年第4期，第40~55页。

[132] 徐超：《高等教育扩展对劳动力流动的影响——基于省级面板数据的实证分析》，载于《南方人口》2015年第4期，第40~45页。

[133] 徐东、张棉好、陈丽萍：《新中国60年农村剩余劳动力就地转移政策的历史分析》，载于《职教通讯》2014年第13期，第60~64页。

[134] 徐美银：《人力资本、社会资本与农民工市民化意愿》，载于《华南农业大学学报（社会科学版）》2018年第4期，第53~63页。

[135] 徐晓鹏：《青年农民工就业质量的影响因素研究——基于河南郑州586份问卷数据》，载于《调研世界》2016年第11期，第13~18页。

[136] 徐增阳、付守芳：《改革开放40年来农民工政策的范式转变——基于985份政策文献的量化分析》，载于《行政论坛》2019年第1期，第13~21页。

[137] 杨娟、赵心慧：《教育对不同户籍流动人口收入差距的影响》，载于《北京工商大学学报（社会科学版）》2018年第5期，第103~115页。

[138] 杨守玉：《农民工融入城市影响因素的实证分析——基于广州市农民工的研究》，载于《农业技术经济》2012年第3期，第13~20页。

[139] 杨肖丽、景再方：《农民工职业类型与迁移距离的关系研究——基于沈阳市农民工的实证调查》，载于《农业技术经济》2010年第11期，第23~29页。

[140] 姚进忠：《农民工社会政策的建构逻辑与未来走向——基于1978—2012年政策文本》，载于《北京理工大学学报（社会科学版）》2015年第5期，第141~148页。

[141] 姚俊：《流动就业类型与农民工工资收入——来自长三角制造业的经验数

据》，载于《中国农村经济》2010年第11期，第53~62页。

[142] 雍昕：《农民工迁移行为预期研究》，载于《中南大学学报（社会科学版）》2017年第5期，第144~151页。

[143] 袁小平、王娜：《农民工培训政策研究述评——社会政策的视角》，载于《成人教育》2018年第11期，第60~67页。

[144] 詹国辉、张新文：《教育资本对城乡收入差距的外部效应》，载于《财贸研究》2017年第6期，第37~46页。

[145] 张邦辉、刘淳、彭馨：《人力资本视角下高等教育发展对产业结构升级影响的实证研究——基于VAR模型的回归分析》，载于《特区经济》2014年第12期，第190~194页。

[146] 张帆：《农民工医疗保障与就医行为研究》，载于《北京航空航天大学学报（社会科学版）》2013年第3期，第6~14页。

[147] 张广胜、郭江影、江金启：《社会保障对农民工家庭城市生活消费的影响——以举家迁移农民家庭为例》，载于《统计与信息论坛》2016年第12期，第87~94页。

[148] 张季武、赵昕东：《人口年龄结构、人力资本与经济增长》，载于《宏观经济研究》2018年第4期，第5~18页。

[149] 张建华、万千：《高校扩招与教育代际传递》，载于《世界经济》2018年第4期，第168~192页。

[150] 张建萍：《新生代农民工城市适应问题研究——以农民工培训为研究起点》，载于《教育与经济》2018年第8期，第35~38页。

[151] 张锦华、刘静：《农民工教育回报的迁移效应及异质性考察——基于处理效应模型的实证研究》，载于《农业技术经济》2018年第1期，第73~83页。

[152] 张锦华、王雅丽、伍山林：《教育对农民工工资收入影响的再考察——基于CHIP数据的分析》，载于《复旦教育论坛》2018年第2期，第68~74页。

[153] 张丽萍、王宏：《大学生基层就业的关键影响因素分析》，载于《中国大学生就业》2017年第5期，第144~151页。

[154] 张青根、沈红：《教育能缓解性别收入差距吗？》，载于《复旦教育论坛》2016年第4期，第62~69页。

[155] 张务伟、张福明、杨学成：《农村劳动力就业状况的微观影响因素及其作用机理——基于入户调查数据的实证分析》，载于《中国农村经济》2011年第11期，第62~73页。

[156] 张岩、梁耀丹、屠海丹：《农民工就业信息获取渠道及使用效能研究》，载于《辽宁大学学报（哲学社会科学版）》2017年第5期，第121~130页。

[157] 张永丽、李青原、郭世慧：《贫困地区农村教育收益率的性别差异——基于PSM模型的计量分析》，载于《中国农村经济》2018年第9期，第110~130页。

[158] 张瑜、杨哲：《新生代农民工人力资本投资对其城市定居意愿影响研究》，载于《齐齐哈尔大学学报（哲学社会科学版）》2015年第7期，第36~39页。

[159] 张宇宁、田东林：《山东省农村劳动力转：现状、影响及对策》，载于《南

农业大学学报（社会科学版）》2018年第6期，第36~42页。

［160］章元、陆铭：《社会网络是否以助于提高农民工的工资水平》，载于《管理世界》2009年第3期，第45~54页。

［161］赵海：《教育和培训哪个更重要——对我国农民工人力资本回报率的实证分析》，载于《农业技术经济》2013年第1期，第40~45页。

［162］赵静：《新生代农民工培训的现状及对策》，载于《中国成人教育》2011年第18期，第190~192页。

［163］赵娟：《新生代农民工继续教育问题探析》，载于《中国成人教育》2013年第20期，第190~192页。

［164］赵西亮：《教育、户籍转换与城乡教育收益率差异》，载于《经济研究》2017年第12期，第164~178页。

［165］赵燕：《家庭财富对非农劳动力供给的影响分析》，载于《现代管理科学》2017年第7期，第55~57页。

［166］赵耀辉：《中国农村劳动力流动及教育在其中的作用——以四川省为基础的研究》，载于《经济研究》1997年第2期，第37~42页。

［167］钟水映、代书静：《教育能够增加农民工收入吗？——基于乡城流动人口收入调查的分析》，载于《西安财经学院学报》2018年第3期，第63~69页。

［168］周克、孙小龙、蔡颖萍：《户籍制度改革背景下农村居民迁移意愿研究——基于有序Logit模型的分析》，载于《湖州师范学院学报》2017年第9期，第43~51页。

［169］朱明芬：《农民工家庭人口迁移模式及影响因素分析》，载于《中国农村经济》2007年第6期，第67~76页。

［170］朱明芬：《农民工职业转移特征与影响因素探讨》，载于《中国农村经济》2007年第6期，第9~20页。

［171］邹薇、程波：《中国教育贫困"不降反升"现象研究》，载于《中国人口科学》2017年第5期，第12~28页。

［172］Ajay Agrawal, Iain Cockburn, John McHale. (2006), Gone but not Forgotten: Knowledge Flows, Labor Mobility, and Enduring Social Relationships. *Journal of Economic Geography*, Vol. 6, No. 5, pp. 571-591.

［173］Akay A, Giulietti C, Robalino J D, et al. (2012), Remittances and Well-Being Among Rural-to-Urban Migrants in China. *Review of Economics of the Household*, Vol. 12, No. 3, pp. 517-546.

［174］Anand P, Ben-Shalom Y. (2018), Pathways Taken by New Social Security Disability Insurance and Supplemental Security Income Awardees. *Journal of Disability Policy Studies*, Vol. 29, No. 3, pp. 153-165.

［175］Anna Paprokova. (2013), High School Technical Education—High Prerequisite for Getting a Job. *US-China Education Review A*, Vol. 3, No. 5, pp. 314-319.

［176］Appleton S, Knight J, Song L, et al. (2004), Contrasting Paradigms: Segmentation and Competitiveness in the Formation of the Chinese Labour Market. *Journal of Chinese Economic & Business Studies, Vol. 2, No. 3, pp. 185 – 205.

［177］Assaad R, Krafft C, Salehi-Isfahani D. (2018), Does the Type of Higher Education Affect Labor Market Outcomes? Evidence from Egypt and Jordan. *Higher Education*, Vol. 75, No. 2, pp. 1 – 51.

［178］Badi H Baltagi, Ying Deng, Xiangjun Ma. (2018), Network Effects on Labor Contracts of Internal Migrants in China: A Spatial Autoregressive Model. *Empirical Economics*, Vol. 55, No. 1, pp. 265 – 296.

［179］Bandara. (2019), Youth Labor Market Expectations and Job Matching in Sub – Saharan Africa: Evidence from School-to-work Transition Surveys. *Applied Economics*, Vol. 51, No. 8, pp. 762 – 780.

［180］Barrett A, Mc Carthy Y. (2008), Immigrants and Welfare Pro-grammes: Exploring the Interactions between Immigrant Characteristics, Immigrant Welfare Dependence, and Welfare Policy. *Oxford Review of Economic Policy*, Vol. 24, No. 3, pp. 542 – 559.

［181］Belton M. Fleisher, Yifan Hu, Haizheng Li, Seonghoon Kim. (2010), Economic Transition, Higher Education and Worker Productivity in China. *Journal of Development Economics*, Vol. 94, No. 6, pp. 84 – 96.

［182］Bilecen B, Barglowski K. (2015), On the Assemblages of Informal and Formal Transnational Social Protection. *Population Space and Place*, Vol. 21, No. 3, pp. 203 – 214.

［183］Björnsson D F, Kopsch F, Zoega G. (2018), Discrimination in the Housing Market as an Impediment to European Labour Force Integration: The Case of Iceland. *Journal of International Migration & Integration*, Vol. 19, No. 2, pp. 1 – 19.

［184］Borella M, Belloni M. (2019), Self-employment in Italy: The Role of Social Security Wealth. *Journal of Pension Economics &Finance*, Vol. 18, No. 1, pp. 31 – 65.

［185］Boutin, Delphine. (2018), The Role of Internal Migration in Accessing A First Job: A Case Study of Uganda. *International Labour Review*, Vol. 157, No. 4, pp. 631 – 650.

［186］Brown R S, Moon M, Zoloth B S. (1980), Incorporating Occupational Attainment in Studies of Male – Female Earnings Differentials. *Journal of Human Resources*, Vol. 15, No. 15, pp. 3 – 28.

［187］Brown R S, Zoloth M B S. (1980), Occupational Attainment and Segregation by Sex. *Industrial and Labor Relations Review*, Vol. 33, No. 4, pp. 506 – 517.

［188］Chen Q, Song Z. (2014), Accounting for China's urbanization. *China Economic Review*, Vol. 30, No. 9, pp. 485 – 494.

［189］Chien – Ping Chen, Lin Guo, Lijian Qin. (2018), Geographic Labor Mobility of Floating Migrant Workers in China: The Impacts of Health Status and Education on Earnings. *Theoretical Economics Letters*, Vol. 8, No. 11, pp. 14 – 28.

［190］Christian Dustmann, Itzhak Fadlon, Yoram Weiss. (2010), Return Migration, Human Capital Accumulation and the Brain Drain. *Journal of Development Economics*, Vol. 95, No. 1, pp. 58 – 67.

[191] Clark K, Garratt L, Li Y, et al. (2018), Local deprivation and the labour market integration of new migrants to England. *Journal of Ethnic & Migration Studies*, Vol. 116, No. 2, pp. 1-23.

[192] Damasceno C S. (2018), New pathways: Affective Labor and Distributed Expertise in Peer-supported Learning Circles. *Communication Education*, Vol. 67, No. 3, pp. 330-347.

[193] Dandan Chen, Jingning Guan. (2016), How Education Level, Gender, and Social Network Correlate with Migrant Workers' Starting Income in China's Urban Cities. *US-China Education Review: B*, Vol. 6, No. 1, pp. 63-70.

[194] Darlington-Pollock Frances, Lomax Nik, Norman Paul. (2019), Ethnic internal migration: The Importance of Age and Migrant Status. *Geographical Journal*, Vol. 185, No. 1, pp. 68-81.

[195] David Card, Alan B, Krueger. (1992), School Quality and Black-white Relative Earnings: A Direct Assessment. *Quarterly Journal of Economics*, Vol. 107, No. 1, pp. 151-200.

[196] Davoine L, Erhel C, Guergoat-Lariviere M. (2010), Monitoring Quality in Work: European Employment Strategy indicators and beyond. *International Labour Review*, Vol. 147, No. 2-3, pp. 163-198.

[197] Delavande A, Rohwedder S. (2017), Changes in Spending and Labor Supply in Response to a Social Security Benefit Cut: Evidence from Stated Choice Data. *Journal of the Economics of Ageing*, Vol. 10, No. 2, pp. 34-50.

[198] Dickens W T, Lang K. (1985), A Test of Dual Labor Market Theory. *American Economic Review*, Vol. 75, No. 4, pp. 792-805.

[199] Doms M, Lewis E, Robb A. (2010), Local labor Force Education, New Business Characteristics, and Firm Performance. *Journal of Urban Economics*, Vol. 67, No. 1, pp. 0-77.

[200] Dukes Ruth, Fudge Judy, Modern Slavery. (2018), Unfree Labour and the Labour Market. *Social & Legal Studies*, Vol. 27, No. 4, pp. 414-434.

[201] Elke Loichinger. (2015), Labor Force Projections up to 2053 for 26 EU Countries, by Age, Sex, and Highest level of Educational Attainment. *Demographic Research*, Vol. 32, No. 15, pp. 443-486.

[202] F. Obiols-Homs, V Sánchez-Marcos. (2018), Education Outcomes and the Labor Market. *Labour Economics*, Vol. 23, No. 54, pp. 2345-2362.

[203] Fleisher, Belton and Yuanhua Liu. (1992), Economies of Scale, Plot Size, Human Capital and Productvity in Chinese Agriculture. *Quarterly Review of Economics and Finance*, Vol. 32, No. 3, pp. 112-123.

[204] Gao, W and Smyth. Economic. (2011), Returns to "Standard Mandarin" Among Migrants in China's Urban Labor. *Market. Economic of Education Review*, Vol. 30,

No. 2, pp. 342 - 352.

[205] Germano Mwabu, T. Paul Schultz. (1996), Education Returns across Quantiles of the Wage Function: Alternative Explanations for Returns to Education by Race in South Africa. *American Economic Review*, Vol. 86, No. 2, pp. 335 - 339.

[206] Geuger B, Garthwaite K, Warren J, Bambra C. (2018), Assessing Work Disability for Social Security Benefits: International Models for the Direct Assessment of Work Capacity. *Disability and Rehabilitation*, Vol. 40, No. 40, pp. 2962 - 2970.

[207] Giles M, Le A T. (2010), Prisoners Labor Market History and Aspirations: A Focus on Western Australia. *Economic Record*, Vol. 83, No. 260, pp. 31 - 45.

[208] Guangjie Ning. (2010), Can Educational Expansion Improve Income Inequality? Evidences from the CHNS 1997 and 2006 Data. *Economic Systems*, Vol. 34, No. 3, pp. 397 - 412.

[209] Guillemard A M. (2010), Equity and Redistribution Between Generations: A Challenge for the Future of Pensions and all Social Protection Schemes. *International Social Security Review*, Vol. 52, No. 3, pp. 69 - 92.

[210] Hanna Brenzel; Malte Reichelt. (2018), Job Mobility as a New Explanation for the Immigrant - Native Wage Gap: A Longitudinal Analysis of the German Labor Market. *International Migration Review*, Vol. 52, No. 3, pp. 724 - 749.

[211] Harry J Holzer. (2012), Good Workers for good Jobs: Improving Education and Workforce Systems in the US. *IZA Journal of Labor Policy*, Vol. 1, No. 1, pp. 1 - 19.

[212] Holler R. (2019), The Role of the Welfare State in Supporting Economic Transitions Following Family Bereavement: Comparing Britain and Israel. *Social Policy & Administration*, Vol. 53, No. 1, pp. 128 - 141.

[213] Iammarino Simona, Marinelli Elisabetta. (2015), Education - Job (Mis) Match and Interregional Migration: Italian University Graduates' Transition to Work. *Regional Studies*, Vol. 49, No. 5, pp. 866 - 882.

[214] Jakobsen V, Korpi T, Lorentzen T. (2018), Immigration and Integration Policy and Labour Market Attainment Among Immigrants to Scandinavia. *European Journal of Population*, Vol. 116, No. 3, pp. 1 - 24.

[215] Jiang Jin-qi, Wang Zhen-hua, Chen Jing-wen. (2018), The Impact of On-the-job Training on Job Mobility of Migrant Workers in China. *Economics World*, Vol. 16, No. 2, pp. 342 - 352.

[216] Johnes G. (2018), The Incidence of and Returns to 'Overeducation': PIAAC Evidence on the G7. *Minerva*, Vol. 116, No. 4, pp. 1 - 23.

[217] Judit Oláh, György Halasi, Zoltán Szakály, József Popp, Péter Balogh. (2017), The Impact of International Migration on the Labor Market - A Case Study from Hungary. *Amfiteatru Economic*, Vol. 19, No. 46, pp. 790 - 805.

[218] Kent Eliasson, Hans Westlund, Mats Johansson. (2015), Determinants of Net

Migration to Rural Areas, and the Impacts of Migration on Rural Labour Markets and Self - Employment in Rural Sweden. *European Planning Studies*, Vol. 23, No. 4, pp. 693 - 709.

[219] Kim K M, Park D. (2012), Impacts of Urban Economic Factors on Private Tutoring Industry. *Asia Pacific Education Review*, Vol. 13, No. 2, pp. 273 - 280.

[220] Kuhn M L. (2018), 147 Million Social Security Numbers for Sale: Developing Data Protection Legislation After Mass Cyber Security Breaches. *Iowa Law Review*, Vol. 104, No. 1, pp. 417 - 445.

[221] Lee. (2019), The Role of Labor Market Flexibility in the Job Matching Process in India: An Analysis of the Matching Function Using State - Level Panel Data. *Emerging Markets Finance and Trade*, Vol. 55, No. 4, pp. 934 - 949.

[222] Liu Z. (2008), Human Capital Externalities and Rural - urban Migration: Evidence from Rural China. *China Economic Review*, Vol. 19, No. 3, pp. 500 - 535.

[223] Luxton M. (2018), Report of Social Security for Canada. *Canadian Historical Review*, Vol. 99, No. 4, pp. 670 - 672.

[224] M. J. Chandre Gowda Sreenath Dixit. (2015), Influence of Farmers Educational Level on Comprehending, Acting-upon and Sharing of Agro Advisories. *Journal of Agriculture and Rural Development in the Tropics and Subtropics*, Vol. 116, No. 2, pp. 167 - 172.

[225] MacEachen E, Varatharajan S, Du B, Bartel E, Ekberg K. (2019), The Uneven Foci of Work Disabilit Research Across Cause-based and Comprehensive Social Security Systems. *International Journal of Health Services*, Vol. 49, No. 1, pp. 142 - 164.

[226] Margaret Maurer - Fazio, Ngan Dinh. (2004), Differential Rewards to, and Contributions of, Education in Urban China's Segmented Labor Markets. *Pacific Economic Review*, Vol. 9, No. 3, pp. 173 - 189.

[227] Mathias Kuépié. (2018), Child Labor in Mali: A Consequence of Adults' Low Returns to Education? *Education Economics*, Vol. 26, No. 6, pp. 647 - 661.

[228] Meyer T, Thomsen S L, Schneider H. (2018), New Evidence on the Effects of the Shortened School Duration in the German States: An Evaluation of Post-secondary Education Decisions. *German Economic Review*, Vol. 48, No. 1, pp. 232 - 239.

[229] Mincer J. (1958), Investment in Human Capital and Personal Income Distribution. *Journal of Political Economy*, Vol. 66, No. 4, pp. 281 - 302..

[230] Mincer J. (1970), The Distribution of Labor Incomes: A Survey with Special Reference to the Human Capital Approach. *Journal of Economic Literature*, Vol. 8, No. 1, pp. 1 - 26.

[231] Mittag O, Kotkas T, Reese C et al. (2018), Intervention Policies and Social Security in Case of Reduced Working Capacity in the Netherlands, Finland and Germany: A Comparative Analysis. *International Journal of Public Health*, Vol. 116, No. 9, pp. 1081 - 1088.

[232] Munoz - Comet Jacobo, Miyar - Busto Maria. (2018), Limitations on the Hu-

man Capital Transferability of Adult Migrants in Spain: Incentive or Barrier for a new Investment in Education? *European Journal of Education*, Vol. 53, No. 4, pp. 586 – 599.

［233］Oshima H T. (1963), The Ranis – Fei Model of Economic Development: Comment. *American Economic Review*, Vol. 53, No. 3, pp. 448 – 452.

［234］Oyelere U, Oyolola M. (2011), Do Immigrant Groups Differ in Welfare Usage? Evidence from the US. *Atlantic Economic Journal*, Vol. 39, No. 3, pp. 231 – 247.

［235］Patrick Arni, Amelie Schiprowski. (2019), Job Search Requirements, Effort Provision and Labor Market Outcomes. *Journal of Public Economics*, Vol. 169, No. 4, pp. 693 – 709.

［236］Poot J. (1996), Information, Communication and Networks in International Migration systems. *The Annals of Regional Science*, Vol. 30, No. 1, pp. 55 – 73..

［237］Prat Sarka, Thu Minh Bui. (2018), A Comparison of Ukrainian Labor Migration in the Czech Republic and Poland. *East European Politics and Societies*, Vol. 32, No. 4, pp. 767 – 795.

［238］Psacharopoulos G. (1977), Schooling, Experience and Earnings: The Case of an LDC. *Journal of Development Economics*, Vol. 4, No. 1, pp. 39 – 48.

［239］Rain Opik, Toomas Kirt, Innar Liiv. (2018), Megatrend and Intervention Impact Analyzer for Jobs: A Visualization Method for Labor Market Intelligence. *Journal of Official Statistics*, Vol. 34, No. 4, pp. 961 – 979.

［240］Ramsey Paul J. (2018), Migration and Common Schooling in Urban America: Educating Newcomers in Boston and Cincinnati, 1820s – 1860s. *Paedagogica Historica*, Vol. 54, No. 6, pp. 704 – 719.

［241］Raphael D, Komakech M, Bryant T, Torrence R. (2019), Governmental Illegitimacy and Incompetency in Canada and Other Liberal Nations: Implications for Health. *International Journal of Health Services*, Vol. 49, No. 1, pp. 17 – 36.

［242］Richard Blundell, Monica Costa Dias, Costas Meghir, Jonathan Shaw. (2016), Female Labor Supply, Human Capital, and Welfare Reform. *Econometrica*, Vol. 84, No. 5, pp. 1705 – 1753.

［243］Sauer Johannes, Gorton Matthew, Davidova Sophia. (2019), What drives Rural Out-migration? Insights from Kosovo. *Post-communist Economies*, Vol. 31, No. 2, pp. 200 – 217.

［244］Schultz T W. (1960), Capital Formation by Education. *Journal of Political Economy*, Vol. 68, No. 6, pp. 571 – 583.

［245］Silvia Avram, Mike Brewer, Andrea Salvatori. (2018), Can't Work or won't Work: Quasi-experimental Evidence on Work Search Requirements for Single Parents *Labour Economics*, Vol. 51, No. 8, pp. 63 – 85.

［246］Sitakanta Panda. (2015), Farmer Education and Household Agricultural Income in Rural India. *International journal of social economics*, Vol. 42, No. 6, pp. 514 – 529.

[247] Stephen Goss. (2010), The Future Financial Status of The Social Security Program, *Social Security Bulletin*, Vol. 70, No. 3, pp. 111 –37.

[248] Susana Iranzo, Giovanni Peri. (2009), Schooling Externalities, Technology, and Productivity: Theory and Evidence from US States. *The Review of Economics and Statistics*, Vol. 91, No. 2, pp. 420 –431.

[249] Susanna Mancinelli, Massimiliano Mazzanti, Nora Piva, Giovanni Ponti. (2009), Education, Reputation or Network? Evidence on Migrant Workers Employability. *The Journal of Socio – Economics*, Vol. 39, No. 1, pp. 64 –71.

[250] Talleraas C. (2019), Reconciling Transnational Mobility and National Social Security: What Say the Welfare State Bureaucrats?. Journal of Ethnic and Migration Studies, Vol. 45, No. 1, pp. 151 –169.

[251] Thomas PoufinasGeorge Galanos. (2018), The Impact of Migration on Capital Markets. *Theoretical Economics Letters*, Vol. 8, No. 11, pp. 2550 –2558.

[252] Todaro M P. (1969), A Model of Labor Migration and Urban Unemployment in Less Developed Countries. *American Economic Review*, Vol. 59, No. 1, pp. 138 –148.

[253] Tuccio Michele, Wahba Jackline. (2018), Return Migration and the Transfer of Gender Norms: Evidence from the Middle East. *Journal of Comparative Economics*, Vol. 46, No. 4, pp. 1006 –1029.

[254] Weiler J H. (2011), Deciphering the Political and Legal DNA of European Integration: an Exploratory Essay. *International Journal of Constitutional Law*, Vol. 9, No. 3 –4, pp. 678 –694.

[255] Woo Youngjin, Kim Euijune, Lim Jaewon. (2017), The Impact of Education and R&D Investment on Regional Economic Growth. *Sustainability*, Vol. 9, No. 5, pp. 13 –18.

[256] Wu Y L, Xiao H. (2018), Social Insurance Participation among Rural Migrants in Reform Era China. *Asian and Pacific Migration Journal*, Vol. 27, No. 27, pp. 383 –403.

[257] Yano Masakazu. (2008), Population Labor Market and Educational Background. *Journal of Educationl Sociology*, Vol. 82, No. 10, pp. 109 –123.

[258] Zhao Y. (2003), The Role of Migrant Networks in Labor Migration: The Case of China. *Contemporary Economic Policy*, Vol. 21, No. 4, pp. 500 –511.